高等学校应用型本科经济管理类专业创新型教材

高级财务会计

主　编　张海燕
副主编　刘　敏
参　编　张　雨　陈　静　黄咏梅

西安电子科技大学出版社

内 容 简 介

本书是高等学校应用型本科经济管理类专业创新型教材。全书共 16 章，主要内容包括非货币性资产交换，职工薪酬，借款费用，股份支付，或有事项，外币折算，租赁，债务重组，会计政策、会计估计及其变更和差错更正，资产负债表日后事项，所得税，政府补助，企业合并，合并财务报表，每股收益，公允价值计量等。各章均设有教学目的与要求、案例讲解、练习题等项目。

全书结合最新会计准则编制，内容深入浅出，注重理论与实践的有机融合，以期满足应用型本科人才培养的要求。

本书可作为高等学校经济管理类专业的本科实用教材，也可供高职高专相关专业学生、会计财务审计从业人员以及社会读者参考。

图书在版编目(CIP)数据

高级财务会计 / 张海燕主编.—西安：西安电子科技大学出版社，2020.8(2022.5 重印)
ISBN 978-7-5606-5840-7

Ⅰ.①高… Ⅱ.①张… Ⅲ.①财务会计—高等学校—教材 Ⅳ.①F234.4

中国版本图书馆 CIP 数据核字(2020)第 142825 号

策　　划　刘小莉
责任编辑　阎　彬
出版发行　西安电子科技大学出版社(西安市太白南路 2 号)
电　　话　(029)88202421　88201467　　邮　　编　710071
网　　址　www.xduph.com　　电子邮箱　xdupfxb001@163.com
经　　销　新华书店
印刷单位　陕西天意印务有限责任公司
版　　次　2020 年 8 月第 1 版　2022 年 5 月第 2 次印刷
开　　本　787 毫米×1092 毫米　1/16　印 张 22.5
字　　数　535 千字
印　　数　2001～4000 册
定　　价　53.00 元
ISBN 978－7－5606－5840－7 / F
XDUP 6142001-2

前　言

随着社会主义市场经济的快速发展和企业会计准则体系的不断完善，经济与会计的关系更加密切。能够熟练运用企业会计准则解决企业实际问题变得越来越重要。“高级财务会计”是高等院校财经类专业的主干核心课程，与“中级财务会计”课程相比，其具有特殊性、复杂性和综合性等特点。鉴于其内容特点，市场上对应的现有《高级财务会计》教材所包含的内容不尽相同。

对企业会计准则而言，财政部自2006年颁布《企业会计准则——基本准则》和38项具体准则后，2014年至2017年期间又相继对企业会计准则进行了两次大规模修订和增补，发布了八项企业会计准则；2018年1月1日起，我国分阶段实施《企业会计准则第22号——金融工具确认和计量》《企业会计准则第23号——金融资产转移》《企业会计准则第24号——套期会计》《企业会计准则第37号——金融工具列报》《企业会计准则第14号——收入》和《企业会计准则第21号——租赁》。本教材结合应用型人才的培养要求以及企业会计准则的重大变化进行了编写。

本教材的特色主要体现在以下几个方面:

(1) 内容的修订与完善。本教材的编写依据是我国修订后的企业会计准则，主要对职工薪酬、租赁等的确认和计量以及财务报表编制等内容进行了修订完善。

(2) 注重结合实务。本教材考虑到学生将来要去企业工作，因而将职工薪酬、借款费用、每股收益及公允价值计量等与企业日常经营密切相关的知识纳入课程体系。

(3) 内容新颖。本教材依据最新修订的《企业会计准则》以及《企业会计准则——应用指南》《企业会计准则解释公告》以及税法的最新规定编写。

(4) 注重练习。每章章末附有多题型的练习，对学生所学知识进行全方位的巩固和指导，加强对所学知识的掌握。

本教材由郑州工业应用技术学院张海燕副教授担任主编，刘敏副教授担任副主编，张雨、陈静、黄咏梅参与了教材的编写。具体分工如下：张海燕负责编写第二章、第四章、

第七章和第十章；刘敏负责编写第三章、第八章、第十一章和第十五章；张雨负责编写第十三章和第十四章；黄咏梅负责编写第一章、第六章、第九章和第十二章；陈静负责编写第五章和第十六章。各章编写人员均为郑州工业应用技术学院任职教师。

本教材在编写过程中参考了注册会计师教材的相关内容以及同类高级财务会计的相关教材，在此对其著作者致谢。同时，还要感谢为本书的出版付出辛勤劳动的西安电子科技大学出版社的编辑们。

在教材的设计及编写过程中，部分新修订的企业会计准则尚未出台，加之编者水平有限，难免存在不足之处，敬请广大读者批评指正，以便日后进行相关修订。编者电子邮箱：zhy22000@126.com。

编　者

2020 年 6 月

目　录

第一章

非货币性资产交换

教学目的与要求

通过本章的学习，能够理解非货币性资产交换的概念，正确区分货币性资产和非货币性资产的范畴，并且熟练掌握非货币性资产交换会计处理。

第一节　非货币性资产交换概述

一、非货币性资产交换的相关概念

(一) 非货币性资产的概念

资产按未来经济利益流入(表现形式是货币金额)是否固定或可确定，分为货币性资产和非货币性资产。非货币性资产是相对于货币性资产而言的。货币性资产，是指企业持有的货币资金和收取固定或可确定金额的货币资金的权利，包括现金、银行存款、应收账款和应收票据等。非货币性资产，是指货币性资产以外的资产。与货币性资产相比，非货币性资产在将来为企业带来的经济利益，是不固定的或不可确定的，包括存货(原材料、包装物、低值易耗品、库存商品、委托加工物资、委托代销商品等)、固定资产、无形资产、长期股权投资、投资性房地产、在建工程、工程物资、不准备持有至到期的债券投资等。

非货币性资产有别于货币性资产的最基本特征是，非货币性资产在将来为企业带来的经济利益，即货币金额是不固定的或不可确定的。例如：企业持有固定资产的主要目的是用于生产经营，通过折旧方式将其磨损价值转移到产品成本中，然后通过产品销售获利，固定资产在将来为企业带来的经济利益即货币金额是不固定的或不可确定的，因此，固定资产属于非货币性资产。

(二) 非货币性资产交换的概念

非货币性资产交换，是指交易双方主要以存货、固定资产、无形资产和长期股权投资等非货币性资产进行的交换。该交换一般不涉及货币性资产，或只涉及少量货币性资产

(即补价)。从非货币性资产交换的定义可以看出，非货币性资产交换具有以下特征：

(1) 非货币性资产交换的交易对象主要是非货币性资产。企业用货币性资产(如现金、银行存款)来交换非货币性资产(如存货、固定资产等)的交易最为普遍，比如以现金购入固定资产，以现金偿还借款等。但是在有些情况下，企业为了满足各自生产经营的需要，同时减少货币性资产的流入和流出，会进行非货币性资产交换交易。比如 A 企业需要 B 企业闲置的生产设备，B 企业需要 A 企业生产的产品，双方在货币性资产短缺的情况下，可能会出现非货币性资产交换的交易行为。

(2) 非货币性资产交换是以非货币性资产进行交换的行为。交换通常是指一个企业和另一个企业之间的互惠转让，通过转让，企业以让渡其他资产或劳务或者承担其他义务而取得资产或劳务(或偿还负债)。非互惠的非货币性资产转让不属于本章所述的非货币性资产交换，如企业捐赠非货币性资产等。

(3) 非货币性资产交换一般不涉及货币性资产，但有时也可能涉及少量的货币性资产。

(三) 非货币性资产交换的认定

非货币性资产交换准则规定，认定涉及少量货币性资产的交换为非货币性资产交换，通常以补价占整个资产交换金额的比例是否低于 25%作为参考。这里，整个资产交换金额即为在整个非货币性资产交换中最大的公允价值。

(1) 从支付补价的企业来看，支付的货币性资产占换入资产公允价值(或占换出资产公允价值与支付的货币性资产之和)的比例低于 25%的，视为非货币性资产交换；

(2) 从收到补价的企业来看，收到的货币性资产占换出资产公允价值(或占换入资产公允价值和收到的货币性资产之和)的比例低于 25%的，视为非货币性资产交换。

如果上述比例高于 25%(含 25%)的，则视为货币性资产交换，适用《企业会计准则第 14 号——收入》等相关准则的规定。

二、非货币性资产交换不涉及的交易和事项

本章所指的非货币性资产交换不涉及如下交易和事项：

(1) 换出资产为存货的非货币性资产交换。企业以存货换取其他企业固定资产、无形资产等的，换出存货的企业适用《企业会计准则第 14 号——收入》的规定进行会计处理。

(2) 在企业合并、债务重组中取得的非货币性资产。在企业合并、债务重组中取得的非货币性资产，其成本确定分别适用《企业会计准则第 20 号——企业合并》和《企业会计准则第 12 号——债务重组》。

(3) 交换的资产包括属于非货币性资产的金融资产。非货币性资产交换中涉及由《企业会计准则第 22 号——金融工具确认和计量》规范的金融资产的，金融资产的确认、终止确认和计量适用《企业会计准则第 22 号——金融工具确认和计量》和《企业会计准则第 23 号——金融资产转移》。

本章接下来会着重讲解非货币性资产交换方式的认定、换入资产成本确定、资产交换产生损益的确认和计量问题。

第二节　非货币性资产交换的确认和计量

一、确认和计量原则

企业应当分别按照下列原则对非货币性资产交换中的换入资产进行确认，对换出资产终止确认：对于换入资产，应当在其符合资产定义并满足资产确认条件时予以确认；对于换出资产，应当在其满足资产终止确认条件时终止确认。例如，某企业在非货币性资产交换中的换入资产或换出资产均为固定资产，按照《企业会计准则第 4 号——固定资产》和《企业会计准则第 14 号——收入》的规定，换入的固定资产应当在与该固定资产有关的经济利益很可能流入企业且成本能够可靠地计量时确认；换出的固定资产应当以换入企业取得该固定资产控制权时点作为处置时点终止确认。

在非货币性资产交换的情况下，不论是一项资产换入一项资产、一项资产换入多项资产、多项资产换入一项资产，还是多项资产换入多项资产，换入资产的成本都有两种计量基础，一种是公允价值，一种是账面价值。

(一) 公允价值

非货币性资产交换同时满足下列两个条件的，应当以公允价值和应支付的相关税费作为换入资产的成本，公允价值与换出资产账面价值的差额计入当期损益。

(1) 该项交换具有商业实质。

(2) 换入资产或换出资产的公允价值能够可靠地计量。换入资产和换出资产公允价值均能够可靠计量的，应当以换出资产公允价值作为确定换入资产成本的基础，一般来说，取得资产的成本应当按照所放弃资产的对价来确定。在非货币性资产交换中，换出资产就是放弃的对价，如果其公允价值能够可靠确定，应当优先考虑按照换出资产的公允价值作为确定换入资产成本的基础；如果有确凿证据表明换入资产的公允价值更加可靠的，应当以换入资产公允价值为基础确定换入资产的成本，这种情况多发生在非货币性资产交换存在补价的情形下。因为存在补价表明换入资产和换出资产公允价值不相等，一般不能直接以换出资产的公允价值作为换入资产的成本。

(1) 支付补价方换入资产成本的计算方式如下：

换入资产成本 = 换出资产公允价值 + 支付的补价 + 应支付的相关税费

(2) 收到补价方换入资产成本的计算方式如下：

换入资产成本 = 换出资产公允价值 − 收到的补价 + 应支付的相关税费

(二) 账面价值

不具有商业实质或交换涉及资产的公允价值均不能可靠计量的非货币性资产交换，应当按照换出资产的账面价值和应支付的相关税费作为换入资产的成本，无论是否支付补价，均不确认损益。此时，换入资产的成本按照下列公式确定：

换入资产成本 = 换出资产的账面价值 + 应支付的相关税费

如果收到补价或支付补价，则换入资产成本具体计算公式如下：

(1) 收到补价：

换入资产成本 = 换出资产账面价值 + 应支付的相关税费 − 收到的补价

(2) 支付补价：

换入资产成本 = 换出资产账面价值 + 应支付的相关税费 + 支付的补价

二、商业实质的判断

非货币性资产交换具有商业实质，是换入资产能够采用公允价值计量的重要条件之一。在确定资产交换是否具有商业实质时，企业应当重点考虑由于发生了该项资产交换，预计使企业未来现金流量发生变动的程度；通过比较换出资产和换入资产预计产生的未来现金流量或其现值，确定非货币性资产交换是否具有商业实质。只有当换出资产和换入资产预计未来现金流量或其现值两者之间的差额较大时，才能表明交易的发生使企业经济状况发生了明显改变，非货币性资产交换因而具有商业实质。

(一) 判断条件

根据非货币性资产交换准则的规定，符合下列条件之一的，视为具有商业实质：

(1) 换入资产的未来现金流量在风险、时间和金额方面与换出资产显著不同。具体分以下几种情况：

① 未来现金流量的风险、金额相同，时间不同。

例如：某企业以一批存货换入一项设备，因存货流动性强，能够在较短的时间内产生现金流量，设备作为固定资产要在较长的时间内为企业带来现金流量，假定两者产生的未来现金流量风险和总额均相同，但由于两者产生现金流量的时间跨度相差较大，则可以判断上述存货与固定资产的未来现金流量显著不同，因而该两项资产的交换具有商业实质。

② 未来现金流量的时间、金额相同，风险不同。

例如：A 企业以其用于经营出租的一幢公寓楼，与 B 企业同样用于经营出租的一幢公寓楼进行交换，两幢公寓楼的租期、每期租金总额均相同，但是 A 企业是租给一家财务及信用状况良好的企业(该企业租用该公寓是给其单身职工居住)，B 企业的客户则都是单个租户，相比较而言，A 企业取得租金的风险较小，B 企业由于租给散户，租金的取得依赖于各单个租户的财务和信用状况；因此，两者现金流量流入的风险或不确定性程度存在明显差异，则两幢公寓楼的未来现金流量显著不同，进而可判断该两项资产的交换具有商业实质。

③ 未来现金流量的风险、时间相同，金额不同。

例如：某企业以一项商标权换入另一企业的一项专利技术，预计两项无形资产的使用寿命相同，在使用寿命内预计为企业带来的现金流量总额相同，但是换入的专利技术是新开发的，预计开始阶段产生的未来现金流量明显多于后期，而企业拥有的商标每年产生的现金流量比较均衡，两者各年产生的现金流量金额差异明显，则上述商标权与专利技术的未来现金流量显著不同，因而该两项资产的交换具有商业实质。

(2) 换入资产与换出资产的预计未来现金流量现值不同，且其差额与换入资产和换出资产的公允价值相比是重大的。

例如：某企业以一项专利权换入另一企业拥有的长期股权投资，假定从市场参与者角度来看，该项专利权与该项长期股权投资的公允价值相同，两项资产未来现金流量的风险、时间和金额亦相同。但是对换入企业来讲，换入该项长期股权投资使该企业对被投资方由重大影响变为控制关系，从而对换入企业产生的预计未来现金流量现值与换出的专利权有较大差异；另一企业换入的专利权能够解决生产中的技术难题，从而对换入企业产生的预计未来现金流量现值与换出的长期股权投资有明显差异。因此，该两项资产的交换具有商业实质。

(二) 交换涉及的资产类别与商业实质的关系

(1) 不同类非货币性资产交换是否具有商业实质，较易判断。不同类非货币性资产，是指在资产负债表中列示的不同大类的非货币性资产。比如，存货、固定资产、投资性房地产、生物资产、长期股权投资、无形资产等都是不同类别的资产。

不同类非货币性资产因其产生经济利益的方式不同，一般来说，其产生的未来现金流量风险、时间和金额也不相同，因而不同类非货币性资产之间的交换是否具有商业实质，通常较易判断。

(2) 同类非货币性资产交换是否具有商业实质，较难判断。同类非货币性资产，是指在资产负债表中列示的同一大类的非货币性资产，如存货之间、固定资产之间、长期股权投资之间发生的交换等。

同类非货币性资产交换是否具有商业实质，通常较难判断。企业应当重点关注的是换入资产和换出资产为同类资产的情况，同类资产产生的未来现金流量既可能相同，也可能显著不同，其之间的交换因而可能具有商业实质，也可能不具有商业实质。

例如：A 企业将自己拥有的一幢建筑物与 B 企业拥有的在同一地点的另一幢建筑物交换，两幢建筑物的建造时间、建造成本等均相同，但两者未来现金流量的风险、时间和金额可能不同。

第三节　非货币性资产交换的会计处理

一、公允价值计量的处理

非货币性资产交换具有商业实质且公允价值能够可靠计量的，应当以换出资产的公允价值和应支付的相关税费作为换入资产的成本，除非有确凿证据表明换入资产的公允价值比换出资产的公允价值更加可靠。

在以公允价值计量的情况下，不论是否涉及补价，只要换出资产的公允价值与其账面价值不相同，就一定会涉及损益的确认，因为非货币性资产交换损益通常是换出资产公允价值与换出资产账面价值的差额，通过非货币性资产交换予以实现。

非货币性资产交换的会计处理，视换出资产的类别不同而有所区别：

(1) 换出资产为固定资产、在建工程、生成性生物资产、无形资产的，换出资产公允价值和换出资产账面价值的差额，计入资产处置损益。

(2) 换出资产为长期股权投资的，换出资产公允价值和换出资产账面价值的差额，计入投资收益。

(3) 换出资产为投资性房地产的，按换出资产公允价值或换入资产公允价值确认其他业务收入，按换成资产账面价值结转其他业务成本，二者之间的差额计入当期收益。

换入资产与换出资产涉及相关税费的，按照相关税收规定计算确定。

(一) 不涉及补价的情况

换入资产成本 = 换出资产账面价值 + 换出资产增值税销项税额 −
换入资产可抵扣的增值税进项税额 +
支付的应计入换入资产

【例 1-1】 2019 年 8 月，甲公司以生产经营过程中使用的一台设备交换乙家具公司生产的一批办公家具，换入的办公家具作为固定资产管理，甲、乙均为增值税一般纳税人，适用的增值税税率均为 13%。设备的账面原价为 200 000 元，在交换日的累计折旧为 70 000 元，公允价值为 150 000 元。办公家具的账面价值为 160 000 元，在交换日的市场价格为 150 000 元，计税价格等于市场价格。乙公司换入甲公司的设备是生产家具过程中需要使用的设备。

假设甲公司此前没有为该项设备计提资产减值准备，整个交易过程中，除支付清理费 3 000 元外没有发生其他相关税费。假设乙公司此前也没有为库存商品计提存货跌价准备，其在整个交易过程中没有发生除增值税以外的其他税费。

分析：此例属于非货币性资产交换。两项资产的交换具有商业实质；同时，两项资产的公允价值都能够可靠地计量，符合非货币性资产交换准则规定以公允价值计量的两个条件。

(1) 换入资产的成本 = 换出资产的公允价值 + 支付的相关税费。

(2) 非货币性资产交换损益——换出资产公允价值与换出资产账面价值的差额：

① 换出资产为固定资产、无形资产——资产处置损益；

② 换出资产为长期股权投资——投资收益。

(3) 甲公司的账务处理：

借：固定资产清理	130 000	
累计折旧	70 000	
贷：固定资产——设备		200 000
借：固定资产清理	3 000	
贷：银行存款		3 000
借：固定资产——办公家具	150 000	
应交税费——应交增值税(进项税额)	19 500	
贷：固定资产清理		133 000
应交税费——应交增值税(销项税额)		17 290
资产处置损益		22 000

(4) 乙公司的账务处理：

根据增值税的有关规定，企业以库存商品换入其他资产，视同销售行为发生，应计算增值税销项税额，缴纳增值税。

换出办公家具的增值税销项税额为 150 000 × 13% = 19 500 (元)

假定乙公司换出存货的交易符合《企业会计准则第 14 号——收入》规定的收入确认条件。

借：固定资产——设备	150 000	
应交税费——应交增值税(进项税额)	19 500	
贷：主营业务收入		150 000
应交税费——应交增值税(销项税额)		19 500
借：主营业务成本	160 000	
贷：库存商品——办公家具		160 000

(二) 涉及补价的情况

在以公允价值确定换入资产成本的情况下，发生补价的，支付补价方和收到补价方应当分别情况处理。

1. 支付补价方

(1) 以换出资产的公允价值为基础计量的，应当以换出资产的公允价值，加上支付补价的公允价值和应支付的相关税费，作为换入资产的成本，换出资产的公允价值与其账面价值之间的差额计入当期损益。

(2) 有确凿证据表明换入资产的公允价值更加可靠的，即以换入资产的公允价值为基础计量的，应当以换入资产的公允价值和应支付的相关税费作为换入资产的初始计量金额，换入资产的公允价值减去支付补价的公允价值，与换出资产账面价值之间的差额计入当期损益。

2. 收到补价方

(1) 以换出资产的公允价值为基础计量的，应当以换出资产的公允价值，减去收到补价的公允价值，加上应支付的相关税费，作为换入资产的成本，换出资产的公允价值与其账面价值之间的差额计入当期损益。

(2) 有确凿证据表明换入资产的公允价值更加可靠的，即以换入资产的公允价值为基础计量的，应当以换入资产的公允价值和应支付的相关税费作为换入资产的初始计量金额，换入资产的公允价值加上收到补价的公允价值，与换出资产账面价值之间的差额计入当期损益。

在涉及补价的情况下，对于支付补价方而言，作为补价的货币性资产构成换入资产所放弃对价的一部分；对于收到补价方而言，作为补价的货币性资产构成换入资产的一部分。

【例 1-2】 甲公司与乙公司经协商，甲公司以其持有的一项商标与乙公司拥有的一台机器设备交换。交换后两公司对于换入资产仍供经营使用。在交换日，甲公司的商标的账面原价为 900 万元，已累计摊销 250 万元，未计提减值准备，在交换日的公允价值为 800 万元；乙公司拥有的机器设备的账面原价为 1 000 万元，已提折旧 400 万元，未计提减值准备，在交换日的公允价值为 750 万元，乙公司另支付了 50 万元给甲公司。假定两公司均为增值税一般纳税人，销售固定资产和无形资产适用的增值税税率分别为 13%和 6%，上述交易过程中涉及的增值税进项税额按照税法规定可抵扣且已得到认证；不考虑其他相关税费。

分析：该项资产交换涉及收付货币性资产，即补价 50 万元。

对甲公司而言，收到的补价(50 万元) / 换出资产的公允价值(800 万元) = 6.25%＜25%，属于非货币性资产交换。其中，800 万 = 换入机器设备公允价值(750 万元) + 收到的补价(50 万元)

对乙公司而言，支付的补价(50 万元) ÷ 换入资产的公允价值(800 万元) = 6.25%＜25%，属于非货币性资产交换。

本例属于以无形资产交换机器设备。商标这项无形资产和机器设备这项固定资产的未来现金流量在时间、风险、金额方面有显著不同，因而可判断两项资产的交换具有商业实质。同时，商标和机器设备的公允价值均能够可靠地计量，因此，甲、乙公司均应当以公允价值为基础确定换入资产的成本，并确认产生的损益。

甲公司的账务处理：

借：固定资产	7 500 000	
应交税费——应交增值税(进项税额)	975 000	
银行存款	500 000	
累计摊销	2 500 000	
贷：无形资产		9 000 000
应交税费——应交增值税(销项税额)		480 000
资产处置损益		1 995 000

乙公司的账务处理：

借：固定资产清理	6 000 000	
累计折旧	4 000 000	
贷：固定资产		10 000 000
借：无形资产	8 000 000	
应交税费——应交增值税(进项税额)	480 000	
贷：固定资产清理		6 000 000
银行存款		500 000
应交税费——应交增值税(销项税额)		975 000
资产处置损益		1 005 000

二、以换出资产账面价值计量的会计处理

非货币性资产交换不具有商业实质，或者虽然具有商业实质但换入资产和换出资产的公允价值均不能可靠计量的，应当以换出资产账面价值为基础确定换入资产成本，无论是否支付补价，均不确认损益。

一般来讲，如果换入资产和换出资产的公允价值都不能可靠计量，则该项非货币性资产交换通常不具有商业实质。因为在这种情况下，很难比较两项资产产生的未来现金流量在时间、风险和金额方面的差异，很难判断两项资产交换后对企业经济状况改变所起的效

用。因而，此类资产交换通常不具有商业实质。

(一) 不涉及补价的情况

在以账面价值为基础计量的情况下，对于换入资产，应当以换出资产的账面价值和应支付的相关税费作为换入资产的初始计量金额；对于换出资产，终止确认时不确认损益。

(二) 涉及补价的情况

对于以账面价值为基础计量的非货币性资产交换，涉及补价的，应当将补价作为确定换入资产初始计量金额的调整因素，分别下列情况进行处理：

(1) 支付补价方：应当以换出资产的账面价值，加上支付补价的账面价值和应支付的相关税费，作为换入资产的初始计量金额，不确认损益。

(2) 收到补价方：应当以换出资产的账面价值，减去收到补价的公允价值，加上应支付的相关税费，作为换入资产的初始计量金额，不确认损益。

【例 1-3】 丙公司拥有一台专有设备，该设备账面原价 500 万元，已计提折旧 300 万元，丁公司拥有一项长期股权投资，账面价值 100 万元，两项资产均未计提减值准备。丙公司决定以其专有设备交换丁公司的长期股权投资。该专有设备是生产某种产品必需的设备。由于专有设备系当时专门制造、性质特殊，其公允价值不能可靠计量；丁公司拥有的长期股权投资在活跃市场中没有报价，其公允价值也不能可靠计量。经双方商定，丁公司支付了 20 万元补价。假定交易不考虑相关税费。

分析：该项资产交换涉及收付货币性资产，即补价 20 万元。对丙公司而言，收到的补价 20 万元卡 / 换出资产账面价值 200 万元 = 10%＜25%。因此，该项交换属于非货币性资产交换，丁公司的情况也类似。由于两项资产的公允价值不能可靠计量，因此，丙、丁公司换入资产的成本均应当按照换出资产的账面价值确定。

丙公司的账务处理：

借：固定资产清理	2 000 000	
累计折旧	3 000 000	
贷：固定资产——专有设备		5 000 000
借：长期股权投资	1 800 000	
银行存款	200 000	
贷：固定资产清理		2 000 000

丁公司的账务处理：

借：固定资产——专有设备	1 200 000	
贷：长期股权投资	1 000 000	
银行存款		200 000

从上例可以看出，尽管丁公司支付了 20 万元补价，但由于整个非货币性资产交换是以账面价值为基础计量的，支付补价方和收到补价方均不确认损益。对丙公司而言，换入资产是长期股权投资和银行存款 20 万元，换出资产专有设备的账面价值为 200 万元(500 – 300)，因此，长期股权投资的成本就是换出设备的账面价值减去货币性资产补价的差额，即 180 万元(200 – 20)；对丁公司而言，换出资产是长期股权投资和银行存款 20 万元，换入资产

专有设备的成本等于换出资产的账面价值，即 120 万元(100+20)。由此可见，在以账面价值计量的情况下，发生的补价是用来调整换入资产的成本，不涉及确认损益问题。

三、涉及多项非货币性资产交换的会计处理

企业以一项非货币性资产同时换入另一企业的多项非货币性资产，或同时以多项非货币性资产换入另一企业的一项非货币性资产，或以多项非货币性资产同时换入多项非货币性资产，也可能涉及补价。涉及多项资产的非货币性资产交换，企业无法将换出的某一资产与换入的某一特定资产相对应。与单项非货币性资产之间的交换一样，涉及多项资产的非货币性资产交换的计量，企业也应当首先判断是否符合以公允价值计量的两个条件，再分别视情况确定各项换入资产的成本涉及多项资产的非货币性资产交换。

(一) 以公允价值计量的情况

(1) 以换出资产的公允价值为基础计量的。

① 同时换入的多项资产，通常无法将换出资产与换入的某项特定资产相对应，应当按照各项换入资产的公允价值的相对比例(换入资产的公允价值不能够可靠计量的，可以按照换入的金融资产以外的各项资产的原账面价值的相对比例或其他合理的比例)，将换出资产公允价值总额(涉及补价的，加上支付补价的公允价值或减去收到补价的公允价值)扣除换入金融资产公允价值后的净额进行分摊，分摊至各项换入资产，以分摊额和应支付的相关税费作为各项换入资产的成本进行初始计量。

② 对于同时换出的多项资产，应当将各项换出资产的公允价值与其账面价值之间的差额，在各项换出资产终止确认时计入当期损益。

(2) 以换入资产的公允价值为基础计量的。

① 同时换入的多项资产，应当以各项换入资产的公允价值和应支付的相关税费作为各项换入资产的初始计量金额。

② 同时换出的多项资产，通常无法将换出资产与换入的某项特定资产相对应，应当按照各项换出资产的公允价值的相对比例(换出资产的公允价值不能够可靠计量的，可以按照各项换出资产的账面价值的相对比例)，将换入资产的公允价值总额(涉及补价的，减去支付补价的公允价值或加上收到补价的公允价值)分摊至各项换出资产，分摊额与各项换出资产账面价值之间的差额，在各项换出资产终止确认时计入当期损益。

【例 1-4】 甲公司和乙公司均为增值税一般纳税人，适用的增值税税率均为 13%。2019 年 9 月，为适应业务发展的需要，经协商，甲公司决定以生产经营过程中使用的机器设备和专用货车换入乙公司生产经营过程中使用的小汽车和客运汽车。甲公司设备的账面原价为 2 000 万元，在交换日的累计折旧为 600 万元，公允价值为 1 500 万元；货车的账面原价为 500 万元，在交换日的累计折旧为 450 万元，公允价值为 100 万元。乙公司小汽车的账面原价为 1 200 万元，在交换日的累计折旧为 600 万元，公允价值为 700 万元；客运汽车的账面原价为 1 800 万元，在交换日的累计折旧为 800 万元，公允价值为 900 万元。

假定甲公司和乙公司都没有为换出资产计提减值准备；甲公司换入乙公司的小汽车、客运汽车作为固定资产使用和管理；乙公司换入甲公司的设备、货车作为固定资产使用和

管理。假定甲公司和乙公司上述交易涉及的增值税进项税额按照税法规定可抵扣且已得到认证；不考虑其他相关税费。

分析：本例没有涉及收付货币性资产，可以认定这一涉及多项资产的交换行为属于非货币性资产交换。对于甲公司而言，为了拓展运输业务，需要小汽车、客运汽车等，乙公司为了扩大产品生产，需要设备和货车，换入资产对换入企业均能发挥更大的作用。因此，该项涉及多项资产的非货币性资产交换，具有商业实质；同时，各单项换入资产和换出资产的公允价值均能可靠计量，因此，甲、乙公司均应当以公允价值为基础确定换入资产的总成本，确认产生的相关损益。同时，按照各单项换入资产的公允价值占换入资产公允价值总额的比例，确定各单项换入资产的成本。

(1) 甲公司的账务处理：

① 根据税法的有关规定：

换出设备的增值税销项税额 = 1 500 × 13% = 195 (万元)

换出货车的增值税销项税额 = 100 × 13% = 13 (万元)

换入小汽车、客运汽车的增值税进项税额 = (700 + 900) × 13% = 208 (万元)

② 计算换入资产、换出资产公允价值总额：

换出资产公允价值总额 = 1 500 + 100 = 1 600 (万元)

换入资产公允价值总额 = 700 + 900 = 1 600 (万元)

③ 计算换入资产总成本：

换入资产总成本 = 换出资产公允价值 − 收到的补价 + 应支付的相关税费

= 1 600 − 0 + 0

= 1 600 (万元)

④ 计算确定换入各项资产的公允价值占换入资产公允价值总额的比例：

小汽车公允价值占换入资产公允价值总额的比例 = 700 / 1 600 = 43.75%

客运汽车公允价值占换入资产公允价值总额的比 = 900 / 1 600 = 56.25%

⑤ 计算确定换入各项资产的成本：

小汽车的成本 = 1 600 × 43.75% = 700 (万元)

客运汽车的成本 = 1 600 × 56.25% = 900 (万元)

⑥ 会计分录：

借：固定资产清理	14 500 000	
累计折旧	10 500 000	
贷：固定资产——设备		20 000 000
——货车		5 000 000
借：固定资产——小汽车	7 000 000	
——客运汽车	9 000 000	
应交税费——应交增值税(进项税额)	208 000	
贷：固定资产清理		14 500 000
应交税费——应交增值税(销项税额)		208 000
资产处置损益		1 500 000

(2) 乙公司的账务处理。

① 根据税法的有关规定：

换入货车的增值税进项税额 = 100 × 13% = 13 (万元)

换入设备的增值税进项税额 = 1 500 × 13% = 195 (万元)

换出小汽车、客运汽车的增值税销项税额 = (700 + 900) × 13% = 208 (万元)

② 计算换入资产、换出资产公允价值总额：

换入资产公允价值总额 = 1 500 + 100 = 1 600 (万元)

换出资产公允价值总额 = 700 + 900 = 1 600 (万元)

③ 确定换入资产总成本：

换入资产总成本 = 换出资产公允价值 + 支付的补价 = 1 600 + 0 = 1 600 (万元)

④ 计算确定换入各项资产的公允价值占换入资产公允价值总额的比例：

设备公允价值占换入资产公允价值总额的比例 = 1 500 / 1 600 = 93.75%

货车公允价值占换入资产公允价值总额的比例 = 100 / 1 600 = 6.25%

⑤ 计算确定换入各项资产的成本：

设备的成本 = 1 600 × 93.75% = 1 500 (万元)

货车的成本 = 1 600 × 6.25% = 100 (万元)

⑥ 会计分录：

借：固定资产清理	16 000 000	
累计折旧	14 000 000	
贷：固定资产——小汽车		12 000 000
——客运汽车		18 000 000
借：固定资产——设备	15 000 000	
——货车	1 000 000	
应交税费——应交增值税(进项税额)	2 080 000	
贷：固定资产清理		16 000 000
应交税费——应交增值税(销项税额)		2 080 000

(二) 以账面价值计量的情况

以账面价值为基础计量的非货币性资产交换，如涉及换入多项资产或换出多项资产，或者同时换入和换出多项资产的，应当分别对换入的多项资产、换出的多项资产进行会计处理。

(1) 对于换入的多项资产，由于通常无法将换出资产与换入的某项特定资产相对应，应当按照各项换入资产的公允价值的相对比例(换入资产的公允价值不能够可靠计量的，也可以按照各项换入资产的原账面价值的相对比例或其他合理的比例)，将换出资产的账面价值总额(涉及补价的，加上支付补价的账面价值或减去收到补价的公允价值)分摊至各项换入资产，加上应支付的相关税费，作为各项换入资产的初始计量金额。

(2) 对于同时换出的多项资产，各项换出资产终止确认时均不确认损益。

【例 1-5】 2019 年 7 月，甲公司因改变经营战略，原生产产品的专有设备和专利技术等已无法使用，经与乙公司协商，将其专有设备连同专利技术与乙公司正在建造过程中的一幢建筑物及对丙公司的长期股权投资进行交换。甲公司换出专有设备的账面原价为

1 500 万元，已提折旧 700 万元；专利技术账面原价为 500 万元，已摊销金额为 250 万元。乙公司在建工程截止到交换日的成本为 600 万元，对丙公司的长期股权投资账面余额为 150 万元。由于甲公司持有的专有设备和专利技术在市场上已不多见，因此公允价值不能可靠计量。乙公司的在建工程因完工程度难以合理确定，其公允价值不能可靠计量。由于丙公司不是上市公司，乙公司对丙公司长期股权投资的公允价值也不能可靠计量。假定甲、乙公司均未对上述资产计提减值准备，不考虑相关税费等因素。

分析：本例不涉及收付货币性资产，属于非货币性资产交换。由于换入资产、换出资产的公允价值均不能可靠计量，甲、乙公司均应当以换出资产账面价值总额作为换入资产的成本，各项换入资产的成本，应当按各项换入资产的账面价值占换入资产账面价值总额的比例分配后确定。

(1) 甲公司的账务处理。

① 计算换入资产、换出资产账面价值总额：

换入资产账面价值总额 = 600 + 150 = 750 (万元)

换出资产账面价值总额 = (1 500 − 700) + (500 − 250) = 1 050 (万元)

② 确定换入资产总成本：

换入资产总成本 = 1 050 (万元)

③ 计算各项换入资产账面价值占换入资产账面价值总额的比例：

在建工程占换入资产账面价值总额的比例 = 600 / 750 = 80%

长期股权投资占换入资产账面价值总额的比例 = 150 / 750 = 20%

④ 确定各项换入资产成本：

在建工程成本 = 1 050 × 80% = 840 (万元)

长期股权投资成本 = 1 050 × 20% = 210 (万元)

⑤ 会计分录：

借：固定资产清理	8 000 000	
累计折旧	7 000 000	
贷：固定资产——专有设备		15 000 000
借：在建工程	8 400 000	
长期股权投资	2 100 000	
累计摊销	2 500 000	
贷：固定资产清理		8 000 000
无形资产——专利技术		5 000 000

(2) 乙公司的账务处理。

① 计算换入资产、换出资产账面价值总额：

换入资产账面价值总额 = (1 500 − 700) + (500 − 250) = 1 050 (万元)

换出资产账面价值总额 = 600 + 150 = 750 (万元)

② 确定换入资产总成本：

换入资产总成本 = 750 (万元)

③ 计算各项换入资产账面价值占换入资产账面价值总额的比例：

专有设备占换入资产账面价值总额的比例 = 800 / 1 050 = 76.19%

专利技术占换入资产账面价值总额的比例 = 250 / 1 050 = 23.81%

④ 确定各项换入资产成本：

专有设备成本 = 750 × 76.19% = 571.425 (万元)

专利技术成本 = 750 × 23.81% = 178.575 (万元)

⑤ 会计分录：

借：固定资产——专有设备	5 714 250	
无形资产——专利技术	1 785 750	
贷：在建工程		6 000 000
长期股权投资		1 500 000

✦✦✦✦✦ 练 习 题 ✦✦✦✦✦

一、单项选择题

1. 确定一项资产是货币性资产还是非货币性资产的主要依据是(　　)。

A. 是否可以给企业带来经济利益

D. 是否具有流动性

C. 是否为出售而持有

D. 将为企业带来的经济利益是否是固定或可确定的

2. 下列各项目中，不属于货币性资产的是(　　)。

A. 存出投资款　　B. 信用卡存款

C. 股票投资　　D. 准备持有至到期的债券投资

3. 甲、乙公司为增值税一般纳税人，增值税税率为 13%，公允价值即计税价值，2019 年完成一项非货币性交易，甲公司本期以自用 A 设备交换乙公司的 B 产品，换入的 B 产品作为固定资产管理。甲公司的 A 设备账面原值为 270 万元，在交换日的公允价值为 270 万元，已计提折旧 10 万元，乙公司 B 产品成本为 240 万元，公允价值为 270 万元，消费税率 5%，假设交换具有商业实质，不考虑除增值税、消费税以外的税费，则甲公司换入 B 产品的入账价值是(　　)万元。

A. 270　　B. 260　　C. 246.5　　D. 258.3

4. 接上题，乙公司换入 A 设备的入账价值是(　　)万元。

A. 297　　B. 283.5　　C. 270　　D. 253.5

5. 甲公司以生产经营用的 A 设备和 B 设备交换乙公司生产经营用的 C 设备和 D 设备。有关资料如表 1-1，假设不考虑相关税费，问甲公司取得的 D 设备的入账价值为(　　)万元。

表 1-1　甲、乙公司设备资料

	甲公司/元		乙公司/元	
	A	B	C	D
原值	30 000	25 000	12 000	42 000
累计折旧	2 000	9 000	6 000	5 000
账面价值	28 000	16 000	6 000	37 000
公允价值	28 000	18 000	6 000	40 000

A．40 000　　B．37 000　　C．38 261　　D．35 391

6．接上题，问乙公司取得的 B 设备的入账价值为(　　)元。

A．16 000　　B．18 000　　C．14 956　　D．16 826

二、多项选择题

1．以下属于非货币性资产的是(　　)。

A．固定资产　　B．应收账款　　C．存货

D．股权投资　　E．不准备持有至到期的债券投资

2．以下属于货币性资产的是(　　)。

A．应收补贴款　　B．应收账款　　C．存货

D．短期股票投资　　E．准备持有至到期的债券投资

3．下列各项交易中，属于非货币性交易的有(　　)。

A．以固定资产换入股权

B．以银行汇票购买原材料

C．以长期股权投资换入原材料

D．以存货抵偿债务

E．以无形资产换入长期股权投资

4．以下可以判断为非货币性交易的是(　　)。

A．收到的补价与换出资产账面价值的比≥25%

B．收到的补价与换出资产公允价值的比≤25%

C．支付的补价与换出资产公允价值的比≥25%

D．支付的补价占换出资产公允价值及补价之和的比例≤25%

E．支付的补价占换出资产账面价值及补价之和的比例≤25%

5．甲、乙两企业进行非货币性交易，以下直接影响甲企业换入资产入账价值的项目是(　　)。

A．乙企业为交易固定资产支付的清理费用

B．乙企业计提的固定资产减值准备

C．乙企业支付的补价

D．乙企业为交易存货交纳的增值税销项税额

E．乙企业为交易存货交纳的消费税

三、判断题

1．非货币性交易准则规范了所有非货币性交易．包括企业合并中发生非货币性交易。(　　)

2．应收票据和应收股利都属于货币性资产。(　　)

3．应收账款和预付账款都属于货币性资产。(　　)

4．由于增值税为价外税，所以增值税税率的变动对换入或换出资产的入账价值没有影响。(　　)

5．非货币性交易的核算中，无论是支付补价一方还是收到补价一方，都要解决换入资产的入账价值和换出资产的收益确认问题。(　　)

四、计算分析题

本期末甲公司以持有的股票投资交换乙公司的一台生产设备，换入的生产设备作为固定资产管理。在交换日，甲公司股票投资的账面余额为 100 000 元，已计提的减值准备为 20 000 元，公允价值即市价为 85 000 元，乙公司生产设备的账面原价为 120 000 元，已计提的累计折旧为 30 000 元，支付清理费 5000 元，公允价值 85 000 元，没有计提减值准备，假设不考虑相关税费，交易具有商业实质。

要求：写出甲、乙公司与交易相关的会计分录。

第二章

职 工 薪 酬

教学目的与要求

通过本章的学习，了解职工、职工薪酬的范围和分类，掌握短期薪酬的会计处理、离职后福利的会计处理及辞退福利的会计处理，理解其他长期职工福利的会计处理。

第一节 职工薪酬概述

一、职工及职工薪酬的概念

(一) 职工的概念

按照《企业会计准则第 9 号——职工薪酬》关于职工的定义，职工是指与企业订立劳动合同的所有人员，含全职、兼职和临时职工，也包括虽未与企业订立劳动合同但由企业正式任命的人员。

未与企业订立劳动合同或未由其正式任命，但向企业所提供服务与职工所提供服务类似的人员，也属于职工的范畴，包括通过企业与劳务中介公司签订用工合同而向企业提供服务的人员。

(二) 职工薪酬的概念

按照《企业会计准则第 9 号——职工薪酬》关于职工薪酬的定义，职工薪酬是指企业为获得职工提供的服务或解除劳动关系而给予的各种形式的报酬或补偿。职工薪酬包括短期薪酬、离职后福利、辞退福利和其他长期职工福利。需要注意的是，企业提供给职工配偶、子女、受赡养人、已故员工遗属及其他受益人等的福利，也属于职工薪酬。

二、职工薪酬的分类

(一) 短期薪酬

短期薪酬是指企业在职工提供相关服务的年度报告期间结束后十二个月内需要全部予以支付的职工薪酬。需要注意的是，因解除与职工的劳动关系给予的补偿除外，它属于辞退福利的范畴。

(二) 离职后福利

离职后福利是指企业为获得职工提供的服务而在职工退休或与企业解除劳动关系后，提供的各种形式的报酬和福利，短期薪酬和辞退福利除外。

(三) 辞退福利

辞退福利是指企业在职工劳动合同到期之前解除与职工的劳动关系，或者为鼓励职工自愿接受裁减而给予职工的补偿。

(四) 其他长期职工福利

其他长期职工福利是指除短期薪酬、离职后福利、辞退福利之外所有的职工薪酬，包括长期带薪缺勤、长期残疾福利、长期利润分享计划等。

第二节 短期薪酬

企业在职工为其提供服务的会计期间，应当将实际发生的短期薪酬确认为负债，并计入当期损益或者计入相关资产成本。短期薪酬主要包括货币性短期薪酬、带薪缺勤、短期利润分享计划及非货币性福利。

一、货币性短期薪酬

职工的工资、奖金、津贴和补贴，大部分的职工福利费、医疗保险费、工伤保险费和生育保险费等社会保险费，住房公积金、工会经费和职工教育经费一般属于货币性短期薪酬。

企业应当根据职工提供服务情况和工资标准计算应计入职工薪酬的工资总额，按照受益对象计入当期损益或相关资产成本，借记“生产成本”“制造费用”“管理费用”等科目，贷记“应付职工薪酬”科目。发放时，借记“应付职工薪酬”，贷记“银行存款”等科目。企业发生的职工福利费，应当在实际发生时根据实际发生额计入当期损益或相关资产成本。

企业为职工缴纳的医疗保险费、工伤保险费、生育保险费等社会保险费和住房公积金，以及按规定提取的工会经费和职工教育经费，应当在职工为其提供服务的会计期间，根据规定的计提基础和计提比例计算确定应享有的职工薪酬金额，并确认相关负债，按照受益对象计入当期损益或相关资产成本。

【例 2-1】 2018 年 6 月，甲公司当月应发工资 2 000 万元，其中：生产部门的直接生产人员工资 1 000 万元；生产部门管理人员工资 600 万元；公司管理部门人员工资 400 万元。

根据所在地政府规定，公司分别按照职工工资总额的 10%和 8%计提医疗保险费和住房公积金，缴纳给当地社会保险经办机构和住房公积金管理机构。公司分别按照职工工资总额的 2%和 8%计提工会经费和职工教育经费。

假定不考虑企业所得税影响。

分析：先计算应计入应付职工薪酬的成本和费用的金额，

应确认生产成本的金额 = 1 000 + 1 000 × (10% + 8% + 2% + 8%) = 1 280 (万元)

应确认制造费用的金额 = 600 + 600 × (10% + 8% + 2% + 8%) = 768 (万元)

应确认管理费用的金额 = 400 + 400 × (10% + 8% + 2% + 8%) = 512 (万元)

根据业务做如下会计分录：

借：生产成本	12 800 000	
制造费用	7 680 000	
管理费用	5 120 000	
贷：应付职工薪酬——工资		20 000 000
——社会保险费		2 000 000
——住房公积金		1 600 000
——工会经费		400 000
——职工教育经费		1 600 000

二、带薪缺勤

带薪缺勤指企业对员工支付工资或提供补偿的某些缺勤，如病假、婚假、产假、年休假、丧假等。根据缺勤的性质和职工享有的权利可将带薪缺勤分为累积带薪缺勤和非累积带薪缺勤。

(一) 累积带薪缺勤

累积带薪缺勤，是指带薪权利可以结转下期的带薪缺勤，本期尚未用完的带薪缺勤权利可以在未来期间使用。企业应当在职工提供了服务从而增加了其未来享有的带薪缺勤权利时，确认与累积带薪缺勤相关的职工薪酬，并以累积未行使权利而增加的预期支付金额计量。

有些累积带薪缺勤在职工离开企业时，对未行使的权利，职工有权获得现金支付。如果职工在离开企业时能够获得现金支付，企业就应当确认企业必须支付的、职工全部累积未使用权利的金额。如果职工在离开企业时不能获得现金支付，则企业应当根据资产负债表日因累积未使用权利而导致的预期支付的追加金额，作为累积带薪缺勤费用进行预计。

【例 2-2】 甲公司共有 300 名员工，从 2018 年 1 月 1 日起，实行累积带薪缺勤制度，该制度规定，每个员工每年可享受 5 个工作日带薪年休假。2018 年 12 月 31 日，每个员工当年平均未使用带薪年休假为 2 天。甲公司预计 2019 年企业的 250 名员工将享受不超过 5 天的带薪休假，剩余 50 名总部管理员工每人将平均享受 6 天年休假，甲公司平均每名员工每个工作日工资为 500 元。假定该公司的带薪缺勤制度规定，未使用的权利只能结转一年，超过 1 年未使用的权利将作废。(不考虑所得税的影响)

甲公司在 2018 年末，应当预计由于未使用累计带薪缺勤而确认的负债金额：

$$50 \times 1 \times 500 = 25\ 000\ (万元)$$

相应的账务处理：

借：管理费用　25 000

　　贷：应付职工薪酬——累积带薪缺勤　25 000

假定2019年12月31日，上述50名总部管理人员中有40名享受了6天年休假，并随同正常工资以银行存款支付。另有10名只享受了5天休假。

2019年，甲公司账务处理：

借：应付职工薪酬——累积带薪缺勤　(40×1天×500) 20 000

　　贷：银行存款　20 000

借：应付职工薪酬——累积带薪缺勤　(10×1天×500) 5 000

　　贷：管理费用　5 000

资料同上，假定甲公司的带薪制度规定，未使用的权利可以在以后年度无限结转，员工离开公司时可以获得现金支付。假定250名员工为直接生产工人。

甲公司在2018年末的账务处理：

借：管理费用　(50×2天×500) 50 000

　　生产成本　(250×2天×500) 250 000

　　贷：应付职工薪酬——累积带薪缺勤　30 000

(二) 非累积带薪缺勤

非累积带薪缺勤，是指带薪权利不能结转下期的带薪缺勤，本期尚未用完的带薪缺勤权利将予以取消，并且职工离开企业时也无权获得现金支付。

我国企业职工休婚假、产假、丧假、探亲假、病假期间的工资通常属于非累积带薪缺勤。由于职工提供服务本身不能增加其能够享受的福利金额，企业在职工未缺勤时不应当计提相关费用和负债；企业应在职工缺勤时确认职工享有的带薪权利，即视同职工出勤确认的相关资产成本或当期费用。通常情况下，与非累积带薪缺勤相关的职工薪酬已经包括在企业每期向职工发放的工资等薪酬中，因此，不必额外进行相应的账务处理。

三、短期利润分享计划

企业制定有利润分享计划的，如规定当职工在企业工作了特定期限后，能够享有按照企业净利润的一定比例计算的薪酬，如果职工在企业工作到特定期末，其提供的服务就会增加企业应付职工薪酬金额，或者尽管企业没有支付这类薪酬的法定义务，但是有支付此类薪酬的惯例，或者说企业除了支付此类薪酬外没有其他现实的选择，企业应当及时按照本准则的规定，进行有关会计处理。

利润分享计划同时满足下列条件的，企业应当确认相关的应付职工薪酬，并计入当期损益或者相关资产成本：① 企业因过去事项导致现在具有支付职工薪酬的法定义务；② 因利润分享计划所产生的应付职工薪酬义务金额能够可靠估计。

属于以下三种情形之一的，视为义务金额能够可靠估计：

(1) 在财务报告批准报出之前企业已确定应支付的薪酬金额；

(2) 该利润分享计划的正式条款中包括确定薪酬金额的方式；

(3) 过去的惯例为企业确定推定义务金额提供了明显证据。

注：企业根据其经济效益增长的实际情况提取的奖金，属于奖金计划，应当比照利润分享计划进行处理。

职工只有在企业工作一段特定期间才能分享利润的，企业在计量利润分享计划产生的应付职工薪酬时，应当反映职工因离职而没有得到利润分享计划支付的可能性。

如果企业在职工为其提供相关服务的年度报告期间结束后12个月内，不需要全部支付利润分享计划产生的应付职工薪酬，则该利润分享计划应当适用本准则其他长期职工福利的有关规定。

【例2-3】　甲公司于2019年初制定了一项利润分享计划，要求甲公司将其至2019年12月31日止会计年度的税前利润的指定比例支付给在2019年7月1日至2020年6月30日为甲公司提供服务的职工。该奖金于2020年6月30日支付。

(1) 2019年12月31日止税前利润为500万元。如果甲公司在2019年7月1日至2020年6月30日期间没有职工离职，则当年利润分享计划的支付总额为税前利润的4%。甲公司估计职工离职将使支付额降低至税前利润的50%的2%(其中，直接参加生产的职工享有1%，总部管理人员享有1%)，不考虑个人所得税的影响。

分析：该利润分享计划虽然是依据税前利润的4%，但是业绩确实基于2019年7月1日至2020年6月30日期间提供的服务，所以应按照预计支付金额作账务处理，至2020年6月30日再按照实际支付情况作差额调整即可。

2019年12月31日的账务处理：

借：生产成本　(5 000 000 × 50% × 1%) 25 000
　　管理费用　(5 000 000 × 50% × 1%) 25 000
　　贷：应付职工薪酬——利润分享计划　50 000

(2) 2020年6月30日，甲公司的职工离职使其支付的利润分享金额为2019年度税前利润的3%(直接参加生产的职工享有1.2%，总部管理人员享有1.8%)。

2020年6月30日的账务处理如下：

借：生产成本　(5 000 000 × 1.2% − 25 000) 35 000
　　管理费用　(5 000 000 × 1.8% − 25 000) 65 000
　　贷：应付职工薪酬——利润分享计划　(5 000 000 × 3% − 50 000) 100 000

四、非货币性福利

企业向职工提供非货币性福利的，应当按照公允价值计量。公允价值不能可靠取得的，可以采用成本计量。

企业向职工提供的非货币性福利，应当分别情况处理：

(一) 以自产产品或外购商品发放给职工作为福利

企业以其生产的产品作为非货币性福利提供给职工的，应当按照该产品的公允价值和相关税费，计量应计入成本费用的职工薪酬金额。相关收入的确认、销售成本的结转和相关税费的处理，与正常商品销售相同。以外购商品作为非货币性福利提供给职工的，应当按照该商品的公允价值和相关税费计入成本费用。

需要注意的是，在以自产产品或外购商品发放给职工作为福利的情况下，企业在进行账务处理时，应当先通过“应付职工薪酬”科目归集当期应计入成本费用的非货币性薪酬金额。

【例 2-4】　甲公司是一家生产空调的企业，适用的增值税税率为 13%。甲公司共有职工 2 000 名，其中 1 500 名为直接参加生产的职工，500 名为总部管理人员。

(1) 2019 年 1 月 18 日，甲公司决定以其生产的空调作为节日福利发放给公司每名职工。每台空调的售价为 1.5 万元，成本为 1 万元。假定甲公司于当日将空调发放给各职工。

应当计入生产成本的职工薪酬金额 = 1 500 × 1.5 × 1.13 = 2542.5 (万元)

应当计入管理费用的职工薪酬金额 = 500 × 1.5 × 1.13 = 847.5 (万元)

借：生产成本　　25 425 000
　　管理费用　　8 475 000
　　贷：应付职工薪酬——非货币性福利　　33 900 000

借：应付职工薪酬——非货币性福利　　33 900 000
　　贷：主营业务收入　　(2 000 × 15 000) 300 000 000
　　　　应交税费——应交增值税(销项税额)　　39 000 000

借：主营业务成本　　(2 000 × 10 000) 20 000 000
　　贷：库存商品　　20 000 000

(2) 甲公司 1 月 19 日以外购的每台不含税价格为 4 万元的商品作为福利发放给公司每名职工。以银行存款支付了购买商品的价款和增值税进项税额，已取得增值税专用发票，适用的增值税税率为 13%。决定发放时：

借：生产成本　　(1 500 × 40 000 × 1.13) 67 800 000
　　管理费用　　(500 × 40 000 × 1.13) 22 600 000
　　贷：应付职工薪酬　　90 400 000

购买时：

借：库存商品　　80 000 000
　　应交税费——应交增值税(进项税额)　　10 400 000
　　贷：银行存款　　90 400 000

实际发放时：

借：应付职工薪酬　　90 400 000
　　贷：库存商品　　80 000 000
　　　　应交税费——应交增值税(进项税额转出)　　10 400 000

(二) 将拥有的房屋或租赁住房等资产供职工无偿使用

企业将拥有的房屋等资产无偿提供给职工使用的，应当根据受益对象，将住房每期的公允价值计入当期损益或相关资产成本，同时确认应付职工薪酬。公允价值无法可靠取得的，可以按照成本计量。

租赁住房等资产供职工无偿使用的，应当根据受益对象，将每期应付的租金计入相关资产成本或当期损益，并确认应付职工薪酬。

【例 2-5】 2019 年甲公司为总部各部门经理级别以上的职工提供自建单位宿舍免费使用，同时为副总裁以上高级管理人员每人租赁一套住房。该公司总部共有部门经理以上职工 50 名，每人提供一间单位宿舍免费使用，假定每间单位宿舍每月计提折旧 800 元；该公司共有副总裁以上高级管理人员 9 名，公司为其每人租赁一套月租金为 8 000 元的公寓。

该公司每月应做账务处理：

借：管理费用　　40 000
　　贷：应付职工薪酬——非货币性福利　　40 000
借：应付职工薪酬——非货币性福利　　40 000
　　贷：累计折旧　　40 000
借：管理费用　　72 000
　　贷：应付职工薪酬——非货币性福利　　72 000
借：应付职工薪酬——非货币性福利　　72 000
　　贷：其他应付款　　72 000

(三) 向职工提供企业支付了补贴的商品或服务

企业有时以低于企业取得资产或服务成本的价格向职工提供资产或服务，如以低于成本的价格向职工出售住房、以低于企业支付的价格向职工提供医疗保健服务。以提供包含补贴的住房为例，企业在出售住房等资产时，应当将此类资产的公允价值与其内部售价之间的差额(即相当于企业补贴的金额)分别情况处理：

(1) 如果出售住房的合同或协议中规定了职工在购得住房后至少应当提供服务的年限，且如果职工提前离开则应退回部分差价，企业应当将该项差额作为长期待摊费用处理，并在合同或协议规定的服务年限内平均摊销，根据受益对象分别计入相关资产成本或当期损益。

(2) 如果出售住房的合同或协议中未规定职工在购得住房后必须服务的年限，企业应当将该项差额直接计入出售住房当期相关资产成本或当期损益。

【例 2-6】 2018 年 12 月 10 日，甲房地产开发企业与 12 名高级管理人员分别签订商品房销售合同。合同约定，甲企业将自行开发的 12 套房屋以 500 万元每套的优惠价格销售给 12 名高级管理人员；高级管理人员自取得房屋所有权后必须在甲公司工作 6 年，如果在工作未满 6 年的情况下离职，则需根据服务期限补交款项。2019 年 5 月 20 日甲公司收到 12 名高级管理人员支付的款项 6 000 万元。2019 年 6 月 30 日，甲公司与 12 名高级管理人员办理完毕上述房屋的产权过户手续。上述房屋成本为 400 万元每套，市场价格为 600 万元每套。假设不考虑相关税费。

甲公司的财务处理：

(1) 出售住房时。

借：银行存款　　60 000 000
　　长期待摊费用　　12 000 000
　　贷：主营业务收入　　72 000 000
借：主营业务成本　　48 000 000
　　贷：开发产品　　48 000 000

(2) 出售住房后，每年公司应当按照直线法在 6 年内摊销长期待摊费用。

2019 年摊销的分录为：

借：管理费用　(12 000 000 / 6 / 2)	1 000 000	
贷：应付职工薪酬		1 000 000
借：应付职工薪酬	1 000 000	
贷：长期待摊费用		1 000 000

(3) 资料同上，假定没有规定高级管理人员自取得房屋所有权后在甲公司的工作年限。

借：管理费用	12 000 000	
贷：应付职工薪酬		12 000 000
借：应付职工薪酬	12 000 000	
银行存款	60 000 000	
贷：主营业务收入		72 000 000
借：主营业务成本	48 000 000	
贷：开发产品		48 000 000

第三节　离职后福利的确认与计量

离职后福利，是指企业为获得职工提供的服务而在职工退休或与企业解除劳动关系后，提供的各种形式的报酬和福利，短期薪酬和辞退福利除外。离职后福利包括退休福利(如养老金和一次性的退休支付)及其他离职后福利(如离职后人寿保险和离职后医疗保障)。如果企业提供此类福利，无论其是否设立了一个单独的主体来接受提存金和支付福利，均应适用本准则的相关要求。

职工的离职后福利，如在正常退休时获得的养老金，是其与企业签订的劳动合同到期时，或者职工达到了国家规定的退休年龄时获得的离职后生活补偿金额。此种情况下给予补偿的事项是职工在职时提供的服务而不是退休本身。因此，企业应当在职工提供服务的会计期间进行确认和计量。

离职后福利计划，是指企业与职工就离职后福利达成的协议，或者企业为向职工提供离职后福利制定的规章或办法等。企业应当将离职后福利计划分类为设定提存计划和设定受益计划两种类型。

一、设定提存计划

设定提存计划，是指向独立的基金缴存固定费用后，企业不再承担进一步支付义务的离职后福利计划。

设定提存计划的会计处理比较简单，因为企业在每一期间的义务取决于该期间将要提存的金额。因此，在计量义务或费用时不需要精算假设，通常也不存在精算利得或损失。

企业应在资产负债表日确认为换取职工在会计期间内为企业提供的服务而应付给设定提存计划的提存金，并作为一项费用计入当期损益或相关资产成本。

【例 2-7】 2019 年 8 月，甲公司生产部门生产工人工资为 900 万元；生产部门管理人员工资为 150 万元；管理部门管理人员工资为 200 万元。有关设定提存计划的资料如下：

(1) 甲公司依据所在地政府的规定，按照职工工资总额的 12%计提基本养老保险费，缴存当地社会保险经办机构。本月甲公司缴存的基本养老保险费，会计处理如下：

借：生产成本	1 080 000	
制造费用	180 000	
管理费用	240 000	
贷：应付职工薪酬——设定提存计划		1 500 000

(2) 甲公司为管理人员设立了一项企业年金：每月该企业按照每个管理人员工资的 4%向独立于甲公司的年金基金缴存企业年金，年金基金将其计入该管理人员个人账户并负责资金的运作。该管理人员退休时可以一次性获得其个人账户的累积额，包括公司历年来的缴存额以及相应的投资收益。公司除了按照约定向年金基金缴存之外不再负有其他义务，既不享有缴存资金产生的收益，也不承担投资风险。本月按照计划安排向年金基金缴存的金额为 14 万元。该福利计划为设定提存计划，会计处理如下：

借：管理费用	140 000	
贷：应付职工薪酬		140 000
借：应付职工薪酬	140 000	
贷：银行存款		140 000

本月按照计划安排向年金基金缴存的金额为 14 万元。

二、设定受益计划

设定受益计划是指除设定提存计划以外的离职后福利计划。两者的区分取决于计划的主要条款和条件所包含的经济实质。

设定受益计划，是在企业年金计划中根据一定的标准(职工服务年限、工资水平等)确定每个职工退休后每期的年金收益水平，由此倒算出企业每期应为职工缴费的金额。由于职工在退休后每期所能获得的年金是固定的，年金缴费和投资运营的风险都由企业承担，因而也称作“待遇确定型计划”。此概念与设定提存计划的区别在于设定提存计划的企业把钱交给中介机构运作，此后不再承担精算风险和投资风险。

当企业通过以下方式负有法定义务时，该计划就是一项设定受益计划：

(1) 计划福利公式不仅仅与提存金金额相关，且要求企业在资产不足以满足该公式的福利时提供进一步的提存金；

(2) 通过计划间接地或直接地对提存金的特定回报作出担保。

设定受益计划的形式可分为两类：不注入资金或者可能全部或部分地由企业或其职工向法律上独立于报告主体的企业或者基金，以缴纳提存金形式注入资金，并由其向职工支付福利。到期时已注资福利的支付不仅取决于基金的财务状况和投资业绩，而且取决于企业补偿基金资产短缺的能力和意愿。企业实质上承担着与计划相关的精算风险和投资风险。因此，设定受益计划所确认的费用并不一定是本期应付的提存金金额。

注意：企业如果存在一项或多项设定受益计划的，则对于每一项计划应当分别进行会计处理。

设定受益计划的核算涉及四个步骤：

1. 确定设定受益义务现值和当期服务成本

企业应当通过下列两步确定设定受益义务现值和当期服务成本。

(1) 根据预期累计福利单位法，采用无偏且相互一致的精算假设对有关人口统计变量(如职工离职率和死亡率)和财务变量(如未来薪金和医疗费用的增加)等做出估计，计量设定受益计划所产生的义务，并确定相关义务的归属期间。

(2) 根据资产负债表日与设定受益计划义务期限和币种相匹配的国债或活跃市场上的高质量公司债券的市场收益率确定折现率，将设定受益计划所产生的义务予以折现，以确定设定受益计划义务的现值和当期服务成本。

设定受益义务的现值，是指企业在不扣除任何计划资产的情况下，为履行当期和以前期间职工服务产生的义务所需的预期未来支付额的现值。由于涉及预期未来支付，所以设定受益计划的最终义务受到许多变量(如最终薪金、职工流动率和死亡率、职工缴付的提存金以及医疗费用趋势)的影响。在折现时，即使有部分义务预期在报告期后的 12 个月内结算，企业仍应对整项义务进行折现。企业应当就至报告期末的任何重大交易及环境的其他重大变化(包括市场价格和利率的变化)进行调整，在每年度报告期末对估值的某些方面进行复核(如计划资产的公允价值及财务假设，折现率及薪酬增长率等)。

企业应当通过预期累计福利单位法确定其设定受益义务的现值、相关的当期服务成本和过去服务成本。

(1) 企业应当根据的预期累计福利单位法，在国际会计准则表述中称之为按服务比例的应计福利费。其计算方法为退休后根据精算假设计算的福利除以服务年数，采用无偏且相互一致的精算假设对有关人口统计变量和财务变量等作出估计，计量设定受益计划所产生的义务，并确定相关义务的归属期间。

(2) 企业应当根据资产负债表日与设定受益计划义务期限和币种相匹配的国债或活跃市场上的高质量公司债券的市场收益率确定折现率，将设定受益计划所产生的义务予以折现，以确定设定受益计划义务的现值和当期服务成本。

有如下几个方面需要注意：

(1) 精算假设由人口统计假设和财务假设构成。人口统计假设包括死亡率、职工的离职率、伤残率、提前退休率等。财务假设包括折现率、福利水平和未来薪酬等。

(2) 折现率应当根据资产负债表日与设定受益计划义务期限和币种相匹配的国债或者活跃市场上的高质量公司债券的市场收益率来确定。在我国一般是国债收益率作为折现率。

(3) 当职工后续年度的服务将导致其享有的设定受益计划福利水平显著高于以前年度时，企业应当按照直线法将累计设定受益计划义务分摊确认于职工提供服务而导致企业第一次产生设定受益计划福利义务至职工提供服务不再导致该福利义务显著增加的期间。在确定后续年度服务是否将导致职工享有的设定受益福利水平显著高于以前年度时，不应考虑仅因未来工资水平提高而导致设定受益计划义务显著增加的情况。

(4) 经验调整是设定受益计划义务的实际数与估计数之间的差异。在某些情况下，需要运用职业判断，如果福利水平的增加是由于精算假设与实际经验的差异造成的，则最终要确定精算利得和损失；如果是由于计划的修改造成的，则要确认过去服务成本。

【例 2-8】 甲公司在 2018 年 1 月 1 日设立了一项设定受益计划，并于当日开始实施，该设定受益计划规定：

(1) 甲公司在为其在职员工提供统筹养老外再补充退休金，这些职工在退休后每年可以额外获得 10 万元退休金，直至去世。

(2) 职工获得该补充退休金的条件为自该设定受益计划开始日起一直为公司服务至退休。

符合该计划的职工为 200 人，当前平均年龄为 45 岁，退休年龄为 60 岁，还可以为公司服务 15 年。假定在退休前甲公司的职工无人离职，退休后平均剩余寿命为 15 年。假定适用的折现率为 9%。并且假定不考虑未来通货膨胀影响等其他因素。

计算：

(1) 设定受益计划的现值；

(2) 职工在 2018 年和 2019 年服务期间的每期服务成本。(已知(P/A, 9%, 15) = 8.060 7)

甲公司账务处理：

(1) 设定受益计划义务的现值的计算过程为：退休后职工每年每人可以获得 10 万元补充退休金，退休后的寿命平均为 15 年，相当于一个 15 年的每年末可以获得 10 × 200 = 2 000 万元的普通年金形式。而设定受益计划义务的现值即为该年金在退休时点的现值。

设定受益计划义务的现值 = 200 × 10 × (P / A, 9%, 15) = 16 121.4 (万元)

(2) 2018 年的当期服务成本的计算过程：

根据预期累计福利单位法，

2018 年当期服务成本 = (16 121.4 / 15) × (P / F, 10%, 14)

= (16 121.4 / 15) × 0.299 2≈321.57 (万元)

【注：(P / F, 9%, 14) = 0.299 2】

会计分录如下：

借：管理费用(或相关资产成本) 3 215 700

贷：应付职工薪酬——设定受益计划义务 3 215 700

2019 年的当期服务成本的计算过程：2018 年计提的设定受益计划会产生的利息费用为 321.57 × 9%≈28.94 (万元)

当期服务成本 = (16 121.4 / 15) × (P / F, 10%, 13)

= (16 121.4 / 15) × 0.326 2≈350.57 (万元)

【注：(P / F, 9%, 13) = 0.326 2】

2019 年设定受益计划义务合计 = 321.57 + 28.94 + 350.57 = 701.08 (万元)

会计分录如下：

借：财务费用(或相关资产成本) 289 400

贷：应付职工薪酬——设定受益计划义务 289 400

借：管理费用(或相关资产成本) 3 505 700
　　贷：应付职工薪酬——设定受益计划义务 3 505 700

2．确定设定受益计划净负债或净资产

设定受益计划存在资产的，企业应当将设定受益计划义务现值减去设定受益计划资产公允价值所形成的赤字或盈余确认为一项设定受益计划净负债或净资产。

设定受益计划存在盈余的，企业应当以设定受益计划的盈余和资产上限两项的孰低者计量设定受益计划净资产。其中，资产上限，是指企业可从设定受益计划退款或减少未来对设定受益计划缴存资金而获得的经济利益的现值。

计划资产包括长期职工福利基金持有的资产以及符合条件的保险单，不包括企业应付但未付给基金的提存金以及由企业发行并由基金持有的任何不可转换的金融工具。

【例 2-9】　乙公司资料如下：2018 年 1 月 1 日设立了一项设定受益计划，并于当日开始实施。按照预期累计福利单位法计算出设定受益计划的总负债为 200 万元，若该公司专门购置了国债作为计划资产。假设该国债仅能用于偿付企业的福利计划负债(除非在支付所有计划负债后尚有盈余)，且除福利计划负债以外，该企业的其他债权人不能要求用以偿付其他负债，公司没有最低缴存额的限制。

(1) 这笔国债 2018 年的公允价值为 50 万元，则：

设定受益计划净负债 = 设定受益计划的总负债 200 − 国债公允价值 50 = 150 (万元)

(2) 该笔国债 2019 年的公允价值为 300 万元，则：

该项设定受益计划存在盈余 = 国债2019年末的公允价值300 − 设定受益计划的总负债200 = 100 (万元)

假设已知该企业可从设定受益计划退款或减少未来对该计划缴存资金而获得的经济利益的现值(即资产上限)为 160 万元，企业应当以设定受益计划的盈余 100 万元和资产上限 160 万元两项的孰低者计量设定受益计划净资产，则该项设定受益计划净资产为 100 万元。

3．确定应当计入当期损益的金额

报告期末，企业应当在损益中确认的设定受益计划产生的职工薪酬成本包括服务成本和设定受益净负债或净资产的利息净额。

服务成本包括当期服务成本、过去服务成本和结算利得或损失。

(1) 当期服务成本，是指因职工当期服务导致的设定受益义务现值的增加额。

【例 2-10】　接甲公司资料。当期服务成本是按照预期累计福利单位法计算出的归属于当年的福利的现值。2018 年甲公司对该企业职工的当期服务成本为 321.57 万元，2019 年当期服务成本为 350.57 万元，以后各年以此类推。

(2) 过去服务成本，是指设定受益计划的修改所导致的与以前期间职工服务相关的设定受益计划义务现值的增加或减少。

当企业引入或取消一项设定受益计划或是改变现有设定受益计划下的应付福利时，就发生了计划修改。当企业显著减少计划涵盖的职工数量时，就发生了计划缩减。缩减可能源于某单一事件，比如，关闭某个厂房，终止一项经营，暂停或终止一项计划。

过去服务成本是指由于计划修改或缩减所导致职工前期服务的设定受益义务现值的变

化，所有过去服务成本均在其发生的当期计入损益。

【例 2-11】 接甲公司资料。假设 2018 年 1 月 1 日企业建立这项设定受益计划时该企业员工已经入职一年，甲公司股东大会决定一次性增加职工退休福利 30 万元，适用所有年末前在本公司工作的职工，由此计划改变导致设定受益计划增加 30 万元，即过去服务成本增加 30 万元。

甲公司 2019 年年末账务处理：

借：管理费用(或相关资产成本)——当期服务成本　　3 505 700

　　　　　　　　　　　　　　——过去服务成本　　300 000

　　贷：应付职工薪酬——设定受益计划义务　　3 805 700

(3) 结算利得和损失。企业应当在设定受益计划结算时，确认一项结算利得或损失。设定受益计划结算，是指企业为了消除设定受益计划所产生的部分或所有未来义务进行的交易，而不是根据计划条款和所包含的精算假设向职工支付福利。设定受益计划结算利得或损失是下列两项的差额：

① 在结算日确定的设定受益计划义务的现值。

② 结算价格，包括转移的计划资产的公允价值和企业直接发生的与结算相关的支付。

结算是未在计划条款中规定的福利的支付，未纳入精算假设中，因此结算利得或损失应当计入当期损益，而在计划条款中规定的福利的支付(包括可选择福利支付性质的情况)不属于结算，已纳入精算假设中，在支付此类福利时产生利得或损失，则属于精算利得或损失，应作为重新计量的一部分计入其他综合收益。

【例 2-12】 接乙公司资料。假设上述乙公司 2019 年年末因经营困难需要重组，一次性支付给职工退休补贴 500 万元。重组日的该项设定受益计划义务总现值为 701.08 万元，则结算利得为 201.08 万元。

借：应付职工薪酬　　7 010 800

　　贷：银行存款(或设定受益计划资产)　　5 000 000

　　　　管理费用(或相关资产成本)　　2 010 800

(4) 设定受益计划净负债或净资产的利息净额。设定受益计划净负债或净资产的利息净额，是设定受益净负债或净资产在所处期间由于时间流逝产生的变动，包括计划资产的利息收益、设定受益计划义务的利息费用以及资产上限影响的利息。

设定受益计划净负债或净资产的利息净额通过将设定受益计划净负债或净资产乘以确定的折现率来确定。

设定受益计划净负债或净资产的利息净额的计算应考虑资产上限的影响。计划资产的利息收益是计划资产回报的组成部分之一，通过将计划资产公允价值乘以折现率来确定。

【例 2-13】 接乙公司资料。假设该乙公司 2019 年初有设定受益计划净负债 150 万元(设定受益计划净负债 = 设定受益计划的总负债 200 − 国债 2018 年末的公允价值 50 = 150)，2019 年初折现率为 9%，假设没有福利支付和提存金缴存，则其利息费用净额= 150 × 9% = 13.5(万元)

借：财务费用　　135 000

　　贷：应付职工薪酬　　135 000

2020年初有设定受益计划净资产100万元(企业应当以设定受益计划的盈余100万元和资产上限160万元两项的孰低者计量设定受益计划净资产，则该项设定受益计划净资产为100万元)，假设2020年初折现率为9%。则其利息收入净额 = 100 × 9% = 9 (万元)

借：应付职工薪酬　　　　90 000

　　贷：财务费用　　　　90 000

4．确定应当计入其他综合收益的金额

企业应当将重新计量设定受益计划净负债或净资产所产生的变动计入其他综合收益，并且在后续会计期间不允许转回至损益，但企业可以在权益范围内转移这些在其他综合收益中确认的金额。

重新计量设定受益计划净负债或净资产所产生的变动包括下列部分：

(1) 精算利得或损失，即由于精算假设和经验调整导致之前所计量的设定受益计划义务现值的增加或减少。企业未能预计的过高或过低的职工离职率、提前退休率、死亡率、过高或过低的薪酬、福利的增长以及折现率变化等因素，将导致设定受益计划产生精算利得和损失。精算利得或损失不包括因设立、修改或结算设定受益计划所导致的设定受益计划义务现值的变动，或者设定受益计划下应付福利的变动。这些变动产生了过去服务成本或结算利得或损失。

【例2-14】 接甲公司资料。假定甲公司在该计划开始后职工提供服务的第3年年末重新计量该设定受益计划的净负债。甲公司发现，由于预期寿命等精算假设和经验调整导致该设定受益计划义务的现值增加，形成精算损失16万元。

借：其他综合收益　　　　160 000

　　贷：应付职工薪酬——设定受益计划义务　　　　160 000

(2) 计划资产回报，扣除包括在设定受益净负债或净资产的利息净额中的金额。计划资产回报，是指计划资产产生的利息、股利和其他收入，以及计划资产已实现和未实现的利得或损失。即：

计划资产回报 = (期末计划资产 − 期初计划资产) − (本期缴存额 − 本期支付额)

通俗地说，计划资产回报越高，计划资产的公允价值就越高，需要缴存的款项就越少，积累的应付职工薪酬就越少。因此，计划资产回报是权益的一项收益，但是按照会计准则规定，不计入当期损益，而计入其他综合收益。需要说明的是，计划资产回报中利息部分计入当期损益(财务费用)。

(3) 资产上限影响的变动，扣除包括在设定受益计划净负债或净资产的利息净额中的金额。与计划资产回报类似，运用资产上限影响的变动也区分为两部分：计划净资产或计划净负债的利息净额，计入损益；其他资产上限影响的变动计入其他综合收益。

第四节　辞退福利

辞退福利，是指企业在职工劳动合同到期之前解除与职工的劳动关系，或者为鼓励职工自愿接受裁减而给予职工的补偿。辞退福利被视为职工福利的单独类别，是因为导致义务产生的事项是终止雇佣而不是职工的服务。职工福利的形式并不决定其是为了换取服务还是换取终止职工的雇佣而提供。辞退福利通常一整笔支付，但有时也包括通过职工福利计划间接或直接提高离职后福利，或者在职工不再为企业带来经济利益后，将职工工资支付到辞退后未来某一期末等方式。

辞退福利包括两方面的内容：一是在职工劳动合同尚未到期前，不论职工本人是否愿意，企业决定解除与职工的劳动关系而给予的补偿；二是在职工劳动合同尚未到期前，为鼓励职工自愿接受裁减而给予的补偿，职工有权利选择继续在职或接受补偿离职。辞退福利还包括当公司控制权发生变动时，对辞退的管理层人员进行补偿的情况。

在确定企业提供的经济补偿是否为辞退福利时，应当注意以下问题：

(1) 辞退福利与正常退休养老金应当区分开来。辞退福利是在职工与企业签订的劳动合同到期前，企业根据法律与职工本人或职工代表(工会)签订的协议，或者基于商业惯例，承诺当其提前终止对职工的雇佣关系时支付的补偿，引发补偿的事项是辞退。因此，企业应当在辞退时进行确认和计量。

(2) 职工虽然没有与企业解除劳动合同，但未来不再为企业提供服务，不能为企业带来经济利益，企业承诺提供实质上具有辞退福利性质的经济补偿，比照辞退福利处理。

企业向职工提供辞退福利的，应当在以下两者孰早日确认辞退福利产生的职工薪酬负债，并计入当期损益：

(1) 企业不能单方面撤回解除劳动关系计划或裁减建议所提供的辞退福利时。如果企业能够单方面撤回解除劳动关系计划或裁减建议，则表明未来经济利益流出不是很可能，因而不符合负债的确认条件。

(2) 企业确认涉及支付辞退福利的重组相关的成本或费用时。

同时存在下列情况时，表明企业承担了重组义务：

(1) 有详细、正式的重组计划，包括重组涉及的业务、主要地点、需要补偿的员工人数及其岗位性质、预计重组支出、计划实施时间等；

(2) 该重组计划已对外公告。

由于被辞退的职工不再为企业带来未来经济利益，因此，对于所有辞退福利，均应当于辞退计划满足负债确认条件的当期一次计入费用，不计入资产成本。

在确认辞退福利时，需要注意以下两个方面：

(1) 对于分期或分阶段实施的解除劳动关系计划或自愿裁减建议，企业应当将整个计划看作是由各单项解除劳动关系计划或自愿裁减建议组成，在每期或每阶段计划符合预计负债确认条件时，将该期或该阶段计划中提供辞退福利产生的预计负债予以确认，计入该部分计划满足预计负债确认条件的当期管理费用，不能等全部计划都符合确认条件时再予以确认。

(2) 对于企业实施的职工内部退休计划，由于这部分职工不再为企业带来经济利益，企业应当比照辞退福利处理。具体来说，在内退计划符合本准则规定的确认条件时，按照内退计划规定，将自职工停止提供服务日至正常退休日期间、企业拟支付的内退人员工资和缴纳的社会保险费等，确认为预计负债，一次计入当期管理费用，不能在职工内退后各期分期确认因支付内退职工工资和为其缴纳社会保险费而产生的义务。

辞退福利的计量因辞退计划中职工有无选择权而有所不同：

(1) 对于职工没有选择权的辞退计划，应当根据计划条款规定拟解除劳动关系的职工数量、每一职位的辞退补偿等计提应付职工薪酬。

(2) 对于自愿接受裁减的建议，因接受裁减的职工数量不确定，企业应当根据《企业会计准则第 13 号——或有事项》规定，预计将会接受裁减建议的职工数量，根据预计的职工数量和每一职位的辞退补偿等计提应付职工薪酬。

(3) 企业应当按照辞退计划条款的规定，合理预计并确认辞退福利产生的应付职工薪酬。辞退福利预期在其确认的年度报告期间期末后 12 个月内完全支付的，应当适用短期薪酬的相关规定。

(4) 对于辞退福利预期在年度报告期间期末后 12 个月内不能完全支付的，应当适用本准则关于其他长期职工福利的有关规定，即实质性辞退工作在一年内实施完毕但补偿款项超过一年支付的辞退计划，企业应当选择恰当的折现率，以折现后的金额计量应计入当期损益的辞退福利金额。

【例 2-15】 2018 年 12 月 5 日，甲公司董事会做出决议，停止 a 产品的生产，同时将该事业部撤销，并对该事业部员工进行补偿，方案为：对因尚未达到法定退休年龄提前离开公司的员工给予一次性离职补偿 10 万元，同时自其达到法定退休年龄后，按照每年 0.8 万元的标准给予退休后补偿。涉及员工 120 人。每人 10 万元的一次性补偿 1 200 万元已于 12 月 28 日支付。每年 0.8 万元的退休后补偿将于 2019 年 1 月 1 日起陆续发放，根据精算结果，甲公司估计该补偿义务的现值为 700 万元。

分析： 甲公司向员工支付每人 10 万元的补偿款为辞退福利，应于发生时计入当期损益。对员工在达到退休年龄后所支付的补偿款 0.8 万元，属于离职后的福利，应于员工提供服务期间并按照补偿义务的现值为 700 万元计入当期损益。

借：管理费用　　(100 000 × 120 + 7 000 000) 19 000 000
　　贷：应付职工薪酬　　19 000 000
借：应付职工薪酬　　12 000 000
　　贷：银行存款　　12 000 000

第五节　其他长期职工福利

一、其他长期职工福利的定义

其他长期职工福利，是指除短期薪酬、离职后福利和辞退福利以外的其他所有职工福利。其他长期职工福利包括长期带薪缺勤、其他长期服务福利、长期残疾福利、长期利润分享计划和长期奖金计划等。

二、其他长期职工福利的会计核算

1. 符合设定提存计划条件

企业向职工提供的其他长期职工福利，符合设定提存计划条件的，应当按照设定提存计划的有关规定进行会计处理。

2．符合设定受益计划条件

企业向职工提供的其他长期职工福利，符合设定受益计划条件的，企业应当按照设定受益计划的有关规定，确认和计量其他长期职工福利净负债或净资产。在报告期末，企业应当将其他长期职工福利产生的职工薪酬成本确认为下列组成部分：

(1) 服务成本。

(2) 其他长期职工福利净负债或净资产的利息净额。

(3) 重新计量其他长期职工福利净负债或净资产所产生的变动。

为了简化相关会计处理，上述项目的总净额应计入当期损益或相关资产成本。

3．长期残疾福利

长期残疾福利水平取决于职工提供服务期间长短的，企业应在职工提供服务的期间确认应付长期残疾福利义务，计量时应当考虑长期残疾福利支付的可能性和预期支付的期限；与职工提供服务期间长短无关的，企业应当在导致职工长期残疾的事件发生的当期确认应付长期残疾福利义务。

4．递延酬劳

递延酬劳包括按比例分期支付或者经常性定额支付的递延奖金等。这类福利应当按照奖金计划的福利公式来对费用进行确认，或者按照直线法在相应的服务期间分摊确认。如果一个企业内部为其长期奖金计划或者递延酬劳设立一个账户，则这样的其他长期职工福利不符合设定提存计划的条件。

【例 2-16】 2018 年初甲企业为其管理人员设立了一项递延奖金计划：将当年利润的 6%提成作为奖金，但是两年后即 2019 年末才向仍然在职的员工分发。假定 2018 年当年利润为 20 000 万元，且该计划条款中明确规定：员工必须在这两年内持续为该公司服务，如果提前离开将拿不到奖金。选择同期同币种的国债收益率 5%作为折现率进行折现，同时假定 2018 年末精算假设折现率由 5%变为 3%。具体会计处理如下：

第一步：根据预期累计福利单位法，采用无偏且相互一致的精算假设对有关人口统计变量和财务变量等作出估计，计量设定受益计划所产生的义务，并按照同期同币种的国债收益率将设定受益计划所产生的义务予以折现，以确定设定受益计划的现值和当期服务成本。假定不考虑死亡率和离职率等因素，2018 年初预计两年后企业为此计划的现金流支出为 1 200 万元。

(1) 按照预期累计福利单位法，归属于 2018 年的福利 = 1 200/2 = 600 (万元)。

(2) 2018 年的当期服务成本 = 600/(1 + 5%) ≈ 571.43 (万元)。

(3) 2018 年末的设定受益计划义务现值，即设定受益负债 = 600/ (1 + 3%) ≈ 582.52(万元)。

第二步：核实设定受益计划有无计划资产。假设在本例中，该项设定受益计划没有计划资产，2018 年末的设定受益计划净负债即设定受益计划负债为 582.52 万元。

第三步：确定应当计入当期损益的金额。

(1) 2018 年当期服务成本 = 571.43 (万元)。

(2) 2018 年末设定受益计划净负债的利息费用 = 0【注：由于期初负债为 0】

第四步：确定重新计量设定受益计划净负债或净资产所产生的变动，包括精算利得或损失、计划资产回报和资产上限影响的变动三个部分，计入当期损益。由于假设本例中没有计划资产，因此重新计量设定受益计划净负债或净资产所产生的变动仅包括精算利得或损失。

由第一步可知，2018 年末，精算损失为 582.52 – 571.43 = 11.09(万元)。

2018 年末，递延奖金计划的会计处理：

借：管理费用——当期服务成本　　5 714 300

　　　　　——精算损失　　110 900

　　贷：应付职工薪酬——递延奖金计划　　5 825 200

同理，2019 年末，假设折现率仍为 3%，甲企业当期服务成本为 600 万元，设定受益计划净负债的利息费用 = 582.52 × 3% = 17.48 (万元)

借：管理费用　　6 000 000

　　财务费用　　174 800

　　贷：应付职工薪酬——递延奖金计划　　6 174 800

实际支付该项递延奖金时：

借：应付职工薪酬——递延奖金计划　　12 000 000

　　贷：银行存款　　12 000 000

第六节　披　　露

根据《企业会计准则第 9 号——职工薪酬》，企业应当在报表附注中披露与短期职工薪酬有关的下列信息：

(1) 应当支付给职工的工资、奖金、津贴和补贴及其期末应付未付金额。

(2) 应当为职工缴纳的医疗保险费、工伤保险费和生育保险费等社会保险费及其期末应付未付金额。

(3) 应当为职工缴存的住房公积金及其期末应付未付金额。

(4) 为职工提供的非货币性福利及其计算依据。

(5) 依据短期利润分享计划提供的职工薪酬金额及其计算依据。

(6) 其他短期薪酬。

企业应当披露所设立或参与的设定提存计划的性质、计算缴费金额的公式或依据，当期缴费金额以及期末应付未付金额。

企业应当披露与设定受益计划有关的下列信息：

(1) 设定受益计划的特征及与之相关的风险。

(2) 设定受益计划在财务报表中确认的金额及其变动。

(3) 设定受益计划对企业未来现金流量金额、时间和不确定性的影响。

(4) 设定受益计划义务现值所依赖的重大精算假设及有关敏感性分析的结果。

企业应当披露支付的因解除劳动关系所提供辞退福利及其期末应付未付金额。

企业应当披露提供的其他长期职工福利的性质、金额及其计算依据。

✦✦✦✦✦ 练　习　题 ✦✦✦✦✦

一、单项选择题

1．下列关于辞退福利的说法正确的是(　　)。

A．补偿款项超过一年的辞退计划，需要采用恰当的折现率折现

B．退休金属于辞退福利

C．无论职工何种原因离开都要支付的福利属于辞退福利

D．辞退福利应根据被辞退职工的服务对象分别计入相关的成本、费用

2．甲公司为激励销售人员和管理人员，于 2019 年年初制定并实施了一项利润分享计划。该计划规定，如果公司全年的净利润达到 6 000 万元以上，该公司的销售人员可以分享超过 6 000 万元净利润部分的 10%作为额外报酬，公司管理人员将可以分享超过 6 000 万元净利润部分的 6%作为额外报酬。至 2019 年年末，甲公司实现净利润 9 000 万元。不考虑其他因素，关于甲公司的会计处理，下列说法中正确的是(　　)。

A．甲公司应借记“销售费用”300 万元，借记“管理费用”180 万元，贷记“应付职工薪酬”480 万元

B．甲公司应借记“管理费用”480 万元，贷记“应付职工薪酬”480 万元

C．甲公司应借记“销售费用”480 万元，贷记“应付职工薪酬”480 万元

D．甲公司应借记“管理费用”900 万元，借记“销售费用”540 万元，贷记“应付职工薪酬”1440 万元

3．2019 年 6 月 20 日，甲公司董事会决定对该公司的管理人员进行奖励，奖励方案为该公司为其 20 名管理人员从外部购入 20 套商品房奖励，该商品房外购价格为每套 100 万元，公司以每套 30 万元的价格卖给职工，但要求 20 名管理人员自 2019 年 7 月 1 日起在公司继续服务 8 年。不考虑其他因素，甲公司在 2019 年因该事项对管理费用的影响金额为(　　)。

A．37.5 万元　　B．187.5 万元　　C．110 万元　　D．87.5 万元

4．下列属于其他长期职工福利的是(　　)。

A．企业根据经营业绩或职工贡献等情况提取的奖金

B．工会经费和职工教育经费

C．长期利润分享计划

D．离职后福利

5．2016 年初甲公司为其管理人员设定了一项递延年金计划：将当年净利润 6%的提成作为奖金，奖金的发放条件为在自该方案制定后管理人员在公司的服务期限为 2 年，即 2017 年末才向仍然在职的员工分发。甲公司在 2016 年年末的净利润为 1 000 万元。甲公司

依据同期同币种的国债收益率作为折现率，2016 年年初的折现率为 5%，2016 年年末的折现率变更为 4%，假设不考虑死亡率和离职率等因素影响，2016 年末，折现率仍为 4%，甲公司在 2016 年末应确认的销售费用为(　　)。

A．288.46 万元　　B．192.31 万元

C．285.71 万元　　D．300 万元

6．企业应当披露的与设定受益计划有关信息不包括(　　)。

A．设定受益计划的特征及与之相关的风险

B．设定受益计划在财务报表中确认的金额及其变动

C．设定受益计划对企业未来现金流量金额、时间和不确定性的影响

D．重新计量设定受益计划净负债或净资产形成的变动金额

7．甲公司 2018 年应发工资为 2 000 万元，按照当地政府规定，需要按照应付工资的金额计提 10%的医疗保险费、计提 2%的工会经费。不考虑其他因素的影响，甲公司 2018 年应确认的应付职工薪酬金额为(　　)。

A．2 000 万元　　B．2 200 万元　　C．2 240 万元　　D．2 118 万元

8．职工薪酬中的离职后福利，指的是(　　)。

A．企业预期在职工提供相关服务的年度报告期间结束后十二个月内将全部予以支付的职工薪酬

B．企业为获得职工提供的服务而在职工退休或与企业解除劳动关系后，提供的各种形式的报酬和福利

C．企业在职工劳动合同到期之前解除与职工的劳动合同关系而给予职工的补偿

D．企业在职工劳动合同到期之前解除为鼓励职工自愿接受裁减而给予职工的补偿

二、多项选择题

1．下列情况符合职工概念的有(　　)。

A．与企业订立劳动合同的兼职职工

B．未与企业订立劳动合同的临时工

C．未与企业订立劳动合同但由企业正式任命的人员

D．通过企业与劳务中介机构签订用工合同而向企业提供服务的人员

2．下列各选项中，应作为职工薪酬计入相关资产成本或当期损益的有(　　)。

A．为职工支付的基本养老保险

B．因解除职工劳动合同支付的补偿款

C．为职工进行健康检查而支付的体检费

D．因向管理人员提供住房而支付的租金

3．下列有关非货币性福利的计量的说法中，正确的有(　　)。

A．将拥有的房屋无偿提供给职工使用的，应当将折旧额计入其他业务成本

B．将自产产品发放给职工作为福利的，应当按照产品的账面价值确认职工福利

C．向职工提供企业支付补贴的商品，如果合同规定了服务年限的，则应当将补贴计入长期待摊费用

D．向职工提供企业支付补贴的商品，如果合同没有规定服务年限的，则应当将补贴一次计入应付职工薪酬

4．甲公司管理层 2018 年 12 月 10 日决定终止某车间的生产，并制定了一项该车间员工辞退计划，拟辞退生产员工 100 人、公司总部管理人员 10 人，并于 2019 年 1 月 1 日执行，辞退福利为生产员工每人 1.5 万元，总部管理人员每人 30 万元。董事会已批准该计划，并且已通知相关员工本人。不考虑其他因素，2019 年甲公司的会计处理正确的有(　　)。

A．借记“管理费用”300 万元

B．借记“生产成本”科目 150 万元

C．借记“管理费用”科目 450 万元

D．贷记“应付职工薪酬”科目 450 万元

5．甲公司 2018 年经营状况良好，董事会决定制定利润分享计划，以奖励公司的管理人员和销售人员。本年实现净利润 30 000 万元。该利润分享计划方案规定以甲公司的管理人员和销售人员的总数将其本年净利润的 4%平均分配到每个员工。该公司的总部有 20 名管理人员，有 60 名销售人员，不考虑其他因素影响，下列会计处理中正确的有(　　)。

A．甲公司应当确认销售费用 300 万元

B．甲公司应当确认销售费用 900 万元

C．甲公司应当确认管理费用 300 万元

D．甲公司应当确认管理费用 900 万元

6．2017 年 12 月，甲公司从外部购买了 100 套住房，用于向其 100 名职工以优惠价格出售，该公司 100 名职工中 60 名职工为生产人员，20 名职工为总部管理人员，20 名职工为车间管理人员。甲公司拟向生产员工出售的住房平均每套购买价为 70 万元，向职工出售的价格为每套 40 万元；拟向总部管理员工出售的住房平均每套购买价为 110 万元，向职工出售的价格为每套 90 万元；拟向车间管理员工出售的住房平均每套购买价为 100 万元，向职工出售的价格为每套 80 万元。假定截止到 2017 年底，该 100 名职工均购买了公司出售的住房，同时售房协议规定，员工取得住房后必须在公司服务年限为 10 年。不考虑相关税费的影响，甲公司的会计处理中正确的有(　　)。

A．公司出售住房时应当确认的长期待摊费用为 2 600 万元

B．确认的长期待摊费用应当按照直线法在 10 年内摊销

C．公司应该将出售住房的价格与成本之间的差额直接计入到当前损益

D．未来 10 年内每期摊销的住房售价与成本之间的差额应根据受益对象计入相关成本或当期损益

7．在设定受益计划中，企业的下列项目应当计入当期损益的有(　　)。

A．过去服务成本　　B．当期服务成本

C．精算利得和损失　　D．计划资产回报中的利息

8．下列会计处理正确的有(　　)。

A．在计划条款中规定的福利的支付不属于结算，已纳入精算假设中，在支付此类福利时产生利得或损失，则属于精算利得或损失，应作为重新计量的一部分计入其他综合收益

B．结算是未在计划条款中规定的福利的支付，未纳入精算假设中，因此结算利得或损失应当计入其他综合收益

C．设定受益计划净负债或净资产的利息净额应当计入当期损益

D．重新计量其他长期职工福利净负债或净资产所产生的变动计入其他综合收益

9．下列有关带薪缺勤的表述正确的有(　　)。

A．企业应当在职工实际发生缺勤的会计期间确认与非累积带薪缺勤相关的职工薪酬

B．企业应当在职工提供服务从而增加其未来享有的带薪缺勤权利时，确认与累积带薪缺勤相关的职工薪酬，并以累积未行使权利而增加的预期支付金额计量

C．非累积带薪缺勤，是指带薪缺勤权利不能结转下期的带薪缺勤，本期尚未用完的带薪缺勤权利将予以取消，并且职工离开企业时也无权获得现金支付

D．累积带薪缺勤，是指带薪缺勤权利可以结转下期的带薪缺勤，本期尚未用完的带薪缺勤权利可以在未来期间使用

10．属于设定提存计划的职工薪酬有(　　)。

A．工伤保险费　　B．失业保险

C．生育保险费　　D．职工养老保险

11．下列信息中，属于企业应当在附注中披露的与设定受益计划相关的信息的有(　　)。

A．设定受益计划的特征及与之相关的风险

B．设定受益计划在财务报表中确认的金额及其变动

C．设定受益计划对企业未来现金流量金额的影响

D．设定受益义务现值所依赖的重大精算假设及有关敏感性分析的结果

三、判断题

1．辞退福利属于短期薪酬。(　　)

2．累积带薪缺勤，是指带薪权利可以结转下期的带薪缺勤，本期尚未用完的带薪缺勤权利可以在未来期间使用。(　　)

3．企业根据其经济效益增长的实际情况提取的奖金，属于奖金计划，应当比照利润分享计划进行处理。(　　)

4．在以自产产品或外购商品发放给职工作为福利的情况下，应通过“应付职工薪酬”科目核算。(　　)

5．养老金和一次性的退休支付属于离职后福利。(　　)

6．财务假设包括死亡率、折现率、福利水平和未来薪酬等。(　　)

7．精算利得或损失应当计入当期服务成本。(　　)

四、计算分析题

甲公司为股份有限公司，为增值税一般纳税人，适用的增值税税率为13%，2019年发生如下与职工薪酬相关的事项，不考虑其他税费影响因素。

要求：根据甲公司2019年发生的与职工薪酬有关的事项，编制相关会计分录。

(1) 7 月 11 日，甲公司董事会决定公司奖励方案，以本公司自产产品作为奖品，对 A 车间全体员工超额完成二季度生产任务进行奖励，每名员工奖励一件产品，该车间员工总数为 100 人，其中车间管理人员 10 人，一线生产工人 90 人，本公司自产产品的市场售价为 4 000 元/件，成本为 2 000 元/件。7 月 21 日，100 件产品已全部发放给职工。

(2) 甲公司共有 1 000 名员工，从 2018 年 1 月 1 日起，该公司实行累积带薪休假制度，规定每名职工每年可享受 6 个工作日带薪休假，未使用的年休假可向后结转 1 个年度，超过期限未使用的作废，员工离职时也不能取得现金支付。2018 年 12 月 31 日，每名职工当年平均未使用带薪休假为 2 天。根据过去的经验并预期该经验将继续适用，甲公司预计 2019 年有 800 名员工将享受不超过 6 天带薪休假，剩余 200 名员工每人将平均享受 7.5 天休假，该 200 名员工中 160 名为销售部门人员，40 名为总部管理人员。甲公司平均每名员工每个工作日工资为 500 元。甲公司职工年休假首先从当年可享受的权利中扣除。

(3) 甲公司正在开发某研发项目，2018 年其发生项目研发人员工资 300 万元，其中自 2018 年 1 月 1 日研发开始至 7 月 31 日期间发生的研发人员工资 100 万元属于费用化支出，8 月 1 日至 12 月 31 日研发项目达到预定用途前发生的研发人员工资 200 万元属于资本化支出，有关工资以银行存款支付。

第三章 借款费用

教学目的与要求

通过本章的学习，理解借款费用的概念及范围，掌握借款费用开始资本化、暂停资本化和停止资本化的时点，重点掌握专门借款和一般借款中借款费用的计量与核算。

第一节 借款费用的确认

一、借款费用的概念及范围

(一) 借款费用的概念

企业在生产经营活动中，如果面临资金短缺，可以通过短期借款、应付账款和商业汇票等方式筹集资金。而对于购建固定资产、投资性房地产和无形资产等大的投资项目，一般情况下需要通过长期借款或发行债券等方式来筹集所需资金。这些筹资行为，企业都应当承担相应的借款费用。根据《企业会计准则第 17 号——借款费用》(2006)的规定，借款费用是指企业因借款而发生的利息及其他相关成本。借款费用包括借款利息、折价或者溢价的摊销、辅助费用以及因外币借款而发生的汇兑差额等，与融资租赁有关的融资费用，适用《企业会计准则第 21 号——租赁》。对于企业发生的权益性融资费用，不应包括在借款费用中。

(二) 借款费用的范围

1. 因借款而发生的利息

因借款而发生的利息，包括企业向银行或者其他金融机构等借入资金发生的利息、发行公司债券发生的利息，以及其他带息债务所承担的利息等。

2. 因借款而发生的折价或溢价的摊销

因借款而发生的折价或溢价的摊销，主要是指因发行债券等所发生的折价或者溢价在资产负债表日确认利息费用时的调整额。发行债券中的折价或者溢价，其实质是对债券票面利息的调整，也属于借款费用的范畴。例如，A 公司发行公司债券，每张公司债券票面价值为 1 000 元，票面年利率为 5%，期限为 3 年，同期市场利率为年利率 6%，由于 A 公司债券的票面利率小于市场利率，为成功发行公司债券，A 公司采取了折价发行的方式，折价金额在实质上是用于补偿债券购买人在购入债券后所收到的名义利息上的损失，应当作为以后各期利息费用的调整额。

3．因借款而发生的辅助费用

因借款而发生的辅助费用，是指企业在借款过程中发生的诸如手续费、佣金和印刷费等费用，由于这些费用是因借款而发生的，也属于借入资金所付出的代价，因而是借款费用的一部分。

4．因外币借款而发生的汇兑差额

因外币借款而发生的汇兑差额，是指由于汇率变动导致市场汇率与账面汇率出现差异，从而对外币借款本金及其利息的记账本位币金额所产生的影响。由于汇率的变化往往和利率的变化相关，是外币借款所需承担的风险，因此，因外币借款的汇率变化所导致的汇兑差额属于借款费用的一部分。

5．融资租赁费用

融资租赁费用，是指承租人根据租赁准则所确认的融资租赁所发生的融资费用。

【例 3-1】 下列项目中，不属于借款费用的是(　　)。

(1) 企业发行债券的相关费用；

(2) 企业发行债券的折价或者溢价的摊销；

(3) 企业发行股票的发行费用；

(4) 承租人融资租入固定资产发生的“未确认融资费用”的摊销；

(5) 外币借款发生的汇兑损失；

(6) 借款过程发生的手续费；

(7) 发行公司债券发生的折价；

(8) 发行公司债券发生的利息；

(9) 长期借款利息。

答案：项目(3)(7)。

分析：项目(1)(6)属于因借款而发生的辅助费用；项目(2)属于因借款而发生的折价或溢价的摊销；项目(4)属于融资租赁费用；项目(5)属于因外币借款而发生的汇兑差额；项目(8)(9)属于因借款而发生的利息；项目(3)属于企业发生的权益性融资费用，不属于借款费用；项目(7)不属于借款费用。

二、借款费用的确认

借款费用有两种确认方法：一是将借款费用资本化计入相关资产的成本；二是将借款费用费用化计入当期损益。借款费用确认的基本原则是：企业发生的借款费用可直接归属于符合资本化条件的资产的购建或者生产的，应当予以资本化，计入相关资产成本；其他借款费用，应当在发生时根据其发生额确认为费用，计入当期损益。

符合资本化条件的资产，是指需要经过相当长时间的购建或生产活动能达到预定可使用或者可销售状态的固定资产、投资性房地产和存货等资产。建造合同成本、确认为无形资产的开发支出等在符合条件的情况下，也可以认定为符合资本化条件的资产。

符合资本化条件的存货，主要包括房地产开发企业开发的用于对外出售的房地产开发产品、企业制造的用于对外出售的大型机械设备等，这类存货通常需要经过相当长时间的建造或者生产过程，才能达到预定可销售状态。其中，“相当长时间”应当是指为资产的购建或者生产所必要的时间，通常为 1 年以上(含 1 年)。例如：B 公司向银行借入资金分别用于生产 A 产品和 B 产品，其中，A 产品的生产时间较短，为 1 个月；B 产品属于大型发电设备，生产时间较长，为 1 年零 6 个月。其中 A 产品的生产所发生的借款费用，计入当期财务费用。而 B 产品的生产时间比较长，属于需要经过相当长时间的生产才能达到预定可销售状态的资产，因此，为 B 产品的生产而借入资金所发生的借款费用符合资本化的条件，应计入 B 产品的成本。

不过，如果由于人为或者故意等非正常因素导致资产的购建或者生产时间相当长的，则该资产不属于符合资本化条件的资产。那些购入即可使用的资产，或者购入后需要安装但所需安装时间较短的资产，或者需要建造或生产但所需建造或者生产时间较短的资产，均不属于符合资本化条件的资产。

只有发生在资本化期间内的借款费用，才允许资本化。借款费用资本化期间，是指从借款费用开始资本化时点到停止资本化时点的期间，但不包括借款费用暂停资本化的期间。

(一) 借款费用开始资本化的时点

借款费用允许开始资本化必须同时满足三个条件，即资产支出已经发生、借款费用已经发生、为使资产达到预定可使用或者可销售状态所必要的购建或者生产活动已经开始。

1. 资产支出已经发生

资产支出已经发生，是指企业已经发生了支付现金、转移非现金资产或者承担带息债务形式所发生的支出。这里，支付现金，是指用货币资金支付符合资本化条件的资产的购建或者生产支出。转移非现金资产，是指企业将自己的非现金资产直接用于符合资本化条件的资产的购建或者生产。承担带息债务，是指企业为了购建或者生产符合资本化条件的资产所需用物资等而承担的带息应付款项(如带息应付票据)。如果企业赊购物资承担的是带息债务，那么企业要为这笔债务付出代价，支付利息，与企业向银行借入款项用以支付资产支出在性质上是一致的。所以，企业为购建或者生产符合资本化条件的资产而承担的带息债务应当作为资产支出，当该带息债务发生时，视同资产支出已经发生。

2. 借款费用已经发生

借款费用已经发生，是指企业已经发生了因购建或者生产符合资本化条件的资产而专门借入款项的借款费用或者所占用的一般借款的借款费用。

3. 为使资产达到预定可使用或者可销售状态所必要的购建或者生产活动已经开始

为使资产达到预定可使用或者可销售状态所必要的购建或者生产活动已经开始，是指符合资本化条件的资产的实体建造或者生产工作已经开始，如主体设备的安装、厂房的实际开工建造等。它不包括仅仅持有资产但没有发生为改变资产形态而进行的实质上的建造或者生产活动。

企业只有在上述三个条件同时满足的情况下，有关借款费用才可开始资本化，只要其中有一个条件没有满足，借款费用就不能开始资本化。例如，A 公司购建符合资本化条件的厂房，2017 年 5 月 1 日取得银行借款，7 月 1 日支付工程款，9 月 1 日厂房工程开工建造，则借款费用开始资本化的时点是 2017 年 9 月 1 日；B 公司购建符合资本化条件的办公楼，2017 年 4 月 1 日办公楼开工建造，10 月 1 日取得银行借款，11 月 1 日支付工程款，则借款费用开始资本化的时点是 2017 年 11 月 1 日。

(二) 借款费用暂停资本化的时间

符合资本化条件的资产在购建或者生产过程中同时满足两个条件，即发生非正常中断、中断时间连续超过 3 个月，才可以暂停借款费用的资本化。

1. 发生非正常中断

非正常中断，通常是由于企业管理决策上的原因或者其他不可预见的原因等所导致的中断。比如，企业因与施工方发生了质量纠纷，或者工程、生产用料没有及时供应，或者资金周转发生了困难，或者施工、生产发生了安全事故，或者发生了与资产购建、生产有关的劳动纠纷等原因，导致资产购建或者生产活动发生中断，均属于非正常中断。

正常中断通常仅限于因购建或者生产符合资本化条件的资产达到预定可使用或者可销售状态所必要的程序，或者事先可预见的不可抗力因素导致的中断。比如，某些工程建造到一定阶段必须暂停下来进行质量或者安全检查，检查通过后才可继续下一阶段的建造工作，这类中断是在施工前可以预见的，而且是工程建造必须经过的程序，属于正常中断。某些地区的工程在建造过程中，由于可预见的不可抗力因素(如质量检查、雨季或冰冻季节等原因)导致施工出现停顿，也属于正常中断。属于正常中断的，相关借款费用仍可资本化。

2. 中断时间连续超过 3 个月

在实务中，企业应当遵循“实质重于形式”等原则来判断借款费用暂停资本化的时间，如果相关资产购建或者生产的中断时间连续超过 3 个月而且发生非正常中断，则相关借款费用应当暂停资本化。

【例 3-2】 甲企业在北方某地建造某工程期间，遇上冰冻季节(通常为 6 个月)，工程施工因此中断，待冰冻季节过后方能继续施工。

分析：由于北方地区在施工期间出现较长时间的冰冻为正常情况，由此导致的施工中断是可预见的不可抗力因素导致的中断，属于正常中断。在正常中断期间所发生的借款费用可以继续资本化，计入相关资产的成本。

(三) 借款费用停止资本化的时点

购建或者生产符合资本化条件的资产达到预定可使用或者可销售状态时，借款费用应当停止资本化。在符合资本化条件的资产达到预定可使用或者可销售状态之后所发生的借款费用，应当在发生时根据其发生额确认为费用，计入当期损益。符合下列条件之一，即可认定购建或者生产符合资本化条件的资产达到预定可使用或者可销售状态。

(1) 符合资本化条件的资产的实体建造(包括安装)或生产活动已经全部完成或者实质上已经完成。

(2) 购建或者生产的符合资本化条件的资产，如果与设计要求、合同规定或者生产要求相符或者基本相符，则即使有个别与设计、合同或者生产要求不相符的地方，也不影响其正常使用或者销售。

(3) 继续发生在所购建或生产的符合资本化条件的资产上的支出金额很少或者几乎不再发生。

(4) 购建或者生产符合资本化条件的资产需要试生产或者试运行的，试生产结果表明资产能够正常生产出合格产品，或者试运行结果表明资产能够正常运转或者营业。

(5) 购建或者生产的符合资本化条件的资产的各部分分别完工，且每部分在其他部分继续建造或者生产过程中可供使用或者可对外销售，且为使该部分资产达到预定可使用或可销售状态所必要的购建或者生产活动实质上已经完成的，应当停止与该部分资产相关的借款费用的资本化。

(6) 购建或者生产的资产的各部分分别完工，但必须等到整体完工后才可使用或者对外销售的，应当在该资产整体完工时停止借款费用的资本化。在这种情况下，即使各部分资产已经分别完工，也不能认为该部分资产已经达到了预定可使用或者可销售状态，企业只能在所购建或者生产的资产整体完工时，才能认为资产已经达到了预定可使用或者可销售状态，借款费用才可停止资本化。

【例 3-3】 甲公司为建造一座办公楼于 2017 年 2 月 1 日借入 500 万元借款，借期 2 年，同日开工兴建，2 月 1 日支付工程款 200 万元；从 5 月 1 日至 8 月 31 日工程因纠纷停工；9 月 1 日重新开始，于 2018 年 12 月 31 日达到预定可使用状态。

分析：甲公司该笔借款费用资本化起点为 2017 年 2 月 1 日，终点为 2018 年 12 月 31 日，暂停资本化期间为 5、6、7、8 四个月。

【例 3-4】 2017 年 2 月 1 日，乙公司为建造一栋厂房向银行取得一笔专门借款。2017 年 3 月 5 日，以该借款支付前期订购的工程物资款；因征地拆迁发生纠纷，该厂房延迟至 2017 年 7 月 1 日才开工兴建，开始支付其他工程款。2018 年 7 月 28 日，该厂房建造完成，达到预定可使用状态。2018 年 9 月 30 日，乙公司办理工程竣工决算。

分析：乙公司该笔借款费用的资本化期间为：2017 年 7 月 1 日开始资本化的三个条件同时满足，为借款费用资本化期间开始时点；2018 年 7 月 28 日该厂房达到预定可使用状态，为借款费用停止资本化时点。

第二节　借款费用的计量与核算

一、借款费用的计量

借款费用的计量，主要是针对借款利息费用资本化金额的计量，其计量的基本原则是每期利息资本化金额，应与在相关资产的购置或者生产的过程中所发生的资产支出相挂钩。

借款包括专门借款和一般借款。专门借款是指为购建或者生产符合资本化条件的资产而专门借入的款项。专门借款通常应当有明确的用途，即为购建或者生产某项符合资本化条件的资产而专门借入的，并通常应当具有标明该用途的借款合同。例如，某工业企业为了建造厂房向银行专门借款 8 000 万元，专门借款的使用目的明确，而且其使用受与银行签订的相关合同限制。一般借款是指除专门借款之外的借款。相对于专门借款而言，一般借款在借入时，其用途通常没有特指用于符合资本化条件的资产的购建或者生产。在资产购建或者生产需要资金时，先使用专门借款，专门借款不够时才动用一般借款。

(一) 专门借款利息资本化金额的计量

为购建或者生产符合资本化条件的资产而借入专门借款的，应当以专门借款当期实际发生的利息费用，减去将尚未动用的借款资金存入银行取得的利息收入或进行暂时性投资取得的投资收益后的金额确定，即

专门借款资本化金额＝资本化期间的实际利息费用－资本化期间的存款利息收入或投资收益

【例 3-5】 甲公司建造生产线，该工程预计工期为 2 年，建造活动自 2014 年 7 月 1 日开始，当日预付承包商建设工程款为 3 000 万元。9 月 30 日，追加支付工程进度款为 1 000 万元。甲公司生产线建造工程占用借款为：2014 年 6 月 1 日借入的三年期专门借款 4 000 万元，年利率为 6%。甲公司将部分闲置部分专门借款投资于货币市场基金，月收益率为 0.6%。

分析：2014 年甲公司建造该建设工程专门借款资本化金额

$$= 4\,000 \times 6\% \times 6 / 12 - 1\,000 \times 0.6\% \times 3 = 102\ (\text{万元})$$

【例 3-6】 A 公司为建造厂房于 2017 年 4 月 1 日从银行借入 2 000 万元专门借款，借款期限为 2 年，年利率为 6%，不考虑借款手续费。该项专门借款在银行的存款年利率为 3%，2017 年 7 月 1 日，A 公司采取出包方式委托 B 公司为其建造该厂房，并预付了 1 000 万元工程款，厂房实体建造工作于当日开始。该工程因发生施工安全事故在 2017 年 8 月 1 日至 11 月 30 日中断施工，12 月 1 日恢复正常施工，至年末工程尚未完工。

分析：由于工程于 2017 年 8 月 1 日至 11 月 30 日发生停工，这样能够资本化的期间为 2 个月。

2017 年度应予资本化的利息金额 $= 2\,000 \times 6\% \times 2 / 12 - 1\,000 \times 3\% \times 2 / 12 = 15\ (\text{万元})$

(二) 一般借款利息资本化金额的计量

为购建或者生产符合资本化条件的资产而占用了一般借款的，企业应当根据累计资产支出超过专门借款部分的资产支出加权平均数乘以所占用一般借款的资本化率，计算确定一般借款应予资本化的利息金额。资本化率应当根据一般借款加权平均利率计算确定。

一般借款利息费用资本化金额

= 累计资产支出超过专门借款部分的资产支出加权平均数 × 所占用一般借款的资本化率

其中：累计资产支出超过专门借款部分的资产支出加权平均数

$$= \sum \frac{\text{每笔资产支出金额} \times \text{该笔资产支出在当期所占用的天数}}{\text{当期天数}}$$

$$\text{所占用一般借款的资本化率} = \frac{\text{所占用一般借款当期实际发生的利息之和}}{\text{所占用一般借款本金加权平均数}}$$

【例 3-7】 甲公司 2015 年为建造办公楼发生有关一般借款有两笔，分别为：

(1) 2015 年 3 月 1 日借款 2 000 万元，借款期限为 3 年，年利率为 6%，利息按年支付；

(2) 2015 年 9 月 1 日借款 5 000 万元，借款期限为 5 年，年利率为 8%，利息按年支付；

(3) 2015 年资产支出如下：3 月 1 日 180 万元、5 月 1 日 1 200 万元、8 月 1 日 600 万元、12 月 1 日 2 400 万元。

分析：

2015 年甲公司一般借款的资本化率

$= (2\,000 \times 6\% \times 10 / 12 + 5\,000 \times 8\% \times 4 / 12) / (2\,000 \times 10 / 12 + 5\,000 \times 4 / 12) \approx 7\%$

2015 年甲公司一般借款利息费用的资本化金额

$= (180 \times 10 / 12 + 1\,200 \times 8 / 12 + 600 \times 5 / 12 + 2\,400 \times 1 / 12) \times 7\% = 98$ (万元)

【例 3-8】 ABC 公司于 2017 年 1 月 1 日正式动工建造一幢办公楼，工期预计为 1 年零 6 个月，工程采用出包方式，分别于 2017 年 1 月 1 日、2017 年 7 月 1 日和 2018 年 1 月 1 日支付工程进度款 1 500 万元、2 500 万元和 2 000 万元。假定 ABC 公司建造办公楼没有专门借款，占用的都是一般借款。ABC 公司为建造办公楼占用的一般借款有两笔，具体如下：

(1) 向 A 银行借入长期借款 2 000 万元，期限为 2016 年 12 月 1 日至 2019 年 12 月 1 日，年利率为 6%，按年支付利息。

(2) 发行公司债券 1 亿元，于 2016 年 1 月 1 日发行，期限为 5 年，年利率为 8%，按年支付利息。

假定这两笔一般借款除了用于办公楼建设外，没有用于其他符合资本化条件的资产的购建或者生产活动。全年按 360 天计算。

分析：

(1) 计算所占用一般借款资本化率：

一般借款资本化率(年) $= (2\,000 \times 6\% + 10\,000 \times 8\%) / (2\,000 + 10\,000) \approx 7.67\%$

(2) 计算累计资产支出加权平均数：

2017 年累计资产支出加权平均数 $= 1\,500 \times 360 / 360 + 2\,500 \times 180 / 360 = 2\,750$ (万元)

2018 年累计资产支出加权平均数 $= (4\,000 + 2\,000) \times 180 / 360 = 3\,000$ (万元)

(3) 计算每期利息资本化金额：

2017 年为建造办公楼的一般借款资本化金额 $= 2\,750 \times 7.67\% \approx 210.93$ (万元)

2018 年为建造办公楼的一般借款资本化金额 $= 3\,000 \times 7.67\% = 230.10$ (万元)

(三) 借款辅助费用资本化金额的计量

专门借款发生的辅助费用，在所购建或者生产的符合资本化条件的资产达到预定可使用或者可销售状态之前发生的，应当在发生时根据其发生额予以资本化，计入符合资本化条件的资产的成本；在所购建或者生产的符合资本化条件的资产达到预定可使用或者可销售状态之后发生的，应当在发生时根据其发生额确认为费用，计入当期损益。

一般借款发生的辅助费用，也应当按照上述原则确定其发生额并进行处理。

(四) 因外币借款而发生的汇兑差额资本化金额的计量

在资本化期间内，外币专门借款本金及利息的汇兑差额，应当予以资本化，计入符合资本化条件的资产的成本。一般外币借款发生的汇兑差额，计入当期损益。

每一会计期间的利息资本化金额，不应当超过当期相关借款实际发生的利息金额。企业在确定每期利息资本化金额时，应当首先判断符合资本化条件的资产在购建或者生产过程所占用的资金来源。如果所占用的资金是专门借款资金，则应当在资本化期间内，根据每期实际发生的专门借款利息费用，确定应予资本化的金额。在企业将闲置的专门借款资金存入银行取得利息收入或者进行暂时性投资获取投资收益的情况下，企业还应当将这些相关的利息收入或者投资收益从资本化金额中扣除，以如实反映符合资本化条件的资产的实际成本。

二、借款费用的核算

(一) 借款费用的账务处理

企业发生的借款费用(包括利息、折溢价摊销、辅助费用、汇兑差额等)，应按照规定分别计入有关科目：

(1) 属于筹建期间不应计入相关资产价值的借款费用，计入管理费用。

(2) 属于生产经营期间不应计入相关资产价值的借款费用，计入财务费用。

(3) 属于发生的与购建或者生产符合资本化条件的资产有关的借款费用，按规定在购建或者生产的资产达到预定可使用或者可销售状态前应予以资本化的，计入相关资产的成本，视资产的不同，分别计入“在建工程”“制造费用”“研发支出”等科目。

(4) 购建或者生产符合资本化条件的资产达到预定可使用或者可销售状态后所发生的借款费用以及规定不能予以资本化的借款费用，计入财务费用。暂停资本化期间发生的借款利息也计入财务费用。

企业发生的借款费用，应按照业务类别的不同分别计入有关科目：

(1) 发生在固定资产购建过程中应予以资本化的借款费用，应借记“在建工程”“应收利息”等科目，贷记“银行存款”“应付利息”“长期借款”和“应付债券”等账户。

(2) 发生地存货生产过程中应予以资本化的借款费用，应借记“生产成本”“应收利息”等账户，贷记“银行存款”“应付利息”“长期借款”和“应付债券”等账户。

(3) 发生在投资性房地产购建中应予以资本化的借款费用，应借记“开发成本”“应收利息”等账户，贷记“银行存款”“应付利息”“长期借款”和“应付债券”等账户。

(二) 专门借款利息资本化的账务处理

【例 3-9】 ABC 公司于 2016 年 1 月 1 日正式动工兴建一幢厂房，工期预计为 1 年零 6 个月，工程采用出包方式，分别于 2016 年 1 月 1 日、2016 年 7 月 1 日和 2017 年 1 月 1 日分别支付工程进度款 1 500 万元、3 500 万元和 3 500 万元。

ABC 公司为建造厂房于 2016 年 1 月 1 日专门借款 3 000 万元，借款期限为 3 年，年利率为 5%。另外在 2016 年 7 月 1 日又专门借款 6 000 万元，借款期限为 5 年，年利率为 6%。借款利息按年支付。ABC 公司将闲置借款资金用于固定收益债券短期投资，该短期投资月收益率为 0.5%。

厂房于2017年6月30日完工，达到预定可使用状态。

ABC公司为建造该厂房的支出金额如表3-1所示。

表3-1　ABC公司为建造厂房支出金额　　单位：万元

日　期	每期资产支出金额	资产支出累计金额	闲置借款资金用于短期投资金额
2016年1月1日	1 500	1 500	1 500 (2016.1.1～2016.7.1)
2016年7月1日	3 500	5 000	4 000 (2016.7.1～2016.12.31)
2017年1月1日	3 500	8 500	500 (2017.1.1～2017.7.1)
总　计	8 500	—	—

分析：由于ABC公司使用了专门借款建造厂房，而且厂房建造支出没有超过专门借款金额，因此公司2016年、2017年为建造厂房应予资本化的利息金额计算如下：

(1) 确定借款费用资本化期间为2016年1月1日至2017年6月30日。

(2) 计算在资本化期间内专门借款实际发生的利息金额：

2016年专门借款发生的利息金额 = 3 000 × 5% + 6 000 × 6% × 6 / 12 = 330 (万元)

2017年1月1日～6月30日专门借款发生的利息金额

= 3 000 × 5% × 6 / 12 + 6 000 × 6% × 6 / 12 = 255 (万元)

(3) 计算在资本化期间内利用闲置的专门借款资金进行短期投资的收益：

2016年短期投资收益 = 1 500 × 0.5% × 6 + 4 000 × 0.5% × 6 = 165 (万元)

2017年1月1日～6月30日短期投资收益 = 500 × 0.5% × 6 = 15 (万元)

(4) 由于在资本化期间内，专门借款利息费用的资本化金额应当以其实际发生的利息费用减去将闲置的借款资金进行短期投资取得的投资收益后的金额确定，因此：

公司2016年的利息资本化金额 = 330 − 165 = 165 (万元)

公司2017年的利息资本化金额 = 255 − 15 = 240 (万元)

(5) 有关账务处理如下：

2016年12月31日：

① 借：在建工程——××厂房　　1 650 000
　　应收利息(或银行存款)　　1 650 000
　　贷：应付利息——××银行　　3 300 000

2017年6月30日：

② 借：在建工程——××厂房　　2 400 000
　　应收利息(或银行存款)　　150 000
　　贷：应付利息——××银行　　2 550 000

(三) 一般借款利息资本化的账务处理

【例3-10】 沿用例3-9，假定ABC公司建造厂房没有专门借款，占用的都是一般借款。ABC公司为建造厂房占用的一般借款有两笔，具体如下：

(1) 向A银行长期借款2 000万元，期限为2015年12月1日至2018年12月1日，年利率为6%，按年支付利息。

(2) 发行公司债券1亿元，于2015年1月1日发行，期限为5年，年利率为8%，按年支付利息。

假定这两笔一般借款除了用于厂房建设外，没有用于其他符合资本化条件的资产的购建或者生产活动。假定全年按360天计算。

分析：鉴于ABC公司建造厂房没有占用专门借款，而占用了一般借款，因此，公司应当首先计算所占用一般借款的加权平均利率作为资本化率，然后计算建造厂房的累计资产支出加权平均数，将其与资本化率相乘，计算求得当期应予资本化的借款利息金额。具体如下：

(1) 计算所占用一般借款资本化率：

一般借款资本化率(年) = [(2 000 × 6% + 10 000 × 8%) / (2 000 + 10 000)]× 100%≈7.67%

(2) 计算累计资产支出加权平均数：

2016年累计资产支出加权平均数 = 1 500 × 360 / 360 + 3 500 × 180 / 360 = 3 250 (万元)

2017年累计资产支出加权平均数 = 8 500 × 180 / 360 = 4 250 (万元)

(3) 计算每期利息资本化金额：

2016年为建造厂房的利息资本化金额 = 3 250 × 7.67% = 249.275 (万元)

2016年实际发生的一般借款利息费用 = 2 000 × 6% + 10 000 × 8% = 920 (万元)

2017年为建造厂房的利息资本化金额 = 4 250 × 7.67% = 325.975 (万元)

2017年1月1日至6月30日实际发生的一般借款利息费用

= 2 000 × 6% × 180 / 360 + 10 000 × 8% × 180 / 360 = 460 (万元)

(4) 根据上述计算结果，账务处理如下：

2016年12月31日：

借：在建工程——××厂房	2 492 750	
财务费用	6 707 250	
贷：应付利息——××银行		9 200 000

2017年6月30日：

借：在建工程——××厂房	3 259 750	
财务费用	1 340 250	
贷：应付利息——××银行		4 600 000

(四) 专门借款与一般借款混合的利息资本化的账务处理

【例3-11】 MN公司拟在厂区内建造一幢新办公楼，有关资料如下：

(1) 2017年1月1日向银行专门借款5 000万元，期限为3年，年利率为12%，每年1月1日付息。

(2) 除专门借款外，公司只有一笔一般借款，为公司于2016年1月1日借入的长期借款6 000万元，期限为5年，年利率为8%，每年1月1日付息。

(3) 由于审批、办手续等原因，办公楼于2017年4月1日才开始动工兴建，当日支付工程款2 000万元。工程建设期间的支出情况如下：

2017 年 6 月 1 日：1 000 万元；

2017 年 7 月 1 日：3 000 万元；

2018 年 1 月 1 日：1 000 万元；

2018 年 4 月 1 日：500 万元；

2018 年 7 月 1 日：500 万元。

工程于 2018 年 9 月 30 日完工，达到预定可使用状态。其中，由于施工质量问题工程于 2017 年 9 月 1 日～12 月 31 日停工 4 个月。

(4) 专门借款中未支出部分全部存入银行，假定月利率为 0.5%。假定全年按照 360 天计算，每月按照 30 天计算。

根据上述资料，有关利息资本化金额的计算和利息账务处理如下：

分析：MN 公司为建造这幢新办公楼的所有支出如表 3-2 所示。

表 3-2 MN 公司建造新办公楼支出费用　　单位：万元

日 期	每期资产支出金额	资产支出累计金额	闲置借款资金存款利息收入	占用了一般借款的资产支出
2017 年 1 月 1 日	0	0	5 000 × 0.5% × 3	—
2017 年 4 月 1 日	2 000	2 000	3 000 × 0.5% × 2	—
2017 年 6 月 1 日	1 000	3 000	2 000 × 0.5% × 1	—
2017 年 7 月 1 日	3 000	6 000	—	1 000
2018 年 1 月 1 日	1 000	7 000	—	1 000
2018 年 4 月 1 日	500	7 500	—	500
2018 年 7 月 1 日	500	8 000	—	500

(1) 计算 2017 年专门借款利息金额：

① 应付利息 = 5 000 × 12% = 600 (万元)，其中：

资本化期间应付利息金额 = 5 000 × 12% × 5 / 12 = 250 (万元)

费用化期间应付利息金额 = 5 000 × 12% × 7 / 12 = 350 (万元)

② 存款利息收入 = 5 000 × 0.5% × 3 + 3 000 × 0.5% × 2 + 2 000 × 0.5% × 1 = 115 (万元)

其中：

资本化期间内取得的利息收入 = 3 000 × 0.5% × 2 + 2 000 × 0.5% × 1 = 40 (万元)

费用化期间内取得的利息收入 = 5 000 × 0.5% × 3 = 75 (万元)

③ 利息资本化金额 = 250 − 40 = 210 (万元)

利息费用化金额 = 350 − 75 = 275 (万元)

(2) 计算 2017 年一般借款利息金额：

占用了一般借款资产支出加权平均数 = 1 000 × (6 − 4) / 12 ≈ 166.67 (万元)

占用了一般借款资本化率 = 8%

资本化的利息金额 = 166.67 × 8% ≈ 13.33 (万元)

一般借款应付利息金额 = 6 000 × 8% = 480 (万元)

一般借款费用化金额 = 480 − 13.33 = 466.67 (万元)

(3) 合计：

资本化的借款利息金额 = 210 + 13.33 = 223.33 (万元)

费用化的借款利息金额 = 275 + 466.67 = 741.67 (万元)

借：在建工程	2 233 300	
财务费用	7 416 700	
应收利息(或银行存款)	1 150 000	
贷：应付利息		(6 000 000 + 4 800 000) 10 800 000

(4) 计算 2018 年专门借款利息金额：

应付利息金额 = 5 000 × 12% = 600 (万元)

资本化利息金额 = 5 000 × 12% × 9 / 12 = 450 (万元)

费用化利息金额 = 600 − 450 = 150 (万元)

(5) 计算 2018 年一般借款利息金额：

占用了一般借款资金的资产支出加权平均数

= 2 000 × 9 / 12 + 500 × 6 / 12 + 500 × 3 / 12 = 1 875 (万元)

一般借款资本化率 = 8%

一般借款资本化的利息金额 = 1 875 × 8% = 150 (万元)

一般借款应付利息金额 = 6 000 × 8% = 480 (万元)

一般借款利息费用化金额 = 480 − 150 = 330 (万元)

(6) 合计：

资本化的借款利息金额 = 450 + 150 = 600 (万元)

费用化利息金额 = 150 + 330 = 480 (万元)

借：在建工程	6 000 000	
财务费用	4 800 000	
贷：应付利息		10 800 000

(五) 外币借款而发生的汇兑差额的资本化金额的账务处理

当企业为购建或生产符合资本化条件的资产所借入的专门借款为外币借款时，由于企业取得外币借款日、使用外币借款日和会计结算日往往并不一致，而外汇汇率又在随时发生变化，因此，外币借款会产生汇兑差额。相应地，在借款费用资本化期间内，为购建固定资产而专门借入的外币借款所产生的汇兑差额是购建固定资产的一项代价，应当予以资本化，计入固定资产成本。出于简化核算的考虑，在资本化期间内，外币专门借款本金及其利息的汇兑差额，应当予以资本化，计入符合资本化条件的资产的成本。而除外币专门借款之外的其他外币借款本金及其利息所产生的汇兑差额应当作为财务费用。

【例 3-12】　乙公司产品已经打入美国市场，为节约生产成本，决定在当地建造生产工厂设立分公司，2015 年 1 月 1 日，为该工程项目专门向当地银行借入美金 1 000 万美元，年利率为 8%，期限为 3 年，假定不考虑与借款有关的辅助费用。合同约定，乙公司于每年 1 月 1 日支付借款利息，到期偿还借款本金。

工程于 2015 年 1 月 1 日开始实体建造，2016 年 6 月 30 日完工，达到预定可使用状态，期间发生的资产支出如下：

2015 年 1 月 1 日，支出 200 万美元；

2015 年 7 月 1 日，支出 500 万美元；

2016 年 1 月 1 日，支出 300 万美元。

公司的记账本位币为人民币，外币业务采用外币业务发生时当日即期汇率即市场汇率折算。相关汇率如下：

2015 年 1 月 1 日，市场汇率为 1 美元 = 6.70 人民币元；

2015 年 12 月 31 日，市场汇率为 1 美元 = 6.75 人民币元；

2016 年 1 月 1 日，市场汇率为 1 美元 = 6.77 人民币元；

2016 年 6 月 30 日，市场汇率为 1 美元 = 6.80 人民币元；

分析：本例中，乙公司计算该外币借款汇兑差额资本化金额如下(不考虑闲置资金)：

(1) 计算 2015 年汇兑差额资本化金额：

① 应付利息 = 1 000 × 8% × 6.75 = 540 (万元)

借：在建工程——××工程　　5 400 000

　　贷：应付利息——××银行　　5 400 000

② 外币借款本金及利息汇兑差额

= 1 000 × (6.75 − 6.70) + 1 000 × 8% × (6.75 − 6.75) = 50 (万元)

借：在建工程——××工程　　500 000

　　贷：长期借款——××银行——汇兑差额　　500 000

(2) 2016 年 1 月 1 日实际支付利息时

利息汇兑差额 = 1 000 × 8% × (6.77 − 6.75) = 541.6 − 540 = 1.6 (万元)

借：应付利息——××银行　　5 400 000

　　在建工程——××工程　　16 000

　　贷：银行存款　　5 416 000

(3) 计算 2016 年 6 月 30 日的汇兑差额资本化金额

① 应付利息 = 1 000 × 8% × 1 / 2 × 6.80 = 272 (万元)

借：在建工程——××工程　　2 720 000

　　贷：应付利息——××银行　　2 720 000

② 外币借款本金及利息汇兑差额

= 1 000 × (6.80 − 6.75) + 1 000 × 8% × 1 / 2 × (6.80 − 6.80) = 50 (万元)

借：在建工程——××工程　　500 000

　　贷：长期借款——××银行——汇兑差额　　500 000

练　习　题

一、单项选择题

1. 下列项目中，不属于借款费用的是(　　)。

A. 应付公司债券的利息　　B. 发行公司债券的手续费

C. 外币借款本金发生的汇兑差额　　D. 发行股票的发行费用

2．导致固定资产购置或建造过程的中断超过 3 个月时，可以继续资本化的情况是(　　)。

A．劳动纠纷　　B．施工技术要求

C．发生安全事故　　D．资金周转困难

3．不应暂停借款费用资本化的情况是(　　)。

A．由于劳务纠纷而造成连续超过 3 个月的固定资产的建造中断

B．由于资金周转困难而造成连续超过 3 个月的固定资产的建造中断

C．由于发生安全事故而造成连续超过 3 个月的固定资产的建造中断

D．由于可预测的气候影响而造成连续超过 3 个月的固定资产的建造中断

4．2017 年 2 月 1 日，甲公司为建造一栋厂房向银行取得一笔专门借款。2017 年 3 月 5 日，以该贷款支付前期订购的工程物资款；因征地拆迁发生纠纷，该厂房延迟至 2017 年 7 月 1 日才开工兴建，开始支付其他工程款。2018 年 7 月 28 日，该厂房建造完成，达到预定可使用状态。2018 年 9 月 30 日，甲公司办理工程竣工决算，不考虑其他因素，甲公司该笔借款费用的资本化期间为(　　)。

A．2017 年 2 月 1 日至 2018 年 3 月 5 日

B．2017 年 3 月 5 日至 2017 年 7 月 1 日

C．2017 年 7 月 1 日至 2018 年 7 月 28 日

D．2017 年 7 月 1 日至 2018 年 9 月 30 日

5．下列表述中，正确的是(　　)。

A．企业因与施工方发生质量纠纷，致使工程停工 5 个月，借款费用应该暂停资本化

B．某项工程建造到一定阶段必须暂停下来进行质量检查，且检查时间累计为 4 个月，借款费用应该暂停资本化

C．企业购建的符合资本化条件的资产与设计要求基本相符，虽然还有极个别不相符的地方，但不影响其正常使用，此时借款费用不能停止资本化

D．在购建一项固定资产的过程中，某部分固定资产已达到预定可使用状态，虽然该部分固定资产可供独立使用，但仍需待整体完工后停止借款费用资本化

6．甲上市公司股东大会于 2017 年 1 月 4 日做出决议，决定建造厂房。为此，甲公司于 3 月 5 日向银行专门借款 5 000 万元，年利率为 6%，款项于当日划入甲公司银行存款账户。3 月 15 日，厂房正式动工兴建。3 月 16 日，甲公司购入建造厂房用水泥和钢材一批，价款 500 万元，当日用银行存款支付。3 月 31 日，计提当月专门借款利息。甲公司在 3 月份没有发生其他与厂房购建有关的支出，则甲公司专门借款利息应开始资本化的时间为(　　)。

A．3 月 5 日　　B．3 月 15 日

C．3 月 16 日　　D．3 月 31 日

7．A 公司为建造厂房于 2017 年 4 月 1 日从银行借入 2 000 万元专门借款，借款期限为 2 年，年利率为 6%，不考虑借款手续费。该项专门借款在银行的存款年利率为 3%，2017 年 7 月 1 日，A 公司采取出包方式委托 B 公司为其建造该厂房，并预付了 1 000 万元工程款，厂房实体建造工作于当日开始。该工程因发生施工安全事故在 2017 年 8 月 1 日至 11

月 30 日中断施工，12 月 1 日恢复正常施工，至年末工程尚未完工。该项厂房建造工程在 2017 年度应予资本化的利息金额为(　　)万元。

A．20　　B．45　　C．60　　D．15

8．甲公司 2017 年 1 月 1 日发行面值总额为 10 000 万元的债券，取得的款项专门用于建造厂房。该债券系分期付息、到期还本债券，期限为 4 年，票面年利率为 10%，每年 12 月 31 日支付当年利息。该债券年实际利率为 8%。债券发行价格总额为 10 662.10 万元，款项已存入银行。厂房于 2017 年 1 月 1 日开工建造，2017 年度累计发生建造工程支出 4 600 万元。经批准，当年甲公司将尚未使用的债券资金投资于国债，取得投资收益 760 万元。2017 年 12 月 31 日工程尚未完工，该在建工程的账面余额为(　　)。

A．4 692.97 万元　　B．4 906.21 万元

C．5 452.97 万元　　D．5 600 万元

9．甲公司建造生产线，该工程预计工期为 2 年，建造活动自 2014 年 7 月 1 日开始，当日预付承包商建设工程款为 3 000 万元。9 月 30 日，追加支付工程进度款为 2 000 万元。甲公司生产线建造工程占用借款包括：① 2014 年 6 月 1 日借入的三年期专门借款 4 000 万元，年利率为 6%；② 2014 年 1 月 1 日借入的两年期一般借款 3 000 万元，年利率为 7%。甲公司将部分闲置部分专门借款投资于货币市场基金，月收益率为 0.6%。不考虑其他因素，2014 年甲公司建造该建设工程应予以资本化的利息费用是(　　)。

A．119.50 万元　　B．122.50 万元

C．137.50 万元　　D．139.50 万元

10．恒通公司 2018 年 1 月 1 日为建造一生产线，向银行借入 100 万美元的专门借款，期限为三年，年利率为 8%，利息按季计算，到期支付。1 月 1 日借入时的市场汇率为 1 美元 = 7.0 元人民币，3 月 31 日的市场汇率为 1 美元 = 7.2 元人民币。假设 2018 年第一季度属于资本化期间，则第一季度外币专门借款汇兑差额的资本化金额为(　　)万元。

A．16.4　　B．20.4　　C．20　　D．0

二、多项选择题

1．下列项目中，属于借款费用的有(　　)。

A．借款手续费用　　B．发行公司债券发生的利息

C．发行公司债券发生的溢价　　D．发行公司债券折价的摊销

2．下列项目中，属于借款费用应予资本化的资产范围的有(　　)。

A．经过相当长时间的购建达到预定可使用状态的投资性房地产

B．需要经过相当长时间的生产活动才能达到销售状态的存货

C．经营性租赁租入的生产设备

D．经过 2 年的建造可达到预定可使用状态的生产设备

3. 所购建固定资产达到预定可使用状态是指资产已经达到购买方或建造方预定的可使用状态。其判断标准包括(　　)。

A．固定资产的实体建造(包括安装)工作已经全部完成或者实质上已经完成

B．所购建的固定资产与设计要求或合同要求相符或基本相符，即使有极个别与设计或合同要求不相符的地方，也不影响其正常使用

C．继续发生在所购建固定资产上的支出金额很少或几乎不再发生

D．如果所购建固定资产需要试生产或试运行，则在试生产结果表明资产能够正常生产出合格产品时，或试运行结果表明能够正常运转或营业时，就应当认为资产已经达到预定可使用状态

4．下列关于借款费用资本化的暂停或停止的表述中，正确的有(　　)。

A．购建固定资产过程中发生非正常中断，并且非连续中断时间累计达 3 个月，应当暂停借款费用资本化

B．购建固定资产过程中发生正常中断，并且中断时间连续超过 3 个月，应当停止借款费用资本化

C．在所购建固定资产过程中，某部分固定资产已达到预定可使用状态，且该部分固定资产可供独立使用，则应停止该部分固定资产的借款费用资本化

D．在所购建固定资产过程中，某部分固定资产虽已达到预定可使用状态，但必须待整体完工后方可使用，则需待整体完工后停止借款费用资本化

5．下列不能表明“为使资产达到预定可使用或者可销售状态所必要的购建或者生产活动已经开始”的有(　　)。

A．厂房的实际开工建造　　B．建造厂房所需的建筑材料购入

C．建造生产线的主体设备的购入　　D．建造生产线的主体设备的安装

6．有关借款费用资本化，下列说法正确的有(　　)。

A．企业只有发生在资本化期间内的有关借款费用，才允许资本化，资本化期间的确定是借款费用确认和计量的重要前提

B．在购建固定资产过程中，如果发生了非正常中断(中断时间连续超过 3 个月)，则属该期间的相关长期借款费用不计入工程成本

C．一般借款利息费用资本化的计算需结合资产支出的发生额计算

D．资本化期间，是指从借款费用开始资本化时点到停止资本化时点的期间，借款费用暂停资本化的期间不包括在内

7．借款费用开始资本化条件中，符合“资产支出已经发生”的业务有(　　)。

A．支付工程款项

B．承担带息债务而取得工程用材料

C．将本企业产品用于固定资产的建造

D．用其他货币资金购买工程物资

8．下列发生的各项费用中，属于借款辅助费用的有(　　)。

A．借款的承诺费　　B．发行债券的溢折价的摊销

C．发行债券的手续费　　D．外币借款的汇兑损益

9．在符合借款费用资本化条件的会计期间，下列有关借款费用的会计处理中，符合会计准则规定的有(　　)。

A．购建或者生产符合资本化条件的资产达到预定可使用或者可销售状态时，借款费用应当停止资本化

B．为购建固定资产借款资本化的利息金额，不应超过当期专门借款实际发生的利息

C．为购建固定资产活动发生正常中断且中断持续时间超过 3 个月的，中断期间的利息应计入建造成本

D．购建固定资产活动发生的非正常中断且中断时间未超过 3 个月的，中断期间的利息应计入建造成本

10．在确定借款费用暂停资本化的期间时，应当区别正常中断和非正常中断，下列各项中，属于非正常中断的有(　　)。

A．质量纠纷导致的中断　　B．安全事故导致的中断

C．劳动纠纷导致的中断　　D．资金周转困难导致的中断

三、判断题

1．为购建或者生产符合资本化条件的资产而借入专门借款的，企业应当根据累计资产支出超过专门借款部分的资产支出加权平均数乘以所占用专门借款的资本化率，计算确定专门借款应予资本化的利息金额。(　　)

2．资本化期间，是指从借款费用开始资本化时点到停止资本化时点的期间，借款费用暂停资本化的期间也包括在内。(　　)

3．专门借款发生的利息费用，在资本化期间内，应当全部计入符合资本化条件的资产成本，但仍需要计算借款资本化率。(　　)

4．符合资本化条件的资产在购建或者生产过程中发生非正常中断，且中断时间连续超过 3 个月的利息费用可以资本化。(　　)

5. 专门借款实际发生的借款利息减去闲置资金的利息收入或投资收益后的金额应全部资本化。(　　)

6. 购建或者生产的资产的各部分分别完工，但必须等到整体完工后才可使用或者可对外销售的，应当在该资产整体完工时停止借款费用的资本化。(　　)

7．某企业在北方某地建造某工程项目，正遇冰冻季节，工程施工因此中断，且中断时间超过 3 个月，该企业没有因此停止借款费用的资本化处理。(　　)

8．符合借款费用资本化条件的存货通常需要经过相当长时间(3 个月或以上)的建造或者生产过程，才能达到预定可销售状态。(　　)

9．符合资本化条件的资产，只是指需要经过相当长时间的购建才能达到预定可使用状态的固定资产。(　　)

10．企业发生的借款费用，可直接归属于符合资本化条件的资产的购建或者生产的，应当予以资本化，否则应于发生时费用化。(　　)

四、计算分析题

1．甲公司为建造一栋办公楼，于 2017 年 12 月 1 日借入期限为三年，本金为 1 000 万元，年利率为 6%，按年付息到期一次还本的专门借款。另外，甲公司有一般借款 200 万元，年利率为 7%，期限为 2 年，每年年末计提利息，将于 2019 年 6 月 30 日到期。工程采用出包方式，2018 年 1 月 1 日，用银行存款支付工程价款 300 万元；工程因质量纠纷于 2018 年 3 月 1 日到 2018 年 6 月 30 日发生非正常中断。2018 年 9 月 1 日用银行存款支付工程价款 800 万元，工程于 2019 年 1 月 31 日达到预定可使用状态。2019 年 2 月 10 日办理竣工决算，2019 年 2 月 28 日交付使用。甲公司借款费用按年资本化。2018 年未动用的专门借

款资金取得的利息收入分别为：1 月 1 日到 2 月 28 日为 2 万元、3 月 1 日到 6 月 30 日为 4 万元、7 月 1 日到 9 月 1 日为 2 万元。

要求：

(1) 指出借款费用开始资本化的时点和停止资本化的时点；

(2) 计算 2018 年借款利息资本化的金额；

(3) 编制甲公司 2018 年年末计提利息的有关会计分录。

2．华远公司于 2007 年 1 月 1 日动工兴建一办公楼，工程采用出包方式，每半年支付一次工程进度款。工程于 2008 年 6 月 30 日完工，达到预计可使用状态。

华远公司建造工程资产支出如下：

(1) 2007 年 1 月 1 日，支出 3 000 万元；

(2) 2007 年 7 月 1 日，支出 5 000 万元，累计支出 8 000 万元；

(3) 2008 年 1 月 1 日，支出 3 000 万元，累计支出 11 000 万元。

华远公司为建造办公楼于 2007 年 1 月 1 日专门借款 4 000 万元，借款期限为 3 年，年利率为 8%，按年支付利息。除此之外，无其他专门借款。

办公楼的建造还占用两笔一般借款(2007 年度这两笔一般借款都有涉及占用)：

(1) 从 A 银行取得长期借款 4 000 万元，期限为 2006 年 12 月 1 日至 2009 年 12 月 1 日，年利率为 6%，按年支付利息。

(2) 发行公司债券 2 亿元，发行日为 2006 年 1 月 1 日，期限为 5 年，年利率为 8%，按年支付利息。

闲置专门借款资金用于固定收益债券临时性投资，假定暂时性投资月收益率为 0.5%。假定全年按 360 天计。

要求：

(1) 计算 2007 年和 2008 年专门借款利息资本化金额。

(2) 计算 2007 年和 2008 年一般借款利息资本化金额。

(3) 计算 2007 年和 2008 年利息资本化金额。

(4) 编制 2007 年和 2008 年与利息资本化金额有关的会计分录。

第四章 股份支付

教学目的与要求

通过本章的学习，了解股份支付的概念、特征及交易类型，掌握权益结算的股份支付的确认和计量，掌握现金结算的股份支付的处理和计量，理解限制性股票的会计处理等。

第一节 股份支付概述

一、股份支付的概念及特征

按照《企业会计准则第 8 号——股份支付》的规定，股份支付指企业为获取职工和其他方提供服务而授予权益工具或者承担以权益工具为基础确定的负债的交易。目前，中国企业的股份支付交易比较具有代表性的是向其雇员支付期权等作为薪酬或者奖励计划。股份支付的授予对象多为公司高管、董事、监事及业务骨干。

股份支付的特征如下：

(1) 股份支付是企业与职工或其他方之间发生的交易。以股份为基础的支付可能发生在企业与股东之间、合并交易中的合并方与被合并方之间或者企业与其职工之间。其中，只有发生在企业与其职工或向企业提供服务的其他方之间的交易，才可能符合股份支付准则对股份支付的定义。

(2) 股份支付是以获取职工或其他方服务为目的的交易。企业在股份支付交易中意在获取其职工或其他方提供的服务(费用)或取得这些服务的权利(资产)。企业获取这些服务或权利的目的在于激励企业职工更好地从事生产经营以达到业绩条件而不是转手获利等。

(3) 股份支付交易的对价或其定价与企业自身权益工具未来的价值密切相关。股份支付交易与企业与其职工间其他类型交易的最大不同，是交易对价或其定价与企业自身权益工具未来的价值密切相关。在股份支付中，企业要么向职工支付其自身权益工具，要么向职工支付一笔现金，而其金额高低取决于行权时企业自身权益工具的公允价值。

【例 4-1】 下列各项交易或事项中，属于股份支付的是(　　)。

A．股份有限公司向其股东分派股票股利

B．企业合并中合并方向被合并方股东定向增发股票作为合并对价

C. 债务重组中债务人向债权人定向发行股票抵偿债务

D. 股份有限公司向其高管授予股票期权

正确答案：D

二、股份支付的时点及环节

在股份支付的实施过程中，有几个时点非常重要：授予日、可行权日、行权日、出售日和失效日。在不同的时点之间形成了三个不同的期间：等待期(又称行权限制期)、行权有效期和禁售期，如图 4-1 所示。

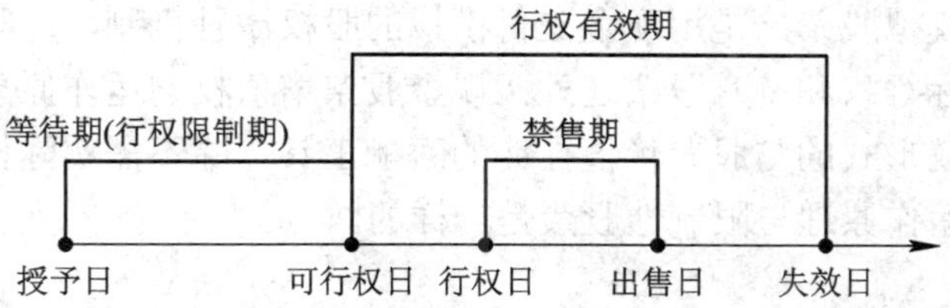

图 4-1　股份支付涉及的时点和时期

1. 授予日与可行权日

授予日是指企业与职工或其他方就股份支付的协议条款和条件已经股东大会或类似机构批准的日期。可行权日指可行权条件得到满足、职工或其他方具有从企业取得权益工具或现金权利的日期。有的股份支付协议是一次性可行权，有的则是分批可行权，只有已经可行权的股票期权，才是职工真正拥有的“财产”，才能去择机行权。从授予日至可行权日的时段，是可行权条件得到满足的期间，因此称为“等待期”，又称“行权限制期”。有的股份支付在授予日可立即行权，该种股份支付没有等待期，授予日即为可行权日。授予日一般不做会计处理，立即可行权的股份支付除外。

2. 行权日与出售日

行权日是指职工和其他方行使权利、获取现金或权益工具的日期。例如，持有股票期权的职工行使了以特定价格购买一定数量本公司股票的权利，该日期即为行权日。行权是按期权的约定价格实际购买股票，一般是在可行权日之后至期权到期日之前的可选择时段内行权。

出售日是指股票的持有人将行使期权所取得的期权股票出售的日期。按照我国法规规定，用于期权激励的股份支付协议，应在行权日与出售日之间设立禁售期，其中国有控股上市公司的禁售期不得低于两年。

三、股份支付工具的主要类型

按照股份支付的方式，股份支付工具主要可划分为两大类、四小类。

1. 以权益结算的股份支付

以权益结算的股份支付，是指企业为获取服务而以股份或其他权益工具作为对价进行结算的交易。以权益结算的股份支付最常用的工具有两类：限制性股票和股票期权。

限制性股票是指职工或其他方按照股份支付协议规定的条款和条件，从企业获得一定数量的本企业股票。企业授予职工一定数量的股票，在一个确定的等待期内或在满足特定业绩指标之前，职工出售股票要受到持续服务期限条款或业绩条件的限制。

股票期权是指企业授予职工或其他方在未来一定期限内以预先确定的价格和条件购买本企业一定数量股票的权利。

2. 以现金结算的股份支付

以现金结算的股份支付，是指企业为获取服务而承担的以股份或其他权益工具为基础计算的交付现金或其他资产的义务的交易。以现金结算的股份支付最常用的工具有两类：模拟股票和现金股票增值权。

股票增值权和模拟股票，是用现金支付模拟的股权激励机制，即与股票挂钩，但用现金支付。除不需实际行权和持有股票之外，现金股票增值权的运作原理与股票期权是一样的，都是一种增值权形式的与股票价值挂钩的薪酬工具。除不需实际授予股票和持有股票之外，模拟股票的运作原理与限制性股票是一样的。

四、股份支付条件的分类

股份支付中通常涉及可行权条件。可行权条件指能够确定企业是否得到职工或其他方提供的服务，且该服务使职工或其他方具有获取股份支付协议规定的权益工具或现金等权利的条件。反之，为非可行权条件。可行权条件包括服务期限条件和业绩条件。在满足这些条件之前，职工或其他方无法获得股份。

1. 服务期限条件

服务期限是指职工完成规定服务期限才可行权的条件。

【例 4-2】 甲公司股东大会批准，向其 8 名高管人员每人授予 5 万份股票期权。可行权条件为连续服务两年，如果满足可行权条件，高管人员即可按低于市价的价格购买一定数量的本公司股票，则该期权的等待期为两年。

2. 业绩条件

业绩条件是指职工或其他方完成规定服务期限且企业已达到特定业绩目标才可行权的条件，具体包括市场条件和非市场条件。

市场条件是指行权价格、可行权条件以及行权可能性与权益工具的市场价格相关的业绩条件，如股份支付协议中关于股价上升至何种水平职工或其他方可相应取得多少股份的规定。

非市场条件是指除市场条件之外的其他业绩条件，如股份支付协议中关于达到最低盈利目标或销售目标才可行权的规定。

在此，需要注意的有两点：

(1) 要注意区分市场条件和非市场条件，市场条件与权益工具的市场价格相联系。非市场条件是达到某个盈利目标和销售目标，和权益工具的市场价格没有联系。

(2) 对于可行权条件为市场条件的股份支付，只要职工满足了其他所有非市场条件(如利润增长率、服务期限等)，企业就应当确认已取得的服务。市场条件是否达到不影响取得职工服务的确定。

五、权益工具公允价值的确定

1. 股份

对于授予职工的股份(限制性股票)，其公允价值应按企业股份的市场价格计量，同时考虑授予股份所依据的条款和条件(不包括市场条件之外的可行权条件)进行调整。如果企业股份未公开交易，则应按估计的市场价格计量，并考虑授予股份所依据的条款和条件进行调整。

2. 股票期权

对于授予职工的股票期权，因其通常受到一些不同于交易期权的条款和条件的限制，因而在许多情况下难以获得其市场价格。如果不存在条款和条件相似的交易期权，就应通过期权定价模型来估计所授予的期权的公允价值。在利用期权定价模型时，企业应当至少考虑以下六因素：① 无风险利率；② 预计的股利；③ 行权期限；④ 现行股价；⑤ 期权的执行价格；⑥ 预期的股价波动率。

第二节　以权益结算的股份支付

一、以权益结算的股份支付的会计处理原则

根据《企业会计准则第 11 号——股份支付》的规定，以权益结算的股份支付按照以下原则进行会计处理：

(1) 以权益结算的股份支付换取职工提供服务的，应当以授予职工权益工具的公允价值计量。

(2) 授予后立即可行权的换取职工服务的以权益结算的股份支付，应当在授予日按照权益工具的公允价值计入相关成本或费用，相应增加资本公积——股本溢价。

(3) 授予日不可立即行权的换取职工服务的以权益结算的股份支付，在等待期内的每个资产负债表日，应当以对可行权权益工具数量的最佳估计为基础，按照权益工具授予日的公允价值，将当期取得的服务计入相关成本或费用和资本公积——其他资本公积。

(4) 对于不可立即行权的股份支付，如果有明确的服务期限，则等待期即为服务年限；如果为业绩条件，应当在授予日根据最可能的业绩结果预计等待期的长度。

(5) 在资产负债表日，后续信息表明可行权权益工具的数量与以前估计不同的，应当进行调整，并在可行权日调整至实际可行权的权益工具数量。

(6) 在行权日，企业根据实际行权的权益工具数量，计算确定应转入实收资本或股本的金额，将其转入实收资本或股本。

(7) 企业在可行权日之后不再对已确认的相关成本或费用和所有者权益总额进行调整。

(8) 以权益结算的股份支付换取其他方服务的，应当分别按下列情况处理：

① 其他方服务的公允价值能够可靠计量的，应当按照其他方服务在取得日的公允价值，计入相关成本或费用，相应增加所有者权益。

② 其他方服务的公允价值不能可靠计量但权益工具公允价值能够可靠计量的，应当按照权益工具在服务取得日的公允价值，计入相关成本或费用，相应增加所有者权益。

二、授予工具为股票期权的会计处理

【例 4-3】 甲公司为一上市公司，股份支付协议资料如下：

(1) 2017 年 12 月 18 日，经股东大会批准，甲公司向其 80 名管理人员每人授予 10 万股股票期权，这些职员从 2018 年 1 月 1 日起在该公司连续服务 3 年且 3 年后，即 2020 年 12 月 31 日股价达到 36 元/股，即可以 5 元每股购买 10 万股甲公司普通股股票(面值为 1 元)，从而获益，如果未达到 36 元/股，则股份支付协议作废。2017 年 12 月 18 日公司估计该期权公允价值为 12 元/股，12 月 31 日估计该期权公允价值为 12 元/股，12 月 31 日甲公司股票的收盘价为每股 18 元。

(2) 截至 2018 年 12 月 31 日，有 8 名职员离开 A 公司；A 公司估计三年中离开的职员的比例将达到 15%。2018 年 12 月 31 日该期权的公允价值为 18 元/股，A 公司股票的收盘价为每股 25 元，预计两年后股价将达到 36 元/股。

(3) 2019 年 12 月 31 日，本年又有 4 名职员离开公司；公司估计的职员离开比例为 20%。2019 年 12 月 31 日该期权的公允价值为 29 元/股，A 公司股票的收盘价为每股 37 元，预计 1 年后股价超过 36 元/股。

(4) 2020 年 12 月 31 日，本年又有 8 名职员离开。2020 年 12 月 31 日该股票的收盘价为 48 元/股。

(5) 假设全部 60 名职员都在 2020 年行权。

要求：请写出甲公司的相关账务处理。

分析： 甲公司授予管理人员自己公司的股票期权，行权条件是在该公司连续服务 3 年且 3 年后股价达到 36 元/股。股价条件属于业绩条件中的市场条件，所以，该题属于等待期为 3 年的以权益结算的股份支付。3 年后股价是否达到 36 元/股不影响职工成本费用的确认。

第一步，由于等待期为 3 年，所以在授予日 2017 年 12 月 18 日不做账务处理。

第二步，应计入 2018 年 12 月 31 日的职工服务的费用为：

$$80 \times 10 \times (1 - 15\%) \times 12 \times 1/3 = 2\,720\ (\text{万元})$$

甲公司 2018 年 12 月 31 日的账务处理：

借：管理费用	27 200 000	
贷：资本公积——其他资本公积		27 200 000

应计入 2019 年 12 月 31 日的职工服务的费用

$= 80 \times 10 \times (1 - 20\%) \times 12 \times 2/3 - 2\,720 = 2\,400\ (\text{万元})$

甲公司 2019 年 12 月 31 日的账务处理：

借：管理费用	24 000 000	
贷：资本公积——其他资本公积		24 000 000

应计入 2020 年 12 月 31 日的职工服务的费用：

= 10 × (80 − 8 − 4 − 8) × 12 × 3 / 3 − 2720 − 2 400 = 2 080 (万元)

甲公司 2020 年 12 月 31 日的账务处理：

借：管理费用 20 800 000

贷：资本公积——其他资本公积 20 800 000

第三步，甲公司在行权日的会计处理：

借：银行存款 (60 × 100 000 × 5) 30 000 000

资本公积——其他资本公积 (27 200 000+ 24 000 000 + 20 800 000) 72 000 000

贷：股本 (60 × 100 000 × 1) 6 000 000

资本公积——股本溢价 96 000 000

【例 4-4】 2017 年 12 月 17 日甲公司经股东大会批准实施股权激励计划，其主要计划内容为：甲公司向本公司 30 名高管人员每人授予 15 万份股票期权。该期权的可行权条件为：2018 年年末可行权条件为 2018 年企业净利润较 2017 年增长率不低于 11%；2019 年年末的可行权条件为 2018 年和 2019 年两年净利润平均数较 2017 年增长率不低于 12%；2020年年末的可行权条件为2018至2020年3年净利润平均数较2017年增长率不低于13%。从达到上述业绩条件的当年末起可行权，行权期为 3 年。

(1) 2017 年 12 月 17 日每份期权的公允价值为 7.2 元，2017 年 12 月 31 日每份期权的公允价值为 7.5 元，2017 年 12 月 31 日每股股票的公允价值为 7.8 元。

(2) 2018 年 12 月 31 日，甲公司净利润增长率为 10%，同时有 4 名激励对象离开，但是甲公司预计 2019 年将保持快速增长，2019 年有望达到可行权条件。另外，预计 2019 年没有激励对象离开企业。2018 年 12 月 31 日每份期权的公允价值为 8 元，甲公司股票的收盘价为每股 9 元。

(3) 2019 年 12 月 31 日，企业净利润增长率为 12%，但公司预计 2020 年将保持快速增长，2020 年 12 月 31 日将可行权。另外，2019 年实际有 4 名激励对象离开，预计 2020 年没有激励对象离开企业。2019 年 12 月 31 日每份期权的公允价值为 9 元，甲公司股票的收盘价为每股 10 元。

(4) 2020 年 12 月 31 日，企业净利润增长率为 17%，当年有 2 名激励对象离开。2020 年 12 月 31 日每份期权的公允价值为 9.1 元，A 公司股票的收盘价每股为 11 元。

(5) 2021 年 12 月 31 日，激励对象全部行权，行权价格为 5 元/股。

要求：编制甲公司的会计处理。

分析：该题属于附非市场条件的以权益结算的股份支付，由于非市场业绩条件是：2018 年年末可行权条件为 2018 年企业净利润较 2017 年增长率不低于 11%；2019 年年末的可行权条件为 2018 年和 2019 年两年净利润平均数较 2017 年增长率不低于 12%；2020 年年末的可行权条件为 2018 至 2020 年 3 年净利润平均数较 2017 年增长率不低于 13%。每年末只要业绩条件达到即可行权，行权期最长为 3 年。

第一步，在授予日 2017 年 12 月 17 日不做会计处理。

第二步，2018 年 12 月 31 日，甲公司净利润增长率为 10%，同时有 4 名激励对象离开，但是甲公司预计 2019 年将保持快速增长，2019 年有望达到可行权条件。另外，预计 2019 年没有激励对象离开企业。可判定为等待期为 2 年的股份支付，应计入管理费用的金额为：(30 − 4) × 15 × 7.2 × 1 / 2 = 1 404 (万元)。

甲公司在 2018 年 12 月 31 日的会计分录：

借：管理费用　　14 040 000

　　贷：资本公积——其他资本公积　　14 040 000

2019 年 12 月 31 日，企业净利润增长率为 12%，但公司预计 2020 年将保持快速增长，2020 年 12 月 31 日将可行权。另外，2019 年实际有 4 名激励对象离开，预计 2020 年没有激励对象离开企业。可判定等待期延长为 3 年的股份支付，应计入管理费用的金额为：(30 − 4 − 4) × 15 × 7.2 × 2 / 3 − 1 404 = 180 (万元)。

甲公司在 2019 年 12 月 31 日的会计分录：

借：管理费用　　1 800 000

　　贷：资本公积——其他资本公积　　1 800 000

2020 年 12 月 31 日，企业净利润增长率为 17%，三年净利润的平均增长率 = (10% + 12% + 17%) / 3 = 13%，达到行权条件。应计入管理费用的金额 = (30 − 4 − 4 − 2) × 15 × 7.2 × 3 / 3 − 1404 − 180 = 576 (万元)。

甲公司在 2020 年 12 月 31 日的会计分录：

借：管理费用　　5 760 000

　　贷：资本公积——其他资本公积　　5 760 000

第三步，2021 年 12 月 31 日全部行权的会计分录：

借：银行存款　　(20 × 150 000 × 5) 15 000 000

　　资本公积——其他资本公积　　(14 040 000 + 1 800 000 + 5 760 000) 21 600 000

　　贷：股本　　(20 × 150 000 × 1) 3 000 000

　　　　资本公积——股本溢价　　33 600 000

【例 4-5】 甲公司于 2019 年 1 月 1 日经过股东大会批准，对其高管授予一项股权激励计划，计划主要内容为：向公司高级管理人员授予股票期权 180 万份，根据期权定价模型确定授予日股票期权每份公允价值为 18 元。该股权激励计划要求职工行权时没有离职，且具体行权条件安排为：① 2019 年，以 2018 年经审计的净利润为基数，公司 2019 年度经审计净利润较 2018 年增长率达到或超过 30%，可行权的股份数量为 36 万份；② 2020 年，以 2018 年经审计的净利润为基数，公司 2020 年度经审计净利润较 2018 年增长率达到或超过 60%，可行权的股份数量为 54 万份；③ 2021 年，以 2018 年经审计的净利润为基数，公司 2021 年度经审计净利润较 2018 年增长率达到或超过 100%，可行权的股份数量为 90 万份。

假定 2019 年年度净利润较 2018 年经审计净利润增长率上涨约 20%；2020 年年度净利润较 2018 年经审计净利润增长率达到 70%；2021 年年度净利润较 2018 年经审计净利润增长率达到 110%。不考虑离职情况。

要求：计算甲公司的相关账务处理。

分析：该题为三个独立的股份支付，相当于如果达到非市场条件，等待期分别为 1 年、2 年和 3 年的三个股份支付。

第一步，假定 2019 年年度净利润较 2018 年经审计净利润增长率上涨约 20%，未达到①中的非市场条件，所以可行权数量为 0，应确认的相关费用为 0。

第二步，2020 年年度净利润较 2018 年经审计净利润增长率达到 70%达到可行权条件，可看作是等待期为两年的股份支付。

甲公司在 2019 年 12 月 31 日应计入管理费用的金额 = 54 × 18 × 1 / 2 = 486 (万元)

借：管理费用　　4 860 000

　　贷：资本公积——其他资本公积　　4 860 000

甲公司在 2020 年 12 月 31 日应计入管理费用的金额 = 54 × 18 × 2 / 2 − 486 = 486 (万元)

借：管理费用　　4 860 000

　　贷：资本公积——其他资本公积　　4 860 000

第三步，2021 年年度净利润较 2018 年经审计净利润增长率达到 110%达到行权条件，甲公司的账务处理：

甲公司在 2020 年 12 月 31 日应计入管理费用的金额 = 90 × 18 × 1 / 3 = 540 (万元)

借：管理费用　　5 400 000

　　贷：资本公积——其他资本公积　　5 400 000

甲公司在 2019 年 12 月 31 日应计入管理费用的金额 = 90 × 18 × 2 / 3 − 540 = 540 (万元)

借：管理费用　　5 400 000

　　贷：资本公积——其他资本公积　　5 400 000

甲公司在 2021 年 12 月 31 日应计入管理费用的金额 = 90 × 18 × 3 / 3 − 540 − 540 = 540 (万元)

借：管理费用　　5 400 000

　　贷：资本公积——其他资本公积　　5 400 000

三、可行权条件的修改、取消的会计处理

通常情况下，股份支付协议生效后，不应对其条款和条件随意修改。但在某些情况下，可能需要修改授予权益工具的股份支付协议中的条款和条件。

例如，股票除权、除息或因其他原因需要调整行权价格或股票期权数量。此外，为取得更佳的激励效果，有关法规也允许企业依据股份支付协议的规定，调整行权价格和股票期权数量，但应当由董事会作出决议并经股东大会审议批准。

需特别注意的是，在会计上，无论已授予的权益工具的条款和条件如何修改，甚至取消权益工具的授予或结算该权益工具，企业都应至少确认按照所授予的权益工具在授予日的公允价值来计量获取的相应服务。

1. 可行权条件的有利修改

(1) 如果修改增加了所授予的权益工具的公允价值，企业应按照权益工具公允价值的增加相应地确认取得服务的增加，即按照修改日权益工具公允价值的增加相应确认修改日至剩余等待期之间相关服务的增加。

【例 4-6】　承接例 4-3，假设 2019 年 1 月 1 日甲公司将授予日的公允价值修改为 15 元，其他条件不变，求 2019 年 12 月 31 日甲公司的会计处理。

分析：

2019 年 12 月 31 日应计入管理费用的金额

$=80\times10\times(1-20\%)\times12\times2/3+80\times10\times(1-20\%)\times(15-12)\times1/2-2\,720=3\,360$(万元)

甲公司 2019 年 12 月 31 日的会计分录：

借：管理费用 33 600 000

　　贷：资本公积——其他资本公积 33 600 000

(2) 如果修改增加了所授予的权益工具的数量，企业应将增加的权益工具的公允价值相应地确认为取得服务的增加，即按照修改日权益工具数量的增加相应确认修改日至剩余等待期之间相关服务的增加。

(3) 如果企业按照有利于职工的方式修改可行权条件，如缩短等待期、变更或取消业绩条件(非市场条件)，企业在处理可行权条件时，应当考虑修改后的可行权条件。

2. 可行权条件的不利修改

如果企业以减少股份支付公允价值总额的方式或其他不利于职工的方式修改条款和条件，企业仍应继续对取得的服务进行会计处理，如同该变更从未发生，除非企业取消了部分或全部已授予的权益工具。这具体包括如下几种情况：

(1) 如果修改减少了授予的权益工具的公允价值，企业应当继续以权益工具在授予日的公允价值为基础，确认取得服务的金额，而不应考虑权益工具公允价值的减少。

(2) 如果修改减少了授予的权益工具的数量，企业应当将减少部分作为已授予的权益工具的取消来进行处理。

(3) 如果企业以不利于职工的方式修改了可行权条件，如延长等待期、增加或变更业绩条件(非市场条件)，企业在处理可行权条件时，不应考虑修改后的可行权条件。

3. 取消或结算

如果企业在等待期内取消了所授予的权益工具或结算了所授予的权益工具(因未满足可行权条件而被取消的除外)，企业应当：

(1) 将取消或结算作为加速可行权处理，立即确认原本应在剩余等待期内确认的金额。

(2) 在取消或结算时支付给职工的所有款项均应作为权益的回购处理，回购支付的金额高于该权益工具在回购日公允价值的部分，计入当期费用。

(3) 如果向职工授予新的权益工具，并在新权益工具授予日认定所授予的新权益工具是用于替代被取消的权益工具的，企业应以与处理原权益工具条款和条件修改相同的方式，对所授予的替代权益工具进行处理。如果企业未将新授予的权益工具认定为替代权益工具，则应将其作为一项新授予的股份支付进行处理。

四、授予工具为限制性股票的会计处理

限制性股票是指上市公司按照股权激励计划规定的条件，授予激励对象一定数量的上市公司股票，激励对象只有在符合股权激励计划规定条件的情况下，才可申请解锁限制性股票，解锁后的限制性股票可依法自由流通。与股票期权的不同是：限制性股票的激励对象先授予股票，等待期结束并满足规定条件解锁可上市自由流通；股票期权是先授予权利，满足可行权条件才拥有股票。

上市公司以非公开发行的方式向激励对象授予一定数量的公司股票，并规定锁定期和解锁期，在锁定期和解锁期内，不得上市流通及转让。达到解锁条件，可以解锁；如果全

部或部分股票未被解锁而失效或作废，那么上市公司按照事先约定的价格立即进行回购。

上市公司可以按照四个步骤对限制性股票做会计处理：

(1) 按照相应的增资手续向职工发行限制性股票，收到职工缴纳的认股款时：

借：银行存款

　贷：股本

　　资本公积——股本溢价

同时，就回购义务确认负债，初始确认的负债金额与职工缴纳的认股款相同：

借：库存股

　贷：其他应付款——限制性股票回购义务

(2) 等待期内股份支付相关的会计处理：

这主要涉及等待期的判断和等待期内现金股利的支付。等待期的判断按照股份支付准则判定即可。现金股利的处理按照表 4-1 进行会计处理。此表可以这样理解：若限制性股票可解锁，则持有的职工即转变为公司的股东，则给其发放的现金股利可视为利润分配；否则，作为费用化处理。而现金股利可撤销意味着若限制性股票不可解锁，需退回确认的应付股利。现金股利不可撤销意味着若限制性股票不可解锁，企业只能费用化应付股利。

表 4-1　等待期内限制性股票发放现金股利的会计处理

限制性股票＼现金股利	可　撤　销	不 可 撤 销
可解锁	借：利润分配 　贷：应付股利 同时，借：其他应付款 　　　贷：库存股	借：利润分配 　贷：应付股利
不可解锁	借：其他应付款 　贷：应付股利	借：管理费用 　贷：应付股利

(3) 未达到解锁条件的限制性股票，需回购股票：

借：其他应付款——限制性股票回购义务

　贷：银行存款

同时，注销未解锁限制性股票数量相对应的库存股，按照注销的股本金额，借记“股本”，贷记“库存股”，二者的差额借记“资本公积——股本溢价”。

借：股本

　资本公积——股本溢价

　贷：库存股

(4)达到锁条件的限制性股票，该部分无需回购，其会计处理为：

借：其他应付款——限制性股票回购义务

　贷：库存股

　　资本公积——股本溢价

【例 4-7】 甲上市公司采用授予职工限制性股票的形式实施股权激励计划。2018 年 1 月 1 日向 110 名管理人员每人授予 20 万股自身股票，授予价格为 6 元/股。当日，110 名管理人员全部认购，认购款项为 13 200 万元，甲公司履行了相关增资手续。该限制性股票在授予日的公允价值为 16 元/股。该计划规定，授予对象从 2018 年 1 月 1 日起在本公司连续服务满 3 年的，该限制性股票在服务期满将全部解锁；若有期间离职的，甲公司将按照原授予价格 6 元/股回购。至 2021 年 1 月 1 日，该授予股票不得流通或转让，在等待期内发放的现金股利可撤销。

2018 年度，甲公司有 5 名管理人员离职，估计未来两年将 9 名管理人员离职，即估计 3 年中离职的管理人员为 14 名，当年宣告限制性股票持有人可分配现金股利为每股 1 元。

要求：编制甲公司会计处理。

分析：甲公司按照限制性股票的四个步骤进行会计处理。

(1) 甲公司在授予日收到职工缴纳的认股款时：

借：银行存款　132 000 000

　贷：股本　(110 × 200 000 × 1) 22 000 000

　　资本公积——股本溢价　110 000 000

同时，按照初始确认的认股款金额确认回购负债：

借：库存股　132 000 000

　贷：其他应付款——限制性股票回购义务　132 000 000

(2) 在等待期内结合限制性股票锁定期和解锁期，2018 年应当确认的管理费用的金额为：(110 − 14) × 20 × (16 − 6) × 1 / 3 = 6400 (万元)

借：管理费用　64 000 000

　贷：资本公积——其他资本公积　64 000 000

(3) 甲公司 110 名管理人员中，预计 3 年服务期满可解锁的限制性股票的数量为(110 − 14) 96 人。则 2018 年 12 月 31 日预计未来可解锁限制性股票持有者的现金股利 = (110 − 14) × 20 × 1 = 1 920 (万元)

借：利润分配　19 200 000

　贷：应付股利　19 200 000

由于未来限制性股票可解锁，所以将第一步中就回购义务确认的相关负债冲回：

借：其他应付款　19 200 000

　贷：库存股　19 200 000

(4) 对于 14 名未来不可解锁的限制性股票持有者，2018 年 12 月 31 日预计未来不可解锁限制性股票持有者的现金股利 = 14 × 20 × 1 = 280 (万元)。

借：其他应付款　2 800 000

　贷：应付股利　2 800 000

(5) 甲公司对于 2018 年度实际离职的 5 名管理人员，应当按照约定的回购价格进行股票回购。由于现金股利可撤销，同时冲减应付股利。

借：其他应付款　[5 × (6 − 1) × 200 000] 5 000 000

　　应付股利——限制性股票股利　(5 × 200 000 × 1) 1 000 000

　贷：银行存款　(5 × 6 × 200 000) 6 000 000

借：股本　(5 × 1 × 200 000) 1 000 000

　　资本公积——股本溢价　5 000 000

　贷：库存股　(5 × 200 000 × 6) 6 000 000

第三节 以现金结算的股份支付

以现金结算的股份支付，应当按照企业承担的以股份或其他权益工具为基础计算确定的负债的公允价值计量。以现金计算的股份支付的会计处理具体情况如下：

(1) 在授予日立即可行权的股份支付，企业应按照该日负债的公允价值计量，并在结算前的每个资产负债表日和结算日对负债的公允价值重新计量，将其变动计入损益。借记“管理费用”等，贷记“应付职工薪酬”。除授予日立即可行权的股份支付外，在授予日不做任何会计处理。

(2) 若存在等待期，则在每个资产负债表日重新按照权益工具公允价值计量负债，借记“管理费用”等，贷记“应付职工薪酬”。

(3) 在可行权日之后，对于现金结算的股份支付，企业不再确认成本费用，公允价值的变动应当计入公允价值变动损益。

(4) 行权日，借记“应付职工薪酬”，贷记“银行存款”。

【例 4-8】 甲公司有关现金结算的股份支付资料如下：

(1) 2017 年 1 月 1 日，甲公司为其 100 名管理人员每人授予 15 万份现金股票增值权，从 2017 年 1 月 1 日起，这些管理人员在公司连续服务满 3 年，同时三年的净利润分别达到 1 000 万元、1 200 万元、1 500 万元，即可自 2017 年 12 月 31 日起根据甲公司股价的增长幅度获得现金，该增值权应在 2020 年 12 月 31 日之前行使完毕。

(2) 2017 年 12 月 31 日每份现金股票增值权的公允价值为 10 元。本年有 20 名管理人员离开甲公司，甲公司估计还将有 15 名管理人员离开。2017 年实际净利润为 1 060 万元。

(3) 2018 年 12 月 31 日每份现金股票增值权的公允价值为 12 元。本年又有 10 名管理人员离开公司，公司估计还将有 8 名管理人员离开。2018 年实际净利润为 1 350 万元。

(4) 2019 年 12 月 31 日有 50 人行使股票增值权取得了现金，每份增值权现金支出额为 14 元。2019 年 12 月 31 日每份现金股票增值权的公允价值为 15 元。本年又有 3 名管理人员离开。2019 年实际净利润为 1 600 万元。

(5) 2020 年 12 月 31 日，剩余管理人员全部行使了股票增值权取得了现金，每份增值权现金支出额为 20 元。

要求：编制甲公司的会计处理。

分析：由于该以现金结算的股份支付存在等待期为 3 年的服务期限条件，所以不是立即可行权的股份支付，授予日不做任何会计处理。

(1) 在 2017 年 12 月 31 日，非市场业绩条件满足，则计入应付职工薪酬的金额

$$= (100 - 20 - 15) \times 10 \times 15 \times 1 / 3 = 3\,250\ (万元)$$

甲公司的会计处理：

借：管理费用 32 500 000

  贷：应付职工薪酬 32 500 000

(2) 在 2018 年 12 月 31 日，非市场业绩条件满足，则计入应付职工薪酬的金额

$$= (100 - 20 - 10 - 8) \times 12 \times 15 \times 2 / 3 - 3\,250 = 4\,190\ (万元)$$

甲公司的会计处理：

借：管理费用　　41 900 000

　　贷：应付职工薪酬　　41 900 000

(3) 在 2019 年 12 月 31 日，有 50 人行使股票增值权取得了现金，则计入应付职工薪酬的金额 = (100 − 20 − 10 − 3 − 50) × 15 × 15 × 3 / 3 + 50 × 15 × 14 − 3 250 − 4 190 = 6 885 (万元)

甲公司的会计处理：

行权时的会计分录为

借：应付职工薪酬　　(50 × 150 000 × 14) 105 000 000

　　贷：银行存款　　105 000 000

借：管理费用　　68 850 000

　　贷：应付职工薪酬　　68 850 000

(4) 在 2020 年 12 月 31 日，即可行权日之后，剩余管理人员全部行权的会计处理：

借：应付职工薪酬　　(17 × 150 000 × 20) 51 000 000

　　贷：银行存款　　51 000 000

应计入应付职工薪酬的发生额 = 0 − (100 − 20 − 10 − 3 − 50) × 15 × 15 + 5 100 = 1 275 (万元)

借：公允价值变动损益　　12 750 000

　　贷：应付职工薪酬　　12 750 000

第四节　披　　露

按照《企业会计准则第 11 号——股份支付准则》规定，企业应当在附注中披露与股份支付有关的下列信息：

(1) 当期授予、行权和失效的各项权益工具总额。

(2) 期末发行在外的股份期权或其他权益工具行权价格的范围和合同剩余期限。

(3) 当期行权的股份期权或其他权益工具以其行权日价格计算的加权平均价格。

(4) 权益工具公允价值的确定方法。

企业对性质相似的股份支付信息可以合并披露。

企业应当在附注中披露股份支付交易对当期财务状况和经营成果的影响，至少包括下列信息：

(1) 当期因以权益结算的股份支付而确认的费用总额。

(2) 当期因以现金结算的股份支付而确认的费用总额。

(3) 当期以股份支付换取的职工服务总额及其他方服务总额。

✦✦✦✦✦ 练　习　题 ✦✦✦✦✦

一、单项选择题

1．关于股份支付，下列表述中不正确的是(　　)。

A．股份支付分为以权益结算的股份支付和以现金结算的股份支付

B．无论权益结算的股份支付或者现金结算的股份支付，企业在授予日都不进行会计处理，立即可行权的股份支付除外

C．授予后立即可行权的换取职工服务的以权益结算的股份支付，应当在授予日按照权益工具的公允价值计入相关成本或费用，并增加应付职工薪酬

D．授予后立即可行权的换取职工服务的以现金结算的股份支付，应当在授予日按照权益工具的公允价值计入相关成本或费用，并增加应付职工薪酬

2．关于以权益结算的股份支付的计量，下列说法中错误的是(　　)。

A．应按授予日权益工具的公允价值计量，不确认其后续公允价值变动

B．对于授予后立即可行权的换取职工提供服务的权益结算的股份支付，应在授予日按照权益工具的公允价值计量

C．对于换取职工服务的股份支付，企业应当按照权益工具在授予日的公允价值，将当期取得的服务计入相关资产成本或当期费用，同时计入资本公积中的其他资本公积

D．对于换取职工服务的股份支付，企业应当按在等待期内的每个资产负债表日的公允价值计量

3．关于以现金结算的股份支付，下列说法中正确的是(　　)。

A．是指企业通过交付现金从而获取相关服务的交易

B．是指企业通过交付现金或其他资产从而获取相关服务的交易

C．是指企业通过承担以股份或其他权益工具为基础计算确定的交付现金、不包括其他资产的从而获取相关服务交易

D．是指企业为获取服务承担以股份或其他权益工具为基础计算确定的交付现金或其他资产义务的交易

4．2019 年 1 月 1 日，甲公司为其 120 名中级以上管理人员每人授予 100 份现金股票增值权，这些人员从 2019 年 1 月 1 日在甲公司连续服务期限满 3 年，即可至 2021 年 12 月 31 日根据公司股价的增长幅度获得现金，该增值权应在 2021 年 12 月 31 日之前行使完毕。2019 年 12 月 31 日“应付职工薪酬”科目期末余额为 120 000 元。2020 年 12 月 31 日每份现金股票增值权公允价值为 45 元，至 2020 年年末有 25 名管理人员离开甲公司，甲公司估计未来一年中还将有 15 名管理人员离开。则 2020 年 12 月 31 日“应付职工薪酬”贷方发生额为(　　)元。

A．167 500　　B．120 000　　C．155 000　　D．100 000

5. 2018 年 1 月 1 日，甲公司为其 30 名中层以上管理人员每人授予 300 份股票增值权，2021 年 12 月 31 日起根据甲公司股价的增长幅度获得现金，该增值权应在 2023 年 12 月 31 日之前行使完毕。截至 2019 年末累积确认负债 20 000 元，在 2020 年有 2 人离职，预计至行权日没有人离职，2020 年年末该股票增值权的公允价值为 15 元，该项股份支付对 2020 年当期管理费用的影响金额和 2020 年年末该项负债的累积金额分别是(　　)元。

A．52 500, 202 500　　B．50 000, 125 000

C．74 500, 94 500　　D．22 050, 126 000

6. 在企业可行权日之后到结算日前的每个资产负债表日，对于以现金结算的股份支付因负债公允价值的变动应计入(　　)。

A. 制造费用　　B. 管理费用

C. 公允价值变动损益　　D. 资本公积

7. 黄河公司 2019 年存在如下两项股份支付行为：第一项为现金结算的股份支付，1 月 1 日，黄河公司与其 200 名生产工人签署了股份支付协议，协议规定，这些生产工人在企业连续提供服务满 3 年，每人即可获得与 6 万份股票等值的现金，该金额以行权日股票的市场价格计算确定。2019 年 12 月 31 日该期权的公允价值总额为 900 万元。黄河公司估计这些生产人员在本年和未来都不会离职，该车间生产的产品尚未出售。第二项为权益结算的股份支付，6 月 30 日，黄河公司授予其 50 名管理人员每人 10 万份股票期权，规定管理人员自 2019 年 7 月 1 日起在公司工作满 3 年即可以每份 5 元的价格购买黄河公司的 10 万股股票。该股票期权在授予日的公允价值为每份 9 元。黄河公司预计三年内有 4%的管理人员离职。不考虑其他因素，关于黄河公司的账务处理下列说法中正确的有(　　)。

A. 黄河公司应当确认“管理费用”和“资本公积——其他资本公积”4 320 万元

B. 黄河公司应当确认“管理费用”和“资本公积——其他资本公积”1 440 万元

C. 黄河公司应当确认“生产成本”和“应付职工薪酬”300 万元

D. 黄河公司应当确认“生产成本”和“资本公积——其他资本公积”300 万元

8. 甲公司授予其管理层的股份支付协议规定，今后 3 年中，公司股价每年提高 3%以上，则可获得一定数量的该公司股票。到第三年年末，该目标未实现。则甲公司在第三年年末已经确认了收到的管理层提供的服务，因为业绩增长是一个市场条件，因此，这些费用正确的会计处理是(　　)。

A. 不应再转回　　B. 应再转回计入管理费用

C. 应再转回计入资本公积　　D. 应再转回计入公允价值变动损益

二、多项选择题

1. 下列关于等待期内每个资产负债表日的处理，正确的有(　　)。

A. 企业应当在等待期内每个资产负债表日，将取得职工或其他方提供的服务计入成本费用，同时确认所有者权益或负债

B 对于附有市场条件的股份支付，只要职工满足了其他所有非市场条件，企业就应当确认已取得的服务

C. 等待期长度确定后，业绩条件为非市场条件的，如果后续信息表明需要调整对可行权情况的估计的，应对前期估计进行修改

D. 在等待期内每个资产负债表日，企业应将取得的职工提供的服务计入成本费用，计入成本费用的金额应当按照权益工具的公允价值计量

2. 下列表述中正确的有(　　)。

A. 以股份支付形式进行激励或补偿实质上属于薪酬

B. 股份支付与职工薪酬遵循不同的准则规定

C. 以权益结算的股份支付，等待期内每个资产负债表日应确认权益工具的公允价值变动

D．股份支付可以以权益结算

3．下列关于条款和条件的取消或结算，正确的有(　　)。

A．将取消或结算作为加速可行权处理，立即确认原本应在剩余等待期内确认的金额

B．在取消或结算时支付给职工的所有款项均应作为权益的回购处理，回购支付的金额高于该权益工具在回购日公允价值的部分，计入当期损益

C．如果向职工授予新的权益工具，并在新权益工具授予日认定所授予的新权益工具是用于替代被取消的权益工具的，企业应以与处理原权益工具条款和条件修改相同的方式，对所授予的替代权益工具进行处理

D．在取消或结算时支付给职工的所有款项均应作为权益的回购处理，回购支付的金额高于该权益工具在回购日公允价值的部分，计入所有者权益

4．下列关于市场条件和非市场条件的说法中正确的有(　　)。

A．市场条件是否得到满足，不影响企业对预计可行权情况的估计

B．企业确定权益工具在授予日的公允价值时，应考虑市场条件的影响，而不考虑非市场条件的影响

C．企业确定权益工具在授予日的公允价值时，应考虑非市场条件的影响，而不考虑市场条件的影响

D．非市场条件是否得到满足，不影响企业对预计可行权情况的估计

5．关于以权益结算的股份支付，下列说法中正确的有(　　)。

A．以权益结算的股份支付换取职工提供服务的，应当以授予日权益工具的账面价值计量

B．以权益结算的股份支付换取职工提供服务的，应当以授予日权益工具的公允价值计量

C．在资产负债表日，后续信息表明可行权权益工具的数量与以前估计不同的，应当进行调整，并在可行权日调整至实际可行权的权益工具数量

D．授予后立即可行权的换取职工服务的以权益结算的股份支付，应当在授予日按照权益工具的公允价值计入相关成本或费用

6．下列表述中正确的有(　　)。

A．以库存股对股份支付结算时应转销交付职工的库存股

B．以库存股对股份支付结算时应注销该库存股并减少股本

C．对于权益结算的股份支付在可行权日之后不再对已确认的成本费用和所有者权益总额进行调整

D．现金结算的股份支付在可行权日之后不再确认成本费用

7．企业以回购股份形式奖励本企业职工的，属于权益结算的股份支付，其会计处理正确的有(　　)。

A．企业回购股份时，应当将回购股份的全部支出作为库存股处理，记入“库存股”科目，同时进行备查登记

B．对于权益结算的股份支付，企业应当在等待期内每个资产负债表日按照权益工具在授予日的公允价值，将取得的职工服务计入成本费用，同时增加资本公

积(其他资本公积)

C．企业回购股份时，应当按照回购股份的全部支出冲减股本

D．企业应按职工行权购买本企业股份时收到的价款，借记“银行存款”等科目，同时转销等待期内在资本公积(其他资本公积)中累计的金额，借记“资本公积——其他资本公积”科目，按回购的库存股成本，贷记“库存股”科目，按照上述借贷方差额，借记“资本公积——股本溢价”科目

8．关于股份支付，下列说法中正确的有(　　)。

A．股份支付分为以权益结算的股份支付和以现金结算的股份支付

B．股份支付只涉及以权益结算的股份支付

C．股份支付，指企业为获取职工和其他方提供服务而授予权益工具或者承担以权益工具为基础确定的负债的交易

D．股份支付，只是指企业为获取职工和其他方提供服务而授予权益工具的交易

9．以权益结算的股份支付换取其他方服务的，下列会计处理中正确的有(　　)。

A．其他方服务的公允价值不能可靠计量但权益工具公允价值能够可靠计量的，应当按照权益工具在服务取得日的公允价值，计入相关成本或费用，相应增加所有者权益

B．其他方服务的公允价值能够可靠计量的，应当按照其他方服务在取得日的公允价值，计入相关成本或费用，相应增加所有者权益

C．其他方服务的公允价值能够可靠计量的，应当按照其他方服务在取得日的公允价值，计入相关成本或费用，相应增加负债

D．对于换取其他方服务的股份支付，企业应当以股份支付所换取的服务的公允价值计量

10．下列关于以现金结算的股份支付表述中正确的有(　　)。

A．除了立即可行权的股份支付外授予日不进行会计处理

B．等待期内按照每个资产负债表日权益工具的公允价值和预计行权数量为基础计算或修正成本费用和应付职工薪酬

C．等待期内每个资产负债表日应确认权益工具的公允价值变动

D．等待期内每个资产负债表日应确认权益工具的预计行权数量变动

三、判断题

1．权益结算的股份支付是对职工或其他方最终要授予股份或支付现金结算方式。(　　)

2．无论是权益结算的股份支付还是现金结算的股份支付，除了立即可行权的股份支付外，企业在授予日均不进行会计处理。(　　)

3．权益结算的股份支付，应按授予日的权益工具的公允价值计量，此外发生的公允价值变动还需要通过公允价值变动损益来核算。(　　)

4．股份支付协议生效后，其协议条款和条件是不得修改的。(　　)

5．在通常情况下，对于未来波动率、股利和行权行为的预期存在一个合理的区间。(　　)

6. 对于现金结算的股份支付，企业在可行权日之后不再确认成本费用，也无需对应付职工薪酬进行调整。 ( )

7. 企业以回购股份形式奖励本企业职工的，属于现金结算的股份支付。 ( )

8. 对于现金结算的股份支付，在等待期内的每个资产负债表日，应按资产负债表日当日权益工具的公允价值将取得职工或其他方提供的服务计入成本费用，同时确认负债。 ( )

9. 对于权益结算的股份支付，在可行权日之后不再对已确认的成本费用和所有者权益总额进行调整。 ( )

四、计算分析题

2017 年 1 月 1 日，时代公司董事会批准了一项股份支付协议。协议规定：2017 年 1 月 1 日，公司向其 200 名管理人员每人授予 100 份股票期权，这些管理人员必须从 2017 年 1 月 1 日起在公司连续服务 3 年，服务期满时才能够以每股 4 元购买 100 股时代公司股票。时代公司估计该期权在授予日(2017 年 1 月 1 日)的公允价值为 15 元。第一年有 20 名管理人员离开时代公司，时代公司估计三年中离开的管理人员比例将达到 20%；第二年又有 10 名管理人员离开，时代公司将估计的管理人员离开比例修正为 15%；第三年又有 15 名管理人员离开。

要求：对时代公司这三年的相关账务进行处理。

第五章 或有事项

教学目的与要求

通对本章的学习，熟悉或有事项的概念、特征与常见事项，掌握预计负债的确认条件和预计负债的计量原则，熟悉或有事项的具体应用和或有事项的列报。

第一节 或有事项概述

一、或有事项的概念及其特征

企业在经营活动中有时会面临诉讼、仲裁、债务担保、产品质量保证、重组等具有较大不确定性的经济事项。这些不确定性的经济事项对企业的财务状况和经营成果可能会产生较大的影响，其最终结果须由某些未来事项的发生或不发生来决定。例如，企业对商品提供产品质量保证，承诺在商品发生质量问题时由企业无偿提供修理服务，从而会发生一些费用。至于这笔费用是否发生以及如果发生，则金额是多少，取决于未来是否发生修理请求以及修理工作量的大小等，按照权责发生制的要求，企业不能等到客户提出修理请求时，才确认因提供产品质量保证而发生的义务，而应当在资产负债表日对这一不确定事项做出判断，以决定是否在当期确认可能承担的修理义务。会计上将这种不确定事项称为或有事项。

或有事项，是指过去的交易或者事项形成的，其结果须由某些未来事项的发生或不发生才能决定的不确定事项。常见的或有事项包括未决诉讼或未决仲裁、债务担保、产品质量保证(含食品安全保证)、亏损合同、重组义务、承诺、环境污染整治等。

或有事项具有以下特征。

1. 或有事项是由过去的交易或事项形成的

由过去的交易或者事项形成，是指或有事项的现存状况是过去交易或者事项引起的客观存在。例如，未决诉讼是企业因过去的经济行为导致起诉其他单位或被其他单位起诉，是现存的一种状况，而不是未来将要发生的事项。又如，产品质量保证是企业对已售出商品或已提供劳务的质量提供的保证，不是为尚未出售商品或尚未提供劳务的质量提供的保证。基于这一特征，未来可能发生的自然灾害、交通事故、经营亏损等事项，都不属于或有事项。

2．或有事项的结果具有不确定性

或有事项的结果具有不确定性，是指或有事项的结果是否发生具有不确定性或者或有事项的结果预计将会发生，但发生的具体时间或金额具有不确定性。

首先，或有事项的结果是否发生具有不确定性。例如，债务的担保方在债务到期时是否承担和履行连带责任，需要根据被担保方能否按时还款决定，其结果在担保协议达成时具有不确定性。又如，有些未决诉讼，被起诉的一方是否会败诉，在案件审理过程中是难以确定的，需要根据人民法院的判决情况加以确定。

其次，或有事项的结果预计将会发生，但发生的具体时间或金额具有不确定性。例如，某企业因生产过程中排污治理不力并对周围环境造成污染而被起诉，如无特殊情况，该企业很可能败诉。但是，在诉讼成立时，该企业因败诉将支出多少金额，或者何时将发生这些支出，可能是难以确定的。

3．或有事项的结果须由未来事项决定

由未来事项决定，是指或有事项的结果只能由未来不确定事项的发生或不发生才能决定。或有事项对企业产生有利影响还是不利影响，或已知是有利影响或不利影响，但影响多大，在或有事项发生时是难以确定的，只能由未来不确定事项的发生或不发生来证实。例如，企业为其他单位提供债务担保，该担保事项最终是否会要求企业履行偿还债务的连带责任，一般只能看被担保方的未来经营情况和偿债能力。如果被担保方经营情况和财务状况良好且有较好的信用，则企业(担保方)将不需要履行该连带责任。只有在被担保方到期无力还款时，企业(担保方)才承担偿还债务的连带责任。

或有事项与不确定性在一起，但会计处理过程中存在的不确定性并不都形成或有事项准则所规范的或有事项，企业应当按照或有事项的概念和特征进行判断。例如，折旧的提取虽然涉及对固定资产净残值和使用寿命的估计，具有一定的不确定性，但固定资产原值是确定的，其价值最终会转移到成本或费用也是确定的，因此折旧不是或有事项。

二、或有负债和或有资产

或有事项的结果可能会产生预计负债、或有负债或者或有资产。其中，预计负债属于负债的范畴，一般符合负债的确认条件而应予确认。随着某些未来事项的发生或者不发生，或有负债可能转化为企业的预计负债，或者消失；或有资产也有可能形成企业的资产或者消失。

(一) 或有负债

或有负债，是指过去的交易或者事项形成的潜在义务，其存在须通过未来不确定事项的发生或不发生予以证实。或有负债，也可以指过去的交易或者事项形成的现时义务，履行该义务不是很可能导致经济利益流出企业或该义务的金额不能可靠计量。

或有负债涉及两类义务：潜在义务和现时义务。

1．潜在义务

潜在义务，是指结果取决于不确定未来事项的可能义务。也就是说，潜在义务最终是否转变为现时义务，由某些未来不确定事项的发生或不发生才能决定。或有负债作为一项潜在义务，其结果如何只能由未来不确定事项的发生或不发生来证实。

2. 现时义务

现时义务，是指企业在现行条件下已承担的义务。作为或有负债的现时义务，其特征是：该现时义务的履行不是很可能导致经济利益流出企业，或者该现时义务的金额不能可靠地计量。其中，“不是很可能导致经济利益流出企业”是指该现时义务导致经济利益流出企业的可能性不超过 50% (含 50%)；“金额不能可靠计量”是指该现时义务导致经济利益流出企业的金额难以合理预计，现时义务履行的结果具有较大的不确定性。

【例 5-1】 2019 年 1 月，思源公司从银行贷款人民币 1 000 万元，期限两年，由甲股份有限公司担保 50%；2019 年 2 月，东城公司通过银行贷款人民币 5 000 万元，期限 1 年，由甲股份有限公司全额担保。

2019 年 12 月 31 日，思源公司由于受政策影响和内部管理不善等原因，经营效益不如以往，可能不能偿还到期债务；东城公司经营情况良好，预期不存在还款困难。

分析：本例中，对于甲股份有限公司而言，由于担保事项而承担了现时义务，但这项义务的履行是否很可能导致经济利益流出企业，需要依据思源公司及东城公司的经营情况和财务状况等因素加以确定。对思源公司而言，甲股份有限公司可能需履行连带责任，很可能导致经济利益流出企业；就东城公司而言，甲股份有限公司履行连带责任的可能性极小，不是很可能导致经济利益流出企业。

(二) 或有资产

或有资产，是指过去的交易或者事项形成的潜在资产，其存在须通过未来不确定事项的发生或不发生予以证实。

或有资产作为一种潜在资产，其结果具有较大的不确定性，只有随着经济情况的变化，通过某些未来不确定事项的发生或不发生才能证实其是否会形成企业真正的资产。例如，某企业向法院起诉其他企业侵犯了其专利权。法院尚未对该案件进行公开审理，该企业是否胜诉尚难判断。对于该企业而言，将来可能胜诉而获得的赔偿属一项或有资产，但这项或有资产是否会转化为真正的资产，要由法院的判决结果决定。如果终审判决结果是该企业胜诉，那么这项或有资产就转化为该企业的一项资产。如果终审判决结果是该企业败诉，那么该项或有资产就消失了，不会形成该企业的资产。

(三) 或有负债和或有资产转化为预计负债和资产

或有负债和或有资产不符合负债或资产的概念和确认条件，企业不应当确认为负债和资产，而应当按照或有事项准则的规定进行相应的披露。但是，影响或有负债和或有资产的多种因素处于不断变化之中，企业应当持续地对这些因素予以关注。随着时间推移和事态的进展，或有负债对应的潜在义务可能转化为现时义务，原本不是很可能导致经济利益流出的现时义务也可能被证实将很可能导致经济利益流出企业，并且现时义务的金额也能够可靠计量。在这种情况下，或有负债就转化为企业的预计负债，应当予以确认。或有资产也是一样，其对应的潜在资产最终是否能够流入企业会逐渐变得明确，如果某一时点企业基本确定能够收到这项潜在资产并且其金额能够可靠计量，则应当将其确认为企业的资产。

第二节　或有事项的确认和计量

一、预计负债的确认条件

与或有事项相关的义务同时满足以下三个条件时，才能确认为负债，作为预计负债进行确认和计量：① 该义务是企业承担的现时义务；② 履行该义务很可能导致经济利益流出企业；③ 该义务的金额能够可靠地计量。

(一) 该义务是企业承担的现时义务

该义务是企业承担的现时义务，是指与或有事项相关的义务是在企业当前条件下已承担的义务，企业没有其他现实的选择，只能履行该现时义务。通常情况下，过去的事项是否导致现时义务是比较明确的，但也存在极少例外情况，如法律诉讼。特定事项是否已发生或这些事项是否已发生或这些事项是否已产生了一项现时义务可能难以确定，企业应当考虑包括资产负债表日后所有可获得的证据、专家意见等，以此确定资产负债表日是否存在现时义务。如果据此判断，资产负债表日很可能存在现时义务，且符合预计负债确认条件的，则应当确认一项预计负债；如果资产负债表日现时义务是很可能不存在的，则企业应披露一项或有负债，除非含有经济利益的资源流出企业的可能性极小。

或有事项准则所指的义务包括法概念务和推概念务。其中，法概念务，是指因合同、法规或其他司法解释等产生的义务，通常是企业在经济管理和经济协调中，依照经济法律法规的规定必须履行的责任。比如，企业与另外企业签订购货合同产生的义务，就属于法概念务；从事矿山开采、建筑施工、危险品生产以及道路交通运输等高危企业，按照国家有关规定提取的安全费，也属于法概念务。如果拟定中的新法律的具体条款还未最终确定，并且仅当该法律基本确定会按草拟的文本颁布时才形成义务，该义务应视为法概念务。推概念务，是指因企业的特定行为面产生的义务。企业的特定行为，泛指企业以往的习惯做法、已公开的承诺或已公开宣布的经营政策。由于以往的习惯做法，或通过这些承诺或公开的声明，企业向外界表明了它将承担特定的责任，从而使受影响的各方形成了其将履行那些责任的合理预期。例如，某企业多年来制定有一项销售政策，对于售出商品提供一定期限内的售后保修服务，预期将为售出商品提供的保修服务就属于推概念务。

(二) 履行该义务很可能导致经济利益流出企业

履行该义务很可能导致经济利益流出企业，是指履行与或有事项相关的现时义务时，导致经济利益流出企业的可能性超过 50%但小于或等于 95%，但尚未达到基本确定的程度。企业通常可以结合下列情况判断经济利益流出的可能性：

(1) 结果的可能性：对应的概率区间。

(2) 基本确定：大于 95%但小于 100%。

(3) 很可能：大于 50%但小于或等于 95%。

(4) 可能：大于 5%但小于或等于 50%。

(5) 极小可能：大于 0 但小于或等于 5%。

企业因或有事项承担了现时义务，并不说明该现时义务很可能导致经济利益流出企业。在例 5-1 中，甲股份有限公司因为担保事项承担了两项现时义务，其中因对思源公司担保而履行的现时义务将很可能导致经济利益流出企业，但是对东城公司担保而履行的现时义务不是很可能导致经济利益流出企业。

(三) 该义务的金额能够可靠地计量

该义务的金额能够可靠地计量，是指与或有事项相关的现时义务的金额能够合理地估计。由于或有事项具有不确定性，因或有事项产生的现时义务的金额也具有不确定性，需要估计。对或有事项确认一项预计负债，相关现时义务的金额应当能够可靠估计。例如，某企业对销售的商品提供售后担保。根据以往的销售情况及维修记录，相关的维修服务金额也可以估算出一个范围。这种情况下，可以认为企业因售后担保承担的现时义务的金额能够可靠地估计。

预计负债应当与应付账款、应计项目等其他负债严格区分。因为与预计负债相关的未来支出的时间或金额具有一定的不确定性。应付账款是为已收到或已提供的、并已开出发票或已与供应商达成正式协议的货物或劳务支付的负债；应计项目是为已收到或已提供的、但还未支付、未开出发票或未与供应商达成正式协议的货物或劳务支付的负债，尽管有时需要估计应计项目的金额或时间，但是其不确定性通常远小于预计负债。应计项目经常作为应付账款和其他应付账款的一部分进行列报，而预计负债则单独进行列报。

二、预计负债的计量

当与或有事项有关的义务符合确认负债的条件时应当将其确认为预计负债，预计负债应当按照履行相关现时义务所需支出的最佳估计数进行初始计量。此外，企业清偿预计负债所需支出还可能从第三方获得补偿。因此，预计负债的计量主要涉及两个问题：一是最佳估计数的确定：二是预期可获得补偿的处理。

(一) 最佳估计数的确定

预计负债应当按照履行相关现时义务所需支出的最佳估计数进行初始计量。最佳估计数的确定应当分以下两种情况处理。

(1) 所需支出存在一个连续范围，且该范围内各种结果发生的可能性相同，则最佳估计数应当按照该范围内的中间值，即上下限金额的平均数确定。

【例 5-2】 甲股份有限公司于 2019 年 12 月 15 日被四通公司向法院起诉其侵犯商标权。截至 2019 年 12 月 31 日，法院尚未对四通公司提起的诉讼进行审理。

甲股份有限公司在咨询了法律顾问后预计：如无特殊情况，最终的法院判决很可能对公司不利。根据法律顾问的估计，甲股份有限公司预计将要支付的赔偿金额、诉讼费等费用为 1 500 万元至 2 000 万元之间的某一个金额，而且这个区间的每个金额的可能性都大致相同。

本例中，根据或有事项准则的规定，甲股份有限公司应在 2019 年 12 月 31 日确认一项

预计负债金额为 (1 500 + 2 000) / 2 = 1 750 (万元)，同时在附注中进行披露。

(2) 所需支出不存在一个连续范围，或者虽然存在一个连续范围但该范围内各种结果发生的可能性不相同。在这种情况下，最佳估计数按照如下方法确定。

① 或有事项涉及单个项目的，按照最可能发生金额确定。“涉及单个项目”是指或有事项涉及的项目只有一个，如一项未决诉讼、一项未决仲裁债务担保等。

【例 5-3】 甲股份有限公司因合同纠纷，成为相关诉讼的被告，截至 2019 年 12 月 31 日，诉讼尚未判决。在咨询了法律顾问后，公司认为该官司很可能败诉并需赔偿原告，需赔偿 80 万元的可能性为 30%。需要赔偿 100 万元的可能性为 70%。

本案例中，2019 年 12 月 31 日，甲股份有限公司应确认的预计负债金额为最可能发生额，即 100 万元。

② 或有事项涉及多个项目的，按照各种可能结果及相关概率计算确定。“涉及多个项目”是指或有事项涉及的项目不止一个。例如，在产品质量保证中，提出产品保修要求的可能有许多客户；相应地，企业对这些客户负有保修义务。

【例 5-4】 2019 年，甲股份有限公司销售产品 20 000 件，销售额 80 000 000 元。该公司的产品质量保证条款规定：产品售出后一年内，如发生正常质量问题，甲股份有限公司将免费负责修理。

根据以往的经验，如果出现较小的质量问题，则须发生的修理费为销售额的 2%；而如果出现较大的质量问题，则须发生的修理费为销售额的 3%。据预测，本年度已售产品中，有 80%不会发生质量问题，有 15%将发生较小质量问题，有 5%将发生较大质量问题。

本例中，2019 年年末甲股份有限公司应确认的预计负债金额(最佳估计数) = 80 000 000 × 2% × 15% + 80 000 000 × 3% × 5% = 360 000 (元)。

(二) 预期可获得的补偿

如果企业清偿预计负债所需支出全部或部分预期是由第三方补偿的，则此补偿金额只有在基本确定能够收到时才能作为资产单独确认，且确认的补偿金额不应当超过预计负债的账面价值。预期可能获得补偿的情况通常有：在某些索赔诉讼中，企业可对第三方另行提出赔偿要求；在债务担保业务中，企业在履行担保义务的同时，通常可向被担保企业提出追偿要求；发生交通事故等情况时，企业通常可从保险公司获得合理的赔偿。

企业预期从第三方获得的补偿，是一种潜在资产，其最终是否真的会转化为企业真正的资产(即企业是否能够收到这项补偿)具有较大的不确定性，企业只能在基本确定能够收到补偿时才能对其进行确认。同时，根据资产和负债不能随意抵销的原则，预期可获得的补偿在基本确定能够收到时应当确认为一项资产，而不能作为预计负债金额的扣减。

补偿金额的确认涉及两个问题：一是确认时间，补偿只有在“基本确定”能够收到时予以确认；二是确认金额，确认的金额是基本确定能够收到的金额，而且不能超过相关预计负债的账面价值。

【例 5-5】 甲股份有限公司于 2019 年 11 月收到法院通知，被告知乙公司状告甲股份有限公司侵犯专利权，要求甲股股份有限公司赔偿 200 万元。甲股份有限公司经过反复测试，认为其核心技术是委托丙公司研究开发的，丙公司应承担连带责任对甲公司进行赔偿。甲公司在年末编制会计报表时，根据法律诉讼的进展情况以及专业人士的意见，认为对原告乙公司进行赔偿的可能性在 8%以上，最有可能发生的赔偿金额为 220 万元至 240 万元之间的某一个金额，且该范围内各种结果发生的可能性相同，并承担诉讼费用 8 万元。从第三方丙公司可得到的补偿基本确定可以收到。

(1) 假定从第三方丙公司得到补偿基本确定可以收到，最有可能获得的补偿金额为 185 万元。

甲股份有限公司应确认的预计负债 = (220 + 240) ÷ 2 + 8 = 238 (万元)

借：管理费用	80 000	
营业外支出	450 000	
其他应收款	1 850 000	
贷：预计负债		2 380 000

(2) 假定从第三方丙公司得到补偿基本确定可以收到，最有可能获得的补偿金额为 280 万元。

借：其他应收款	2 380 000	
贷：预计负债		2 380 000

(3) 假定很可能从第三方丙公司收到补偿款 70 万元。

借：管理费用	80 000	
营业外支出	2 300 000	
贷：预计负债		2 380 000

(三) 预计负债计量需要考虑的因素

企业在确定最佳估计数时，应当综合考虑与或有事项有关的风险、不确定性和货币时间价值等因素。

1. 风险和不确定性

风险是对过去的交易或事项结果的变化可能性的一种描述。风险的变动可能增加预计负债的金额。企业在不确定的情况下进行判断需要谨慎，使得收益或资产不会被高估，费用或负债不会被低估。

企业需要谨慎从事，充分考虑与或有事项有关的风险和不确定性，既不能忽略风险和不确定性对或有事项计量的影响，也要避免对风险和不确定性进行重复调整，从而在低估和高估预计负债金额之间寻找平衡点。

2. 货币时间价值

预计负债的金额通常应当等于未来应支付的金额，但未来应支付金额与其现值相差较大的，如矿井及相关设施或核电站的弃置费用等，应当按照未来应支付金额的现值确定。因货币时间价值的影响，资产负债表日后不久发生的现金流出，要比一段时间之后发生的同样金额的现金流出负有更大的义务。所以，如果预计负债的确认时点距离实际清偿有较长的时间跨度，货币时间价值的影响重大，那么在确定预计负债的金额时，应考虑采用现值计量，即通过对相关未来现金流出进行折现后确定最佳估计数。

将未来现金流出折算为现值时，需要注意以下三点：①用来计算现值的折现率，应当是反映货币时间价值的当前市场估计和相关负债特有风险的税前利率；②风险和不确定性既可以在计量未来现金流出时作为调整因素，也可以在确定折现率时予以考虑，但不能重复反映；③随着时间的推移，即使在未来现金流出和折现率均不改变的情况下，预计负债的现值将逐渐增长。企业应当在资产负债表日，对预计负债的现值进行重新计量。

3. 未来事项

在确定预计负债金额时，企业应当考虑可能影响履行现时义务所需金额的相关未来事项。也就是说，如果有足够的客观证据表明相关未来事项将会发生，则应当在预计负债计量中予以考虑相关未来事项的影响，但不应考虑预期处置相关资产形成的利得。

预期的未来事项对预计负债的计量可能较为重要。例如，某核电企业预计在生产结束时清理核废料的费用将因未来技术的变化而显著降低。那么，该企业因此确认的预计负债金额应当反映有关专家对技术发展以及清理费用减少做出的合理预测。但是，这种预计需要得到相当客观的证据予以支持。

三、对预计负债账面价值的复核

企业应当在资产负债表日对预计负债的账面价值进行复核。有确凿证据表明，该账面价值不能真实反映当前最佳估计数的，应当按照当前最佳估计数对该账面价值进行调整。例如，某化工企业对环境造成了污染，按照当时的法律规定，该企业只需要对污染物进行清理。随着国家对环境保护越来越重视，按照现在的法律规定，该企业不但需要对污染物进行清理，还很可能要对居民进行赔偿。这种法律要求的变化，会对企业预计负债的计量产生影响。企业应当在资产负值表日对为此确认的预计负债金额进行复核，如有确凿证据表明预计负值金额不再能反映真实情况时，需要按照当前情况下企业清理和赔偿支出的最佳估计数，对预计负值的账面价值进行相应的调整。

企业对已经确认的预计负债在实际支出发生时，应当仅限于最初确定的该预计负债的支出。也就是说，只有与该预计负债有关的支出才能冲减该预计负债，否则将会混淆不同预计负债确认事项的影响。

四、预计负债的会计处理

(一) 亏损合同

待执行合同为亏损合同，同时该亏损合同产生的义务满足预计负债的确认条件的，应当确认为预计负债。待执行合同，是指合同各方未履行任何合同义务，或部分履行同等义务的合同。企业与其他企业签订的商品销售合同、劳务提供合同、租赁合同等均属于待执行合同。待执行合同不属于或有事项。待执行合同变为亏损合同的应当作为或有事项。其中，亏损合同，是指履行合同义务不可避免会发生的成本超预期经济利益的合同。预计负债的计量应当反映退出该合同的最低净成本，即履行该合同的成本与未能履行该合同而发生的补偿或处罚两者之中的较低者。企业与其他单位签订的商品销售合同、劳务合同、租赁合同等，均可能变为亏损合同。

企业对亏损合同进行会计处理，需要遵循以下两点：

(1) 如果与亏损合同相关的义务不需支付任何补偿即可撤销，企业通常就不存在现时义务，不应确认预计负债；如果与亏损合同相关的义务不可撤销，企业就存在了现时义务，同时满足该义务很可能导致经济利益流出企业和金额能够可靠地计量的，通常应当确认预计负债。

(2) 亏损合同存在标的资产的，应当对标的资产进行减值测试并按规定确认减值损失，如果预计亏损超过该减值损失，应将超过部分确认为预计负债；合同不存在标的资产的，亏损合同相关义务满足预计负债确认条件时，应当确认为预计负债。

【例 5-6】　甲股份有限公司于 2019 年 12 月 1 日与某外贸公司签订了一项产品销售合同，约定在 2020 年 2 月 28 日以 10 000 元每件的产品价格向外贸公司提供 100 件 Z1 型机器，若不能按期交货，将对甲股份有限公司处以总价款 30%的违约金。由于这批产品为定制产品，签订合同时产品尚未开始生产。但企业开始筹备原材料以生产这批产品时，原材料价格突然上升，预计生产每件产品需要花费成本 12 500 元。

假设甲股份有限公司产品成本为 12 500 元每件，而销售时 10 000 元每件，每销售 1 件亏 2 500 元，不考虑预计销售费用，共计损失 250 000 元。如果撤销合同，则还要缴纳 300 000 元的违约金。因此，这项销售合同变成一项亏损合同。有关会计分录如下：

(1) 甲公司应当按照履行合同所需成本与违约金中的较低者确认一项预计负债。

借：营业外支出　　250 000

　　贷：预计负债　　250 000

(2) 待相关产品生产完成后，将已确认的预计负债冲减产品成本。

借：预计负债　　250 000

　　贷：库存商品　　250 000

(二) 未决诉讼或未决仲裁

诉讼，是指当事人不能通过协商解决争议，因而在人民法院起诉、应诉，请求人民法院通过审判程序解决纠纷的活动。诉讼尚未裁决之前，对于被告来说可能形成一项或有负债或者预计负债；对于原告来说，则可能形成一项或有资产。

仲裁，是指经济法的各方当事人依照事先约定或事后达成的书面仲裁协议，共同选定仲裁机构并由其对争议依法做出具有约束力裁决的一种活动。作为当事人一方，仲裁的结果在仲裁决定公布以前是不确定的，会构成一项潜在义务或现时义务，或者潜在资产。

资产负债表日，企业应该根据合理预计未决诉讼很可能发生的诉讼损失金额，计提预计负债，按预计发生的诉讼费用金额，借记“管理费用”科目，按预计发生的赔偿损失金额，借记“营业外支出”科目，贷记“预计负债”科目。

需要注意的是，对于未决诉讼，企业当期实际发生的诉讼损失金额与已计提的相关预计负债之间的差额，应分情况处理。

(1) 企业在前期资产负债表日，依据当时实际情况和所掌握的证据合理预计了预计负债，应当将当期实际发生的诉讼损失金额与计提的相关预计负债之间的差额，直接计入或冲减当期营业外支出。若当期实际发生的诉讼损失金额大于计提的相关预计负债按两者差额，借记“营业外支出”科目，贷记“预计负债”科目；若当期实际发生的诉讼损失金额大于计提的相关预计负债，则按两者差额，借记“预计负债”科目。

(2) 企业在前期资产负债表日，依据当时实际情况和所掌握的证据，原本应当能够合理估计诉讼损失，但企业所做的估计却与当时的事实严重不符，应当按照重大前期差错更正的方法进行处理，具体内容参看会计政策以及会计估计变更和差错更正相关内容。

(3) 企业在前期资产负债表日，依据当时实际情况和所掌握的证据，确实无法合理预计诉讼损失，因而未确认预计负债的，应在该项损失实际发生的当期，直接计入当期营业外支出，借记“营业外支出”科目，贷记“银行存款”等科目。

(4) 资产负债表日后至财务报告批准报出日之间发生的需要调整或说明的未决诉讼，按照资产负债表日后事项的有关规定进行会计处理，具体内容参看资产负债表日后事项。

【例 5-7】 根据例 5-2 的资料，假设预计负债的 17 500 000 元中，预计发生诉讼费用 500 000 元，赔偿损失 17 000 000 元，会计分录如下：

借：管理费用——诉讼费　　500 000
　　营业外支出　　17 000 000
　　贷：预计负债——未决诉讼　　17 500 000

(三) 产品质量担保

产品质量保证，通常指销售商或制造商在销售产品或提供劳务后，对客户服务的一种承诺。在约定期内(或终身保修)，若产品或劳务在正常使用过程中出现质量或与之相关的其他属于正常范围的问题，则企业负有更换产品、免费或只收成本价进行修理等责任。为此，企业应当在符合确认条件的情况下，于销售成立时确认预计负债，并计入当期损益，按照合理预计的负债金额，借记“销售费用”科目，贷记“预计负债”科目。实际发生产品质量保证费用(维修费用)时，按照实际发生的金额，借记“预计负债”科目，贷记“银行存款”“原材料”等科目。

在对产品质量保证确认预计负债时，需要注意的是：

(1) 如果发现保证费用的实际发生额与预计数相差较大，则应及时对预计比例进行调整；

(2) 如果企业针对特定批次产品确认预计负债，则在保修期结束时，应将“预计负债——产品质量保证”余额冲销，同时冲减销售费用，借记“预计负债”科目，贷记“销售费用”科目；

(3) 已对其确认预计负债的产品，如企业不再生产了，应在相应的产品质量保证期满后，将“预计负债——产品质量保证”余额冲销，不留余额。

【例 5-8】 假定甲股份有限公司 2019 年“预计负债——产品质量保证”科目年末余额为 1 000 000 元，2019 年第一季度、第二季度、第三季度和第四季度分别销售 Z2 型机器 100 台、200 台、300 台和 250 台，每台售价为 300 000 元。对购买其产品的消费者，甲股份有限公司做出如下承诺：机器售出后 3 年内如出现非意外事件造成的机器故障和质量问题，甲股份有限公司免费负责保修(含零部件更换)。根据以往的经验，发生的保修费一般为销售额的 1%～2%，假定 A 公司 2019 年四个季度实际发生的维修费分别为 200 000 元、500 000 元，350 000 元和 600 000 元。

本例中，甲股份有公司因销售机器而承担了现时义务，该义务的履行很可能导致经济利益流出甲股份有限公司，且该义务的金额能够可靠地计量。甲股份有限公司根据或有事项准则的规定在每季度末确认一项负债。有关会计分录如下：

(1) 第一季度发生产品质量保证费费用(维修费)。

借：预计负债——产品质量保证　　200 000

　　贷：银行存款(或原材料等)　　200 000

第一季度末应确认的产品质量保证预计负债金额为

100 × 300 000 × [(1% + 2%) / 2] = 450 000 (元)

借：销售费用——产品质量保证　　450 000

　　贷：预计负债——产品质量保证　　450 000

(2) 第二季度发生产品质量保证费用(维修费)。

借：预计负债——产品质量保证　　500 000

　　贷：银行存款(或原材料等)　　500 000

第二季度末应确认的产品质量保证预计负债金额为

200 × 300 000 × [(1% + 2%) / 2] = 900 000 (元)

借：销售费用——产品质量保证　　900 000

　　贷：预计负债——产品质量保证　　900 000

(3) 第三季度发生产品质量保证费用(维修费)。

借：预计负债——产品质量保证　　350 000

　　贷：银行存款(或原材料等)　　350 000

第三季度末应确认的产品质量保证预计负债金额为

300 × 300 000 × [(1% + 2%) / 2] = 1 350 000 (元)

借：销售费用——产品质量保证　　1 350 000

　　贷：预计负债——产品质量保证　　1 350 000

(4) 第四季度发生产品质量保证费用(维修费)。

借：预计负债——产品质量保证　　600 000

　　贷：银行存款(或原材料等)　　600 000

第四季度末应确认的产品质量保证预计负债金额为：

250 × 50 000 × [(1% + 2%) / 2] = 1 125 000 (元)

借：销售费用——产品质量保证　　1 125 000

　　贷：预计负债——产品质量保证　　1 125 000

(四) 重组义务

1. 重组的概念

重组，是指企业制订和控制的，将显著改变企业组织形式、经营范围或经营方式的计划实施行为。属于重组的事项主要包括：① 出售或终止企业的部分业务；② 对企业的组织结构进行较大调整；③ 关闭企业的部分营业场所，或将营业活动由一个国家或地区迁移到其他国家或地区。

企业应当将重组与企业合并、债务重组区别开。因为重组通常是企业内部资源的调整和组合，谋求现有资产效能的最大化；企业合并是在不同企业之间的资本重组和规模扩张；债务重组是债权人对债务人做出让步，使债务人减轻债务负担，债权人尽可能减少损失。

2．重组义务的确认

企业只有在承诺出售部分业务(即签订了约束性出售协议)时，才能确认因重组而承担了重组义务。企业因重组而承担了重组义务，并且同时满足预计负债确认条件时，才能确认预计负债。

首先，同时存在下列情况的，表明企业承担了重组义务：①有详细、正式的重组计划，包括重组涉及的业务、主要地点、需要补偿的职工人数、预计重组支出、计划实施时间等；②该重组计划已对外公告，重组计划已开始实施，或已向受其影响的各方通告了该计划的主要内容，从而使各方形成了对该企业将实施重组的合理预期。

其次，需要判断重组义务是否同时满足预计负债确认条件，即判断其承担的重组义务是否是现时义务，履行重组义务是否很可能导致经济利益流出企业，重组义务的金额是否能够可靠计量。只有同时满足这三个确认条件，才能将重组义务确认为预计负债。

例如，某公司董事会决定关闭一个事业部。如果有关决定尚未传达到受影响的各方，也未采取任何措施实施该项决定，则该公司就没有开始承担重组义务，不应确认预计负债；如果有关决定已经传达到受影响的各方并使各方对企业将关闭事业部形成合理预期，则通常表明企业开始承担重组义务。同时满足该义务很可能导致经济利益流出企业和金额能够可靠地计量的，应当确认预计负债。

3．重组义务的计量

企业应当按照与重组有关的直接支出确定预计负债金额，计入当期损益。其中，直接支出是企业重组必须承担的直接支出，不包括留用职工岗前培训、市场推广、新系统和营销网络投入等支出。

由于企业在计量预计负债时不应当考虑预期处置相关资产的利得或损失，在计量与重组义务相关的预计负债时，不考虑处置相关资产(如厂房、店面，有时是一个事业部整体)可能形成的利得或损失，即使资产的出售构成重组的一部分也是如此。这些利得或损失应当单独确认。

【例 5-9】 2019 年 12 月，经董事会批准，甲股份有限公司自 2020 年 1 月 1 日起撤销某营销网点，该业务重组计划已对外公告。为实施该业务重组计划，甲公司预计发生以下支出或损失：因辞退职工将支付补偿款 100 万元，因撤销门店租赁合同将支付违约金 20 万元，因处置门店内设备将发生损失 65 万元，因将门店内存货运回公司本部将发生运输费 5 万元。

该业务重组计划对长运公司 2019 年度利润总额的影响金额 = – 100 – 20 – 65 = – 185 (万元)

借：管理费用	1 200 000	
贷：应付职工薪酬		1 000 000
借：资产减值损失	650 000	
贷：固定资产减值准备		650 000

✧✧✧✧✧ 练 习 题 ✧✧✧✧✧

一、单项选择题

1．下列有关或有事项的表述中，正确的是(　　)。

A．或有负债与或有事项相联系，有或有事项就有或有负债

B．对于或有事项既要确认或有负债，也要确认或有资产

C．或有事项指的是未来事项

D．或有事项满足负债确认条件时应确认为预计负债

2．2018 年 8 月 1 日，甲公司因出售质量不合格的产品而被乙公司起诉。至 2018 年 12 月 31 日，该起诉讼案尚未判决，甲公司估计很可能承担违约赔偿责任，需要赔偿 400 万元的可能性为 70%，需要赔偿 200 万元的可能性为 30%，同时很可能支付诉讼费 20 万元。2018 年 12 月 31 日，甲公司对该起诉讼应确认的营业外支出的金额为(　　)万元。

A．340　　B．400　　C．420　　D．360

3．2018 年 12 月 31 日，甲公司存在一项未决诉讼。根据类似案例的经验判断，该项诉讼败诉的可能性为 90%。如果败诉，甲公司将须赔偿对方 200 万元并承担诉讼费用 5 万元，但很可能从第三方收到补偿款 60 万元。2018 年 12 月 31 日，甲公司应就此项未决诉讼确认的预计负债金额为(　　)万元。

A．140　　B．145　　C．205　　D．200

4．2018 年 12 月 1 日，甲公司与乙公司签订一项不可撤销的产品销售合同，合同规定：甲公司于 3 个月后提交乙公司一批产品，合同价格(不含增值税额)为 500 万元，如甲公司违约，将支付违约金 100 万元。至 2018 年年末，甲公司为生产该产品已发生成本 20 万元，因原材料价格上涨，甲公司预计生产该产品的总成本为 580 万元。不考虑其他因素，2018 年 12 月 31 日，甲公司因该合同确认的预计负债为(　　)万元。

A．20　　B．60　　C．80　　D．100

5．甲公司 2018 年 12 月实施了一项关闭 C 产品生产线的重组义务，重组计划预计发生下列支出：因辞退员工将支付补偿款 100 万元；因撤销厂房租赁合同将支付违约金 10 万元；因对留用员工进行培训将发生支出 3 万元；因推广新款 A 产品将发生广告费用 60 万元；因处置用于 C 产品生产的固定资产将发生减值损失 50 万元。2018 年度甲公司因上述事项减少当年利润总额的金额为(　　)万元。

A．100　　B．160　　C．165　　D．275

二、多项选择题

1．乙公司因甲公司延期交货而与甲公司发生争议，并于 2018 年 12 月 6 日向法院提起诉讼，要求甲公司赔偿延迟交货所造成的损失 120 万元。截止至 2018 年 12 月 31 日，法院尚未对此诉讼进行审理。据甲公司法律顾问分析，甲公司很可能败诉，且赔偿金额很可能为 100 万元，另外还须承担诉讼费 5 万元。据查，甲公司向乙公司延期交货是由于丙公司违约造成的。经与丙公司交涉，基本确定可从丙公司获得赔偿 88 万元。关于上述或有事项的确认和计量，下列说法中正确的是(　　)。

A．甲公司基本确定可从丙公司获得的赔偿款应冲减预计负债

B．诉讼费应计入管理费用

C．赔偿支出和诉讼费均应计入营业外支出

D．2018 年 12 月 31 日甲公司确认预计负债的金额为 100 万元

2．下列关于或有事项的表述中，正确的有(　　)。

A．或有资产由未来的交易或事项形成

B．或有负债应在资产负债表内予以确认

C．或有资产不应在资产负债表内予以确认

D．因或有事项所确认负债的偿债时间或金额不确定

3．甲公司于 2018 年 11 月 3 日收到法院通知，被告知工商银行已提起诉讼，要求甲公司清偿到期借款本息 5 000 万元，另支付逾期借款罚息 200 万元。至 12 月 31 日，法院尚未做出判决。对于此项诉讼，甲公司预计除需偿还到期借款本息外，有 60%的可能性还需支付逾期借款罚息 180 万元至 200 万元(该区间各金额发生的可能性相同)，并支付诉讼费用 5 万元。甲公司下列会计处理中正确的有(　　)。

A．确认预计负债 195 万元

B．确认预计负债 5 395 万元

C．确认营业外支出 5 390 万元

D．确认管理费用 5 万元

4．关于重组义务，下列说法中正确的有(　　)。

A．企业承担的重组义务满足或有事项确认预计负债条件的，应当确认预计负债

B．重组是指企业制定和控制的，将显著改变企业组织形式、经营范围或经营方式的计划实施行为

C．企业应当按照与重组有关的全部支出确定预计负债金额

D．与重组有关的直接支出不包括留用职工岗前培训、市场推广、新系统和营销网络投入等支出

三、计算分析题

甲公司系增值税一般纳税人，购买或销售商品适用的增值税税率为 13%。有关资料如下：

资料一：2018 年 8 月 1 日，甲公司从乙公司购入一台不需安装的 A 生产设备并投入使用，已取得增值税专用发票，价款为 1 000 万元，增值税税额为 130 万元，款项尚未支付，付款期为 3 个月。

资料二：2018 年 11 月 1 日，应付乙公司款项到期，甲公司虽有付款能力，但因该设备在使用过程中出现过故障，与乙公司协商未果，所以未按时支付货款。2018 年 12 月 1 日，乙公司向人民法院提起诉讼，至当年 12 月 31 日，人民法院尚未判决。甲公司法律顾问认为败诉的可能性为 70%，预计支付诉讼费 5 万元，逾期利息在 20 万元至 30 万元之间，且这个区间内每个金额发生的可能性相同。

资料三：2019 年 5 月 8 日，人民法院判决甲公司败诉，承担诉讼费 5 万元，并在 10 日内向乙公司支付欠款 1 160 万元和逾期利息 50 万元。甲公司和乙公司均服从判决，甲公

司于 2019 年 5 月 16 日以银行存款支付上述所有款项。

资料四：甲公司 2018 年度财务报告已于 2019 年 4 月 20 日报出，不考虑其他因素。

要求：

(1) 编制甲公司购进固定资产的相关会计分录。

(2) 判断甲公司 2018 年年末就该未决诉讼案件是否应当确认预计负债并说明理由；如果应当确认预计负债，请编制相关会计分录。

(3) 编制甲公司服从判决及支付款项的相关会计分录。

第六章

外 币 折 算

教学目的与要求

通过本章的学习，了解记账本位币的确定、外币业务的内容以及在财务报表附注中披露的相关信息，掌握外币业务的账务处理及期末汇兑损益的计算和我国现行外币财务报表的折算方法。

第一节　外币交易的会计处理

外币交易是指以外币计价或者结算的交易，包括买入或者卖出以外币计价的商品或者劳务；借入或者借出外币资金和其他以外币计价或者结算的交易。外币是指企业记账本位币以外的货币。

外币交易的会计处理涉及的主要问题有：记账本位币的确定；外币交易发生日折算汇率的选择及相应的外币交易初始确认的会计处理；资产负债表日及结算日折算汇率的选择及所产生汇兑差额的会计处理。

一、记账本位币的确定

1. 记账本位币的定义

记账本位币是指企业经营所处的主要经济环境中的货币。它通常是企业主要产生和支出现金的经济环境中的货币，因为使用这一货币最能反映企业主要交易业务的经济结果。

2. 企业记账本位币的确定

我国企业通常应选择人民币作为记账本位币。业务收支以人民币以外的货币为主的企业，可以按规定选定其中一种货币作为记账本位币。但是编报的财务报表应当折算为人民币。

企业选定记账本位币，应当考虑下列因素：

(1) 该货币主要影响商品和劳务的销售价格，通常以该货币进行商品和劳务的计价及结算；

(2) 该货币主要影响商品和劳务所需人工、材料和其他费用，通常以该货币进行上述费用的计价和结算；

(3) 融资活动获得的货币以及保存从经营活动中收取款项所使用的货币。

在确定企业的记账本位币时，上述因素的重要程度因企业具体情况而不同，需要企业管理层根据实际情况进行判断。一般情况下，综合考虑前两项因素即可确定企业的记账本位币。但有些情况下，仅根据收支情况难以确定记账本位币的，企业需要进一步结合第三项因素进行综合分析后做出选择。需要强调的是，这并不是说企业管理层可以根据需要随意选择记账本位币，企业管理层根据实际情况只能确定其中的一种货币作为记账本位币。

【例 6-1】 甲公司为外贸自营出口企业，超过 80%的营业收入来自对美国的出口，其商品销售价格主要受美元的影响，以美元计价。因此，从影响商品和劳务销售价格的角度看，甲公司应选择美元作为记账本位币。

如果甲公司除厂房设施、30%的人工成本在国内以人民币采购或支付外，生产所需原材料、机器设备及 70%以上的人工成本都以美元采购或支付，则可确定甲公司的记账本位币是美元。

但是，如果甲公司 95%以上的人工成本、原材料及相应的厂房设施、机器设备等在国内采购并以人民币计价，甲公司取得的美元营业收入在汇回国内时直接兑换成了人民币存款，且甲公司对美元汇率波动产生的外币风险进行了套期保值，降低了汇率波动对企业取得的外币销售收入的影响，那么，甲公司可以选择人民币作为记账本位币。

3．境外经营记账本位币的确定

境外经营是指企业在境外的子公司、合营企业、联营企业、分支机构。企业在境内的子公司、合营企业、联营企业、分支机构，采用不同于本企业记账本位币的，也视同境外经营。

确定境外经营记账本位币时，除考虑上述确定企业记账本位币需要考虑的因素外，还应当考虑下列有关该境外经营与企业之间关系的一些因素：

(1) 境外经营对其所从事的活动是否拥有很强的自主性。如果境外经营所从事的活动是视同本企业经营活动的延伸，构成企业经营活动的组成部分，该境外经营应当选择与企业记账本位币相同的货币作为记账本位币；如果境外经营所从事的活动拥有极大的自主性，境外经营就不能选择与企业记账本位币相同的货币作为记账本位币。

(2) 境外经营活动中与企业的交易是否在境外经营活动中占有较大比重。如果境外经营与企业的交易在境外经营活动中所占的比例较高，境外经营应当选择与企业记账本位币相同的货币作为记账本位币；反之，应选择其他货币。

(3) 境外经营活动产生的现金流量是否直接影响企业的现金流量、是否可以随时汇回。如果境外经营活动产生的现金流量直接影响企业的现金流量，并可随时汇回，境外经营应当选择与企业记账本位币相同的货币作为记账本位币；反之，应选择其他货币。

(4) 境外经营活动产生的现金流量是否足以偿还其现有债务和可预期的债务。如果境外经营活动产生的现金流量在企业不提供资金的情况下，难以偿还其现有债务和正常情况下可预期的债务，境外经营应当选择与企业记账本位币相同的货币作为记账本位币；反之，应选择其他货币。

综上所述，企业确定本企业记账本位币或其境外经营记账本位币时，在多种因素混合在一起记账本位币不明显的情况下，应当优先考虑 2 中的(1)、(2)两项因素，然后考虑融资活动获得的货币、保存从经营活动中收取款项时所使用的货币，以及 3 中的因素，以确定记账本位币。

4．记账本位币的变更

企业记账本位币一经确定，不得随意变更，除非与确定记账本位币相关的企业经营所处的主要经济环境发生重大变化。主要经济环境发生重大变化，通常是指企业主要产生和支出现金的环境发生重大变化。

企业因经营所处的主要经济环境发生重大变化，确需变更记账本位币的，应当采用变更当日的即期汇率将所有项目折算为变更后的记账本位币，折算后的金额作为以新的记账本位币计量的历史成本，由于采用同一即期汇率进行折算，不会产生汇兑差额。企业需要提供确凿的证据表明企业经营所处的主要经济环境确实发生了重大变化，并应当在附注中披露变更的理由。

企业记账本位币发生变更的，在按照变更当日的即期汇率将所有项目变更为记账本位币时，其比较财务报表应当以可比当日的即期汇率折算所有资产负债表和利润表项目。

二、外币交易的会计处理

(一) 外币交易发生日的初始确认

企业发生外币交易的，应在初始确认时采用交易发生日的即期汇率或即期汇率的近似汇率将外币金额折算为记账本位币金额，按照折算后的记账本位币金额等级有关账户；在登记有关记账本位币账户的同时，按照外币金额登记相应的外币账户。

企业通常应当采用即期汇率进行折算。即期汇率一般指中国人民银行公布的当日人民币汇率的中间价。但是，在企业发生单纯的货币兑换交易或涉及货币兑换的交易事项时，仅用中间价不能反映货币买卖的损益，则应当按照交易实际采用的汇率(即银行买入价或卖出价)折算。

当汇率变化不大时，为简化核算，企业也可以采用即期汇率的近似汇率进行折算。即期汇率的近似汇率是指按照系统合理的方法确定的、与交易发生日即期汇率近似的汇率，通常采用当期平均汇率或加权平均汇率等。

【例 6-2】　甲公司属于增值税一般纳税人，记账本位币为人民币，其外币交易采用交易日即期汇率折算。2019 年 3 月 2 日，甲公司从国外乙公司购入某原材料，货款 300 000 美元，当日的即期汇率为 1 美元 = 6.83 人民币元，按照规定应缴纳的进口关税为 204 900 人民币元，支付进口增值税为 348 330 人民币元，货款尚未支付，进口关税及增值税已由银行存款支付。

甲公司账务处理：

借：原材料——××材料　　(300 000 × 6.83 + 204 900) 2 253 900
　　应交税费——应交增值税(进项税额)　　348 330
　　贷：应付账款——乙公司(美元)　　2 049 000
　　　　银行存款　　(204 900 + 348 330) 553 230

【例 6-3】 甲公司记账本位币为人民币，外币交易采用交易日即期汇率折算。2019 年 4 月 10 日，向国外丙公司出口销售商品一批，根据销售合同，货款共计 800 000 欧元，当日的即期汇率为 1 欧元 = 8.87 人民币元。假定不考虑增值税等相关税费，货款尚未收到。

甲公司账务处理：

借：应收账款——丙公司(欧元)　　(800 000 × 8.87) 7 096 000
　　贷：主营业务收入——出口××商品　　7 096 000

【例 6-4】 甲公司的记账本位币为人民币，其外币交易采用交易日即期汇率折算。2019 年 2 月 4 日，从银行借入 200 000 英镑，期限为 6 个月，年利率为 5%(等于实际利率)，借入的英镑暂存银行。借入当日的即期汇率为 1 英镑 = 9.83 人民币元。

甲公司账务处理：

借：银行存款——××银行(英镑)　　(200 000 × 9.83) 1 966 000
　　贷：短期借款——××银行(英镑)　　1 966 000

【例 6-5】 甲公司的记账本位币为人民币，其外币交易采用交易日即期汇率折算。2019 年 7 月 28 日，将货款 1 000 000 欧元到银行兑换成人民币，银行当日的欧元买入价为 1 欧元 = 9.51 人民币元，中间价为 1 欧元 = 9.72 人民币元。

本例中，企业与银行发生货币兑换，兑换所用汇率为银行的买入价，而通常记账所用的即期汇率为中间价，由此产生的汇兑差额计入当期财务费用。

甲公司当日的账务处理：

借：银行存款——××银行(人民币)　　(1 000 000 × 9.51) 9 510 000
　　财务费用——汇兑差额　　210 000
　　贷：银行存款——××银行(欧元)　　(1 000 000 × 9.72) 9 720 000

企业收到投资者以外币投入的资本，无论是否有合同约定汇率，均不得采用合同约定汇率和即期汇率的近似汇率折算，而应当采用交易发生日即期汇率折算。这样，外币投入资本与相应的货币性项目的记账本位币金额相等，不产生外币资本折算差额。需要说明的是，虽然“股本(或实收资本)”账户的金额不能反映股权比例，但并不改变企业分配和清算的约定比例，这一约定比例通常已经包括在合同当中。

根据《关于外商投资的公司审批登记管理法律适用若干问题的执行意见》(工商外企字[2006]81 号)的规定，外商投资公司的注册资本只能采用收到出资当日的即期汇率，不再使用合同汇率，也不使用即期汇率的近似汇率，与其相对应的资产类科目也不使用即期汇率的近似汇率。这样，外币投入资本不会产生汇兑差额，资产类科目在期末仍分别货币性项目与非货币性项目进行处理。

【例 6-6】 甲公司的记账本位币为人民币，其外币交易采用交易日即期汇率折算。2019 年 2 月 25 日，甲公司为增资扩股与某外商签订投资合同，当日收到外商投资资本 2 000 000 美元，当日的即期汇率为 1 美元 = 6.82 人民币元，其中，13 000 000 人民币元作为注册资本的组成部分。假定投资合同约定的汇率为 1 美元 = 6.85 人民币元。

甲公司账务处理：

借：银行存款——××银行(美元)　　(2 000 000 × 6.82) 13 640 000
　　贷：实收资本——××外商　　13 000 000
　　　　资本公积——资本溢价　　640 000

(二) 资产负债表日及结算日的会计处理

1. 外币货币性项目

货币性项目指企业持有的货币和将以固定或可确定金额的货币收取的资产或者偿付的负债。货币性项目分为货币性资产和货币性负债。货币性资产包括现金、银行存款、应收账款、其他应收款、长期应收款等；货币性负债包括应付账款、其他应付款、短期借款、应付债券、长期借款、长期应付款等。

资产负债表日及结算货币性项目时，企业应当采用当日即期汇率折算外币货币性项目，因当日即期汇率与初始确认时或者前一资产负债表日即期汇率不同而产生的汇兑差额，计入当期损益。

企业为构建或生产符合资本化条件的资产而借入的专门借款为外币借款时，在借款费用资本化期间内，由于外币借款在取得日、使用日及结算日的汇率不同而产生的汇兑差额，应当予以资本化，计入固定资产成本。

【例 6-7】 沿用例 6-2，2019 年 3 月 31 日，甲公司尚未向乙公司支付所欠货款，当日即期汇率为 1 美元 = 6.8 人民币元。则对该笔交易产生的外币货币性项目“应付账款”采用期末即期汇率进行折算，折算为记账本位币 2 040 000 人民币元(300 000 × 6.8)，与其原记账本位币之差额 9 000 人民币元计入当期损益。

甲公司账务处理：

借：应付账款——乙公司(美元)　　[300 000 × (6.8 − 6.83)] 9 000

　　贷：财务费用——汇兑差额　　9 000

【例 6-8】 沿用例 6-3，2019 年 4 月 30 日，甲公司仍未收到丙公司购货款，当日的即期汇率为 1 欧元 = 9.08 人民币元。则对该笔交易产生的外币货币性项目“应收账款”采用期末即期汇率进行折算，折算为记账本位币 7 264 000 人民币元(800 000 × 9.08)，与其原记账本位币之差额 168 000 人民币元计入当期损益。

甲公司账务处理：

借：应收账款——丙公司(欧元)　　[800 000 × (9.08 − 8.87)] 168 000

　　贷：财务费用——汇兑差额　　168 000

假定 2019 年 5 月 20 日收到上述货款，兑换成人民币直接存入银行，当日银行的欧元买入价为 1 欧元 = 9.28 人民币元。

甲公司账务处理：

借：银行存款——××银行(人民币)　　(800 000 × 9.28) 7 424 000

　　贷：应收账款——丙公司(欧元)　　7 264 000

　　　　财务费用——汇兑差额　　160 000

【例 6-9】 沿用例 6-4，假定 2019 年 2 月 28 日即期汇率为 1 英镑 = 9.75 人民币元，则对该笔交易产生的外币货币性项目“短期借款——××银行(英镑)”采用期末即期汇率进行折算，折算为记账本位币 1 950 000 人民币元(200 000 × 9.75)，与其原记账本位币之差额 16 000 人民币元计入当期损益。

甲公司账务处理：

借：短期借款——××银行(英镑)　16 000
　　贷：财务费用——汇兑差额　16 000

2019 年 8 月 4 日以人民币归还所借英镑，当日银行的英镑卖出价为 1 英镑 = 11.27 人民币元，假定价款利息在到期归还本金时一并支付，则当日应归还银行借款利息 5 000 英镑(200 000 × 5% ÷ 12 × 6)，按当日英镑卖出价折算为人民币为 56 350 元(5 000 × 11.27)。假定 2019 年 7 月 31 日的即期汇率为 1 英镑 = 9.75 人民币元。

甲公司账务处理：

借：短期借款——××银行(英镑)　1 950 000
　　财务费用——汇兑差额　304 000
　　贷：银行存款——××银行(人民币)　(200 000 × 11.27) 2 254 000
借：财务费用——利息费用　(5 000 × 11.27)56 350
　　贷：银行存款——××银行(人民币)　56 350

2．外币非货币性项目

非货币性项目是货币性项目以外的项目，如存货、长期股权投资、交易性金融资产(股票、基金等)、固定资产、无形资产等。

(1) 以历史成本计量的外币非货币性项目，已在交易发生日按当日即期汇率折算，资产负债表日不应改变其原记账本位币金额，不产生汇兑差额。

【例 6-10】 甲公司的记账本位币为人民币，其外币交易采用交易日即期汇率折算。2019 年 3 月 2 日进口一台机器设备，支付价款 1 000 000 美元，已按当日即期汇率 1 美元 = 6.83 人民币元折算为人民币并记入“固定资产”账户。“固定资产”属于非货币性项目，因此，资产负债表日也不需要再按照当日即期汇率进行调整。

(2) 以成本与可变现净值孰低计量的存货，在以外币购入存货并且该存货在资产负债表日的可变现净值以外币反映的情况下，确定资产负债表日存货价值时应当考虑汇率变动的影响，即先将可变现净值按资产负债表日即期汇率折算为记账本位币金额，再与以记账本位币反映的存货成本进行比较，从而确定该项存货的期末价值。

【例 6-11】 甲公司为医疗设备经销商，其记账本位币为人民币，外币交易采用交易日即期汇率折算。2019 年 10 月 8 日，以 1 000 欧元/台的价格从国外购入某新型医疗设备 200 台(该设备在国内市场尚无供应)，当日即期汇率为 1 欧元 = 9.28 人民币元。2019 年 12 月 31 日，尚有 120 台设备未销售出去，国内市场仍无该设备供应，其在国际市场的价格已降至 920 欧元/台。2019 年 12 月 31 日的即期汇率是 1 欧元 = 9.66 人民币元。假定不考虑增值税等相关税费。

本例中，由于存货在资产负债表日采用成本与可变现净值孰低计量，因此，在以外币购入存货并且该存货在资产负债表日获得的可变现净值以外币反映时，确定该项存货的期末价值时应当考虑汇率变动的影响。

12 月 31 日甲公司对该项设备应计提的存货跌价准备

= 1 000 × 120 × 9.28 − 920 × 120 × 9.66 = 47 136 (人民币元)

借：资产减值损失——存货——××医疗设备　47 136
　　贷：存货跌价准备——××医疗设备　47 136

(3) 对于以公允价值计量的股票、基金等外币非货币性项目，如果期末公允价值以外币反映的，应当先将该外币金额按照公允价值确定当日的即期汇率折算为记账本位币金额，再与原记账本位币金额进行比较，其差额应作为公允价值变动损益(含汇率变动)，计入当期损益。

【例 6-12】 甲公司的记账本位币为人民币，其外币交易采用交易日即期汇率折算。2019 年 6 月 8 日，以每股 4 美元的价格购入乙公司 B 股 20 000 股，划分为交易性金融资产核算，当日汇率为 1 美元 = 6.82 人民币元，款项已支付。2019 年 6 月 30 日，乙公司 B 股市价变为每股 3.5 美元，当日汇率为 1 美元 = 6.83 人民币元。假定不考虑相关税费的影响。

2019 年 6 月 8 日，甲公司购入股票的账务处理：

借：交易性金融资产——乙公司 B 股——成本　　(4 × 20 000 × 6.82) 545 600

　　贷：银行存款——××银行(美元)　　545 600

根据《企业会计准则第 22 号——金融工具确认和计量》的相关规定，交易性金融资产以公允价值计量。由于该项交易性金融资产以外币计价，在资产负债表日，不仅应考虑 B 股股票市价的波动，还应一并考虑美元与人民币之间汇率变动的影响。上述交易性金融资产在资产负债表日应按 478 100 人民币元(3.5 × 20 000 × 6.83)入账，与原账面价值 545 600 人民币元的差额为 67 500 人民币元应直接计入公允价值变动损益。这 67 500 人民币元的差额实际上既包含了甲公司所购乙公司 B 股股票公允价值(股价)变动的影响，又包含了人民币与美元之间汇率变动的影响。

甲公司相关的账务处理：

借：公允价值变动损益——乙公司 B 股　　67 500

　　贷：交易性金融资产——乙公司 B 股——公允价值变动　　67 500

2019 年 7 月 24 日，甲公司将所购乙公司 B 股股票按当日市价每股 4.2 美元全部售出，所得价款为 84 000 美元，按当日汇率 1 美元 = 6.84 人民币元折算为 574 560 人民币元(4.2 × 20 000 × 6.84)，与其原账面价值 478 100 人民币元的差额为 96 460 人民币元。对于汇率的变动和股价的变动不进行区分，均作为投资收益进行处理。因此，售出乙公司 B 股当日，甲公司相关的账务处理为：

借：银行存款——××银行(美元)　　574 560

　　交易性金融资产——乙公司 B 股——公允价值变动　　67 500

　　贷：交易性金融资产——乙公司 B 股——成本　　545 600

　　　　投资收益——出售乙公司 B 股　　96 460

(4) 以公允价值计量且其变动计入其他综合收益的外币货币性金融资产形成的汇兑差额，应当计入当期损益；外币非货币性金融资产形成的汇兑差额，与其公允价值变动一并计入其他综合收益。但是，采用实际利率法计算的金融资产的外币利息产生的汇兑差额，应当计入当期损益，非交易性权益工具投资的外币现金股利产生的汇兑差额，应当计入当期损益。

【例 6-13】 国内甲公司的记账本位币为人民币。2019 年 3 月 15 日以每股 10 港元的价格购入乙公司 H 股 10 000 股作为以公允价值计量且其变动计入其他综合收益的金融资产，当日汇率为 1 港元 = 0.85 元人民币，款项已付。2019 年 12 月 31 日，由于市价变动，购入的乙公司 H 股的市价变为每股 18 港元，当日汇率为 1 港元 = 0.9 元人民币。假定不考虑相关税费的影响。

2019 年 3 月 15 日，该公司对上述交易应作以下处理：

借：其他债权投资　　(10 × 10 000 × 0.85) 85 000

　　贷：银行存款——港元　　85 000

根据《企业会计准则第 22 号——金融工具确认和计量》，以公允价值计量且其变动计入其他综合收益非交易性权益工具投资，除了获得的股利收入(作为投资成本部分收回的股利收入除外)计入当期损益，其他相关的利得和损失(包括汇兑损益)均计入其他综合收益，且后续不得转入损益。由于该项金融资产是以外币计价，在资产负债表日，不仅应考虑股票市价的变动，还应一并考虑港元与人民币之间汇率变动的影响，上述金融资产在资产负债表日的人民币金额为 162 000 元(即 18 × 10 000 × 0.9)，与原账面价值 85 000 元的差额为 77 000 元人民币，计入其他综合收益，相应的会计分录为：

借：其他债权投资　　77 000

　　贷：其他综合收益　　77 000

77 000 元人民币既包含甲公司所购乙公司 H 股股票公允价值变动的影响，又包含人民币与港元之间汇率变动的影响。

【例 6-14】 甲公司以人民币作为记账本位币，其外币交易采用交易日即期汇率折算，按月计算汇兑损益。甲公司在银行开设有欧元账户。

甲公司有关外币账户 2019 年 5 月 31 日的余额如表 6-1 所示。

表 6-1　甲公司有关外币账户 2019 年 5 月 31 日的余额

项　目	银行存款	应收账款	应付账款
外币账户余额(欧元)	800 000	400 000	200 000
汇率	9.55	9.55	9.55
人民币账户余额(人民币元)	7 640 000	3 820 000	1 910 000

(1) 甲公司 2019 年 6 月份发生的有关外币交易或事项如下：

① 6 月 5 日，以人民币向银行买入 200 000 欧元。当日即期汇率为 1 欧元 = 9.69 人民币元，当日银行卖出价为 1 欧元 = 9.75 人民币元。

② 6 月 12 日，从国外购入一批原材料，总价款为 400 000 欧元。该原材料已验收入库，货款尚未支付。当日即期汇率为 1 欧元 = 9.64 人民币元。另外，以银行存款支付该原材料的进口关税 644 000 人民币元，增值税 765 000 人民币元。

③ 6 月 16 日，出口销售一批商品，销售价款为 600 000 欧元，货款尚未收到。当日即期汇率为 1 欧元 = 9.41 人民币元。假设不考虑相关税费。

④ 6 月 25 日，收到应收账款 300 000 欧元，款项已存入银行。当日即期汇率为 1 欧元 = 9.54 人民币元。该应收账款系 2 月份出口销售发生的。

⑤ 6 月 30 日，即期汇率为 1 欧元 = 9.64 人民币元。

甲公司相关账务处理：

① 借：银行存款——××银行(欧元)　　(200 000 × 9.69) 1 938 000

　　　财务费用——汇兑差额　　12 000

　　　贷：银行存款——××银行(人民币)　　(200 000 × 9.75) 1 950 000

② 借：原材料——××材料　(400 000 × 9.64 + 644 000) 4 500 000
　　应交税费——应交增值税(进项税额)　765 000
　　贷：应付账款——××单位(欧元)　(400 000 × 9.64) 3 856 000
　　　　银行存款——××银行(人民币)　1 409 000

③ 借：应收账款——××单位(欧元)　(600 000 × 9.41) 5 646 000
　　贷：主营业务收入——出口××商品　5 646 000

④ 借：银行存款——××银行(欧元)　(300 000 × 9.54) 2 862 000
　　财务费用　3 000
　　贷：应收账款——××单位(欧元)　(300 000 × 9.55) 2 865 000

(2) 2019 年 6 月 30 日，计算期末产生的汇兑差额：

① 银行存款欧元户余额 = 800 000 + 200 000 + 300 000 = 1 300 000 (欧元)

按当日即期汇率折算为人民币金额 = 1 300 000 × 9.64 = 12 532 000 (人民币元)

汇兑差额 = 12 532 000 − (7 640 000 + 1 938 000 + 2 862 000) = 92 000 (人民币元)(汇兑收益)

② 应收账款欧元户余额 = 400 000 + 600 000 − 300 000 = 700 000 (欧元)

按当日即期汇率折算为人民币金额 = 700 000 × 9.64 = 6 748 000 (人民币元)

汇兑差额 = 6 748 000 − (3 820 000 + 5 646 000 − 2 865 000) = 147 000 (人民币元)(汇兑收益)

③ 应付账款欧元户余额 = 200 000 + 400 000 = 600 000 (欧元)

按当日即期汇率折算为人民币金额 = 600 000 × 9.64 = 5 784 000 (人民币元)

汇兑差额 = 5 784 000 − (1 910 000 + 3 856 000) = 18 000 (人民币元)(汇兑损失)

④ 应计入当期损益的汇兑差额 = − 92 000 − 147 000 + 18 000 = − 221 000 (人民币元)(汇兑收益)

借：银行存款——××银行(欧元)　92 000
　　应收账款——××单位(欧元)　147 000
　　贷：应付账款——××单位(欧元)　18 000
　　　　财务费用——汇兑差额　221 000

第二节　外币财务报表的折算

一、外币财务报表折算的一般原则

(一) 境外经营财务报表的折算

企业将境外经营通过合并财务报表或权益法核算等纳入本企业财务报表中时，如果境外经营的记账本位币不同于本企业的记账本位币，且境外经营处于非恶性通货膨胀经济情况下，需要将境外经营的财务报表折算为以企业记账本位币反映的财务报表，这一过程就是外币财务报表的折算。如果境外经营采用与企业相同的记账本位币，则其财务报表不存在折算问题。

在对企业境外经营财务报表进行折算前，应当调整境外经营的会计期间和会计政策，使之与企业会计期间和会计政策相一致，根据调整后的会计政策及会计期间编制相应货币(记账本位币以外的货币)的财务报表，然后再按照以下规定进行折算。

(1) 资产负债表中的资产和负债项目，采用资产负债表日的即期汇率折算，所有者权益项目除“未分配利润”项目外，其他项目采用发生时的即期汇率折算。

(2) 利润表中的收入和费用项目，采用交易发生日的即期汇率折算，也可以采用按照系统合理的方法确定的、与交易发生日即期汇率近似的汇率折算。

(3) 产生的外币财务报表折算差额，在编制合并财务报表时，应在合并资产负债表中“其他综合收益”项目列示。

比较财务报表的折算比照上述规定处理。

【例 6-15】 甲公司的记账本位币为人民币，该公司在英国有一子公司乙公司，乙公司确定的记账本位币为英镑。甲公司拥有乙公司 70%的股权，并能够对乙公司的财务和经营政策实施控制。甲公司采用当期平均汇率折算乙公司利润表项目。乙公司有关资料如下：

2018 年 12 月 31 日的汇率为 1 英镑 = 9.88 人民币元，2018 年的平均汇率为 1 英镑 = 12.87 人民币元，实收资本、资本公积发生日的即期汇率为 1 英镑 = 14.27 人民币元。2017 年 12 月 31 日的股本为 6 000 000 英镑，折算为人民币 85 620 000 元；盈余公积为 600 000 英镑，折算为人民币 9 000 000 元；未分配利润为 1 400 000 英镑，折算为人民币 21 000 000 元，甲、乙两公司均在年末提取盈余公积，乙公司 2018 年提取的盈余公积为 700 000 英镑。

报表折算见表 6-2、表 6-3 和表 6-4。

表 6-2　利润表(简表)

编制单位：乙公司　　2018 年度　　单位：万元

项　目	本年金额(英镑)	折算汇率	折算为人民币金额
一、营业收入	2 400	12.87	30 888
减：营业成本	1 800	12.87	23 166
税金及附加	50	12.87	643.5
管理费用	120	12.87	1 544.4
财务费用	10	12.87	128.7
加：投资收益	30	12.87	386.1
二、营业利润	450	—	5 791.5
加：营业外收入	50	12.87	643.5
减：营业外支出	20	12.87	257.4
三、利润总额	480	—	6 177.6
减：所得税费用	130	12.87	1 673.1
四、净利润	350	—	4 504.5
五、每股收益		—	

注：在本章，为便于排版，在报表中统一以“万元”为单位。在实务中，财务报表应当以“元”为单位列报。

表 6-3　所有者权益变动表(简表)

编制单位：乙公司　　2018 年度　　单位：万元

项　目	实收资本			盈余公积			未分配利润		其他综合收益	所有者权益合计
	英镑	折算汇率	人民币	英镑	折算汇率	人民币	英镑	人民币		人民币
一、本年年初余额	600	14.27	8 562	60		900	140	2 100		11 562
二、本年增减变动金额										
(一) 净利润							350	4 504.5		4 504.5
(二) 其他综合收益										−4 704.5
其中：外币报表折算差额									−4 704.5	−4 704.5
(三) 利润分配										
提取盈余公积				70	12.87	900.9	−70	−900.9		0
三、本年年末余额	600	14.27	8 562	130		1 800.9	420	5 703.6	−4 704.5	11 362

表 6-4　资产负债表(简表)

2018 年 12 月 31 日　　单位：万元

资　产	期末数(英镑)	折算汇率	折算为人民币金额	负债和所有者权益	期末数(英镑)	折算汇率	折算为人民币金额
流动资产：				流动负债：			
货币资金	230	9.88	2 272.4	短期借款	50	9.88	494
应收账款	230	9.88	2 272.4	应付账款	340	9.88	3 359.2
存货	280	9.88	2 766.4	其他流动负债	130	9.88	1 284.4
其他流动资产	240	9.88	2 371.2	流动负债合计	520	—	5 137.6
流动资产合计	980	—	9 682.4	非流动负债：			
非流动资产：				长期借款	170	9.88	1 679.6
长期应收款	140	9.88	1 383.2	应付债券	100	9.88	988
固定资产	660	9.88	6 520.8	其他非流动负债	90	9.88	889.2
在建工程	90	9.88	889.2	非流动负债合计	360	—	3 556.8
无形资产	120	9.88	1 185.6	负债合计	8 808		694.4

续表

资　产	期末数(英镑)	折算汇率	折算为人民币金额	负债和所有者权益	期末数(英镑)	折算汇率	折算为人民币金额
其他非流动资产	40	9.88	395.2	所有者权益：			
非流动资产合计	1050	—	10 374	实收资本	600	14.27	8 562
				盈余公积	130		1 800.9
				未分配利润	420		5 703.6
				外币报表折算差额			–4 704.5
				所有者权益合计	1150		11 362
资产合计	2030		20 056.4	负债和所有者权益合计	2030		20 056.4

当期计提的盈余公积采用当期平均汇率折算，期初盈余公积为以前年度计提的盈余公积按相应年度平均汇率折算后金额的累计，期初未分配利润记账本位币金额为以前年度未分配利润记账本位币金额的累计。

外币报表折算差额为以记账本位币反映的净资产减去以记账本位币反映的实收资本、资本公积、盈余公积及未分配利润后的余额。

企业选定的记账本位币不是人民币的，应当按照境外经营财务报表折算原则将其财务报表折算为人民币财务报表。

(二) 包含境外经营的合并财务报表编制的特别处理

企业境外经营为子公司的情况下，企业在编制合并财务报表时，对于境外经营财务报表折算差额，需要在母公司与子公司少数股东之间按照各自在境外经营所有者权益中所享有的份额进行分摊，其中归属于母公司应分担的部分在合并资产负债表和合并所有者权益变动表中所有者权益项目下单独作为“外币报表折算差额”项目列示，属于子公司少数股东应分担的部分应并入“少数股东权益”项目列示。

企业存在实质上构成对子公司(境外经营)净投资的外币货币性项目的情况下，在编制合并财务报表时，应分别以下两种情况编制抵销分录：

(1) 实质上构成对子公司净投资的外币货币性项目以母公司或子公司的记账本位币反映，则应在抵销长期应收应付项目的同时，将其产生的汇兑差额转入“其他综合收益”项目，即：借记或贷记“财务费用——汇兑差额”科目，贷记或借记“其他综合收益”。

(2) 实质上构成对子公司净投资的外币货币性项目以母、子公司的记账本位币以外的货币反映，则应将母、子公司此项外币货币性项目产生的汇兑差额相互抵销，差额转入“外币报表折算差额”。

如果合并财务报表中各子公司之间也存在实质上构成对另一子公司(境外经营)净投资的外币货币性项目，在编制合并财务报表时应比照上述原则编制相应的抵销分录。

二、境外经营的处置

企业可能通过出售、清算、返还股本或放弃全部或部分权益等方式处置其在境外经营中的利益。在境外经营为子公司的情况下企业处置境外经营应当按照合并财务报表处置子公司的原则进行相应的会计处理。在包含境外经营的财务报表中，将已列入其他综合收益的外币报表折算差额中与该境外经营相关部分，自所有者权益项目中转入处置当期损益；如果是部分处置境外经营，应当按处置的比例计算处置部分的外币报表折算差额，转入处置当期损益；处置的境外经营为子公司的，将已列入其他综合收益的外币报表折算差额中归属于少数股东的部分，视全部处置或部分处置分别予以终止确认或转入少数股东权益。

✦✦✦✦✦ 练　习　题 ✦✦✦✦✦

一、单项选择题

1．某股份有限公司对外币业务采用业务发生时的即期汇率进行折算，按月计算汇兑差额。2000 年 6 月 20 日从境外购入一批零件，价款总额为 500 万美元，货款尚未支付，当日的即期汇率为 1 美元 = 8.21 元人民币，6 月 30 日的即期汇率为 1 美元 = 8.22 元人民币，7 月 31 日的即期汇率为 1 美元 = 8.23 元人民币。该外币债务 7 月份所发生的汇兑损失为(　　)万元人民币。

A．−10　　B．−5　　C．5　　D．10

2．某外商投资企业收到外商作为实收资本投入的固定资产一台，协议作价 20 万美元，当日的市场汇率为 1 美元 = 8.25 元人民币。投资合同约定汇率为 1 美元 = 8.20 元人民币。另发生运杂费 2 万元人民币，进口关税 5 万元人民币，安装调试费 3 万元人民币。该设备的入账价值为(　　)万元人民币。

A．164　　B．170　　C．174　　D．175

3．某外商投资企业银行存款(美元)账户上期期末余额 50 000 美元，市场汇率为 1 美元 = 8.30 元人民币，该企业采用当日市场汇率作为记账汇率，该企业本月 10 日将其中 10 000 美元在银行兑换为人民币，银行当日美元买入价为 1 美元：8.25 元人民币，当日市场汇率为 1 美元：8.32 元人民币。该企业本期没有其他涉及美元账户的业务，期末市场汇率为 1 美元 = 8.28 元人民币。则该企业本期登记的财务费用(汇兑损失)共计(　　)元。

A．600　　B．700　　C．1 300　　D．−100

4．某企业采用人民币作为记账本位币。下列项目中，不属于该企业外币业务的是(　　)。

A．与外国企业发生的以人民币计价结算的购货业务

B．与国内企业发生的以美元计价的销售业务

C．与外国企业发生的以美元计价结算的购货业务

D．与中国银行之间发生的美元与人民币的兑换业务

5．某股份有限公司对外币业务采用业务发生日的市场汇率进行折算，按月计算汇兑差额。2013 年 5 月 20 日向境外某公司销售一批商品，价款总额为 2 000 万美元，货款尚未收到，当日的市场汇率为 1 美元 = 8.22 元人民币。5 月 31 日的市场汇率为 1 美元 = 8.23 元人

民币。6 月 30 日的市场汇率为 1 美元 = 8.25 元人民币。该外币债权 6 月份所发生的汇兑收益为(　　)万元人民币。

A．−40　　B．−60　　C．40　　D．60

6．某企业外币业务的记账汇率采用当日的市场汇率核算。该企业本月月初持有 20 000 美元，月初市场汇率为 1 美元 = 8.30 元人民币。本月 15 日将其中的 5 000 美元售给中国银行，当日中国银行美元买入价为 1 美元 = 8.20 元人民币，卖出价为 1 美元 = 8.24 元人民币，当日市场汇率为 1 美元 = 8.22 元人民币。企业售出该笔美元时应确认的汇兑损失为(　　)元。

A．500　　B．100　　C．200　　D．0

7．按我国会计准则的规定，母公司编制合并会计报表时，应对子公司外币资产负债表进行折算，表中“实收资本”项目折算为母公司记账本位币所采用的汇率为(　　)。

A．合并报表决算日的市场汇率

B．实收资本入账时的即期汇率

C．本年度平均市场汇率

D．本年度年初市场汇率

8．某企业对外币业务采用业务发生当日的市场汇率进行核算，按月计算汇兑差额。1 月 20 日销售价款为 20 万美元产品一批，货款尚未收到，当日的市场汇率为 1 美元 = 8.25 元人民币。1 月 31 日的市场汇率为 1 美元 = 8.28 元人民币。2 月 28 日市场汇率为 1 美元 = 8.23 元人民币，货款于 3 月 2 日收回。该外币债权 2 月份发生的汇兑收益为(　　)万元。

A．0.60　　B．0.40　　C．−1　　D．−0.40

9．将一种货币兑换为另一种货币的业务是(　　)。

A．外币交易　　B．外币兑换　　C．外币信贷　　D．外币折算

10．按我国会计准则的规定，外币财务报表折算为人民币报表时，所有者权益变动表中的“未分配利润”项目应当(　　)。

A．按平均汇率折算

B．按历史汇率折算

C．根据折算后所有者权益变动表中的其他项目的数额计算确定

D．按即期汇率折算

二、多项选择题

1．下列交易中，属于外币交易的有(　　)。

A．买入以外币计价的商品或者劳务

B．卖出以外币计价的商品或者劳务

C．借入外币资金

D．向国外销售以记账本位币计价和结算的商品

2．企业选定境外经营的记账本位币，应当考虑的因素有(　　)。

A．该货币主要影响商品和劳务的销售价格，通常以该货币进行商品和劳务的计价和结算

B．该货币主要影响商品和劳务所需人工、材料和其他费用，通常以该货币进行上述费用的计价和结算

C．融资活动获得的货币以及保存从经营活动中收取款项所使用的货币

D．影响当期汇兑差额数额的大小

3．下列项目中，属于境外经营或视同境外经营的有(　　)。

A．企业在境外的子公司

B．企业在境外的合营企业

C．企业在境外的子公司分支机构

D．采用相同于企业记账本位币的，在境内的子公司、合营企业、联营企业、分支机构

4．下列项目中属于货币性项目的有(　　)。

A．银行存款　　B．应收账款　　C．应付账款　　D．存货

5．外币交易应当在初始确认时将外币金额折算为记账本位币金额，可以采用的汇率有(　　)。

A．交易发生日的即期汇率

B．按照系统合理的方法确定的、与交易发生日即期汇率近似的汇率

C．与交易发生日即期汇率相差较大的汇率

D．当汇率波动较大时，当年1月1日的汇率

三、判断题

1．外币交易，是指以外币计价或者结算的交易。外币是指人民币以外的货币。(　　)

2．记账本位币，是指企业经营所处的主要经济环境中的货币。(　　)

3．企业只能选择人民币作为记账本位币。(　　)

4．若企业的记账本位币选择的是人民币以外的币种，期末编报的财务报表应当折算为人民币。(　　)

5．境外经营是指企业在境外的子公司、合营企业、联营企业、分支机构。在境内的子公司、合营企业、联营企业、分支机构，采用不同于企业记账本位币的，不属于境外经营。(　　)

6．记账本位币一经确定，不得变更。(　　)

7．企业采用统账制核算，对于发生的外币交易，应当将外币金额折算为记账本位币金额。(　　)

8．企业在资产负债表日，应当按照规定对外币货币性项目进行处理，应采用资产负债表日即期汇率折算。因资产负债表日即期汇率与初始确认时或者前一资产负债表日即期汇率不同而产生的汇兑差额，计入资本公积。(　　)

9．企业在资产负债表日，应当按照规定对外币非货币性项目进行处理，采用资产负债表日即期汇率折算。因资产负债表日即期汇率与初始确认时或者前一资产负债表日即期汇率不同而产生的汇兑差额，计入当期损益。(　　)

10．资产负债表中的项目，采用资产负债表日的即期汇率折算，所有者权益中除了“未分配利润”之外，其他项目应该是采用交易发生时候的即期汇率折算。(　　)

四、计算分析题

1．实训目的：练习外币交易的会计处理。

2．实训资料：丙公司2018年12月发生的经济业务。

丙公司对发生的外币业务采用业务发生日的即期汇率折合为人民币记账。丙公司2017年12月31日有关科目余额如表6-5所示。

表6-5　丙公司2017年12月31日有关科目余额

单位：元

科目名称	美　元	汇　率	人民币
银行存款	20 000	6.59	131 800
应收账款	100 000	6.59	659 000
应付账款	40 000	6.59	263 600
长期借款(工程项目尚未达到预定可使用状态)	20 000	6.59	131 800

丙公司2018年1月份发生下列经济业务：

(1) 1月5日，丙公司收回客户前欠账款60 000美元存入银行，当日的市场汇率为1美元＝6.52元人民币。

(2) 1月8日，将20 000美元存款兑换为人民币存款，兑换当日汇率为买价1美元＝6.52元人民币，卖价1美元＝6.54元人民币，当日市场汇率为1美元＝6.53元人民币。

(3) 1月18日，用银行存款20 000美元偿还应付账款，当日市场汇率为1美元＝6.56元人民币。

(4) 1月23日，用银行存款20 000美元归还长期借款，当日市场汇率为1美元＝6.58元人民币。2018年2月1日工程达到预定可使用状态。

(5) 2018年1月31日国家公布的汇率为1美元＝6.6元人民币。

3．实训要求：根据上述经济业务编制相关的会计分录；计算计入2018年1月份损益的汇兑差额；编制2018年1月31日调整外币账户汇兑损益的相关分录。

第七章
租　赁

教学目的与要求

通过本章的学习，理解租赁的概念和特征，熟悉租赁相关概念的内容，理解租赁的识别、分拆及合并，掌握承租人租赁的会计处理，掌握出租人租赁的会计处理，理解售后回租交易的会计处理。

第一节　租赁概述

一、租赁的概念及特征

(一) 租赁的概念

租赁是指在约定的期间内，出租人将资产使用权让与承租人以获取租金的协议。《国际会计准则第 17 号——租赁》对租赁定义为“出租人在约定的期限内，将一项资产提供给承租人使用以换取租金作为回报的一种契约形式”；《美国会计准则公告第 13 号——租赁》对租赁的定义是“指在一个规定的期间内转让固定资产(土地或可折旧资产)的使用权的协议”；我国新修订的《企业会计准则第 21 号——租赁》在借鉴国际租赁准则的基础上，将租赁定义为：“租赁，是指在一定期间内，出租人将资产的使用权让与承租人以获取对价的合同。”

新修订的租赁准则中的租赁资产不包括以下两项内容：

(1) 承租人通过许可使用协议取得的电影、录像、剧本、文稿等版权、专利等项目的权利，以出让、划拨或转让方式取得的土地使用权，适用《企业会计准则第 6 号——无形资产》。

(2) 出租人授予的知识产权许可，适用《企业会计准则第 14 号——收入》。

(二) 租赁的特征

由上述定义可知，租赁具有以下几方面特征：

(1) 所有权与使用权相分离。就租赁的目的来看，承租人是为了获得设备的使用权，而出租人则是为了取得价值。在租赁期内，资产的所有权属于出租人，使用权则属于承租人，所有权与使用权处于相分离状态。这区别于资产所有权发生转移的资产买卖合同以及使用权不转移的服务合同，如劳务合同、运输合同、仓储合同、保管合同等。

(2) 融资和融物有机相结合。就租赁的手段来看，其基本特征是把租赁变为融通资金的手段，使实物租赁进一步转化为融资性租赁，“融物”与“融资”融为一体。

(3) 租金的分期回收。就租金的性质来看，它是出租人投资成本和投资收益的分期回收。在租赁财产所有权与使用权相分离前提下，租金分期回收是租赁的一大特点，也是其得以存在和长足发展的原因。

(4) 独特的资金运动形式。基于租赁信用实现融资与融物的有机结合，租赁成为一种特殊的商业活动。它的价值运动以商业资本价值运动为基础，包括购入、租出、偿还三个阶段。

二、与租赁相关的几个概念

(一) 租赁期和租赁期开始日

租赁期，是指承租人有权使用租赁资产且不可撤销的期间。

承租人有续租选择权，即有权选择续租该资产，且合理确定将行使该选择权的，租赁期还应当包含续租选择权涵盖的期间。

承租人有终止租赁选择权，即有权选择终止租赁该资产，但合理确定将不会行使该选择权的，租赁期应当包含终止租赁选择权涵盖的期间。

发生承租人可控范围内的重大事件或变化，且影响承租人是否合理确定将行使相应选择权的，承租人应当对其是否合理确定将行使续租选择权、购买选择权或不行使终止租赁选择权进行重新评估。

【例 7-1】 甲公司是一家正常运营的企业，假设 2018 年 12 月 1 日，甲公司(境内外上市)与某租赁公司签订了一份租赁合同。合同规定：

(1) 起租日：2019 年 1 月 1 日；

(2) 租赁期：2019 年 1 月 1 日—2022 年 12 月 31 日，共 4 年；

(3) 租金支付：于每年年末支付 1 000 000 元；

租赁期届满后，承租人可以每年 200 000 元的租金续租两年，估计租赁期届满时该项租赁资产每年租金的公允价值为 800 000 元。不考虑其他因素的影响，确定甲公司的租赁期。

分析：由于甲公司有选择续租租赁资产的权利，且续租租赁资产的租金 200 000 元远远小于市场上租金的公允价值 800 000 元，可以确定甲公司会续租该资产，所以甲公司的租赁期为 6 年。

租赁期开始日，是指出租人提供租赁资产使其可供承租人使用的起始日期。

(二) 或有租金和履约成本

或有租金是指金额不确定，以时间长短以外的其他因素(如销售量、使用量、物价指数等)为依据计算的租金，并在实际发生时计入当期损益；履约成本是指租赁期内为租赁资产支付的各种使用费用，如技术咨询和服务费、人员培训费、维修费及保险费等。

(三) 担保余值和未担保余值

担保余值是相对于未担保余值而言的，是指与出租人无关的一方向出租人提供担保，保证在租赁结束时租赁资产的价值至少为某指定的金额。未担保余值，是指租赁资产余值中，出租人无法保证能够实现或仅由与出租人有关的一方予以担保的部分。

(四) 租赁激励和初始直接费用

租赁激励，是指出租人为达成租赁向承租人提供的优惠，包括出租人向承租人支付的与租赁有关的款项、出租人为承租人偿付或承担的成本等。初始直接费用，是指为达成租赁所发生的增量成本。增量成本是指若企业不取得该租赁，则不会发生的成本。例如，承租人在租赁谈判和租赁合同签订过程中发生的可归属于租赁项目的差旅费、律师费、手续费、印花税等。

(五) 租赁内含利率和增量借款利率

租赁内含利率指使出租人的租赁收款额的现值与未担保余值的现值之和等于租赁资产公允价值与出租人的初始直接费用之和的利率。增量借款利率，是指承租人在类似经济环境下为获得与使用权资产价值接近的资产，在类似期间以类似抵押条件借入资金需支付的利率。

第二节 租赁资产的识别、分拆及合并

一、租赁的识别

按照修订的《企业会计准则第 21 号——租赁》的规定，在合同开始日，企业应当评估合同是否为租赁或者包含租赁。如果合同中一方让渡了在一定期间内控制一项或多项已识别资产使用的权利以换取对价，则该合同为租赁或者包含租赁。从该定义可以看出，涉及租赁的资产必须是已识别资产，租赁的实质是让渡已识别资产使用的权利以换取对价。

除非合同条款和条件发生变化，企业无需重新评估合同是否为租赁或者包含租赁。

为确定合同是否让渡了在一定期间内控制已识别资产使用的权利，企业应当评估合同中的客户是否有权获得在使用期间内因使用已识别资产所产生的几乎全部经济利益，并有权在该使用期间主导已识别资产的使用。已识别资产通常由合同明确指定，也可以在资产可供客户使用时隐性指定。但是，即使合同已对资产进行指定，如果资产的供应方在整个使用期间拥有对该资产的实质性替换权，则该资产不属于已识别资产。

同时符合下列条件时，表明供应方拥有资产的实质性替换权：

(1) 资产供应方拥有在整个使用期间替换资产的实际能力；

(2) 资产供应方通过行使替换资产的权利将获得经济利益。

企业难以确定供应方是否拥有对该资产的实质性替换权的，应当视为供应方没有对该资产的实质性替换权。

如果资产的某部分产能或其他部分在物理上不可区分，则该部分不属于已识别资产，除非其实质上代表该资产的全部产能，从而使客户获得因使用该资产所产生的几乎全部经济利益。

在评估是否有权获得因使用已识别资产所产生的几乎全部经济利益时，企业应当在约定的客户可使用资产的权利范围内考虑其所产生的经济利益。存在下列情况之一的，可视为客户有权主导对已识别资产在整个使用期间内的使用：

(1) 客户有权在整个使用期间主导已识别资产的使用目的和使用方式。

(2) 已识别资产的使用目的和使用方式在使用期开始前已预先确定，并且客户有权在整个使用期间自行或主导他人按照其确定的方式运营该资产，或者客户设计了已识别资产并在设计时已预先确定了该资产在整个使用期间的使用目的和使用方式。

二、租赁的分拆

按照租赁准则的规定，合同中同时包含多项单独租赁的，承租人和出租人应当将合同予以分拆，并分别就各项单独租赁进行会计处理。

同时符合下列条件的，使用已识别资产的权利构成合同中的一项单独租赁：

(1) 承租人可从单独使用该资产或将其与易于获得的其他资源一起使用中获利；

(2) 该资产与合同中的其他资产不存在高度依赖或高度关联关系。

合同中同时包含租赁和非租赁部分的，承租人和出租人应当将租赁和非租赁部分进行分拆，除非企业适用租赁准则第十二条的规定，即若承租人选择不进行租赁和非租赁部分分拆，则整体作为租赁资产处理，但是对于按照《企业会计准则第 22 号——金融工具确认和计量》应分拆的嵌入衍生工具，承租人不应将其与租赁部分合并进行会计处理，租赁部分应当分别按照本准则进行会计处理，非租赁部分应当按照其他适用的企业会计准则进行会计处理。

三、租赁的合并

企业与同一交易方或其关联方在同一时间或相近时间订立的两份或多份包含租赁的合同，在符合下列条件之一时，应当合并为一份合同进行会计处理：

(1) 该两份或多份合同基于总体商业目的而订立并构成一揽子交易，若不作为整体考虑则无法理解其总体商业目的。

(2) 该两份或多份合同中的某份合同的对价金额取决于其他合同的定价或履行情况。

(3) 该两份或多份合同让渡的资产使用权合起来构成一项单独租赁。

第三节　承租人的会计处理

一、承租人对租赁业务的确认与初始计量

按照最新租赁准则规定，在租赁期开始日，承租人应当对租赁确认使用权资产和租赁

负债，可进行简化处理短期租赁和低价值资产租赁除外。

(一) 使用权资产的初始计量

使用权资产，指承租人可在租赁期内使用租赁资产的权利。使用权资产应当按照成本进行初始计量。该成本包括：

(1) 租赁负债的初始计量金额；

(2) 在租赁期开始日或之前支付的租赁付款额，存在租赁激励的，扣除已享受的租赁激励相关金额；

(3) 承租人发生的初始直接费用；

(4) 承租人为拆卸及移除租赁资产、复原租赁资产所在场地或将租赁资产恢复至租赁条款约定状态预计将发生的成本。承租人应当按照《企业会计准则第 13 号——或有事项》对本条所述成本进行确认和计量。前述成本属于为生产存货而发生的，适用《企业会计准则第 1 号——存货》。

按照租赁准则的要求，使用权资产的计算公式为：

使用权资产的初始计量成本 = 租赁负债的初始计量金额 + 租赁开始日或之前已经支付的租赁付款额 − 租赁激励金额 + 承租人发生的初始直接费用 + 承租人为拆卸及移除租赁资产等将发生的成本

(二) 租赁负债的初始计量

租赁负债应当按照租赁期开始日尚未支付的租赁付款额的现值进行初始计量。

租赁付款额，指承租人向出租人支付的与在租赁期内使用租赁资产的权利相关的款项，包括：

(1) 固定付款额及实质固定付款额，存在租赁激励的，扣除租赁激励相关金额；其中，实质固定付款额，指在形式上可能包含变量但实质上无法避免的付款额。

(2) 取决于指数或比率的可变租赁付款额，该款项在初始计量时根据租赁期开始日的指数或比率确定；其中，可变租赁付款额，指承租人为取得在租赁期内使用租赁资产的权利，向出租人支付的因租赁期开始日后的事实或情况发生变化(而非时间推移)而变动的款项。取决于指数或比率的可变租赁付款额包括与消费者价格指数挂钩的款项、与基准利率挂钩的款项和为反映市场租金费率变化而变动的款项等。

(3) 购买选择权的行权价格，前提是承租人合理确定将行使该选择权。

(4) 行使终止租赁选择权需支付的款项，前提是租赁期反映出承租人将行使终止租赁选择权。

(5) 根据承租人提供的担保余值预计应支付的款项。

根据以上定义计算出租赁付款额后，在计算租赁付款额的现值时，承租人应当采用租赁内含利率作为折现率；无法确定租赁内含利率的，应当采用承租人增量借款利率作为折现率。

综上，租赁付款额的现值 = (承租人支付的租金 + 承租人担保余值 + 租赁到期时的购买价款) × 折现率在该公式的计算中需要注意：① 承租人支付的或有租金或者履约成本不计入租赁付款额，在实际发生时计入当期损益；② 承租人担保余值指承租人或与其有关的第三方为租赁资产提供的担保余值；③ 租赁到期时的购买价款，承租人有购买租赁资产的选择权，所订立的购买价款预计远小于行使选择时租赁资产的公允价值，因而在租赁开始日就可以合理确定承租人将会行使这种选择权的，应将购买价款计入租赁付款额。

租赁负债的初始计量金额 = 租赁期开始日尚未支付的租赁付款额的现值
= (承租人尚未支付的租金 + 承租人担保余值 + 租赁到期时的购买价款) × 折现率

【例 7-2】 假设 2019 年 1 月 1 日，甲公司(境内外上市)从乙设备租赁公司(境内外上市)租入一台生产设备，双方签订了一份租赁合同。合同主要条款如下：

(1) 租赁标的物：生产设备；

(2) 起租日：2019 年 1 月 1 日；

(3) 租赁期：2019 年 1 月 1 日至 2021 年 12 月 31 日，共 36 个月；

(4) 租金支付：自租赁开始日每隔 6 个月于月末支付租金 200 000 元；

(5) 该设备的保险、维护等费用均由甲公司负担，估计每年约 20 000 元；

(6) 该设备在 2019 年 1 月 1 日的公允价值为 1 050 000 元；

(7) 增量借款利率为 5%(6 个月的利率)；

(8) 该设备的估计使用年限为 7 年，已使用 3 年，期满无残值。承租人采用直线法计提折旧；

(9) 租赁期届满时，甲公司将租赁资产交还给乙租赁公司；

(10) 该生产设备不需要安装即可投入使用。

要求：分析甲公司对该租赁资产的会计处理。

分析：首先对租赁业务基本征进行识别。按照租赁准则要求，判断该合同是否为租赁或者包含租赁。租赁的实质是合同让渡了在一定期间内控制一项或者多项已识别资产使用的权利已换取对价。在本例中，甲公司有权在 2019 年 1 月 1 日至 2021 年 12 月 31 日租赁期间内使用该生产线并获取相关受益，所以该项租赁业务为租赁。

其次，分析该租赁合同是否包含非租赁业务进行识别。如有非租赁业务，承租人还要进一步判定租赁业务是否需要进行分拆。本例中，甲公司每年需要支付 20 000 元的设备维修费用，这属于非租赁业务，由于是承租人甲公司支付，不用再考虑。

再次，分析该租赁合同是否包含需要合并的租赁。本例中，只有单项租赁合同，不涉及租赁的合并。

甲公司租赁业务的会计处理为：

第一步，计算在租赁期开始日或之前的支付的租赁付款额。

本例中，首次租金支付在租赁开始日后 6 个月，也不存在租赁激励，所以该项为 0。

租赁期开始日尚未支付的租赁付款额 = 200 000 × 6 = 1 200 000(元)

第二步，计算租赁负债的初始计量金额。[已知(P/A, 5%, 6) = 5.075 7]

本例中，甲公司的租赁期开始日为其起租日 2019 年 1 月 1 日，公司自租赁开始日每隔 6 个月于月末支付租金 200 000 元；租赁期届满时，甲公司将租赁资产交还给乙租赁公司，购买价款为 0；本题不涉及承租人担保余值，且未给出出租人的租赁内含利率，可用承租人增量借款利率作为折现率。

租赁负债的初始计量金额 = (承租人尚未支付的租金 + 承租人担保余值 + 租赁到期时的购买价款) × 折现率 = 200 000 × (P/A, 5%, 6) = 200 000 × 5.0757 = 1 015 140 (元)

第三步，计算初始直接费用。

本例中，初始直接费用 = 0。

第四步，计算承租人为拆卸及移除租赁资产等将发生的成本。

本例中为 0。

第五步，计算使用权资产的初始计量成本。

使用权资产的初始计量成本 = 租赁负债的初始计量金额 + 租赁开始日或之前已经支付的租赁付款额 − 租赁激励金额 + 承租人发生的初始直接费用 + 承租人为拆卸及移除租赁资产等将发生的成本 = 1 015 140 + 0 − 0 + 0 + 0 = 1 015 140 (元)

最后，甲公司的会计分录如下：

借：使用权资产——租入固定资产	1 015 140	
租赁负债——未确认融资费用	184 860	
贷：租赁负债——租赁付款额		1 200 000

二、承租人对租赁业务的后续计量

(一) 租赁准则的基本要求

在租赁期开始日后，承租人应当采用成本模式对使用权资产进行后续计量。但是，若承租人对投资性房地产采用公允价值模式进行后续计量，而租入的使用权资产符合投资性房地产的定义，则应采用公允价值模式进行后续计量。

(1) 承租人应当参照《企业会计准则第 4 号——固定资产》有关折旧规定，根据租赁期届满是否能够取得所有权，在租赁期与租赁资产剩余使用寿命两者孰短的期间内对使用权资产计提折旧。

(2) 承租人应当按照《企业会计准则第 8 号——资产减值》的规定，确定使用权资产是否发生减值，并对已识别的减值损失进行会计处理。

(3) 承租人应当按照固定的周期性利率(租赁内含利率或增量借款利率)计算租赁负债在租赁期内各期间的利息费用，并计入当期损益。按照《企业会计准则第 17 号——借款费用》等其他准则规定应当计入相关资产成本的，从其规定。

(4) 未纳入租赁负债计量的可变租赁付款额应当在实际发生时计入当期损益。按照《企业会计准则第 1 号——存货》等其他准则规定应当计入相关资产成本的，从其规定。

(二) 重新计量租赁负债的情况

在租赁期开始日后，发生下列情形的，承租人应当重新确定租赁付款额，并按变动后租赁付款额和修订后的折现率计算的现值重新计量租赁负债：

(1) 续租选择权或终止租赁选择权的评估结果发生变化，或者前述选择权的实际行使情况与原评估结果不一致等导致租赁期变化的，应当根据新的租赁期重新确定租赁付款额；

(2) 购买选择权的评估结果发生变化的，应当根据新的评估结果重新确定租赁付款额。

(3) 在租赁期开始日后，根据担保余值预计的应付金额发生变动，或者因用于确定租赁付款额的指数或比率变动而导致未来租赁付款额发生变动的，承租人应当按照变动后租赁付款额的现值重新计量租赁负债。在这些情形下，承租人采用的折现率不变；但是，租赁付款额的变动源自浮动利率变动的，使用修订后的折现率。

承租人因以上三条或者因实质固定付款额变动重新计量租赁负债时，应当相应调整使用权资产的账面价值。使用权资产的账面价值已调减至零，但租赁负债仍需进一步调减的，承租人应当将剩余金额计入当期损益。

(三) 租赁变更的会计处理

租赁变更，指原合同条款之外的租赁范围、租赁对价、租赁期限的变更，包括增加或终止一项或多项租赁资产的使用权，延长或缩短合同规定的租赁期等。

租赁发生变更且同时符合下列条件的，承租人应当将该租赁变更作为一项单独租赁进行会计处理：

(1) 该租赁变更通过增加一项或多项租赁资产的使用权而扩大了租赁范围；

(2) 增加的对价与租赁范围扩大部分的单独价格按该合同情况调整后的金额相当。

租赁变更未作为一项单独租赁进行会计处理的，在租赁变更生效日，承租人应当按照准则规定识别租赁资产和非租赁资产并按照规定分摊变更后合同的对价，按照准则规定重新确定租赁期，并按照变更后租赁付款额和修订后的折现率计算的现值重新计量租赁负债。

在计算变更后租赁付款额的现值时，承租人应当采用剩余租赁期间的租赁内含利率作为修订后的折现率；无法确定剩余租赁期间的租赁内含利率的，应当采用租赁变更生效日的承租人增量借款利率作为修订后的折现率。租赁变更生效日，是指双方就租赁变更达成一致的日期。

租赁变更导致租赁范围缩小或租赁期缩短的，承租人应当相应调减使用权资产的账面价值，并将部分终止或完全终止租赁的相关利得或损失计入当期损益。其他租赁变更导致租赁负债重新计量的，承租人应当相应调整使用权资产的账面价值。

【例 7-3】 续例 7-2，甲公司按照租赁合同在租赁期内各期支付租金并分摊融资费用。求甲公司三年的会计处理。

分析：首先，在 2019 年 1 月 1 日至 2021 年 12 月 31 日期间每隔 6 个月末支付租金 200 000 元的会计分录。

借：租赁负债——租赁付款额　200 000

　　贷：银行存款　200 000

其次，在 2019 年 1 月 1 日至 2021 年 12 月 31 日期间分摊融资费用。

本例中，采用 6 个月的增量利率 5%作为融资分摊率。因为理论上讲，该分摊率应当使租赁开始日的租赁负债的初始计量金额等于租赁开始日使用权资产的初始计量成本。采用实际利率法，在租赁期内分摊租赁负债，分摊表如表 7-1 所示。

表 7-1 租赁负债摊销计算表 单位：元

日 期	租赁负债年初余额	利 息	租赁付款额	租赁付款额年末余额
	①	② = ① × 5%	③	④ = ① + ② – ③
2019.06.30	1 015 140	50 757	200 000	865 897
2019.12.31	865 897	43 294.85	200 000	709 191.85
2020.06.30	709 191.85	35 459.59	200 000	544 651.44
2020.12.31	544 651.44	27 232.57	200 000	371 884.01
2021.06.30	371 884.01	18 594.20	200 000	190 478.21
2021.12.31	190 478.21	9 521.79	200 000	0

注：表中的 9521.79 是倒挤计算出来的。

甲公司 2019.06.30 的会计分录为：

借：财务费用 50 757

　　贷：租赁负债——未确认融资费用 50 757

甲公司 2019.12.31 的会计分录为：

借：财务费用 43 294.85

　　贷：租赁负债——未确认融资费用 43 294.85

2020 年和 2021 年分摊分录如上。

最后，计算使用权资产计提的折旧费用和维修费用。由于租赁期为 3 年，在 3 年内计提折旧。

每年计提的使用权资产的折旧金额 = 1 015 140 / 3 = 338 380 (元)

借：制造费用——折旧费 338 380

　　贷：使用权资产累计折旧 338 380

(2) 每年支付的维修费用的会计分录：

借：制造费用——维修费 20 000

　　贷：银行存款 20 000

(四) 租赁期届满的会计处理

租赁期届满时，承租人对使用权资产有三种处理方式：返还、续租和留购。

(1) 返还使用权资产时，承租人只需注销租赁资产即可，会计分录为：

借：租赁负债——应付融资租赁款

　　使用权资产累计折旧

　　贷：使用权资产

(2) 续租使用权资产时的会计处理。承租人应当视为该项租赁一直存在进行处理，若续租期不超过一年，将租金和维修费用直接计入相关成本或者费用即可；若续租期超过一年，应当按照约定的价格支付租金，并按照最新确定的租赁期确定折旧和维修费用。

(3) 留购使用权资产时的会计处理。承租人应当在支付留购款时，将留购的使用权资产作为自有固定资产管理，并冲销原使用权资产。其会计分录为：

首先按照支付的留购价款：

借：固定资产

　　贷：银行存款

其次，冲销原使用权资产：

借：使用权资产累计折旧

　　贷：使用权资产——租入固定资产

(五) 短期租赁和低价值资产租赁

短期租赁，是指在租赁期开始日，租赁期不超过 12 个月的租赁。包含购买选择权的租赁不属于短期租赁。

低价值资产租赁，是指单项租赁资产为全新资产时价值较低的租赁。低价值资产租赁的判定仅与资产的绝对价值有关，不受承租人规模、性质或其他情况影响。低价值资产租赁应当是单项租赁业务。

承租人转租或预期转租租赁资产的，原租赁不属于低价值资产租赁。

做出上述选择的，承租人应当将短期租赁和低价值资产租赁的租赁付款额，在租赁期内各个期间按照直线法或其他系统合理的方法计入相关资产成本或当期损益。其他系统合理的方法能够更好地反映承租人的受益模式的，承租人应当采用该方法。

进行简化处理的短期租赁发生租赁变更或者因租赁变更之外的原因导致租赁期发生变化的，承租人应当将其视为一项新租赁进行会计处理。

【例 7-4】 假设甲公司有两项租赁业务：一项是生产车间有一项短期租赁，租期为 8 个月，每个月租金 5 万元。另一项是低价值资产租赁，租入资产为 100 套餐厅用餐桌椅，总费用 1.8 万元，租期为一年，归还资产时支付租赁费，甲公司采用简化处理方法管理这两项租赁资产，则甲公司如何做会计处理？

分析：对于短期租赁，每月末的会计处理为：

借：制造费用——租入设备　　　　50 000

　　贷：银行存款　　　　50 000

对于低价值资产租赁，每月末的会计处理为：

借：管理费用　　　　1 500

　　贷：其他应付款　　　　1 500

归还资产时的会计分录为：

借：其他应付款　　　　18 000

　　贷：银行存款　　　　18 000

(六) 承租人的列报

承租人应当在资产负债表中单独列示使用权资产和租赁负债。其中，租赁负债通常分别非流动负债和一年内到期的非流动负债列示。

在利润表中，承租人应当分别列示租赁负债的利息费用与使用权资产的折旧费用。租赁负债的利息费用在财务费用项目列示。

在现金流量表中，偿还租赁负债本金和利息所支付的现金应当计入筹资活动现金流出，支付的按租赁准则简化处理的短期租赁付款额和低价值资产租赁付款额以及未纳入租赁负债计量的可变租赁付款额应当计入经营活动现金流出。

承租人应当在附注中披露与租赁有关的下列信息：

(1) 各类使用权资产的期初余额、本期增加额、期末余额以及累计折旧额和减值金额；

(2) 租赁负债的利息费用；

(3) 计入当期损益的按租赁准则简化处理的短期租赁费用和低价值资产租赁费用；

(4) 未纳入租赁负债计量的可变租赁付款额；

(5) 转租使用权资产取得的收入；

(6) 与租赁相关的总现金流出；

(7) 售后租回交易产生的相关损益；

(8) 其他按照《企业会计准则第 37 号——金融工具列报》应当披露的有关租赁负债的信息。

承租人应用租赁准则第三十二条对短期租赁和低价值资产租赁进行简化处理的，应当披露这一事实。

承租人应当根据理解财务报表的需要，披露有关租赁活动的其他定性和定量信息。此类信息包括：

(1) 租赁活动的性质，如对租赁活动基本情况的描述；

(2) 未纳入租赁负债计量的未来潜在现金流出；

(3) 租赁导致的限制或承诺；

(4) 售后租回交易除租赁准则第五十四条第(七)项之外的其他信息；

(5) 其他相关信息。

第四节　出租人的会计处理

一、出租人的租赁分类

按照修订的租赁准则的规定，出租人应当在租赁开始日将租赁分为融资租赁和经营租赁。其中，融资租赁，指实质上转移了与租赁资产所有权有关的几乎全部风险和报酬的租赁，其所有权最终可能转移，也可能不转移。经营租赁，指除融资租赁以外的其他租赁。

在租赁开始日后，出租人无需对租赁的分类进行重新评估，除非发生租赁变更。租赁资产预计使用寿命、预计余值等会计估计变更或发生承租人违约等情况变化的，出租人不对租赁的分类进行重新评估。

(一) 融资租赁的判定原则

一项租赁属于融资租赁还是经营租赁取决于交易的实质，而不是合同的形式。如果一项租赁实质上转移了与租赁资产所有权有关的几乎全部风险和报酬，出租人应当将该项租赁分类为融资租赁。

一项租赁存在下列一种或多种情形的，通常分类为融资租赁：

(1) 在租赁期届满时，租赁资产的所有权转移给承租人。

(2) 承租人有购买租赁资产的选择权，所订立的购买价款与预计行使选择权时租赁资产的公允价值相比足够低，因而在租赁开始日就可以合理确定承租人将行使该选择权。

(3) 资产的所有权虽然不转移，但租赁期占租赁资产使用寿命的大部分。

(4) 在租赁开始日，租赁收款额的现值几乎相当于租赁资产的公允价值。

(5) 租赁资产性质特殊，如果不做较大改造，只有承租人才能使用。

一项租赁存在下列一项或多项迹象的，也可能分类为融资租赁：

(1) 若承租人撤销租赁，撤销租赁对出租人造成的损失由承租人承担。

(2) 资产余值的公允价值波动所产生的利得或损失归属于承租人。

(3) 承租人有能力以远低于市场水平的租金继续租赁至下一期间。

(二) 特殊情况

转租出租人应当基于原租赁产生的使用权资产，而不是原租赁的标的资产，对转租赁进行分类。

但是，原租赁为短期租赁，且转租出租人应用租赁准则对原租赁进行简化处理的，转租出租人应当将该转租赁分类为经营租赁。

二、出租人对融资租赁的会计处理

出租人对融资租赁的会计处理主要涉及以下五个方面的问题。

(一) 租赁开始日的会计处理

在租赁期开始日，出租人应当对融资租赁确认应收融资租赁款，并终止确认融资租赁资产。

出租人对应收融资租赁款进行初始计量时，应当以租赁投资净额作为应收融资租赁款的入账价值。

租赁投资净额为未担保余值和租赁期开始日尚未收到的租赁收款额按照租赁内含利率折现的现值之和。

租赁收款额，指出租人因让渡在租赁期内使用租赁资产的权利而应向承租人收取的款项，包括：

(1) 承租人需支付的固定付款额及实质固定付款额，存在租赁激励的，扣除租赁激励相关金额；

(2) 取决于指数或比率的可变租赁付款额，该款项在初始计量时根据租赁期开始日的指数或比率确定；

(3) 购买选择权的行权价格，前提是合理确定承租人将行使该选择权；

(4) 承租人行使终止租赁选择权需支付的款项，前提是租赁期反映出承租人将行使终止租赁选择权；

(5) 由承租人、与承租人有关的一方以及有经济能力履行担保义务的独立第三方向出租人提供的担保余值。

在转租的情况下，若转租的租赁内含利率无法确定，转租出租人可采用原租赁的折现率(根据与转租有关的初始直接费用进行调整)计量转租投资净额。

根据租赁准则规定，可提炼出两个计算公式：

- 租赁收款额＝承租人需支付的固定付款额及实质固定付款额 (扣除租赁激励)＋取决于指数或比率的可变租赁付款额＋购买选择权的行权价格＋承租人行使终止租赁选择权需支付的款项＋承租人等提供的担保余值
- 租赁投资净额＝(未担保余值＋租赁期开始日尚未收到的租赁收款额)×折现率

出租人融资租赁的初始计量的会计分录为：

借：应收融资租赁款——租赁收款额

　　应收融资租赁款——未担保余值

　　贷：融资租赁资产(转销账面价值)

　　　　资产处置损益(公允价值－账面价值)

　　　　银行存款(初始直接费用)

　　　　应收融资租赁款——未实现融资收益

出租人取得的未纳入租赁投资净额计量的可变租赁付款额应当在实际发生时计入当期损益。

出租人应当按照固定的周期性利率计算并确认租赁期内各个期间的利息收入。该周期性利率，是按照租赁内含利率确定的折现率，或者按照租赁变更修订后的折现率。

出租人应当按照《企业会计准则第 22 号——金融工具确认和计量》和《企业会计准则第 23 号——金融资产转移》的规定，对应收融资租赁款的终止确认和减值进行会计处理。

出租人将应收融资租赁款或其所在的处置组划分为持有待售类别的，应当按照《企业会计准则第 42 号——持有待售的非流动资产、处置组和终止经营》进行会计处理。

【例 7-5】 承例 7-2，乙租赁公司作为出租人，求其在租赁期开始日所做的会计分录。

分析：首先，判断租赁类型。

租赁付款额的现值 1 015 140 占使用权资产的公允价值 1 050 000 的 96.68%，可判定其为融资租赁。

租赁收款额＝200 000×6＝1 200 000(元)，设出租人的租赁内含利率为 r，则

$$200\,000 \times (P/A, r, 6) = 1\,050\,000$$

当 r＝5%，PV1＝1 015 140

当 r＝r，PV0＝1 050 000

当 r＝3%，PV2＝1 083 440

利用内插法，可求出租赁内含利率＝3.98%

乙租赁公司的会计分录为：

借：应收融资租赁款——租赁收款额	1 200 000	
贷：融资租赁资产		1 050 000
应收融资租赁款——未实现融资收益		150 000

(二) 生产商和经销商作为出租人的融资租赁

生产商或经销商作为出租人的融资租赁，在租赁期开始日，该出租人应当按照租赁资产公允价值与租赁收款额按市场利率折现的现值两者孰低确认收入，并按照租赁资产账面价值扣除未担保余值的现值后的余额结转销售成本。

生产商或经销商出租人为取得融资租赁发生的成本，应当在租赁期开始日计入当期损益。

(三) 融资租赁变更的会计处理

融资租赁发生变更且同时符合下列条件的，出租人应当将该变更作为一项单独租赁进行会计处理：

(1) 该变更通过增加一项或多项租赁资产的使用权而扩大了租赁范围；

(2) 增加的对价与租赁范围扩大部分的单独价格按该合同情况调整后的金额相当。

融资租赁的变更未作为一项单独租赁进行会计处理的，出租人应当根据下列情形对变更后的租赁分别进行处理：

(1) 假如变更在租赁开始日生效，该租赁会被分类为经营租赁的，出租人应当自租赁变更生效日开始将其作为一项新租赁进行会计处理，并以租赁变更生效日前的租赁投资净额作为租赁资产的账面价值；

(2) 假如变更在租赁开始日生效，该租赁会被分类为融资租赁的，出租人应当按照《企业会计准则第 22 号——金融工具确认和计量》关于修改或重新议定合同的规定进行会计处理。

(四) 出租人对融资租赁资产的后续计量

在该部分主要是取得租金的处理和未实现融资收益的分配。

【例 7-6】 承接例 7-5，乙租赁公司应收融资租赁款——未实现融资收益具体分配表见表 7-2。

表 7-2　应收融资租赁款——未实现融资收益分配表

单位：元

日期(1)	租金(2)	确认的融资收益(3) = 期初(5) × 3.98%	应收租赁款减少额(4) = (2) − (3)	应收租赁款净额余额(5) = 期初(5) − (4)
2019.01.01				1 050 000
2019.06.30	200 000	41 790	158 210	891 790
2019.12.31	200 000	35 493.24	164 506.76	727 283.24
2020.06.30	200 000	28 945.87	171 054.13	556 229.11
2020.12.31	200 000	22 137.92	177 962.08	378 367.03
2021.06.30	200 000	15 059.01	184 940.99	193 426.04
2021.12.31	200 000	6 573.96	193 426.04	0
合　计	12 000 000	150 000	1 050 000	0

则在 2019.06.30 的会计处理为：

借：银行存款 200 000

  贷：应收融资租赁款——租赁收款额 200 000

借：应收融资租赁款——未实现融资收益 41 790

  贷：租赁收入 41 790

在 2019.12.31 的会计处理为：

借：银行存款 200 000

  贷：应收融资租赁款——租赁收款额 200 000

借：应收融资租赁款——未实现融资收益 35 493.24

  贷：租赁收入 35 493.24

2020 年和 2021 年的会计处理如上。

(五) 租赁到期时出租人的会计处理

租赁到期时，出租人可以选择收回租赁资产、续租或者转让所有权。

(1) 出租人收回租赁资产的会计处理。由于出租租赁资产时，已经注销租赁资产，收回时，只做备查登记即可；等再次出租时按照约定价格进行会计处理，但在记录收入时应将情况说明。

(2) 承租人续租租赁资产的会计处理，视同该租赁一直存在，按照收到的价款确定租赁收入。

借：银行存款

  贷：租赁收入——续租

(3) 出租人转让租赁资产的会计处理，将收到的价款作为收入，并办理资产所有权的转移手续。

借：银行存款

  贷：租赁收入——转让所有权

三、出租人对经营租赁的会计处理

出租人对经营租赁的会计处理，主要问题是对经营租赁资产的处理、租金收入的确认、初始直接费用和出租人的列报。

(一) 对经营租赁资产的处理

在经营租赁下，租赁资产仍是出租人的资产，应在资产负债表中适当地列报。国际会计准则规定，出租人应按资产的性质，在其资产负债表上列示用作经营租赁的资产。其他国家和地区会计准则均要求出租人将用作经营租赁的资产包括在资产负债表上的相关项目内。借鉴国际会计准则及其他国家和地区的做法，我国的租赁准则规定，出租人应当按照资产的性质，将用作经营租赁的资产包括在资产负债表上的相关项目内。

(二) 租金收入的确认

租金收入的确认是经营租赁下出租人会计核算的主要问题。国际会计准则规定，经营租赁形成的租赁收益应按直线法在租赁期内确认为收益。如果另有一种系统方法更能代表从租赁资产中获取利益递减的时间形态，则为例外。在美国、英国和我国香港地区等的会计准则中，也均要求出租人采用直线法将经营租赁的租金确认为租赁期内各个期间的收入，如果其他方法更合理，也可以采用其他方法。但我国台湾地区则没有明确规定对经营租赁租金的计算确定的方法。借鉴国际会计准则及其他国家和地区的做法，根据《企业会计准则第 21 号——租赁》准则规定，经营租赁的租金应当在租赁期内的各个期间按直线法确认为收入；如果其他方法更合理，也可以采用其他方法。

(三) 初始直接费用

在经营租赁下，出租人也会发生初始直接费用。按照国际会计准则规定，为赚取经营租赁的租金收入而特别发生的初始直接费用，可以递延，并按租金收益的确认比例，在整个租赁期内加以分摊，也可以在费用发生的当期确认为费用。我国最新修订的《企业会计准则第 21 号——租赁》准则规定，出租人发生的与经营租赁有关的初始直接费用应当资本化，在租赁期内按照与租金收入确认相同的基础进行分摊，分期计入当期损益。

【例 7-7】　2019 年 1 月 1 日，甲公司从乙租赁公司租入一套办公楼，租期为 3 年。办公楼房原账面价值为 10 000 000 元，预计使用年限为 20 年。租赁合同规定，租赁开始日甲公司向乙公司一次性预付租金 1 000 000 元，第一年末支付租金 100 000 元，第二年末支付租金 100 000 元，第三年末支付租金 150 000 元。租赁期满后预付租金不退回，乙租赁公司收回办公楼使用权。

分析：判断该租赁为经营租赁，因为该租赁不符合融资租赁的任何一条标准，应作为经营租赁处理。确认租金费用时，不能依据各期实际支付租金的金额确定，而应采用直线法平均分摊确认各期的租金费用。此项租赁租金总额为 1 350 000 元，按直线法计算，每年应分摊的租金为 450 000 元。

乙租赁公司会计分录为：

2019 年 1 月 1 日

借：银行存款	1 000 000	
贷：预收账款		1 000 000

2019 年 12 月 31 日

借：银行存款	100 000	
预收账款	350 000	
贷：主营业务收入——经营租赁收入		450 000

2020 年 12 月 31 日

借：银行存款	100 000	
预收账款	350 000	
贷：主营业务收入——经营租赁收入		450 000

2021 年 12 月 31 日

借：银行存款	150 000	
预收账款	300 000	
贷：主营业务收入——经营租赁收入		450 000

如果出租人不是从事租赁业务的企业，则上述租金收入应通过“其他业务收入”科目核算。

对于经营租赁资产中的固定资产，出租人应当采用类似资产的折旧政策计提折旧；对于其他经营租赁资产，应当根据该资产适用的企业会计准则，采用系统合理的方法进行摊销。

出租人应当按照《企业会计准则第 8 号——资产减值》的规定，确定经营租赁资产是否发生减值，并进行相应会计处理。

出租人取得的与经营租赁有关的未计入租赁收款额的可变租赁付款额，应当在实际发生时计入当期损益。

经营租赁发生变更的，出租人应当自变更生效日起将其作为一项新租赁进行会计处理，与变更前租赁有关的预收或应收租赁收款额应当视为新租赁的收款额。

(四) 出租人的列报

出租人应当根据资产的性质，在资产负债表中列示经营租赁资产。

出租人应当在附注中披露与融资租赁有关的下列信息：

(1) 销售损益、租赁投资净额的融资收益以及与未纳入租赁投资净额的可变租赁付款额相关的收入；

(2) 资产负债表日后连续五个会计年度每年将收到的未折现租赁收款额，以及剩余年度将收到的未折现租赁收款额总额；

(3) 未折现租赁收款额与租赁投资净额的调节表。

出租人应当在附注中披露与经营租赁有关的下列信息：

(1) 租赁收入，并单独披露与未计入租赁收款额的可变租赁付款额相关的收入；

(2) 将经营租赁固定资产与出租人持有自用的固定资产分开，并按经营租赁固定资产的类别提供《企业会计准则第 4 号——固定资产》要求披露的信息；

(3) 资产负债表日后连续五个会计年度每年将收到的未折现租赁收款额，以及剩余年度将收到的未折现租赁收款额总额。

出租人应当根据理解财务报表的需要，披露有关租赁活动的其他定性和定量信息。此类信息包括：

(1) 租赁活动的性质，如对租赁活动基本情况的描述；

(2) 对其在租赁资产中保留的权利进行风险管理的情况；

(3) 其他相关信息。

第五节 售后租回交易的会计处理

售后租回交易是一种特殊的租赁交易，是一种集销售与融资为一体的特殊形式，是企业间常用的一种新型筹资方式。它是指卖主(即承租人)将一项自制或外购资产出售后，又将该项资产从买主手中(即出租人)租回。在这种租赁方式下，卖主同时又是承租人，买主同时又是出租人。其动机源于承租人(也即资产出售者)对资金的需要：承租人通过售后租回交易，在不影响其对租赁物的占有、使用和收益的前提下，将固定资产转变为流动资产，增强了长期资产的流动性，大大提高了长期资金使用效率，有力地解决了企业流动资金不足这一难题。作为购买方（出租人），在取得资产所有权的同时，并没有实质上掌握租赁资产，通过售后租回交易，找到了一个风险小、投资有保障的机会。

承租人和出租人应当按照《企业会计准则第 14 号——收入》的规定，评估确定售后租回交易中的资产转让是否属于销售。

一、售后租回的判断

根据新的租赁准则，售后租回交易要依据其经济实质分为两种情况：第一种情况是甲方将一项资产转让给乙方，如果乙方没有取得资产的控制权，那么该售后租回没有形成销售，其实质是以资产为标的物的融资，甲方确认相关金融负债，乙方确认相关金融资产，原资产控制权不转移。

另一种情况是甲方将一项资产转让给乙方，如果乙方取得资产的控制权，那么形成销售。甲方又向乙方租回该资产的，甲方(卖方)为承租人，乙方(买方)为出租人，则形成售后租回。

二、资产转让形成销售的会计处理

售后租回交易中的资产转让属于销售的，承租人应当按原资产账面价值中与租回获得的使用权有关的部分，计量售后租回所形成的使用权资产，并仅就转让至出租人的权利确认相关利得或损失；出租人应当根据其他适用的企业会计准则对资产购买进行会计处理，并根据本准则对资产出租进行会计处理。

如果销售对价的公允价值与资产的公允价值不同，或者出租人未按市场价格收取租金，则应当做出下列调整以按公允价值计量销售收入。低于市场价格的款项作为预付租金进行会计处理；高于市场价格的款项作为出租人向承租人提供的额外融资进行会计处理，即计算使用权资产及转让至出租人的权利时，应该用公允价值来确定相应的比例，高于公允价值的部分要减掉，低于公允价值的部分要加回。

在进行上述调整时，企业应当基于以下两者中更易于确定的项目：销售对价的公允价值与资产公允价值之间的差额、租赁合同中付款额的现值与按租赁市价计算的付款额现值之间的差额。

【例 7-8】 2019 年 1 月 1 日，甲公司向乙公司出售一台账面价值为 3 600 万元使用中的设备，并收取 4 000 万元银行存款。当日，该设备公允价值为 4 000 万元，甲公司租回设备继续用于管理。与此同时，甲公司与乙公司签订一项合同，以获得该设备 4 年的使用权并在每年年末支付 1 200 万元。假设该设备预计尚可使用年限为 20 年，预计无残值。乙公司取得了设备的控制权，甲公司出售该设备满足收入的确认条件。乙公司将该租赁归类为经营租赁。

本题不考虑初始直接成本，不考虑增值税等相关税费。假定甲公司的增量借款利率为 10%，(P/A，10%，4) = 3.170。

要求：写出甲、乙公司的相关会计处理。

分析：由于资产的销售价格和公允价值相等，该售后租回交易中的资产转让属于销售，不需要对销售价格做调整。

(1) 承租人甲公司的会计处理如下：

① 计算使用权资产。

4 年租赁付款额的现值 = 1 200 × (P/A，10%，4) = 1 200 × 3.170 = 3 804 (万元)

调整额 = 交易对价 － 公允价值 = 4 000 － 4 000 = 0 (万元)

使用权资产 = 账面价值 × 经调整的租赁付款额现值 / 公允价值

= 3 600 × (3 804 － 0) / 4 000 = 3 423.6 (万元)

② 计算已转让资产利得。

资产销售的总利得 = 公允价值 － 账面价值 = 4 000 － 3 600 = 400 (万元)；

与保留的使用权资产相关的利得 = 3 804 － 3 423.6 = 380.4 (万元)(不确认资产处置损益，相当于未处置，因为保留了资产使用权，未处置的比例为 3 804 / 4 000)

与已转让资产相关的利得 = 400 － 380.4 = 400 × 196 / 4 000 = 19.6 (万元)(相当于资产已经处置，需要确认资产处置损益，处置比例为 196 / 4 000)。

③ 甲公司的会计分录。

a．2019 年 1 月 1 日：

借：银行存款	(38 040 000 + 1 960 000) 40 000 000	
使用权资产	34 236 000	
租赁负债——未确认融资费用	9 960 000	
贷：固定资产清理		36 000 000
租赁负债——租赁付款额		48 000 000
资产处置损益		196 000

租赁负债账面价值 = 应付融资租赁款 － 未确认融资费用 = 4 800 － 996 = 3 804 (万元)

相当于处置资产 = 3 600 － 3 423.6 = 176.4 (万元)，处置资产的对价 = 4000 － 3 804 = 196 (万元)，处置利得 = 196 － 176.4 = 19.6 (万元)。

b．2019 年 12 月 31 日：

借：租赁负债——租赁付款额	12 000 000	
贷：银行存款		12 000 000
借：财务费用	(38 040 000 × 10%) 3 804 000	
贷：租赁负债——未确认融资费用		3 804 000
借：管理费用	(34 236 000 / 4) 8 559 000	
贷：使用权资产累计折旧		8 559 000

租赁负债 = 应付融资租赁款 － 未确认融资费用 = (4 800 － 1 200) － (996 － 855.9) =3 545.9 (万元)

(2) 出租人乙公司会计处理如下：

① 2019 年 1 月 1 日，确认资产的购买。

借：固定资产	40 000 000	
贷：银行存款		40 000 000

② 2019 年 12 月 31 日。

a．固定资产计提折旧，每年折旧 = 4 000 / 20 = 200 (万元)。

借：其他业务成本　　2 000 000

　　贷：累计折旧　　2 000 000

b．收取租金。

借：银行存款　　12 000 000

　　贷：其他业务收入　　12 000 000

三、资产转让不形成销售的会计处理

售后租回交易中的资产转让不属于销售的，承租人应当继续确认被转让资产，同时确认一项与转让收入等额的金融负债，并按照《企业会计准则第 22 号——金融工具确认和计量》对该金融负债进行会计处理；出租人不确认被转让资产，但应当确认一项与转让收入等额的金融资产，并按照《企业会计准则第 22 号——金融工具确认和计量》对该金融资产进行会计处理。

【例 7-9】 2019 年 1 月 1 日，甲公司向乙公司出售一台账面价值为 3 600 万元使用中的设备，并收取 4 000 万元银行存款，当日，该设备公允价值为 3500 万元，甲公司租回设备继续用于管理。与此同时，甲公司与乙公司订立一项合同，以获得该设备 4 年的使用权并在每年年末支付 1 200 万元。假设该设备预计尚可使用年限为 20 年，无残值。乙公司并没有取得设备的控制权，甲公司不满足收入的确认条件。

本题不考虑初始直接成本，不考虑增值税等相关税费。假定甲公司的增量借款利率为 10%，(P/A，10%，4) = 3.170。

要求：分别编制甲、乙公司相应的会计分录。

分析：该售后租回交易中的资产转让不属于销售，整个交易作为资产抵押借款处理。

(1) 甲公司的会计处理相当于一笔融资，4 000 = 1 200 × (P/A, r, 4)，内含利率 r = 7.79%。

① 2019 年 1 月 1 日。

借：银行存款　　40 000 000

　　长期应付款——未确认融资费用　　8 000 000

　　贷：长期应付款　　48 000 000

② 2019 年 12 月 31 日。

借：银行存款　　12 000 000

　　贷：长期应付款　　12 000 000

借：财务费用　　3 116 000

　　贷：长期应付款——未确认融资费用　　3 116 000

(2) 乙公司的会计处理相当于对外的债权投资，4 000 = 1 200 × (P/A，r，4)，内含利率 r = 7.79%。

① 2019 年 1 月 1 日。

借：债权投资——成本　　48 000 000

　　贷：银行存款　　40 000 000

　　　　债权投资——利息调整　　8 000 000

② 2019 年 12 月 31 日。

投资收益 = 4 000 × 7.79% = 311.6 (万元)。

借：银行存款　　12 000 000

　　贷：债权投资——成本　　12 000 000

借：债权投资——利息调整　　3 116 000

　　贷：投资收益　　3 116 000

练 习 题

一、单项选择题

1. 承租人对使用权资产进行后续计量时，分摊未确认融资费用所采用的分摊率是(　　)。

A. 使最低租赁付款额的现值与租赁资产公允价值相等的折现率

B. 银行同期存款利率

C. 租赁内含利率

D. 出租人出租资产的无风险利率

2. 2019 年 1 月 1 日，甲公司从丙公司租入办公室一套。租赁合同规定：租赁期为 5 年，第 1 年免租金；第 2 年和第 3 年各支付租金 200 万元；第 4 年和第 5 年各支付租金 100 万元；租金总额共计 600 万元。甲公司在租赁期的第 1 年应确认的租金费用为(　　)万元。

A. 200　　B. 0　　C. 120　　D. 150

3. 甲租赁公司将一台大型机械设备以融资租赁方式租赁给乙企业。租赁合同规定，设备租赁期为 5 年，期满后设备归还甲公司。从租赁期开始日起算，每年末支付一次租金，租金为 500 万元。估计租赁期届满时该资产余值为 1 200 万元，乙企业担保的资产余值为 300 万元，乙企业的投资方担保的资产余值为 450 万元，独立担保公司担保金额为 350 万元。乙企业发生初始直接费用 20 万元。不考虑其他因素，对于甲公司而言，该项租赁业务中资产的“担保余值”为(　　)。

A. 300 万元　　B. 750 万元　　C. 1 100 万元　　D. 450 万元

4. 接上题，该租赁业务中，未担保余值为(　　)。

A. 370 万元　　B. 350 万元　　C. 450 万元　　D. 100 万元

5. 甲公司 2019 年 1 月 1 日与乙租赁公司达成租赁协议，从当日起租入固定资产一台，租期 4 年。2019 年 1 月 1 日，租赁资产公允价值为 465 万元，租赁付款额的现值为 472.5 万元，租赁付款额为 525 万元。租赁期满，租赁资产转移给承租人。甲公司另以银行存款支付租赁手续费 10.5 万元，租赁业务人员差旅费 6 万元，固定资产运杂费 7.5 万元，安装调试费用 33 万元。租赁期开始日预计该固定资产尚可使用年限为 5 年，预计净残值为 0，租赁设备于 2019 年 2 月 15 日安装完毕达到预定可使用状态，采用直线法计提折旧。不考虑其他因素，甲公司租入固定资产的入账价值是(　　)。

A. 522 万元　　B. 516 万元　　C. 465 万元　　D. 529.5 万元

6. 某租赁公司于 2019 年将账面价值为 3 000 万元的一套大型设备以融资租赁方式租赁给甲企业；租赁开始日该资产公允价值为 3 000 万元，设备租期为 10 年。从 2019 年起每年末支付租金300万元，甲企业担保的资产余值为400万元，独立的担保公司担保金额为350万元，估计租赁期届满时该资产余值为800万元。不考虑其他因素，下列与租赁相关的项目中，不应该包括在租赁收款额中的是(　　)。

A．承租人每期应支付的租金

B．承租人或与其有关的第三方担保的资产余值

C．或有租金和履约成本

D．与承租人无关的独立第三方担保的资产余值

7．接上题，租赁公司确认的租赁收款额为（　　）。

A．3 000万元　B．3 400万元　C．3 800万元　D．3 750万元

8．甲公司2018年12月31日租入一台设备，设备的公允价值为500万元，租赁期4年，每年末支付租金150万元，按租赁合同规定的利率折合的现值为540万元，不考虑其他因素，则在租赁期开始日，租赁资产的入账价值、未确认融资费用和最低租赁付款额分别是(　　)万元。

A．540，60，600　B．500，100，600

C．500，40，540　D．600，0，600

9．某企业租入固定资产一台，租期4年，租赁开始日租赁资产公允价值为300万元，最低租赁付款额的现值为315万元，最低租赁付款额为350万元。租赁期满，租赁资产转移给承租人。该企业另以银行存款支付租赁手续费6万元，租赁业务人员差旅费4万元，固定资产运杂费5万元，安装调试费用15万元，该固定资产预计尚可使用年限为5年，预计净残值为0，直线法下该固定资产的年折旧额为(　　)。

A．69万元　B．66万元　C．64万元　D．67万元

10．关于售后租回交易正确的是(　　)。

A．售后租回交易形成销售的，承租人应当按照原资产账面价值中与所保留使用权有关的部分，计量售后租回形成的使用权资产，并仅就转让至出租人的权利确认相关利得或损失

B．售后租回交易不形成销售的，售价与资产账面价值之间的差额应当予以递延，然后在租赁期内按照与确认租金费用相一致的方法进行分摊，作为租金费用的调整

C．对出租人来讲，售后租回交易同其他租赁业务的会计处理相同；对于承租人，售后租回交易同其他租赁业务的会计处理也相同

D．如果销售对价的公允价值低于市场价格，则应予以递延该差价。

11．(　　)指出租人提供租赁资产使其可供承租人使用的起始日期。

A．租赁开始日　B．租赁期开始日

C．租赁期　D．租赁合同签订日

12．使用权资产应当按照成本进行初始计量。该成本不包括(　　)。

A．租赁负债的初始计量金额

B．承租人发生的初始直接费用

C．承租人为拆卸及移除租赁资产、复原租赁资产所在场地或将租赁资产恢复至租赁条款约定状态预计将发生的成本

D．租赁激励相关金额

13．A 公司将一台固定资产以短期租赁方式租赁给乙企业，租赁期为 10 个月，租金总额为 120 000 元，该租金在租赁期开始日一次性支付，出租人给予承租人 2 个月的免租期，则 A 公司按照直线法每月应分摊的租金为(　　)元。

A．12 000　　B．15 000　　C．10 000　　D．8 000

二、多项选择题

1．新修订的租赁准则中，关于承租人的会计处理表述正确的有(　　)。

A．承租人不再将租赁区分为经营租赁或融资租赁

B．对所有租赁均确认使用权资产和租赁负债，并分别计提折旧和利息费用

C．对短期租赁和低价值资产租赁不确认使用权资产和租赁负债

D．租赁负债应当按照租赁期开始日尚未支付的租赁付款额进行初始计量

2．以下关于出租人融资租赁的判断表述正确的有(　　)。

A．在租赁期届满时，租赁资产的所有权转移给承租人

B．承租人有购买租赁资产的选择权，所订立的购买价款与预计行使选择权时租赁资产的公允价值相比足够低，因而在租赁开始日就可以合理确定承租人将行使该选择权

C．资产的所有权虽然不转移，但租赁期占租赁资产使用寿命的大部分

D．在租赁开始日，租赁收款额的现值几乎相当于租赁资产的公允价值

3．出租人对经营租赁的会计处理，下列表述中正确的有(　　)。

A．在租赁期内各个期间，出租人应当采用直线法或其他系统合理的方法，将经营租赁的租赁收款额确认为租金收入

B．出租人发生的与经营租赁有关的初始直接费用应当费用化

C．对于经营租赁资产中的固定资产，出租人应当采用类似资产的折旧政策计提折旧

D．出租人取得的与经营租赁有关的未计入租赁收款额的可变租赁付款额，应当在预计发生时计入当期损益

4．出租人对融资租赁的会计处理，下列表述中正确的有(　　)。

A．在租赁期开始日，出租人应当对融资租赁确认应收融资租赁款，并终止确认融资租赁资产

B．出租人对应收融资租赁款进行初始计量时，应当以租赁投资净额作为应收融资租赁款的入账价值

C．出租人取得的未纳入租赁投资净额计量的可变租赁付款额应当在实际发生时计入当期损益

D．生产商或经销商出租人为取得融资租赁发生的成本，应当在租赁期开始日计入应收融资租赁款

三、判断题

1．租赁是指在一定期间内出租人将资产的控制权让与承租人获得对价的合同。(　　)

2．租赁开始日是指出租人提供租赁资产可供承租人租赁的日期。(　　)

3. 对使用权资产计提折旧时，承租人应当采用与自有资产相一致的折旧政策，应当在租赁资产尚可使用年限内计提折旧。（　）

4. 未担保余值表明未有人担保、而由出租人自身负担的那部分余值，在租赁开始日应作为应收融资租赁款的一部分。（　）

5. 使用权资产应该按照成本法进行后续计量。（　）

6. 短期租赁是指在租赁期开始日租赁期不超过 12 个月的租赁。（　）

7. 出租人应将租赁区分为经营租赁或者融资租赁。（　）

8. 为了真实客观地反映出租人在融资租赁中的债权，出租人应当定期根据承租人的财务经营情况以及租金的逾期期限等因素，分析应收融资租赁款的风险程度和回收的可能性，对应收融资租赁款合理计提坏账准备。（　）

四、计算分析题

1. 甲公司于 2020 年 1 月 1 日从乙公司租入一台全新生产设备，租赁合同的主要条款如下：

(1) 租赁期开始日：2020 年 1 月 1 日。

(2) 租赁期限：2020 年 1 月 1 日至 2020 年 10 月 31 日；甲公司应在租赁期满后将设备还给乙公司。

(3) 租金总额：200 万元。

(4) 租金支付方式：在租赁期期开始日预付租金 80 万元，2020 年 6 月末支付租金 60 万元，租赁期满时支付租金 60 万元。假定不考虑在租赁过程中发生的其他相关税费，承租人选择短期租赁方式。

要求：

(1) 编制甲公司与租金支付和确认租金费用有关的会计分录。

(2) 编制乙公司与租金收取和确认租金收入有关的会计分录。

2. 甲公司于 2019 年 12 月与乙公司签署租赁协议，租入管理用固定资产，当月达到预定可使用状态。合同规定：自 2020 年 1 月 1 日起，承租人甲公司在每年年初支付 1 000 万元的租赁付款额，租赁期限为 3 年。由于租赁的内含利率不易确定，承租人甲公司的增量借款年利率为 10%，这反映承租人为借入与使用权资产价值接近的、以相同货币计价的且期限为 2 年及具有类似担保品的资金而须支付的固定利率。承租人甲公司预计将在租赁期内平均地消耗使用权资产的未来经济利益，因此采用直线法对使用权资产进行折旧。

注：【(P/F, 10%, 1) = 0.909 0，(P/F, 10%, 2) = 0.806 45，(P/F, 10%, 3) = 0.751 31】

要求：编制甲公司 2020 年与租赁相关的会计分录。

3. 甲公司于 2019 年 12 月与乙公司签署租赁协议，甲公司租入乙公司管理用的固定资产以用于甲公司的内部管理。合同规定，自 2020 年 1 月 1 日起，承租人甲公司在每年年末支付 800 万元的租赁付款额，租赁期限为 4 年。固定资产的剩余使用寿命为 4 年。该固定资产的账面价值为 1 800 万元，其公允价值为 2 630 万元，未担保余值为零；乙公司为该租赁支付的初始直接费用为 170 万元。已知(P/A, 5%, 4) = 3.546 0，(P/A, 6%, 4) = 3.465 1。

要求：编制乙公司 2020 年与租赁相关的会计分录。

第八章
债务重组

教学目的与要求

通过本章的学习，使学生了解债务重组的定义，理解债务重组的方式，掌握债务重组的会计处理，熟悉债务重组的相关披露。

第一节　债务重组的定义和方式

一、债务重组的定义

债务重组涉及债权人和债务人，其对债权人而言为“债权重组”，对债务人而言为“债务重组”，为便于表述统称为“债务重组”。根据我国财政部2019年5月修订的《企业会计准则第12号——债务重组》的规定，债务重组指在不改变交易对手方的情况下，经债权人和债务人协定或法院裁定，就清偿债务的时间、金额或方式等重新达成协议的交易。

在债务重组的定义中，需要注意以下三点。

1. 交易对手不改变

债务重组是在不改变交易对手方的情况下进行的交易。实务中经常出现第三方参与相关交易的情形。例如，某公司以不同于原合同条款的方式代债务人向债权人偿债；又如，新组建的公司承接原债务人的债务，与债权人进行债务重组；再如，资产管理公司从债权人处购得债权，再与债务人进行债务重组。在上述情形下，企业应当首先考虑债权和债务是否发生终止确认，适用《企业会计准则第22号——金融工具确认和计量》和《企业会计准则第23号——金融资产转移》等准则，再就债务重组交易适用《企业会计准则第12号——债务重组》。

根据修订的《企业会计准则第12号——债务重组》的规定，债务重组不强调在债务人发生财务困难的背景下进行，也不论债权人是否作出让步。也就是说，无论何种原因导致债务人未按原定条件偿还债务，也不论双方是否同意债务人以低于债务的金额偿还债务，只要债权人和债务人就债务条款重新达成了协议，就符合债务重组的定义。

2. 债权和债务的范围

债务重组涉及的债权和债务是指《企业会计准则第22号——金融工具确认和计量》规范的金融工具。其中，债权一般包括应收票据、应收账款和债权投资等；债务一般包括应付票据、应付账款、短期借款、长期借款和应付债券等。债务重组中涉及的债权和债务不包括合同资产、合同负债、预计负债，但包括租赁应收款和租赁应付款。

债务重组中涉及的债权、重组债权、债务、重组债务和其他金融工具的确认、计量和列报，适用《企业会计准则第 22 号——金融工具确认和计量》和《企业会计准则第 37 号——金融工具列报》等金融工具相关准则。

3．债务重组的范围

通过债务重组形成企业合并的，适用《企业会计准则第 20 号——企业合并》。债务人以股权投资清偿债务或者将债务转为权益工具，可能导致债权人取得被投资单位或债务人的控制权，在合并财务报表层面，债权人取得资产和负债的确认和计量适用《企业会计准则第 20 号——企业合并》的有关规定。债务重组构成权益性交易的，应当适用权益性交易的有关会计处理规定，债权人和债务人不确认构成权益性交易的债务重组相关损益。债务重组构成权益性交易的情形包括：

(1) 债权人直接或间接对债务人持股，或者债务人直接或间接对债权人持股、且持股方以股东身份进行债务重组；

(2) 债权人与债务人在债务重组前后均受同一方或相同的多方最终控制，且该债务重组的交易实质是债权人或债务人进行了权益性分配或接受了权益性投入。

二、债务重组的方式

债务重组的方式主要包括：债务人以资产清偿债务、将债务转为权益工具、修改其他条款，以及前述一种以上方式的组合。这些债务重组方式都是通过债权人和债务人重新协定或者法院裁定达成的，与原来约定的偿债方式不同。

(一) 以资产清偿债务

债务人以资产清偿债务，是债务人转让其资产给债权人以清偿债务的债务重组方式。债务人用于偿债的资产通常包括现金、存货、应收账款、长期股权投资、投资性房地产、固定资产、在建工程、生物资产和无形资产等。其中现金指货币资金，即库存现金、银行存款和其他货币资金。

在受让上述资产后，债权人核算相关受让资产的类别可能与债务人不同。例如，债务人以作为固定资产核算的房地产清偿债务，债权人可能将受让的房地产作为投资性房地产核算；债务人以部分长期股权投资清偿债务，债权人可能将受让的投资作为金融资产核算；债务人以库存商品清偿债务，债权人可能将受让的库存商品作为固定资产核算等。除上述已经在资产负债表中确认的资产外，债务人也可能以不符合确认条件而未予确认的资产清偿债务。例如，债务人以未确认的内部产生品牌清偿债务，债权人在获得的商标权符合无形资产确认条件的前提下作为无形资产核算。

(二) 将债务转为权益工具

债务人将债务转为权益工具，其中权益工具是指根据《企业会计准则第 37 号——金融工具列报》分类为“权益工具”的金融工具，会计处理上体现为股本、实收资本、资本公积等科目。

在实务中，有些债务重组名义上采用“债转股”的方式，但同时附加相关条款，如约定债务人在未来某个时点有义务以某一金额回购股权，或债权人持有的股份享有强制分红权等。对于债务人来说，这些“股权”可能并不是根据《企业会计准则第37号——金融工具列报》分类为权益工具的金融工具，从而不属于债务人将债务转为权益工具的债务重组方式。

(三) 修改其他条款

修改债权和债务的其他条款，是债务人不以资产清偿债务，也不将债务转为权益工具，而是改变债权和债务的其他条款的债务重组方式，如调整债务本金、改变债务利息、变更还款期限等。经修改其他条款的债权和债务分别形成重组债权和重组债务。

(四) 组合方式

组合方式，是采用债务人以资产清偿债务、债务人将债务转为权益工具、修改其他条款三种方式中一种以上方式的组合清偿债务的债务重组方式。例如，债权人和债务人约定，由债务人以机器设备清偿部分债务，将另一部分债务转为权益工具，调减剩余债务的本金，但利率和还款期限不变；再如，债务人以现金清偿部分债务，同时将剩余债务展期等。

第二节 债务重组的会计处理

一、债权和债务的终止确认

债务重组中涉及的债权和债务的终止确认，应当遵循《企业会计准则第22号——金融工具确认和计量》和《企业会计准则第23号——金融资产转移》有关金融资产和金融负债终止确认的规定。债权人在收取债权现金流量的权利终止时终止确认债权，债务人在债务的现时义务解除时终止确认债务。

在债权人与债务人之间进行的债务重组，涉及债权和债务的认定、清偿方式和期限等的协商，通常需要较长时间。只有在符合上述终止确认条件时才能终止确认相关债权和债务，并确认债务重组相关损益。对于在报告期间已经开始协商、但在报告期资产负债表日后的债务重组，不属于资产负债表日后调整事项。对于终止确认的债权，债权人应当结转已计提的减值准备中对该债权终止确认部分的金额。对于终止确认的分类为以公允价值计量且其变动计入其他综合收益的债权，之前计入其他综合收益的累计利得或损失应当从其他综合收益中转出，记入“投资收益”科目。

(一) 以资产清偿债务或将债务转为权益工具

对于以资产清偿债务或者将债务转为权益工具方式进行的债务重组，由于债权人在拥有或控制相关资产时，通常其收取债权现金流量的合同权利也同时终止，债权人一般可以终止确认该债权。同样地，由于债务人通过交付资产或权益工具解除了其清偿债务的现时义务，债务人一般可以终止确认该债务。

(二) 修改其他条款

对于债权人，债务重组通过调整债务本金、改变债务利息、变更还款期限等修改合同条款方式进行的，合同修改前后的交易对手方没有发生改变，合同涉及的本金、利息等现金流量，很难在本息之间及债务重组前后做出明确分割，即很难单独识别合同的特定可辨认现金流量。因此，在通常情况下，应当整体考虑是否对全部债权的合同条款做出了实质性修改。如果做出了实质性修改，或者债权人与债务人之间签订协议，以获取实质上不同的新金融资产方式替换债权，应当终止确认原债权，并按照修改后的条款或新协议确认新金融资产。

对于债务人，如果对债务或部分债务的合同条款做出实质性修改形成重组债务，或者债权人与债务人之间签订协议，以承担实质上不同的重组债务方式替换债务，债务人应当终止确认原债务，同时按照修改后的条款确认一项新金融负债。其中，如果重组债务未来现金流量(包括支付和收取的某些费用)现值与原债务的剩余期间现金流量现值之间的差异超过 10%，则意味着新的合同条款进行了实质性修改或者重组债务是实质上不同的，有关现值的计算均采用原债务的实际利率。

(三) 组合方式

对于债权人，与上述“修改其他条款”部分的分析类似，通常情况下应当整体考虑是否终止确认全部债权。由于组合方式涉及多种债务重组方式，一般可以认为对全部债权的合同条款做出了实质性修改，从而最终确认全部债权，并按照修改后的条款确认新金融资产。

对于债务人，组合中以资产清偿债务或者将债务转为权益工具方式进行的债务重组，如果债务人清偿该部分债务的现时义务已经解除，应当终止确认该部分债务。组合中以修改其他条款方式进行的债务重组，需要根据具体情况，判断对应部分债务是否满足终止确认条件。

债权人和债务人关于债权和债务的终止确认情况如表 8-1 所示：

表 8-1　债权和债务的终止确认

项　目	债 权 人	债 务 人
一般原则	在收取债权现金流量的合同权利终止时终止确认债权	在债务的现时义务解除时终止确认债务
以资产清偿债务或将债务转为权益工具	在拥有或控制相关资产时，一般可终止确认该债权	在交付资产或权益工具时，一般可以终止确认该债务

续表

项 目	债权人	债务人
修改其他条款	应当整体考虑是否对全部债权的合同条款做出了实质性修改。如果做出实质性修改，或者债权人与债务人之间签订协议，以获取实质上不同的新金融资产方式替换债权，应当终止确认原债权并确认新金融资产	如果对债务或部分债务的合同条款做出“实质性修改”形成重组债务，或者债权人与债务人之间签订协议，以承担“实质上不同”的重组债务方式替换债务，债务人应当终止确认原债务，同时确认新金融负债
组合方式	通常情况下应当整体考虑是否终止确认全部债权。由于组合方式涉及多种债务重组方式，一般可认为对全部债权的合同条款做出了实质性修改，从而终止确认全部债权并确认新金融资产	组合中以资产清偿债务或者将债务转为权益工具方式进行的，该部分债务的现时义务解除时终止确认该部分债务。组合中以修改其他条款方式进行债务重组的，需要根据具体情况，判断对应的部分债务是否满足终止确认条件

【例 8-1】 甲公司为境内上市公司。2013 年 10 月 20 日，甲公司向乙银行借款 5 亿元。借款期限为 5 年，年利率为 6%，利息按年支付，本金到期一次偿还。借款协议约定：如果甲公司不能按期支付利息，则从违约日起按年利率 7%加收罚息。2013 年、2014 年，甲公司均按期支付乙银行借款利息。2015 年 1 月起，因受国际国内市场影响，甲公司出现资金困难，当年未按期支付全年利息。为此，甲公司按 7%年利率计提的该笔借款自 2015 年 1 月起的罚息 3 500 万元。

2015 年 12 月 20 日，甲公司与乙银行协商，由乙银行向其总行申请减免甲公司的罚息。甲公司编制 2015 年财务报表时，根据与乙银行债务重组的进展情况，预计双方将于近期达成减免罚息的协议，并据此判断 2015 年原按照 7%年利率计提该笔借款罚息 3 500 万元应全部冲回。

2016 年 4 月 20 日，在甲公司 2015 年度财务报告经董事会批准报出日之前，甲公司与乙银行签订了《罚息减免协议》，协议的主要内容与之前甲公司估计的情况基本相符，即从 2016 年起，如果甲公司于借款到期时偿还本金，甲公司只需按照 6%的年利率支付 2015 年及以后各年的利息；同时，免除 2015 年的罚息 3 500 万元。

假定：甲公司上述借款按照摊余成本计量，不考虑折现及其他因素。

要求：

(1) 判断甲公司能否根据 2015 年资产负债表日债务重组的协商进度估计应付利息的金额并据此进行会计处理，说明理由。

(2) 判断资产负债表日后事项期间达成的债务重组协议是否应作为甲公司 2015 年调整事项，并说明理由。

(3) 判断甲公司与乙银行签订《罚息减免协议》后，甲公司是否可于协议签订日确认债务重组收益，并说明理由。

(4) 计算甲公司 2015 年度该笔借款在资产负债表中列示的金额。

分析：

(1) 甲公司不能够据此估计应付利息金额并进行会计处理。

理由：2015年资产负债表日编制财务报表时，甲公司只是预计双方将于近期达成减免罚息协议，不能基本确定不需要支付罚息，根据谨慎性原则以及金融负债终止确认的概念，不能转回对应的应付利息。

(2) 不应作为甲公司2015年调整事项处理。

理由：协议签订日期为2016年4月20日，虽然在资产负债表日前存在罚息减免可能性，但尚未达成协议，在签订协议时才转为确定事项，应将其作为非调整事项在2015年报表中列报，并作为2016年的债务重组处理。

(3) 甲公司不可以在协议签订日确认重组收益。

理由：甲公司不能在协议签订日确认重组收益，应当在符合终止确认条件时才能终止确认相关债务，并确认债务重组收益。

(4) 长期借款列示金额为5亿元；

应付利息列示金额 = 50 000 × 6% = 3 000 (万元)；

其他应付款列示金额为3 500万元。

二、债权人的会计处理

(一) 以资产清偿债务或将债务转为权益工具

债务重组采用以资产清偿债务或者将债务转为权益工具方式进行的，债权人应当在受让的相关资产符合其定义和确认条件时予以确认。

1. 债权人受让金融资产

债权人受让包括现金在内的金融资产的，应当按照《企业会计准则第22号——金融工具确认和计量》的规定进行确认和计量。金融资产初始确认时应当以其公允价值计量，金融资产确认金额与债权终止确认日账面价值之间的差额，记入“投资收益”科目。收取的金融资产的公允价值与交易价格(即放弃债权的公允价值)存在差异的，企业应当区别下列情况进行处理：

(1) 在初始确认时，金融资产的公允价值依据相同资产或负债在活跃市场上的报价，或者以仅使用可观察市场数据的估值技术确定的，企业应当将该公允价值与交易价格之间的差额确认为一项利得或损失。

(2) 在初始确认时，金融资产的公允价值以其他方式确定的，企业应当将该公允价值与交易价格之间的差额递延。初始确认后，企业应当根据某一因素在相应会计期间的变动程度，将该递延差额确认为相应会计期间的利得或损失。

2. 债权人受让非金融资产

债权人初始确认受让的金融资产以外的资产时，应当按照下列原则以成本计量：

(1) 存货的成本，包括放弃债权的公允价值，以及使该资产达到当前位置和状态所发生的可直接归属于该资产的税金、运输费、装卸费和保险费等其他成本。

(2) 对联营企业或合营企业投资的成本，包括放弃债权的公允价值，以及可直接归属于该资产的税金等其他成本。

(3) 投资性房地产的成本，包括放弃债权的公允价值，以及可直接归属于该资产的税金等其他成本。

(4) 固定资产的成本，包括放弃债权的公允价值，以及使该资产达到预定可使用状态前所发生的可直接归属于该资产的税金、运输费、装卸费、安装费和专业人员服务费等其他成本。确定固定资产成本时，应当考虑预计弃置费用因素。

(5) 生物资产的成本，包括放弃债权的公允价值，以及可直接归属于该资产的税金、运输费和保险费等其他成本。

(6) 无形资产的成本，包括放弃债权的公允价值，以及可直接归属于使该资产达到预定用途所发生的税金等其他成本。放弃债权的公允价值与账面价值之间的差额，记入"投资收益"科目。

3. 债权人受让多项资产

债权人受让多项非金融资产，或者包括金融资产、非金融资产在内的多项资产，应当按照《企业会计准则第 22 号——金融工具确认和计量》的规定确认和计量受让金融资产；按照受让金融资产以外的各项资产在债务重组合同生效日的公允价值比例，对放弃债权在合同生效日的公允价值扣除受让金融资产当日公允价值后的净额进行分配，并以此为基础分别确定各项资产的成本。放弃债权的公允价值与账面价值之间的差额，记入"投资收益"科目。

(二) 修改其他条款

采用以修改其他条款方式进行的债务重组，如果修改其他条款导致全部债权终止确认，债权人应当按照修改后的条款以公允价值初始计量重组债权，重组债权的确认金额与债权终止确认日账面价值之间的差额，记入"投资收益"科目。如果修改其他条款未导致债权终止确认，债权人应当根据其分类，继续以摊余成本、以公允价值计量且其变动计入其他综合收益，或者以公允价值计量且其变动计入当期损益进行后续计量。对于以摊余成本计量的债权，债权人应当根据重新议定合同的现金流量变化情况，重新计算该重组债权的账面余额，并将相关利得或损失记入"投资收益"科目。

(三) 组合方式

债务重组采用组合方式进行的，一般可以认为对全部债权的合同条款做出了实质性修改，债权人应当按照修改后的条款，以公允价值初始计量重组债权和受让的新金融资产，按照受让的金融资产以外的各项资产在债务重组合同生效日的公允价值比例，对放弃债权在合同生效日的公允价值，扣除重组债权和受让金融资产当日公允价值后的净额进行分配，并以此为基础分别确定各项资产的成本。放弃债权的公允价值与账面价值之间的差额，记入"投资收益"科目。

三、债务人的会计处理

(一) 以资产清偿债务

债务重组采用以资产清偿债务方式进行的，债务人应当将所清偿债务账面价值与转让资产账面价值之间的差额计入当期损益。

1. 债务人以金融资产清偿债务

债务人以单项或多项金融资产清偿债务的，债务的账面价值与偿债金融资产账面价值的差额，记入“投资收益”科目。偿债金融资产已计提减值准备的，应结转已计提的减值准备。对于以分类为以公允价值计量、且其变动计入其他综合收益的债务工具投资清偿债务的，之前计入其他综合收益的累计利得或损失应当从其他综合收益中转出，记入“投资收益”科目。对于以指定为以公允价值计量、且其变动计入其他综合收益的非交易性权益工具投资清偿债务的，之前计入其他综合收益的累计利得或损失应当从其他综合收益中转出，记入“盈余公积”“利润分配——未分配利润”等科目。

2. 债务人以非金融资产清偿债务

债务人以单项或多项非金融资产(如固定资产、存货等)清偿债务，或者以包括金融资产和非金融资产在内的多项资产清偿债务的，不需要区分资产处置损益和债务重组损益，也不需要区分不同资产的处置损益，而应将所清偿债务账面价值与转让资产账面价值之间的差额，记入“其他收益——债务重组收益”科目。偿债资产已计提减值准备的，应结转已计提的减值准备。

(二) 将债务转为权益工具

债务重组采用将债务转为权益工具方式进行的，债务人初始确认权益工具时，应当按照权益工具的公允价值计量，权益工具的公允价值不能可靠计量的，应当按照所清偿债务的公允价值计量。所清偿债务账面价值与权益工具确认金额之间的差额，记入“投资收益”科目。债务人因发行权益工具而支出的相关税费等，应当依次冲减资本公积、盈余公积和未分配利润等。

(三) 修改其他条款

债务重组采用修改其他条款方式进行的，如果修改其他条款导致债务终止确认，债务人应当按照公允价值计量重组债务，终止确认的债务账面价值与重组债务确认金额之间的差额，记入“投资收益”科目。如果修改其他条款未导致债务终止确认，或者导致部分债务终止确认，对于未终止确认的部分债务，债务人应当根据其分类，继续以摊余成本、以公允价值计量且其变动计入当期损益或其他适当方法进行后续计量。对于以摊余成本计量的债务，债务人应当根据重新议定合同的现金流量变化情况，重新计算该重组债务的账面价值，并将相关利得或损失记入“投资收益”科目。

(四) 组合方式

债务重组采用以资产清偿债务、将债务转为权益工具、修改其他条款等方式的组合进行的，对于权益工具，债务人应当在初始确认时按照权益工具的公允价值计量，权益工具的公允价值不能可靠计量的，应当按照所清偿债务的公允价值计量。对于修改其他条款形成的重组债务，债务人应当确认和计量重组债务。所清偿债务的账面价值与转让资产的账面价值以及权益工具和重组债务的确认金额之和的差额，记入“其他收益——债务重组收益”或“投资收益”(仅涉及金融工具时)科目。

综上所述，债权人与债务人在债务重组中的会计处理如表8-2、8-3、8-4所示：

表8-2　以资产清偿债务的会计处理

以金融资产清偿债务	
债权人的会计处理	债务人的会计处理
借：银行存款、其他债权投资、其他权益工具投资等(金融资产公允价值) 坏账准备 投资收益(金融资产公允价值与债权账面价值的差额) 贷：应收账款(账面余额)	借：应付账款(账面价值) 贷：银行存款、其他债权投资、其他权益工具投资等(账面价值) 投资收益(债务的账面价值−偿债金融资产账面价值) 借：其他综合收益 贷：投资收益(其他债权投资清偿债务) 盈余公积、利润分配(其他权益工具投资清偿债务)
以非金融资产清偿债务	
债权人的会计处理	债务人的会计处理
借：库存商品、无形资产、固定资产等(放弃债权公允价值+相关税费) 坏账准备 投资收益(放弃债权公允价值与账面价值之间的差额) 贷：应收账款(账面余额) 银行存款(相关税费)	借：应付账款(账面价值) 贷：库存商品、无形资产、固定资产清理等(账面价值) 其他收益——债务重组收益(债务账面价值与转让资产账面价值的差额)

表8-3　将债务转为权益工具的会计处理

债权人的会计处理	债务人的会计处理
借：长期股权投资(放弃债权公允价值+相关税费) 坏账准备 投资收益(放弃债权公允价值与账面价值之间的差额) 贷：应收账款(账面余额) 银行存款(相关税费)	借：应付账款(账面价值) 贷：实收资本或股本 资本公积——资本溢价(或股本溢价) 银行存款(支付相关税费) 投资收益(清偿债务账面价值−权益工具金额)

表 8-4 修改其他条款的会计处理

债权人的会计处理	债务人的会计处理
借：应收账款——债务重组(公允价值) 坏账准备 投资收益 贷：应收账款(账面余额) 或有应收金额实际收到时： 借：银行存款 贷：投资收益	借：应付账款(账面价值) 贷：应收账款——债务重组(公允价值) 预计负债(附或有条件) 投资收益 或有应付金额没有发生时： 借：预计负债 贷：投资收益

【例 8-2】 2020 年 6 月 18 日，甲公司向乙公司销售商品一批，应收乙公司款项的入账金额为 95 万元。甲公司将该应收款项分类为以摊余成本计量的金融资产。乙公司将该应付账款分类为以摊余成本计量的金融负债。2020 年 10 月 18 日，双方签订债务重组合同，乙公司以一项作为无形资产核算的非专利技术偿还该欠款。该无形资产的账面余额为 100 万元，累计摊销额为 10 万元，已计提减值准备 2 万元。10 月 22 日，双方办理完成该无形资产转让手续，甲公司支付评估费用 4 万元。当日，甲公司应收款项的公允价值为 87 万元，已计提坏账准备 7 万元，乙公司应付款项的账面价值仍为 95 万元。假设不考虑相关税费。

分析：

(1) 债权人的会计处理。

债权人甲公司取得该无形资产的成本 = 债权公允价值 + 评估费用 = 87 + 4 = 91 (万元)

甲公司 10 月 22 日的账务处理：

借：无形资产	910 000	
坏账准备	70 000	
投资收益	10 000	
贷：应收账款		950 000
银行存款		40 000

(2) 债务人的会计处理。

乙公司 10 月 22 日的账务处理：

借：应付账款	950 000	
累计摊销	100 000	
无形资产减值准备	20 000	
贷：无形资产		1 000 000
其他收益——债务重组收益		70 000

【例 8-3】 2019 年 2 月 10 日，甲公司从乙公司购买一批材料，约定 6 个月后甲公司应结清款项 100 万元(假定无重大融资成分)。乙公司将该应收款项分类为以公允价值计量且其变动计入当期损益的金融资产；甲公司将该应付款项分类为以摊余成本计量的金融负债。2019 年 8 月 12 日，甲公司因无法支付货款与乙公司协商进行债务重组，双方商定乙公司将该债权转为对甲公司的股权投资。10 月 20 日，乙公司办结了对甲公司的增资手续，

甲公司和乙公司分别支付手续费等相关费用 1.5 万元和 1.2 万元。债转股后甲公司总股本为 100 万元，乙公司持有的抵债股权占甲公司总股本的 25%，对甲公司具有重大影响，甲公司股权公允价值不能可靠计量。甲公司应付款项的账面价值仍为 100 万元。

2019 年 6 月 30 日，应收款项和应付款项的公允价值均为 85 万元。

2019 年 8 月 12 日，应收款项和应付款项的公允价值均为 76 万元。

2019 年 10 月 20 日，应收款项和应付款项的公允价值仍为 76 万元。

假定不考虑其他相关税费。

(1) 债权人的会计处理。

乙公司的账务处理：

① 6 月 30 日，公允价值变动 = 85 – 100 = – 15(万元)

借：公允价值变动损益	150 000	
贷：交易性金融资产——公允价值变动		150 000

② 8 月 12 日，公允价值变动 = 76 – 85 = – 9 (万元)

借：公允价值变动损益	90 000	
贷：交易性金融资产——公允价值变动		90 000

③ 10 月 20 日，乙公司对甲公司长期股权投资的成本 = 应收款项公允价值 + 相关税费 = 76 + 1.2 = 77.2 (万元)

借：长期股权投资——甲公司	772 000	
交易性金融资产——公允价值变动	240 000	
贷：交易性金融资产——成本		1 000 000
银行存款		12 000

(2) 债务人的会计处理。

10 月 20 日，由于甲公司股权的公允价值不能可靠计量，初始确认权益工具公允价值时应当按照所清偿债务的公允价值 76 万元计量，并扣除因发行权益工具支出的相关税费 1.5 万元。

甲公司确认实收资本 = 100 × 25% = 25 (万元)

甲公司所清偿债务账面价值与权益工具确认金额之间的差额 = 100 – 76 = 24 (万元)

甲公司的账务处理：

借：应付账款	1 000 000	
贷：实收资本		250 000
资本公积——资本溢价		495 000
银行存款		15 000
投资收益		240 000

【例 8-4】 2019 年 11 月 5 日，甲公司向乙公司赊购一批材料，含税价为 234 万元。2020 年 9 月 10 日，甲公司因发生财务困难，无法按合同约定偿还债务，双方协商进行债务重组。乙公司同意甲公司用其生产的商品、作为固定资产管理的机器设备和一项债券投资抵偿欠款。当日，该债权的公允价值为 210 万元，甲公司用于抵债的商品市价(不含增值税)为 90 万元，抵债设备的公允价值为 75 万元，用于抵债的债券投资市价为 23.55 万元。抵债资产于 2020 年 9 月 20 日转让完毕，甲公司发生设备运输费用 0.65 万元，乙公司发生

设备安装费用 1.5 万元。乙公司以摊余成本计量该项债权。2020 年 9 月 20 日，乙公司对该债权已计提坏账准备 19 万元，债券投资市价为 21 万元。乙公司将受让的商品、设备和债券投资分别作为低值易耗品、固定资产和以公允价值计量且其变动计入当期损益的金融资产核算。甲公司以摊余成本计量该项债务。2020 年 9 月 20 日，甲公司用于抵债的商品成本为 70 万元；抵债设备的账面原价为 150 万元，累计折旧为 40 万元，已计提减值准备 18 万元；甲公司以摊余成本计量用于抵债的债券投资，债券票面价值总额为 15 万元，票面利率与实际利率一致，按年付息，假定甲公司尚未对债券确认利息收入。当日，该项债务的账面价值仍为 234 万元。甲、乙公司均为增值税一般纳税人，适用增值税率为 13%，经税务机关核定，该项交易中商品和设备的计税价格分别为 90 万元和 75 万元。不考虑其他相关税费。

(1) 债权人的会计处理。

低位易耗品可抵扣增值税 = 90 × 13% = 11.7 (万元)

设备可抵扣增值税 = 75 × 13% = 9.75 (万元)

低值易耗品和固定资产的成本应当以其公允价值比例(90:75)对放弃债权公允价值扣除受让金融资产公允价值后的净额进行分配后的金额为基础确定。

低值易耗品的成本 = 90 / (90 + 75) × (210 − 23.55 − 11.7 − 9.75) = 90 (万元)

固定资产的成本 = 75 / (90 + 75) × (210 − 23.55 − 11.7 − 9.75) = 75 (万元)

2020 年 9 月 20 日，乙公司的账务处理：

① 结转债务重组相关损益。

借：低值易耗品	900 000	
在建工程——在安装设备	750 000	
应交税费——应交增值税	214 500	
交易性金融资产	210 000	
坏账准备	190 000	
投资收益	75 500	
贷：应收账款——甲公司		2 340 000

② 支付安装费用。

借：在建工程——在安装设备	15 000	
贷：银行存款		15 000

③ 安装完毕达到可使用状态。

借：固定资产——××设备	765 000	
贷：在建工程——在安装设备		765 000

(2) 债务人的会计处理。

甲公司 9 月 20 日的账务处理：

借：固定资产清理	920 000	
累计折旧	400 000	
固定资产减值准备	180 000	
贷：固定资产		1 500 000

借：固定资产清理　6 500
　贷：银行存款　6 500
借：应付账款　2 340 000
　贷：固定资产清理　926 500
　　库存商品　700 000
　　应交税费——应交增值税　214 500
　　债权投资——面值　150 000
　　其他收益——债务重组收益　349 000

第三节　债务重组的相关披露

债务重组中涉及的债权、重组债权、债务、重组债务和其他金融工具的披露，应当按照《企业会计准则第 37 号——金融工具列报》的规定处理。此外，债权人和债务人还应当在附注中披露与债务重组有关的额外信息。

债权人应当在附注中披露与债务重组有关的下列信息:

(1) 根据债务重组方式，分组披露债权账面价值和债务重组相关损益。分组时，债权人可以按照以资产清偿债务方式、将债务转为权益工具方式、修改其他条款方式和组合方式为标准分组，也可以根据重要性原则以更细化的标准分组。

(2) 债务重组导致的对联营企业或合营企业的权益性投资增加额，以及该投资占联营企业或合营企业股份总额的比例。

债务人应当在附注中披露与债务重组有关的下列信息:

(1) 根据债务重组方式，分组披露债务账面价值和债务重组相关损益。分组的标准与对债权人的要求类似。

(2) 债务重组导致的股本等所有者权益的增加额。

报表使用者可能关心与债务重组相关的其他信息。例如，债权人和债务人是否具有关联方关系，如何确定债务转为权益工具方式中的权益工具，以及修改其他条款方式中的新重组债权或重组债务等的公允价值，是否存在与债务重组相关的或有事项等。企业应当根据《企业会计准则第 13 号——或有事项》、《企业会计准则第 22 号——金融工具确认和计量》、《企业会计准则第 36 号——关联方披露》、《企业会计准则第 37 号——金融工具列报》和《企业会计准则第 39 号——公允价值计量》等准则规定，披露相关信息。

✦✦✦✦✦ 练　习　题 ✦✦✦✦✦

一、单项选择题

1. 债务重组中，放弃债权的公允价值与账面价值之间的差额，应当计入(　　)。
　A. 当期损益　　B. 所有者权益
　C. 资本公积　　D. 盈余公积

2. 债务人初始确认权益工具时，应当按照权益工具的公允价值计量，权益工具的公允价值不能可靠计量的，应当按照所清偿债务的(　　)计量。

A. 账面价值　　B. 账面余额

C. 公允价值　　D. 重置成本

3. 债务重组中修改后的债务条款如涉及或有应付金额，且该或有应付金额符合《企业会计准则第 13 号——或有事项》中有关预计负债确认条件的，债务人应当将该或有应付金额确认为(　　)。

A. 或有负债　　B. 或有资产

C. 预计负债　　D. 应付账款

4. 甲公司因向乙公司销售商品应收乙公司所欠货款 120 万元，经协商，乙公司以银行存款 90 万元结清了全部债务。甲公司对该项应收账款已计提坏账准备 12 万元。假定不考虑其他因素，债务重组日甲公司因该项债务重组应确认的当期损益金额为(　　)万元。

A. 0　　B. 18　　C. 12　　D. 30

5. 甲公司为增值税一般纳税人，适用的增值税税率为 13%。针对甲公司所欠乙公司购货款 450 万元，双方经协商后进行债务重组。根据相关协议，甲公司以其产品抵偿债务；甲公司交付产品后双方的债权债务结清。甲公司已将用于抵债的产品发出，并开出增值税专用发票。甲公司用于抵债的产品的账面余额为 300 万元，已计提的存货跌价准备为 30 万元，公允价值(计税价格)为 350 万元。甲公司对该债务重组应确认的当期损益为(　　)万元。

A. 44　　B. 100　　C. 120.5　　D. 134.5

6. 2019 年 11 月，A 公司销售一批商品给 B 公司，含税价为 15 万元。由于 B 公司发生财务困难，无法偿付该应付账款。A 公司评估该笔应收账款的公允价值为 15 万元，2020 年 9 月 1 日，A 公司与 B 公司进行债务重组，A 公司同意 B 公司以其普通股 3 万股抵偿该项债务，该股票每股面值为 1 元，每股市价为 4 元，A 公司取得这部分股权后，对 B 公司具有重大影响。假定不考虑其他因素，下列说法正确的是(　　)。

A. A 公司应确认债务重组损失 10 万元，B 公司应确认当期损益 12 万元

B. A 公司应确认长期股权投资 15 万元，B 公司应确认投资收益 3 万元

C. A 公司应确认债务重组损失 1 万元，B 公司应确认债务重组利得 12 万元

D. A 公司应确认债务重组损失 3 万元，B 公司应确认债务重组利得 3 万元

7. 下列不属于债务重组的相关披露内容的是(　　)。

A. 根据《企业会计准则第 36 号——关联方披露》规定披露债权人和债务人是否具有关联方关系

B. 根据《企业会计准则第 22 号——金融工具确认和计量》《企业会计准则第 37 号——金融工具列报》规定披露如何确定债务转为权益工具方式中的权益工具

C. 无需披露修改其他条款方式中的新重组债权或重组债务等的公允价值

D. 根据《企业会计准则第 13 号——或有事项》规定披露是否存在与债务重组相关的或有事项

8. 2019 年 1 月 5 日，甲公司就应付乙公司账款 900 万元与乙公司达成债务重组协议：甲公司以银行存款偿还 200 万元的债务，其余债务以设备、无形资产(专利权，免征增值税)

抵偿。用以偿债设备的账面原价为 250 万元，已提折旧 20 万元，已提减值准备 10 万元，公允价值为 260 万元；无形资产账面原价为 300 万元，已摊销 150 万元，公允价值为 200 万元。乙公司将该应收款项分类为以摊余成本计量的金融资产，甲公司将该应付账款分类为以摊余成本计量的金融负债。甲公司和乙公司均为增值税一般纳税人，适用的增值税税率为 13%。不考虑其他因素，甲公司因该项债务重组影响损益的金额为(　　)。

A．296.2 万元　　B．240 万元

C．195.8 万元　　D．330 万元

9．下列各项中，属于债权人应当在附注中披露的债务重组有关信息的是(　　)。

A．终止确认债权是否计提过减值准备以及减值的金额

B．债务重组导致的对子公司的权益性投资增加额

C．按资产类别披露受让各项资产的入账成本

D．根据债务重组方式，分组披露债权账面价值和债务重组相关损益

10．甲公司因乙公司发生严重财务困难，预计难以全额收回乙公司所欠货款 240 万元，经协商，乙公司以银行存款 180 万元结算了全部债务，甲公司对该项应收账款已计提坏账准备 64 万元。假定不考虑其他因素，债务重组日该项业务对甲公司损益的影响金额为(　　)万元。

A．−4　　B．−36　　C．4　　D．60

二、多项选择题

1．债务重组中涉及的债权、重组债权、债务、重组债务和其他金融工具的确认、计量和列报，分别适用(　　)。

A．《企业会计准则第 22 号——金融工具确认和计量》

B．《企业会计准则第 14 号——收入》

C．《企业会计准则第 20 号——企业合并》

D．《企业会计准则第 37 号——金融工具列报》

2．下列关于债务重组的定义，说法正确的有(　　)。

A．企业针对一笔因购销商品而产生的合同负债修改结算条款，交易对手方没有改变，属于债务重组

B．企业针对一笔租赁应收款修改结算条款，交易对手方没有改变，属于债务重组

C．企业针对一笔预计负债修改结算条款，交易对手方没有改变，属于债务重组

D．企业针对一笔应付账款修改结算条款，交易对手方没有改变，属于债务重组

3. 债务重组，是指在不改变交易对手方的情况下，经债权人和债务人协定或法院裁定，就(　　)等重新达成协议的交易。

A．债务人是否可替换　　B．清偿债务的时间

C．金额　　D．方式

4．2019 年 12 月 1 日，甲公司与乙公司签订债务重组协议。双方约定，甲公司以其拥有的一项无形资产抵偿所欠乙公司 163.8 万元货款，该项无形资产的公允价值为 90 万元，取得成本为 120 万元，已累计摊销 10 万元，乙公司该批应收账款的账面价值为 163.8 万元，

经评估确定该项应收账款的公允价值为 153.8 万元。相关手续已于当日办妥。乙公司取得该项资产后仍然确认为无形资产，不考虑增值税等相关税费及其他因素，下列关于甲、乙公司会计处理的表述中，正确的有(　　)。

A．甲公司确认当期损益 53.8 万元

B．甲公司确认资产处置损失 20 万元

C．乙公司确认当期损益 10 万元

D．乙公司确认无形资产账入账金额 153.8 万元

5．甲公司 2020 年发生如下业务：

(1) 6 月 21 日，甲公司与债权银行签订债务重组协议，约定对甲公司所欠债务按照一定比例予以豁免。甲公司应付银行短期借款本金余额为 3 000 万元。对于上述债务，协议约定甲公司应于 2020 年 6 月 30 日前按照余额的 80%偿付，余款予以豁免。6 月 28 日，甲公司偿付了上述有关债务。

(2) 为了解决甲公司资金困难，8 月 20 日，甲公司的母公司为其支付了 600 万元的存货采购款，但不影响甲公司各股东的持股比例。不考虑其他因素，甲公司进行的下列处理符合《企业会计准则》规定的有(　　)。

A．甲公司应于 2020 年 6 月 28 日确认与银行债务重组相关的损益

B．甲公司与债权银行进行债务重组确认营业外收入 600 万元

C．甲公司的母公司为其支付的货款部分，甲公司应将应付账款转为资本公积

D．甲公司终止确认所欠债务的日期为 2020 年 6 月 21 日

6．以多项资产清偿债务或者组合方式进行债务重组的，关于债权人和债务人的会计处理，下列说法正确的有(　　)。

A．债务人偿债的非现金资产已计提减值准备的，应结转已计提的减值准备

B．债权人放弃债权的公允价值与账面价值之间的差额，应当计入当期损益

C．债务人确认的权益工具应按照公允价值计量，公允价值和账面价值之差计入资本公积(溢价)

D．债务人所清偿债务的账面价值与转让资产的账面价值以及权益工具和重组债务的确认金额之和的差额，应当计入当期损益

7．下列关于将债务转为权益工具的债务重组说法中，正确的有(　　)。

A．债务人应当将债权人放弃债权而享有股份面值的总额确认为股本或实收资本，股份的公允价值总额与股本或实收资本之间的差额确认为当期损益

B．债务人应当将债权人放弃债权而享有的股份面值的总额确认为股本或实收资本，股份公允价值和股本或实收资本之间的差额确认为资本公积

C．债务转为权益工具，与发行股票直接相关的手续费应冲减资本公积

D．所清偿债务的账面价值与股份面值总额之间的差额计入当期损益

8．债务重组中，存货的成本，包括放弃债权的公允价值和使该资产达到当前位置和状态所发生的可直接归属于该资产的(　　)。

A．税金　　B．运输费　　C．装卸费　　D．保险费

9．2019 年 7 月 31 日，甲公司应付乙公司的款项 420 万元到期，出于多方面因素的考虑，当日，甲公司就该债务与乙公司达成的下列偿债协议中，一般属于债务重组的有(　　)。

A．甲公司以账面价值为 410 万元的固定资产清偿

B．甲公司以账面价值为 420 万元的长期股权投资清偿

C．减免甲公司 220 万元债务，剩余部分甲公司延期两年偿还，并计算利息

D．减免甲公司 220 万元债务，剩余部分甲公司以现金立即偿还

10．债务重组的方式主要包括(　　)。

A．债务人以资产清偿债务　　B．将债务转为权益工具

C．修改其他条款　　D．上述一种以上方式的组合

三、判断题

1．企业对 2019 年 1 月 1 日之前发生的债务重组，不需要按照新准则的规定进行追溯调整。(　　)

2．债务条款中涉及或有应收金额的，债权人不应当确认或有应收金额，不得将其计入重组后债权的账面价值。(　　)

3．债务重组，是指在不改变交易对手方的情况下，经债权人和债务人协定或法院裁定，就清偿债务的时间、金额或方式等重新达成协议的交易。(　　)

4．或有应收金额，是指需要根据未来某种事项出现而发生的应付金额，而且该未来事项的出现具有不确定性。(　　)

5．新债务重组准则下，以放弃债权的公允价值为基础计量受让的金融资产以外的资产，更符合公允价值法下资产初始价值的确定。(　　)

6．债务重组涉及的债权和债务不包括合同资产、合同负债、 预计负债、租赁应收款和租赁应付款。(　　)

7．债权人受让的金融资产初始确认时应当以其公允价值计量，金融资产确认金额与债权终止确认日账面价值之间的差额，记入“投资收益”科目。(　　)

8．债务人以固定资产、存货等资产清偿债务，将所清偿债务账面价值与转让资产账面价值之间的差额，记入“其他收益——债务重组收益”科目。(　　)

9．债权人放弃债权的公允价值与账面价值之间的差额，记入“营业外支出”科目。(　　)

10．债务人所清偿债务的账面价值与权益工具确认金额之间的差额，记入“营业外收入”科目。(　　)

四、计算分析题

2019 年 11 月 5 日，甲公司向乙公司赊购一批材料，含税价为 234 万元。2020 年 9 月 10 日，甲公司因发生财务困难，无法按合同约定偿还债务，双方协商进行债务重组。乙公司同意甲公司用其生产的商品、作为固定资产管理的机器设备和一项债券投资抵偿欠款。当日，该债权的公允价值为 210 万元，甲公司用于抵债的商品市价(不含增值税)为 90 万元，抵债设备的公允价值为 75 万元，用于抵债的债券投资市价为 23.55 万元。

抵债资产于 2020 年 9 月 20 日转让完毕，甲公司发生设备运输费用 0.65 万元，乙公司发生设备安装费用 1.5 万元。乙公司以摊余成本计量该项债权 2020 年 9 月 20 日，乙公司对该债权已计提坏账准备 19 万元，债券投资市价为 21 万元。乙公司将受让的商品、设备和债券投资分别作为低值易耗品、固定资产和以公允价值计量且其变动计入当期损益的金融资产核算。甲公司以摊余成本计量该项债务。

2020 年 9 月 20 日，甲公司用于抵债的商品成本为 70 万元；抵债设备的账面原价为 150 万元，累计折旧为 40 万元，已计提减值准备 18 万元；甲公司以摊余成本计量用于抵债的债券投资，债券票面价值总额为 15 万元，票面利率与实际利率一致，按年付息。当日，该项债务的账面价值仍为 234 万元。

甲、乙公司均为增值税一般纳税人，适用增值税税率为 13%，经税务机关核定，该项交易中商品和设备的计税价格分别为 90 万元和 75 万元。不考虑其他相关税费。

要求：做出债权人和债务人的会计处理。

第九章

会计政策、会计估计及其变更和差错更正

教学目的与要求

通过本章的学习，理解会计政策、会计估计变更和前期差错更正的含义，掌握会计政策、会计估计变更的会计处理，掌握前期差错更正的会计处理。

第一节　会计政策及其变更

一、会计政策概述

(一) 会计政策的定义

会计政策，是指企业在会计确认、计量和报告中所采用的原则、基础和会计处理方法。其中，原则是指企业按照会计准则规定的、适合于本企业的会计核算中所采用的会计原则；基础是指为了将会计原则应用于交易或事项而采用的基础，主要是计量基础(即计量属性)，包括历史成本、重置成本、可变现净值、现值和公允价值等；会计处理方法是指企业在会计核算中对于诸多可选择的会计处理方法中所选择的、适合于本企业的会计处理方法。

(二) 选择会计政策应考虑的原则

由于会计政策在具体使用中可以有不同的选择，一般情况下企业会选择最恰当的会计政策以反映其经营成果和财务状况。企业在选择会计政策时应考虑谨慎、实质重于形式和重要性等原则。

(三) 会计报表附注中需要披露的会计政策项目

企业应当披露重要的会计政策，不具有重要性的会计政策可以不予披露。判断会计政策是否重要，应当考虑与会计政策相关项目的性质和金额。一般来说，企业应当披露的重要的会计政策包括以下内容：

(1) 发出存货成本的计价；

(2) 长期股权投资的后续计量；

(3) 投资性房地产的后续计量；

(4) 固定资产的初始计量；

(5) 生物资产的初始计量；
(6) 无形资产的确认；
(7) 非货币性资产交换的计量；
(8) 借款费用的处理；
(9) 合并政策。

二、会计政策变更的定义及其条件

会计政策变更，是指企业对相同的交易或事项由原来采用的会计政策改用另一会计政策的行为。符合下列条件之一时，应改变原来所采用的会计政策。

第一，根据企业会计准则、国家统一的会计制度以及其他法规、规章的规定，要求企业采用新的会计政策，则企业应当按照法律、行政法规及国家统一的会计制度改变原会计政策，执行新的会计政策。例如：《企业会计准则第 1 号——存货》对发出存货实际成本的计价排除了“后进先出法”，这就要求执行企业会计准则体系的企业按照新规定，将原来以“后进先出法”核算发出存货成本改为相关准则规定可以采用的会计政策。

第二，会计政策的变更能够提供有关企业财务状况、经营成果和现金流量等更可靠、更相关的会计信息。由于经济环境、客观情况的改变，企业原采用的会计政策所提供的会计信息已不能恰当地反映企业的财务状况、经营成果和现金流量等，在这种情况下，企业应改变原有会计政策，按变更后新的会计政策进行会计处理，以便对外提供更可靠、更相关的会计信息。例如，企业一直采用成本模式对投资性房地产进行后续计量，而如果企业能从房地产交易市场上持续地取得同类或类似房地产的市场价格及其他相关信息，进而能对投资性房地产的公允价值做出合理的估计，则企业可以将投资性房地产的后续计量方法由成本模式变更为公允价值模式。

需要说明的是以下两种情况不属于会计政策变更：

(1) 本期发生的交易或事项与以前相比具有本质差别而采用新的会计政策，不属于会计政策变更，如经营租赁改为融资租赁。

(2) 企业对初次发生的或不重要的交易或事项采用新的会计政策也不属于会计政策变更。例如，企业原来在生产经营过程中使用少量的低值易耗品，并且价值较低，所以企业在领用低值易耗品时一次性计入费用；由于该企业于近期投产新产品，所需低值易耗品较多，且价值较大，企业对领用低值易耗品的处理方法改为五五摊销法。在企业生产经营中，该企业低值易耗品所占的费用比例并不大，改变低值易耗品处理方法后，对损益的影响也不大，属于不重要的事项，这种情况下会计政策的改变不属于会计政策变更。

【例 9-1】 多选题：下列不属于会计政策变更的情形有(　　)。

A．本期发生的交易或事项与以前相比具有本质差别而采用新的会计政策
B．第一次签订建造合同，采用产出法确定恰当的履约进度
C．对价值为 200 元的低值易耗品摊销方法由分次摊销法改为一次摊销法
D．按准则规定，交易性投资期末计价由成本法改为市价法
E．国家制度规定，存货期末计价的方法由成本法改为成本与可变现净值孰低法

【答案】 ABC

三、会计政策变更的会计处理

(一) 追溯调整法

追溯调整法是指某项交易或事项变更会计政策时，如同该交易或事项初次发生时就开始采用新的会计政策，并以此对相关项目进行调整的方法，即计算会计政策变更的累积影响数，但不需要重编以前年度的会计报表。采用追溯调整法时，对于比较财务报表期间的会计政策变更，应调整比较期间净损益各项目和财务报表其他相关项目，视同该政策在比较财务报表期间一直采用。对于比较财务报表可比期间以前的会计政策变更的累积影响数，应调整比较财务报表最早期间的期初留存收益，同时调整财务报表其他相关项目的数字。

追溯调整法一般步骤如下：

(1) 计算会计政策变更的累积影响数；

(2) 编制相关项目的调整分录；

(3) 调整列报前期最早期初财务报表相关项目及其金额；

(4) 附注说明。

其中，累积影响数指按变更后的会计政策对以前各期追溯计算的列报前期最早期初留存收益应有的金额与现有的金额之间的差额，通常可以通过以下步骤计算获得：

第一步：根据新的会计政策重新计算受影响的前期交易或事项；

第二步：计算两种会计政策下的差异；

第三步：计算差异的所得税影响金额；

第四步：确定以前各期的税后差异；

第五步：计算会计政策变更的累积影响数。

需要注意的是，对以前年度损益进行追溯调整或追溯重述的，应当重新计算各列报期间的每股收益。

【例 9-2】　甲公司 2015 年 1 月 1 日以 6 000 万元的价格购入一栋写字楼用于出租，作为投资性房地产进行管理，写字楼的使用寿命为 30 年，甲公司对该写字楼采用成本模式进行后续计量，采用年限平均法计提折旧不考虑净残值。假定 2015 年和 2016 年写字楼没有发生减值。甲公司从 2017 年起对该投资性房地产改用公允价值模式进行后续计量。公司保存的会计资料比较齐备，可以通过会计资料追溯计算。假设所得税税率为 25%，公司按净利润的 10%提取法定盈余公积。甲公司流通在外的股票为 5 000 万股。按两种模式计量的投资性房地产的账面价值如表 9-1 所示。

表 9-1　按两种模式计量的投资性房地产的账面价值累积影响数的计算

单位：万元

计 量 日	账 面 价 值	
	成本模式	公允价值模式
2015.1.1	6 000	6 000
2015.12.31	5 800	6 500
2016.12.31	5 600	7 200

根据上述资料，甲公司的会计处理：

(1) 计算改变投资性房地产计量模式后的累积影响数，如表 9-2 所示。

表 9-2　改变投资性房地产计量模式后的累积影响数

单位：万元

时　间	税前差异	所得税影响	税后差异
2015.12.31	700	175	525
2016.12.31	1 600	400	1 200

甲公司 2017 年 12 月 31 日的比较财务报表列报前期最早期初为 2016 年 1 月 1 日。甲公司在 2015 年末按公允价值计量的账面价值为 6 500 万元，按成本计量的账面价值为 5 800 万元，两者差异的所得税影响合计为 175[(6 500 – 5 800) × 25%]万元，两者差异的税后净影响额为 525[(6 500 – 5 800) × 75%]万元，这就是该公司 2016 年期初由成本模式改为公允价值模式的累积影响数。

甲公司在 2016 年末按公允价值计量的账面价值为 7 200 万元，按成本模式计量的账面价值为 5 600 元，两者差异的所得税影响为 400[(7 200 – 5 600) × 25%]万元(其中 175 万元调整的是 2015 年的递延所得税负债，275 万元调整的是 2016 年的递延所得税负债)，两者差异的税后净影响额为 1 200[(7 200 – 5 600) × 75%]万元(其中 525 万元是调整 2016 年初累积影响数，675 元是调整 2016 年当期金额)。

(2) 2017 年 1 月 1 日编制有关项目的调整分录。

① 2015 年有关事项的调整分录：

a. 调整会计政策变更累积影响数：

借：投资性房地产——公允价值变动　　5 000 000
　　投资性房地产累计折旧　　2 000 000
　　贷：利润分配——未分配利润　　5 250 000
　　　　递延所得税负债　　1 750 000

b. 调整利润分配：

盈余公积 = 5 250 000 × 10% = 525 000 元

借：利润分配——未分配利润：　　525 000
　　贷：盈余公积　　525 000

② 2016 年有关事项的调整分录：

a. 调整投资性房地产：

借：投资性房地产——公允价值变动　　7 000 000
　　投资性房地产累计折旧　　2 000 000
　　贷：利润分配——未分配利润　　6 750 000
　　递延所得税负债　　2 250 000

b. 调整利润分配：

盈余公积 = 6 750 000 × 10% = 675 000 元

借：利润分配——未分配利润　　675 000
　　贷：盈余公积　　675 000

(3) 财务报表调整和重述(财务报表略)。甲公司在列报 2017 年财务报表时，应调整 2017 年资产负债表有关项目的年初余额、利润表有关项目的上年金额及所有动表有关项目的上年金额和本年金额。

① 资产负债表项目的调整：调增投资性房地产资产年初余额 1 600 万元，调增递延所得税负债年初余额 400 万元，调增盈余公积年初余额 20 万元，调增未分配利润年初余额 1 080 万元。

② 利润表项目的调整：调增公允价值变动收益上年金额 700 元，调减营业成本上年金额 200 万元，调增所得税费用上年金额 225 万元，调增净利润上年金额 675 万元，调增基本每股收益上年金额 0.135 元。

③ 所有者权益变动表项目的调整：调增会计政策变更项目中盈余公积上年金额 525 000 元，未分配利润上年金额 4 725 000 元，所有者权益合计上年金额 5 250 000 元；调增会计政策变更项目中盈余公积本年金额 675 000 元，未分配利润本年金额 6 075 000 元，所有者权益合计本年金额 6 750 000 元。

(二) 未来适用法

未来适用法是指将变更后的会计政策应用于变更日及以后发生的交易或事项。在采用未来适用法时，会计政策的变更只影响变更当期及未来各期，不需要计算会计政策变更的累积影响数，也不需要重编以前年度会计报表。企业会计账簿记录及财务报表上反映的金额，变更之日仍保留原有的金额，不因会计政策变更而改变以前年度的既定结果，在现有金额的基础上再按新的会计政策进行核算

【例 9-3】 甲公司原对发出存货采用一次加权平均法，为加强存货的日常管理，该公司从 2019 年 1 月 1 日起改用先进先出法。2019 年 1 月 1 日存货的价值为 150 万元，公司当年购入存货的实际成本为 900 万元，2019 年 12 月 31 日按先进先出法计算确定的存货价值为 250 万元，当年销售额为 1 200 万元。假设该年度其他费用为 10 万元，所得税税率为 25%，2019 年 12 月 31 日按一次加权平均法计算的存货价值为 220 万元。

假定甲公司对这项会计政策变更采用未来适用法进行处理，即对存货采用先进先出法从 2019 年及以后才适用，不需要计算 2019 年 1 月 1 日以前按先进先出法计算存货应有的余额，以及对留存收益的影响金额。

(三) 会计政策变更会计处理方法的选择

对于会计政策变更，企业应当根据具体情况分别采用不同的会计处理方法。

(1) 法律、行政法规或者国家统一的会计制度等要求变更的情况下，企业应当视以下情况分别处理：国家发布相关的会计处理方法，则按照国家发布的相关会计处理规定进行处理；国家没有发布相关的会计处理方法，且会计政策变更的累积影响数能够合理确定，则采用追溯调整法进行会计处理。

(2) 会计政策变更能够提供更可靠、更相关的会计信息的情况下，企业应当采用追测调整法进行会计处理，将会计政策变更累积影响数调整列报前期最早期初留存收益，同时调整报表时，应调整其他相关项目的期初余额和列报前期披露的其他比较数据。

(3) 确定会计政策变更对列报前期影响数不切实可行的，应当从可追溯调整的最早期

间期初开始应用变更后的会计政策；在当期期初确定会计政策变更对以前各期累积影响数切实不可行的，应当采用未来适用法处理。其中，不切实可行是指企业在采取所有合理的方法后仍然不能获得采用某项规定所必需的相关信息，而导致无法采用该项规定。

四、会计政策变更的披露

企业应当在附注中披露与会计政策变更有关的下列信息：

(1) 会计政策变更的性质、内容和原因，包括对会计政策变更的简要阐述、变更的日期、变更前采用的会计政策和变更后所采用的新会计政策及会计政策变更的原因。

(2) 当期和各个列报前期财务报表中受影响的项目名称和调整金额，包括采用追溯调整法时计算出的会计政策变更的累积影响数；当期和各个列报前期财务报表中需要调整的净损益及其影响金额，以及其他需要调整的项目名称和调整金额。

(3) 无法进行追溯调整的，说明该事实和原因以及开始应用变更后的会计政策的时点和具体应用情况，包括无法进行追溯调整的事实，确定会计政策变更对列报前期影响数不切实可行的原因，在当期期初确定会计政策变更对以前各期累积影响数不切实可行的原因，以及开始应用新会计政策的时点和具体应用情况。

需要注意的是，在以后期间的财务报表中，不需要重复披露在以前期间的附注中已披露的会计政策变更的信息。

第二节　会计估计及其变更

一、会计估计概述

会计估计是指企业对其结果不确定的交易或事项以最近可利用的信息为基础所做的判断。会计估计具有以下特点：

(1) 会计估计的存在是由于经济活动中内在不确定性因素的影响。在会计核算中，企业总是力求保持会计核算的准确性，但有些经济业务，如坏账、固定资产折旧年限、固定资产残余价值、无形资产摊销年限等本身具有不确定性，因而需要根据经验做出估计。

(2) 进行会计估计时，往往以最近可利用的信息或资料为基础。

(3) 进行会计估计并不会削弱会计确认和计量的可靠性。

企业应当披露重要的会计估计，不具有重要性的会计估计可以不披露。判断会计估计是否重要，应当考虑与会计估计相关项目的性质和金额。

企业应当披露的重要的会计估计包括以下内容：

(1) 存货可变现净值的确定。

(2) 采用公允价值模式下的投资性房地产公允价值的确定。

(3) 固定资产的预计使用寿命与净残值，固定资产的折旧方法。

(4) 生物资产的预计使用寿命与净残值，各类生产性生物资产的折旧方法。

(5) 使用寿命有限的无形资产的预计使用寿命与净残值。

(6) 可收回金额按照资产组的公允价值减去处置费用后的净额确定的，确定公允价值减去处置费用后的净额的方法；可收回金额按照资产组预计未来现金流量的现值确定的，预计未来现金流量的确定。

(7) 合同完工进度的确定。

(8) 权益工具公允价值的确定。

(9) 债务人债务重组中转让的非现金资产的公允价值、由债务转成的股份的公允价值和修改其他债务条件后债务的公允价值的确定；债权人债务重组中受让的非现金资产的公允价值、由债权转成的股份的公允价值和修改其他债务条件后债权的公允价值的确定。

(10) 预计负债初始计量的最佳估计数的确定。

(11) 金融资产公允价值的确定。

(12) 承租人对未确认融资费用的分摊，出租人对未实现融资收益的分配。

(13) 探明矿区权益、井及相关设施的折耗方法，与油气开采活动相关的辅助设备及设施的折旧方法。

(14) 非同一控制下企业合并成本的公允价值的确定。

(15) 其他重要会计估计。

二、会计估计变更的含义及其原因

会计估计变更是指由于资产和负债的当前状况及预期经济利益和义务发生了变化，从而对资产或负债的账面价值或者资产的定期消耗金额进行调整。

会计估计是以最近可以得到的信息为基础所做的判断，但随着时间推移，如果出现下列情形，会计估计需要变更：

(1) 赖以进行估计的基础发生了变化。企业进行会计估计总是依赖于一定的基础，如其所依赖的基础发生了变化，则会计估计也相应发生变化。例如，企业的某项无形资产摊销年限原定为 8 年，以后发生的状况表明该资产的受益年限已不足 8 年，则应相应调减摊销年限。

(2) 取得了新的信息，积累了更多的经验。企业进行会计估计是就现有资料对未来所做的判断，随着时间推移，企业有可能取得新的信息，积累更多的经验，此时企业可能不得不对会计估计进行修订，即发生会计估计变更。例如，企业原根据当时能够得到的信息每年对应收账款按其余额的 10%计提坏账准备，现在掌握了新的信息，判定不能收回的应收账款比例已达 20%，企业改按 20%的比例计提坏账准备。

会计估计变更并不意味着以前期间会计估计是错误的，只是由于情况发生变化或者掌握了新的信息，积累了更多的经验，使得会计估计变更能够更好地反映企业的财务状况和经济成果。如果以前期间的会计估计是错误的，则属于前期差错，应按前期差错更正的会计处理方法进行处理。

三、会计估计变更的会计处理

企业对会计估计变更应当采用未来适用法进行处理，即在会计估计变更当期及以后期间采用新的会计估计，不改变以前期间的会计估计，也不调整以前期间的报告结果。

为了保证不同期间的财务报表具有可比性，如果以前期间的会计估计变更的影响数计入企业日常经营活动损益，则以后期间也应计入日常经营活动损益；如果以前期间的会计估计变更的影响数计入特殊项目，则以后期间也应计入特殊项目。

此外，企业还应在附注中披露与会计估计变更有关的下列信息：

(1) 会计估计变更的内容和原因，包括变更的内容、日期及原因。

(2) 会计估计变更对当期和未来期间的影响数，包括变更对当期和未来期间损益的影响金额，以及对其他各项目的影响金额。

(3) 会计估计变更的影响数不能确定的，披露这一事实和原因。

【例 9-4】 甲公司有一台管理用设备，原始价值为 480 000 元，预计使用寿命为 10 年，净残值为 24 000 元，自 2015 年 1 月 1 日起按直线法计提折旧。2019 年 1 月，由于新技术的发展等原因，需要对原预计使用寿命做出修正，修改后的预计使用寿命为 6 年，净残值不变。甲公司适用所得税税率均为 25%，假定税法允许按变更后的折旧额在税前扣除。

2019 年甲公司采用未来适用法对该项会计估计变更的会计处理如下：

(1) 不调整以前各期折旧，也不计算累积影响数变更日以后发生的经济业务，改按新估计使用寿命提取折旧。

按原估计，每年的折旧额为 45 600 元，已计提折旧 4 年，共计 182 400 元，固定资产净值为 297 600 元，改变估计使用寿命后，自 2019 年 1 月 1 日起每年计提的折旧费用为 136 800[(297 600 − 24000) / (6 − 4)]元。2019 年不必对以前年度已计提折旧进行调整，只需按重新预计的尚可使用寿命和净残值计算确定的年折旧费用。相关会计分录如下：

借：管理费用	136 800	
贷：累计折旧		136 800

(2) 甲公司应在 2019 年度的报表附注中说明：本公司一台管理用设备，原始价值为 480 000 元，原预计使用年限为 10 年，预计净残值为 24 000 元，按年限平均法计提折旧；由于技术进步，该设备已不能按原估计使用年限计提折旧本公司于 2019 年初变更该设备的使用年限为 6 年，此项会计估计变更使本公司净利润减少 68 400[(136 800 − 45 600) × (1 − 25%)]元。

四、会计政策与会计估计的划分

企业应当正确划分会计政策变更与会计估计变更，并按照不同的方法进行相关会计处理。

应当以变更事项的会计确认、计量基础和列报项目是否发生变更作为判断该变更是会计政策变更，还是会计估计变更的划分基础。

第一，以会计确认是否发生变更作为判断基础。一般地，对会计确认的指定或选择是会计政策，其相应的变更是会计政策变更。会计确认的变更一般会引起列报项目的变更。

第二，以计量基础是否发生变更作为判断基础。一般地，对计量基础的指定或选择是会计政策，其相应的变更是会计政策变更。

第三，以列报项目(类别)是否发生变更作为判断基础。一般地，以列报项目的指定或选择是会计政策，其相应的变更是会计政策变更。

第四，根据会计确认、计量和列报项目所选择的、为取得与该项目有关的金额或数值所采用的处理方法，不是会计政策，而是会计估计，其相应的变更是会计估计变更。

第三节　前期差错的更正

一、前期差错概述

前期差错，指由于没有运用或错误运用下列两种信息，而对前期财务报表造成省略或错报：编报前期财务报表时预期能够取得并加以考虑的可靠信息和前期财务报告批准报出时能够取得的可靠信息。前期差错通常包括计算及账户分类错误、应用会计政策错误、疏忽或曲解事实及舞弊产生的影响，以及存货或固定资产盘盈等。

前期差错按其影响程度可分为重要的前期差错和不重要的前期差错两类。其中不重要的前期差错指不足以影响财务报表使用者对企业财务状况、经营成果和现金流量做出正确判断的前期差错；重要的前期差错是足以影响财务报表使用者对企业财务状况、经营成果和现金流量做出正确判断的前期差错。

前期差错所影响的财务报表项目的金额或性质是判断该前期差错是否具有重要性的决定性因素。一般来说，前期差错所影响的财务报表项目的金额越大，性质越严重，其重要性水平越高；反之，其重要性水平越低。

二、前期差错的更正的会计处理

(一) 不重要的前期差错的会计处理

对不重要的前期差错，企业不需要调整财务报表相关项目的期初数，但应调整发现当期与前期相同的相关项目影响损益的，应直接计入本期与上期相同的净损益项目；不影响损益的，应调整本期与前期相同的相关项目。

【例 9-5】　甲公司在 2019 年 12 月 31 日发现一台价值 9 600 元的管理用设备应计入固定资产，并于 2018 年 2 月 1 日开始计提折旧，在 2018 年计入了当期费用。该公司使用直线法计提折旧，该资产预计使用年限 4 年，不考虑净残值。

2019 年末更正此差错：

借：固定资产　　9 600

　　贷：管理费用　　5 000

　　　　累计折旧　　{[(9 600 / 4) / 12]× 23} 4 600

假设该项差错直到 2020 年 2 月后才发现，则不需要做任何分录。

(二) 重要的前期差错的会计处理

采用追溯重述法予以更正。追溯重述法，指在发现前期差错时，视同该项前期差错从未发生过，从而对财务报表相关项目进行更正的方法。具体应用追溯重述法时，应注意以下几点：

(1) 在编制比较财务报表时，对于比较财务报表期间的重要的前期差错，应调整各该期间的净损益和其他相关项目，视同该差错在产生的当期已经更正。

(2) 对于比较财务报表期间以前的重要的前期差错，应调整比较财务报表最早期间的期初留存收益，同时调整财务报表其他相关项目的数字。

(3) 确定前期差错影响数不切实可行的，可以从可追溯重述的最早期间开始调整留存收益的期初余额，同时调整财务报表其他相关项目的期初余额；也可以采用未来适用法。

(4) 对于年度资产负债表日至财务报告批准报出日之间发现的报告年度的会计差错及报告年度前不重要的前期差错，应当按照《企业会计准则第 29 号——资产负债表日后事项》的规定进行会计处理。

【例 9-6】 甲公司在 2019 年发现，2018 年公司漏记一项管理用固定资产的折旧费用 20 000 元，所得税申报表中未扣除该项费用，假设公司适用的所得税税率为 25%，无其他纳税调整事项，该公司按净利润的 10%、5%提取法定盈余公积和任意盈余公积，公司发行股票份额为 2 000 万股，假定税法允许调整应交所得税。

(1) 分析前期差错的影响数：2018 年少计折旧费用 20 000 元，多计所得税费 5 000 (20 000 × 25%)元，多计净利润 15 000 元，多计应交税费 5 000(20 000 × 25%)元，多提法定盈余公积和任意盈余公积 1 500(15 000 × 10%)元和 750(15 000 × 5%)元。

(2) 编制有关项目的调整分录。

① 补提折旧：

借：以前年度损益调整　　20 000
　　贷：累计折旧　　20 000

② 调整应交所得税：

借：应交税费——应交所得税　　5 000
　　贷：以前年度损益调整　　5 000

③ 将“以前年度损益调整”科目余额转入利润分配：

借：利润分配——未分配利润　　15 000
　　贷：以前年度损益调整　　15 000

④ 调整利润分配有关数字：

借：盈余公积　　2 250
　　贷：利润分配——未分配利润　　2 250

(3) 财务报表调整和重述(财务报表略)：甲公司在列报 2019 年财务报表时，应调整 2019 年资产负债表有关项目的年初余额，利润表有关项目及所有者权益变动表的上年金额也应进行调整。

① 资产负债表项目的调整：调增累计折旧 20 000 元，调减应交税费 5 000 元，调减盈余公积 2 250 元，调减未分配利润 12 750 元。

② 利润表项目的调整：调增管理费用上年金额 20 000 元，调减所得税费用上年金额 5 000 元，调减净利润上年金额 15 000 元，调减基本每股收益上年金额 0.000 75 元。

③ 所有者权益变动表项目的调整：调减前期差错更正项目中盈余公积上年金额 2 250 元，未分配利润上年金额 12 750 元，所有者权益合计上年金额 15 000 元。

三、前期差错更正的披露

企业应当在附注中披露与前期差错更正有关的下列信息：

(1) 前期差错的性质；

(2) 各个列报前期财务报表中受影响的项目名称和更正金额；

(3) 无法进行追溯重述的，说明该事实和原因以及对前期差错开始进行更正的时点具体更正情况。

需要注意的是，在以后期间的财务报表中，不需要重复披露在以前期间的附注中已披露的前期差错更正的信息。

【例 9-7】 续例 9-6，应在财务报表附注中做如下说明：

本年度发现 2018 年漏记固定资产折旧 20 000 元，在编制 2018 年与 2019 年比较财务报表时，已对该项差错进行了更正。更正后，调减 2018 年净利润及留存收益 15 000 元，调增累计折旧 20 000 元。

✧✧✧✧✧ 练　习　题 ✧✧✧✧✧

一、单项选择题

1．会计政策是指(　　)。

A．企业在会计确认、计量和报告中所采用的原则、基础和会计处理方法

B．企业在会计确认中所采用的原则、基础和会计处理方法

C．企业在会计计量中所采用的原则、基础和会计处理方法

D．企业在会计报告中所采用的原则、基础和会计处理方法

2．某上市公司发生的下列交易或事项中，属于会计政策变更的是(　　)。

A．固定资产预计使用年限由 6 年延长至 9 年

B．期末对原按交易发生日的即期汇率折算的外币长期借款余额按期末市场汇率进行调整

C．发出存货的计价方法由先进先出法改为加权平均法

D．对不重要的交易或事项采用新的会计政策

3．下列各项中，属于会计估计变更的有(　　)。

A．企业根据客户的资信情况的恶化，提高坏账准备的计提比例

B．企业执行新准则，将发出存货的计价方法由后进先出法改为先进先出法

C．收入确认由完成合同法改为完工百分比法

D．为了提高报表利润，企业将厂房总的折旧年限由 20 年延长至 30 年

4．关于会计估计变更的会计处理方法，下列说法中正确的是(　　)。

A．企业对会计估计变更应当采用未来适用法处理

B．企业对会计估计变更应当采用追溯调整法处理

C．企业对会计估计变更，既可以采用追溯调整法处理，也可以采用未来适用法处理

D．企业对会计估计变更，既不能采用追溯调整法处理，也不能采用未来适用法处理

5．对本期发生的属于本期的会计差错，采取的会计处理方法是(　　)。

A．不做任何调整　　B．调整前期相同的相关项目

C．调整本期相关项目　　D．直接计入当期净损益项目

6．采用追溯调整法计算出会计政策变更的累积影响数，应当(　　)。

A．重新编制以前年度会计报表

B．调整列报前期最早期初留存收益，其他相关项目的期初余额和列报前期披露的其他比较数据也应一并调整

C．调整或反映为变更当期及未来各期会计报表相关项目的数字

D．只需要在报表附注中说明其累计影响

7．下列关于会计估计变更的说法中，不正确的是(　　)。

A．会计估计变更应采用未来适用法

B．如果会计估计的变更仅影响变更当期，有关估计变更的影响应于当期确认

C．如果会计估计的变更既影响变更当期又影响未来期间，有关估计变更的影响在当期及以后期间确认

D．会计估计变更应采用追溯调整法进行会计处理

8．在采用追溯调整法时，不应考虑的因素是(　　)。

A．会计政策变更留存收益的变动

B．会计政策变更后的资产、负债的变化

C．会计政策变更导致损益变化而带来的所得税变动

D．会计政策变更导致损益变化而应补分的利润

9．甲企业一台从 2017 年 1 月 1 日开始计提折旧的设备，其原值为 15 500 元，预计使用年限为 5 年，预计净残值为 500 元，采用年数总和法计提折旧。从 2019 年起，该企业将该固定资产的折旧方法改为年限平均法，设备的预计使用年限由 5 年改为 4 年，设备的预计净残值由 500 元改为 300 元。该设备 2009 年的折旧额为(　　)元。

A．3 100　　B．3 000　　C．3 250　　D．4 000

10．甲股份有限公司 2018 年实现净利润 500 万元。该公司 2018 年发生和发现的下列交易或事项中，会影响其年初未分配利润的是(　　)。

A．发现 2017 年少计财务费用 300 万元

B．为 2017 年售出的设备提供售后服务发生支出 50 万元

C．发现 2017 年少提折旧费用 0.10 万元

D．因客户资信状况明显改善将应收账款坏账准备计提比例由 20%改为 5%

二、多项选择题

1．关于会计政策变更的会计处理方法，下列说法中正确的有(　　)。

A．企业根据法律、行政法规或者国家统一的会计制度等要求变更会计政策的，应当按照国家相关会计规定执行

B．会计政策变更能够提供更可靠、更相关的会计信息的，应当采用追溯调整法处理，将会计政策变更累积影响数调整列报前期最早期初留存收益，其他相关

项目的期初余额和列报前期披露的其他比较数据也应当一并调整，但确定该项会计政策变更累积影响数不切实可行的除外

C．在当期期初确定会计政策变更对以前各期累积影响数不切实可行的，应当采用未来适用法处理

D．确定会计政策变更对列报前期影响数不切实可行的，只能采用未来适用法进行会计处理

2．下列会计处理中应采用未来适用法处理的有(　　)。

A．当期期初确定会计政策变更对以前各期累积影响数不切实可行

B．无形资产摊销方法发生变更

C．固定资产预计使用年限发生变更

D．难以对某项变更区分为会计政策变更或会计估计变更

3．关于会计估计变更，下列说法中正确的有(　　)。

A．会计估计变更，是指由于资产和负债的当前状况及预期经济利益和义务发生了变化，从而对资产或负债的账面价值或者资产的定期消耗金额进行调整

B．会计估计变更仅影响变更当期的，其影响数应当在变更当期予以确认

C．会计估计变更既影响变更当期又影响未来期间的，其影响数应当在变更当期和未来期间予以确认

D．会计估计变更既影响变更当期又影响未来期间的，其影响数应当在变更当期予以确认

4．关于前期差错，下列说法中正确的有(　　)。

A．企业应当采用追溯重述法更正重要的前期差错，但确定前期差错累积影响数不切实可行的除外

B．企业应当采用追溯重述法更正所有的前期差错

C．追溯重述法，是指在发现前期差错时，视同该项前期差错从未发生过，从而对财务报表相关项目进行更正的方法

D．确定前期差错影响数不切实可行的，可以从可追溯重述的最早期间开始调整留存收益的期初余额，财务报表其他相关项目的期初余额也应当一并调整，也可以采用未来适用法

5．关于会计政策变更的追溯调整法和未来适用法，下列说法中正确的有(　　)。

A．追溯调整法，是指对某项交易或事项变更会计政策，视同该项交易或事项初次发生时即采用变更后的会计政策，并以此对财务报表相关项目进行调整的方法

B．未来适用法，是指将变更后的会计政策应用于变更日及以后发生的交易或者事项，或者在会计估计变更当期和未来期间确认会计估计变更影响数的方法

C．对于追溯调整法，新的会计政策不会影响变更当期的损益

D．未来适用法一定不会影响变更当期期初的留存收益

6．首次执行新会计准则体系时，以下需要进行追溯调整的事项有(　　)。

A．对于有确凿证据表明可以采用公允价值模式计量的投资性房地产从成本计量改为公允价值计量

B. 满足确认条件的弃置费用计入资产成本并确认相应的负债

C. 满足预计负债确认条件的解除劳动关系而给予职工补偿产生的负债

D. 满足预计负债确认条件的重组义务

7. 以下正确的会计差错处理方法有(　　)。

A. 本期发现本期的会计差错，调整本期相关项目

B. 本期发现以前年度重大会计差错，调整留存收益和会计报表其他有关项目的期初数

C. 本期发现以前年度非重大会计差错，调整发现当期会计报表相关项目的期初数

D. 本期发现以前年度重大会计差错，调整本期相关项目

8. A 公司 2019 年 12 月 31 日发现，一台价值 9 000 元的管理用设备应计入固定资产并于 2014 年 1 月 1 日开始计提折旧，在 2013 年末计入了当期费用。该公司对固定资产均采用年限平均法计提折旧，该固定资产估计使用寿命为 5 年，无净残值。A 公司 2019 年 12 月 31 日的比较财务报表列报前期最早期初为 2018 年 1 月 1 日，则下列说法正确的有(　　)。

A. 该项前期差错对企业 2019 年度报表的期初留存收益没有影响

B. 该项前期差错对企业 2019 年度当期损益没有影响

C. 企业不需要对该项前期差错做任何差错变更的会计分录

D. 由于该项前期差错金额较小，企业不应该追溯调整，只需调整当期损益

三、判断题

1. 会计政策，是指企业在会计确认、计量、记录和报告中所采用的原则、基础和会计处理方法。(　　)

2. 企业可以根据实际情况随意变更适用的会计政策。(　　)

3. 某企业第一次签订一项建造合同，为另一企业建造三栋厂房，该企业对该项建造合同采用完工百分比法确认收入，属于会计政策变更。(　　)

4. 发生会计政策变更时，只能采取追溯调整法进行会计处理。(　　)

5. 存货跌价准备由按单项存货计提变更为按存货类别计提，属于会计估计变更。(　　)

6. 未来适用法只影响变更当期及以后，不影响当期期初留存收益。(　　)

7. 投资性房地产由公允价值模式变更为成本模式，属于会计政策变更。(　　)

8. 企业应该对前期差错更正采用追溯重述法处理。(　　)

9. 固定资产折旧方法的改变属于会计政策变更。(　　)

10. 未来适用法不需要计算会计政策变更产生的累积影响数。(　　)

四、计算分析题

1. 甲股份有限公司 2018 年度实现净利润 1 000 000 元，适用的所得税税率为 25%，按净利润的 10%计提法定盈余公积。该公司所得税采用债务法核算。有关事项如下：

(1) 考虑到技术进步因素，自 2018 年 1 月 1 日起将一套办公自动化设备的使用年限改为 5 年。该套设备系 2015 年 12 月 28 日购入并投入使用，原价为 810 000 元，预计使用年限为 8 年，预计净残值为 10 000 元，采用直线法计提折旧。按税法规定，该套设备的使用年限为 8 年，并按直线法计提折旧。

(2) 2018 年底发现如下差错：

① 2018 年 2 月份购入一批管理用低值易耗品，价款 6 000 元，误记为固定资产，至年底已提折旧 600 元计入管理费用。甲公司对低值易耗品采用领用时一次摊销的方法，至年底该批低值易耗品已被管理部门领用 50%。

② 2017 年 3 月 3 日购入的一项专利权，价款 15 000 元，会计和税法规定的摊销期均为 15 年，但 2018 年未予摊销。

③ 2017 年 11 月 3 日销售的一批产品，符合销售收入确认条件，已经确认收入 300 000 元，但销售成本 250 000 元尚未结转，在计算 2017 年度应纳税所得额时也未扣除该项销售成本。假定此项销售成本可计入 2018 年应纳税所得额。

要求：

(1) 计算 2018 年该套办公自动化设备应计提的折旧额，以及上述会计估计变更对 2018 年度所得税费用和净利润的影响额，并列出计算过程。

(2) 编制上述会计差错更正相关的会计分录(不考虑期末结转损益类科目的影响；涉及应交税金的，应写出明细科目)。

2．甲股份有限公司(本题下称“甲公司”)为上市公司，主要从事大型设备及配套产品的生产和销售。甲公司为增值税一般纳税人，适用的增值税税率为 13%。除特别注明外，销售价格均为不含增值税价格。甲公司聘请丁会计师事务所对其年度财务报表进行审计。甲公司财务报告在报告年度次年的 3 月 31 日对外公布。

(1) 甲公司 2017 年 12 月与销售商品和提供劳务相关的交易或事项如下：

① 12 月 1 日，甲公司采用分期收款方式向 Y 公司销售 A 产品一台，销售价格为 5 000 万元，合同约定发出 A 产品当日收取价款 2 100 万元(该价款包括分期收款销售应收的全部增值税)，余款分 3 次于每年 12 月 1 日等额收取，第一次收款时间为 2018 年 12 月 1 日。甲公司 A 产品的成本为 4 000 万元。产品已于同日发出，并开具增值税专用发票，收取的 2 100 万元价款已存入银行。该产品在现销方式下的公允价值为 4 591.25 万元。

甲公司采用实际利率法摊销未实现融资收益，年实际利率为 6%。

② 12 月 1 日，甲公司与 M 公司签订合同，向 M 公司销售 B 产品一台，销售价格为 2 000 万元。同时双方又约定，甲公司应于 2018 年 4 月 1 日以 2 100 万元将所售 B 产品购回。甲公司 B 产品的成本为 1 550 万元。同日，甲公司发出 B 产品，开具增值税专用发票，并收到 M 公司支付的款项。

甲公司采用直线法计提与该交易相关的利息费用。

③ 12 月 5 日，甲公司向 X 公司销售一批 E 产品，销售价格为 1 000 万元，并开具增值税专用发票。为及早收回货款，双方合同约定的现金折扣条件为：2/10，1/20，n/30(假定计算现金折扣时不考虑增值税)。甲公司 E 产品的成本为 750 万元。

12 月 18 日，甲公司收到 X 公司支付的货款。

④ 12 月 10 日，甲公司与 W 公司签订产品销售合同。合同规定：甲公司向 W 公司销售 C 产品一台，并负责安装调试，合同约定总价(包括安装调试)为 800 万元(含增值税)；安装调试工作为销售合同的重要组成部分，双方约定 W 公司在安装调试完毕并验收合格后支付合同价款。甲公司 C 产品的成本为 600 万元。

12月25日，甲公司将C产品运抵W公司(甲公司2018年1月1日开始安装调试工作；2018年1月25日C产品安装调试完毕并经W公司验收合格。甲公司2018年1月25日收到C公司支付的全部合同价款)。

⑤ 12月20日，甲公司与S公司签订合同。合同约定：甲公司接受S公司委托为其提供大型设备安装调试服务，合同价格为80万元。

至12月31日止，甲公司为该安装调试合同共发生劳务成本10万元(均为职工薪酬)。由于系初次接受委托为其他单位提供设备安装调试服务，甲公司无法可靠确定劳务的完工程度，但估计已经发生的劳务成本能够收回。

⑥ 12月28日，甲公司与K公司签订合同。合同约定：甲公司向K公司销售D产品一台，销售价格为500万元；甲公司承诺K公司在两个月内对D产品的质量和性能不满意，可以无条件退货。

12月31日，甲公司发出D产品，开具增值税专用发票，并收到K公司支付的货款。由于D产品系刚试制成功的新产品，甲公司无法合理估计其退货的可能性。甲公司D产品的成本为350万元。

(2) 12月5日至20日，丁会计师事务所对甲公司2017年1至11月的财务报表进行预审。12月25日，丁会计师事务所要求甲公司对其发现的下列问题进行更正：

① 经董事会批准，自2017年1月1日起，甲公司将信息系统设备的折旧年限由10年变更为5年。该信息系统设备用于行政管理，于2015年12月投入使用，原价为600万元，预计使用年限为10年，预计净残值为零，采用年限平均法计提折旧，至2016年12月31日未计提减值准备。

甲公司1至11月份对该信息系统设备仍按10年计提折旧，其会计分录如下：

借：管理费用　　550 000

　　贷：累计折旧　　550 000

② 2017年2月1日，甲公司以1 800万元的价格购入一项管理用无形资产，价款以银行存款支付。该无形资产的法律保护期限为15年，甲公司预计其在未来10年内会给公司带来经济利益。甲公司计划在使用5年后出售该无形资产，G公司承诺5年后按1 260万元的价格购买该无形资产。

甲公司对该无形资产购入以及该无形资产2至11月累计摊销，编制会计分录如下：

借：无形资产　　18 000 000

　　贷：银行存款　　18 000 000

借：管理费用　　1 500 000

　　贷：累计摊销　　1 500 000

③ 2017年6月25日，甲公司采用以旧换新方式销售F产品一批，该批产品的销售价格为500万元，成本为350万元。旧F产品的收购价格为100万元。新产品已交付，旧产品作为原材料已入库(假定不考虑收回旧产品相关的税费)。甲公司已将差价款485万元存入银行。

甲公司为此进行了会计处理，其会计分录为：

借：银行存款　　4 850 000

　　贷：主营业务收入　　4 000 000

应交税费——应交增值税(销项税额)　　850 000

借：主营业务成本　　3 500 000

　贷：库存商品　　3 500 000

借：原材料　　1 000 000

　贷：营业外收入　　1 000 000

④ 2017 年 11 月 1 日，甲公司决定自 2018 年 1 月 1 日起终止与 L 公司签订的厂房租赁合同。该厂房租赁合同于 2014 年 12 月 31 日签订。合同规定：甲公司从 L 公司租用一栋厂房，租赁期限为 4 年，自 2015 年 1 月 1 日起至 2018 年 12 月 31 日止；每年租金为 120 万元，租金按季在季度开始日支付；在租赁期间甲公司不能将厂房转租给其他单位使用；甲公司如需提前解除合同，应支付 50 万元违约金。

甲公司对解除该租赁合同的事项未进行相应的会计处理。

(3) 其他资料如下：

① 甲公司上述交易涉及结转成本的，按每笔交易结转成本。

② 本题中不考虑除增值税外的其他相关税费。

③ 涉及以前年度损益调整的，均通过“以前年度损益调整”科目处理。

要求：

(1) 根据资料(1)，编制甲公司 2017 年 12 月份相关会计分录。

(2) 根据资料(2)，在 12 月 31 日结账前对注册会计师发现的会计差错进行更正。

第十章　资产负债表日后事项

教学目的与要求

通过本章的学习，了解资产负债表日后事项的概念及其涵盖的会计期间，能够正确判断资产负债表日后调整事项和非调整事项，掌握二者的内容及相应的会计处理。

第一节　资产负债表日后事项概述

在实务中，某些交易或事项是在资产负债表日后、财务报告批准报出日之前发生的，这些交易或事项可能会对企业的财务状况、经营成果和现金流量产生重要影响，为使企业提供的会计信息更加准确、全面，便于报告使用者做出经济决策，需要对这些事项或交易进行认真分析，以确定是否需要调整报告期财务报表，或仅在附注中说明。

一、资产负债表日后事项的相关概念

资产负债表日后事项指资产负债表日至财务报告批准报出日之间发生的有利或不利事项。理解这一概念需要先理解下述几个概念。

(一) 资产负债表日

资产负债表日是指会计年度末和会计中期期末。中期是指短于一个完整的会计年度的报告期间，包括半年度、季度和月度。上市公司的中期财务报告指的是半年度和季度财务报告，不包括月度财务报告。中期财务报告涵盖的期间短于年度财务报告期间(公历 1 月 1 日至 12 月 31 日)。另外，在国外的母公司或者子公司，无论该母公司或子公司如何确定会计年度和会计中期，其向国内提供的财务报告都应根据我国《会计法》和会计准则的要求确定资产负债表日。

(二) 财务报告批准报出日

财务报告批准报出日指董事会或类似机构批准财务报告报出的日期，通常指对财务报告的内容负有法律责任的单位或个人批准财务报告对外公布的日期。需要注意的是，在这个概念中，财务报告批准报出日指的是批准日而不是实际报出日。

(三) 有利事项和不利事项

资产负债表日后事项包括有利事项和不利事项。“有利或不利事项”指资产负债表日后对企业财务状况、经营成果等具有一定影响(既包括有利影响也包括不利影响)的事项。如果某些事项的发生对企业并无任何影响，那么，这些事项既不是有利事项，也不是不利事项，也就不属于这里所说的资产负债表日后事项。

(四) 资产负债表事项涵盖期间

资产负债表日后事项涵盖的期间是自资产负债表日次日起至财务报告批准报出日止的一段时间，具体是指下一报告期间的第一天至董事会或类似机构批准财务报告对外公布的日期。财务报告批准报出以后、实际报出之前又发生与资产负债表日后事项有关的事项，并由此影响财务报告对外公布日期的，应以董事会或类似机构再次批准财务报告对外公布的日期为截止日期。

【例 10-1】　某上市公司 2018 年的年度财务报告于 2019 年 2 月 18 日编制完成，注册会计师完成整个年度审计工作并签署审计报告的日期为 2019 年 4 月 19 日，经董事会批准财务报告可以对外公布的日期为 2019 年 4 月 23 日，财务报告实际对外公布日期为 2019 年 4 月 26 日，股东大会召开日期为 2019 年 5 月 2 日。

要求计算：

(1) 该公司的资产负债表日的涵盖期间。

(2) 如果在 4 月 23 日至 26 日之间发生了重大事项，按照本准则规定需要调整会计报表相关项目的数字或需要在会计报表附注中披露的，经调整或说明后的财务报告再经董事会批准的报出日期为 2019 年 4 月 29 日，实际对外公布的日期为 2019 年 4 月 30 日，该资产负债表日后事项涵盖的期间。

分析：

(1) 根据资产负债表日后事项的定义，可知该公司的资产负债表日的涵盖期间为 2019 年 1 月 1 日至 2019 年 4 月 23 日。

(2) 根据根据资产负债表日后事项的定义，可知该公司的资产负债表日的涵盖期间为 2019 年 1 月 1 日至 2019 年 4 月 29 日。在该题中，若存在董事会或者类似机构再次批准报出日，那么涵盖期间要截止到再次批准报出日。

二、资产负债表日后事项的内容

资产负债表日后事项包括资产负债表日后调整事项(以下简称调整事项)和资产负债表日后非调整事项(以下简称非调整事项)。

(一) 调整事项

资产负债表日后调整事项，指对资产负债表日已经存在的情况提供了新的或进一步证据的事项。

如果资产负债表日及所属会计期间已经存在某种情况，但当时并不知道其存在或者不能知道确切结果，资产负债表日后发生的事项能够证实该情况的存在或者确切结果，则该事项属于资产负债表日后事项中的调整事项。如果资产负债表日后事项对资产负债表日的情况提供了进一步的证据，证据表明的情况与原来的估计和判断不完全一致，则需要对原来的会计处理进行调整。

企业发生的调整事项，通常包括下列各项：

(1) 资产负债表日后诉讼案件结案，法院判决证实了企业在资产负债表日已经存在现时义务，需要调整原先确认的与该诉讼案件相关的预计负债，或确认一项新负债。

(2) 资产负债表日后取得确凿证据，表明某项资产在资产负债表日发生了减值或者需要调整该项资产原先确认的减值金额。

(3) 资产、负债表日后进一步确定了资产负债表日前购入资产的成本或售出资产的收入。

(4) 资产负债表日后发现了财务报表舞弊或差错。

【例 10-2】 甲企业与乙企业签订合同，甲企业应于 2018 年 8 月 2 日销售给乙企业一批商品，由于甲企业未按合同规定按时提供商品，致使乙企业发生经济损失，乙企业于 2018 年 10 月提出起诉，要求甲企业赔偿违约经济损失 300 000 元。由于案件尚在审理过程中，并未做出最终判决，甲企业于 2018 年 12 月 31 日根据当时的资料判断很可能会败诉，估计赔偿金额为 150 000 元。但在 2019 年 3 月 1 日财务报告批准报出前经一审判决，甲企业需赔偿乙企业经济损失 250 000 元，甲企业和丁企业均接受此判决，不再上诉。判断该事项是否为调整事项并说明理由。

分析：由于资产负债表日后至财务报告批准报出日之间有了最终的结果，因而对资产负债表日存在的状况提供了进一步证据，这一新的证据表明对资产负债表日所做估计需要调整的，应对资产负债表日编制的会计报表进行调整。因此，该事项属于资产负债表日后调整事项。

(二) 非调整事项

非调整事项，是指资产负债表日后发生的情况的事项。非调整事项的发生不影响资产负债表日企业的财务报表数字。非调整事项对于财务报告使用者而言，有的重要，有的不重要。其中重要的非调整事项虽然不影响资产负债表日的财务报表数字，但可能影响资产负债表日以后的财务状况和经营成果，不加以说明将会影响财务报告使用者做出正确估计和决策。因此，需要适当披露。企业发生的非调整事项，通常包括资产负债表日后发生重大诉讼、仲裁、承诺以及资产负债表日后资产价格、税收政策、外汇汇率发生重大变化等。

(三) 调整事项和非调整事项的区别

某事项属于调整事项还是非调整事项，主要取决于该事项表明的情况在资产负债表日或资产负债表日以前是否已经存在。若该情况在资产负债表日或之前已经存在，则属于调整事项；否则，则属于非调整事项。

【例 10-3】 某债务人在 2018 年 12 月 31 日财务状况良好，没有任何财务情况恶化的信息，其债权人按照当时所掌握的资料按应收账款的 1.5%计提了坏账准备。2019 年 2 月 15 日，债务人由于火灾发生重大损失，债权人的应收账款有可能收不回来，其债权人财务报告在 2019 年 4 月 10 日批准报出。判断该事项属于调整事项还是非调整事项。

分析：由于资产负债表日债务人财务状况良好，正常计提坏账准备。但是 2019 年 2 月 15 日，债务人由于火灾发生重大损失，这属于资产负债表日后才发生的重大自然灾害，属于非调整事项。应当在附注中做适当披露。

第二节　调整事项的会计处理

一、调整事项的处理原则

企业发生的调整事项，应当调整资产负债表日的财务报表。对于年度财务报告而言，由于资产负债表日后事项发生在报告年度的次年，报告年度的有关账目已经结转，特别是损益类科目在结账后已无余额。因此，年度资产负债表日后发生的调整事项，应具体分别以下情况进行处理：

(1) 涉及损益的事项，通过“以前年度损益调整”科目核算。“以前年度损益调整”科目的贷方表示该调整事项会增加以前年度利润或减少以前年度亏损；“以前年度损益调整”科目的借方表示该调整事项会减少以前年度利润或增加以前年度亏损。若该涉及损益的调整事项发生在该企业资产负债表日报告年度所得税汇算清缴前的，应调整报告年度应纳税所得额、应纳所得税税额；发生在该企业报告年度所得税汇算清缴后的，应调整报告年度的次年应纳所得税税额。

由于“以前年度损益调整”增加的所得税费用，记入“以前年度损益调整”科目的借方， 同时贷记“应交税费——应交所得税”等科目；由于“以前年度损益调整”减少的所得税费用，记入“以前年度损益调整”科目的贷方，同时借记“应交税费——应交所得税”等科目。调整完成后，将“以前年度损益调整”科目的贷方或借方余额，转入“利润分配——未分配利润”科目，同时调整“盈余公积”科目。

(2) 涉及利润分配调整的事项，直接在“利润分配——未分配利润”科目核算。

(3) 不涉及损益及利润分配的事项，调整相关科目。

(4) 通过上述账务处理后，还应同时调整财务报表相关项目的数字，包括：

① 资产负债表日编制的财务报表相关项目的期末数或本年发生数；

② 当期编制的财务报表相关项目的期初数或上年数；

③ 经过上述调整后，如果涉及报表附注内容的，还应当做出相应调整。

二、资产负债表日后调整事项的具体会计处理

本节借助具体的例子来对资产负债表日后调整事项作出具体的会计处理，所有下述例子均服从以下假设：① 甲公司为上市公司且为一般纳税人，适用的增值税税率为 13%，所得税税率为 25%；② 公司财务报告批准报出日是次年 4 月 30 日，公司的所得税的汇算清缴也是次年 4 月 30 日；③ 公司按净利润的 10%提取法定盈余公积，提取法定盈余公积后，不再做其他分配；④ 调整事项按税法规定均可调整应交纳的所得税；⑤ 涉及递延所得税资产的，均假定未来期间很可能取得用来抵扣暂时性差异的应纳税所得额；⑥ 不考虑报表附

注中有关现金流量表项目的数字。

1. 资产负债表日后诉讼案件结案，法院判决证实了企业在资产负债表日已经存在现时义务，需要调整原先确认的与该诉讼案件相关的预计负债，或确认一项新负债

这一事项指在资产负债表日已经存在的现时义务尚未确认，资产负债表日后至财务报告批准报出日之前获得了新的或进一步的证据，表明符合负债的确认条件，应在财务报告中予以确认，从而需要对财务报表相关项目进行调整；或者资产负债表日已确认的某项负债，在资产负债表日后至财务报告批准报出日之间获得新的或进一步的证据，表明需要对已经确认的金额进行调整。

【例 10-4】 甲公司 2018 年 12 月 31 日涉及一项未决诉讼，甲公司估计败诉的可能性为 75%，如果败诉很可能赔偿的金额为 110 万元。该诉讼原因是甲公司与乙公司签订一项供销合同，约定甲公司在 2018 年 11 月份供应给乙公司一批物资。由于甲公司未能按照合同发货，导致乙公司发生重大经济损失，甲公司按照法律程序要求乙公司赔偿经济损失 160 万元，截止 12 月 31 日法院尚未判决。假定甲公司的税前利润为 12 000 万元，税法规定，因该事项确认的预计负债，其产生的损失仅允许在实际支出时予以税前扣除。

要求：编制甲公司 2018 年末的会计分录。

分析：由于截止 12 月 31 日法院尚未判决，但是甲公司估计败诉的可能性为 75%，如果败诉很可能赔偿的金额为 110 万元。所以应该在资产负债表中确认 110 万元的预计负债。

借：营业外支出　　　　1 100 000

　　贷：预计负债　　　　1 100 000

又因为税法规定，因该事项确认的预计负债，其产生的损失仅允许在实际支出时予以税前扣除，所以应确认递延所得税资产 110 × 25% = 27.5 (万元)

借：所得税费用　　　　(120 000 000 × 25%) 30 000 000

　　递延所得税资产　　　　275 000

　　贷：应交税费——应交所得税 [(120 000 000 + 11 000 000) × 25%] 30 275 000

【例 10-5】 承接例 10-4，假定 2019 年 2 月 20 日，经法院一审判决，甲公司需要偿付乙公司经济损失 120 万元，甲公司与乙公司均同意不再上诉，赔款已经支付。

要求：编制甲、乙公司的账务处理。

分析：甲公司实际赔偿乙公司 120 万元，属于资产负债表日后事项的调整事项，对已经确认预计负债金额的调整。

(1) 甲公司赔偿 120 万元应该做的账务处理：

借：以前年度损益调整——调整营业外支出　　　　100 000

　　预计负债　　　　1 100 000

　　贷：其他应付款　　　　1 200 000

借：其他应付款　　　　1 200 000

　　贷：银行存款　　　　1 200 000

注意：资产负债表日后事项准则规定，对于调整事项不能直接调整报告年度的货币资金项目和现金流量表正表，即对于该题要通过“其他应付款”科目做一下过渡。

(2) 调整所得税，赔偿支出 120 万元会减少应交所得税金额为 120 × 25% = 30 (万元)

借：应交税费——应交所得税 (1 200 000 × 25%) 300 000

　　贷：以前年度损益调整——调整所得税费用 300 000

借：以前年度损益调整——调整所得税费用 275 000

　　贷：递延所得税资产 (1 100 000 × 25%) 275 000

(3) 将“以前年度损益调整”科目余额转入“利润分配——未分配利润”，“以前年度损益调整”科目余额 = 30 − 10 − 27.5 = − 7.5(万元)为借方余额。

借：利润分配—未分配利润 75 000

　　贷：以前年度损益调整 75 000

借：盈余公积 7 500

　　贷：利润分配——未分配利润 7 500

(4) 调整甲公司 2018 年的会计报表的相关项目的数字。

甲资产负债表项目的调整：调减递延所得税资产项目 27.5 万元，调减应交税费项目 30 万元，调增其他应付款项目 120 万元，调减预计负债项目 110 万元；调减盈余公积项目 0.75 万元；调减利润分配——未分配利润项目 6.75(7.5 − 0.75)万元。

① 利润表项目的调整：

调增营业外支出项目 10 万元，调减所得税费用 2.5(30 − 27.5)万元。

② 所有者权益变动表项目的调整：

调减净利润 7.5 万元；提取盈余公积项目中盈余公积一栏调减 0.75 万元，未分配利润一栏调减 6.75 万元。

(5) 调整 2019 年 2 月份资产负债表相关项目的年初数。(资产负债表略)

乙公司的账务处理：

① 乙公司或有资产只有在基本确定能收到赔款时才确定该资产，所以乙公司 2018 年末不编制会计分录，但是需要披露。

② 2019 年的乙公司的财务处理。

a. 收到赔偿款时：

借：其他应收款 1 200 000

　　贷：以前年度损益调整——调整营业外收入 1 200 000

借：银行存款 1 200 000

　　贷：其他应收款 1 200 000

注意：这里只是通过“其他应收款”科目进行过渡，具体原因与甲公司处理其他应付款原因相同。

b. 调整所得税：

借：以前年度损益调整——所得税费用 300 000

　　贷：应交税费——应交所得税 (1 200 000 × 25%) 300 000

c. 将“以前年度损益调整”科目余额转入未分配利润

借：以前年度损益调整 (12 000 000 − 300 000) 900 000

　　贷：利润分配——未分配利润 90 000

同时，按照净利润的 10%补提盈余公积，即 90 × 10% = 9 (万元)

借：利润分配——未分配利润　90 000
　　贷：盈余公积　90 000

【例 10-6】　承接例 10-4，若假定 2019 年 2 月 20 日，经法院一审判决，需要偿付乙公司经济损失 120 万元，甲公司不服并提出上诉，但是律师认为二审很可能会维持原判，要求给出甲公司的账务处理。

分析：该事项属于资产负债表日后事项，资产负债表日已确认的预计负债金额为 110 万元，在 2019 年 2 月 20 日，经法院一审判决，需要偿付乙公司经济损失 120 万元，甲公司不服并提出上诉，但是律师认为二审很可能会维持原判，表明需要对已经确认的金额进行调整。

甲公司的账务处理：

借：以前年度损益调整——调整营业外支出　100 000
　　贷：预计负债　100 000
借：递延所得税资产　(100 000 × 25%) 25 000
　　贷：以前年度损益调整——调整所得税费用　25 000
借：利润分配——未分配利润　75 000
　　贷：以前年度损益调整　75 000
借：盈余公积　7 500
　　贷：利润分配——未分配利润　7 500

调整报表略。

【例 10-7】　甲公司是国内一家上市公司。2014 年 10 月 25 日，甲公司向丙银行借款 3 亿元。借款期限为 4 年，年利率为 5%，按年支付利息，到期一次偿还本金。借款协议约定：如果甲公司不能按期支付利息，则从违约日起按年利率 6%加收罚息。2014 年、2015 年，甲公司均按期支付丙银行借款利息。2016 年 1 月起，因受国内外市场影响，甲公司资金出现周转困难，当年没有按期支付该年利息。因此，2016 年末甲公司按 6%年利率计算的该笔借款自 2016 年 1 月起的罚息 1 800 万元。

2016 年 12 月 26 日，甲公司与丙银行协商，由丙银行向其总行申请减免甲公司的罚息。甲公司编制 2016 年财务报表时，根据与丙银行债务重组的进展情况，预计双方将于近期达成减免罚息的协议，并据此判断 2016 年原按照 6%年利率计提该笔借款罚息 1 800 万元应全部冲回。

2017 年 3 月 29 日，在甲公司 2016 年度财务报告经董事会批准报出日之前，甲公司与丙银行签订了《罚息减免协议》，协议的主要内容与之前甲公司估计的情况基本相符，即从 2017 年起，如果甲公司于借款到期时偿还本金，甲公司只需按照 6%的年利率支付 2016 年及以后各年的利息；同时，免除 2016 年的罚息 1 800 万元。

假定：甲公司上述借款按照摊余成本计量，不考虑折现及其他因素。

(1) 判断甲公司能否根据 2016 年资产负债表日债务重组的协商进度估计应付利息的金额并据此进行会计处理，说明理由。

(2) 判断资产负债表日后事项期间达成的债务重组协议是否应作为甲公司 2016 年调整事项，并说明理由。

(3) 判断甲公司与丙银行签订《罚息减免协议》后，甲公司是否可于协议签订日确认债务重组利得，并说明理由。

(4) 计算甲公司2016年度该笔借款在资产负债表中列示的金额。

分析：

(1) 甲公司编制2016年财务报表时，根据与丙银行债务重组的进展情况，预计双方将于近期达成减免罚息的协议，该协议并不能基本确定不用支付罚息，根据或有事项的确认原则，仍需按照协议规定计提罚息。

(2) 2017年3月29日，在财务报表批准报出日前，甲公司与丙银行签订债务重组协议，该事项属于资产负债表日后新发生的事项，不应作为调整事项，应作为非调整事项在2016年的报表附注中披露该事项。

(3) 甲公司不应该确认该重组利得，甲公司应当在债务重组日确认重组利得，而不是在协议签订日确认重组利得。

(4) 甲公司2016年在资产负债表的列示为：长期借款3亿元，应付利息为30 000 × 5% = 1 500(万元)，其他应付款30 000 × 6% = 1 800(万元)。

2. 资产负债表日后取得确凿证据，表明某项资产在资产负债表日发生了减值或者需要调整该项资产原先确认的减值金额

这一事项指在资产负债表日，根据当时的资料判断某项资产可能发生了损失或减值，但没有最后确定是否会发生，因而按照当时的最佳估计金额反映在财务报表中；但在资产负债表日至财务报告批准报出日之间，所取得的确凿证据能证明该事实成立，即某项资产已经发生了损失或减值，则应对资产负债表日所做的估计予以修正。

【例10-8】 甲公司2018年8月销售给丁公司一批产品，货款为2 000万元(含增值税)，丁公司于9月份收到产品并验收入库，按照合同规定，丁公司应于收到甲公司产品后一个月内付款。由于丁公司财务状况不佳，截止到2018年12月31日丁公司仍未付款。甲公司于12月31日估计该款项短期内不可能收回，根据应收账款余额与违约损失率计算的整个存续期预期信用损失准备为300万元；税法规定，坏账准备在实际发生前不得税前扣除，在实际发生时允许税前扣除。假定甲公司会计利润为12 000万元。

要求：

(1) 编制甲公司2018年末的会计分录；

(2) 甲公司于2019年2月28日收到丁公司通知，丁公司已宣告进行破产清算，无力偿还所欠的大部分货款，甲公司预计可收回应收账款的10%。编制甲公司的会计分录。

分析：

(1) 甲公司2018年末的会计分录：

借：信用减值损失　　3 000 000

　　贷：坏账准备　　3 000 000

借：所得税费用　　(120 000 000 × 25%) 30 000 000

　　递延所得税资产　　(3 000 000 × 25%) 750 000

　　贷：应交税费——应交所得税　　[(120 000 000 + 3 000 000) × 25%] 30 750 000

(2) 截止到2018年12月31日丁公司仍未付款。甲公司于12月31日估计该款项短期内不可能收回，根据应收账款余额与违约损失率计算的整个存续期预期信用损失准备为

300 万元，可判断该事项为资产负债表日后调整事项。

甲公司的会计处理：

借：以前年度损益调整——调整信用减值损失(20 000 000 × 90% − 3 000 000) 15 000 000
　　贷：坏账准备　15 000 000
借：递延所得税资产　(15 000 000 × 25%) 3 750 000
　　贷：以前年度损益调整——调整所得税费用　3 750 000

借：利润分配——未分配利润　11 250 000
　　贷：以前年度损益调整　(15 000 000 − 3 750 000) 11 250 000
借：盈余公积　1 125 000
　　贷：利润分配——未分配利润　(11 250 000 × 10%) 1 125 000

调整报表略。

3．资产负债表日后进一步确定了资产负债表日前购入资产的成本或售出资产的收入

这类调整事项包括两方面的内容：

(1) 若资产负债表日前购入的资产已经按暂估金额等入账，资产负债表日后获得证据，可以进一步确定该资产的成本，则应该对已入账的资产成本进行调整。例如，购建固定资产已经达到预定可使用状态，但尚未办理竣工决算，企业已办理暂估入账；资产负债表日后办理决算，此时应根据竣工决算的金额调整暂估入账的固定资产成本等。

(2) 企业符合收入确认条件确认资产销售收入，但资产负债表日后获得关于资产收入的进一步证据，如发生销售退回、销售折让等，此时也应调整财务报表相关项目的金额。注意调整事项发生于所得税汇缴前后的处理，调整事项发生于所得税汇缴前后，调整的都是报告年度的收入和成本，但是对于所得税费用的调整不一样，在所得税汇缴前，通过“以前年度损益调整——所得税费用”科目调整，在所得税汇缴后，通过调整“所得税费用”科目调整。

【例 10-9】 甲公司 2020 年 3 月 12 日收到乙公司退回的产品。按照税法规定，甲公司已经收到乙公司提供的红字增值税专用发票，并办理减少当期应纳税所得额处理。该项销售业务是甲公司 2019 年 10 月 12 日销售给乙公司的一批产品，价款 1 500 万元，产品成本 1 000 万元，乙公司若取得货物在验收货物时发现不符合合同要求可以退货，截至 12 月 31 日甲公司和乙公司仍在协商退货事宜，因此甲公司 2019 年 12 月 31 日仍确认了收入，将此应收账款 1 695 万元(含增值税)列入资产负债表应收账款项目，对此项应收账款于年末未计提坏账准备。涉及报告年度所属期间的销售退回发生于报告年度所得税汇算清缴之前。

要求：编制甲公司的账务处理。

分析：根据例题叙述可知，截至 12 月 31 日甲公司和乙公司仍在协商退货事宜，可知该事项在资产负债表日已经存在，资产负债表日后 2020 年 3 月 12 日，乙公司退货属于资产负债表日后调整事项。

甲公司的账务处理：

借：以前年度损益调整——调整营业收入　15 000 000
　　应交税费——应交增值税(销项税额)　(15 000 000 × 13%) 1 950 000

贷：应收账款　16 950 000

借：库存商品　10 000 000

贷：以前年度损益调整——调整营业成本　10 000 000

借：应交税费——应交所得税　[(15 000 000 − 10 000 000) × 25%] 1 250 000

贷：以前年度损益调整——调整所得税费用　1 250 000

借：利润分配——未分配利润　375 000

贷：以前年度损益调整　(15 000 000 − 10 000 000 − 1 250 000) 3 750 000

借：盈余公积　375 000

贷：利润分配——未分配利润　(3 750 000 × 10%) 375 000

调整报表略。

【例 10-10】　甲公司为国内上市公司，2018 年度财务报表于 2019 年 3 月 29 日经董事会批准对外报出。2018 年甲公司发生的有关交易或事项如下：

(1) 甲公司对其所售乙产品一直实施“三包”服务，根据产品“三包”服务质量保证条款，售出乙产品在两年内出现非正常损坏的质量问题，甲公司负责免费维修、调换。甲公司 2018 年年初和“三包”服务相关的预计负债账面余额为 50 万元，本年实际发生“三包”质保费用 40 万元。甲公司 2018 年乙产品的销售收入总额为 60 000 万元。按照公司售出乙产品的经验估计，甲公司估计 2018 年售出的乙产品 80%不会发生质量问题，发生较小质量问题可能为 16%，发生较大质量问题可能为 3%，发生严重质量问题 1%。按照维修费用惯例，发生较小质量、较大质量、严重质量所花费的维修费用分别为当年销售收入的 0.5%、2%和 1%。计算预计负债的期末余额并写出甲公司的相关会计处理。

(2) 2019 年 1 月 21 日，甲公司接到其客户丙公司通知，因丙公司所在地于 2019 年 1 月 15 日发生洪水，导致丙公司财产损失严重，不能到期偿付所欠甲公司货款 1 500 万元的 60%。甲公司已对该应收账款于 2018 年末计提 300 万元的坏账准备。编制甲公司的会计分录。

(3) 根据甲公司与丁公司签订的协议，甲公司应于 2018 年 10 月 21 日向丁公司销售乙产品一批，由于甲公司未能按期交付乙产品，致使丁公司向其客户延迟交付商品而发生违约损失 1 200 万元。丁公司于 2018 年 10 月 28 日向法院提起诉讼，要求甲公司按照合同约定支付违约金 900 万元以及丁公司违约损失 1 200 万元。

截至 2018 年 12 月 31 日，双方拟进行和解，和解协议还未达成。甲公司经咨询其法律顾问后，预计赔偿金额很可能在 900 万元至 1 200 万元之间。甲公司于年末确认 1 050 万元的预计负债。2019 年 2 月 12 日，甲公司与丁公司达成和解协议：甲公司支付违约金 900 万元和丁公司的违约损失 500 万元，丁公司同意撤诉。甲公司于 2019 年 4 月 20 日通过银行转账支付上述款项。本题不考虑相关税费及其他因素。要求写出甲公司的账务处理。

分析：

(1) 应计提的预计负债 = 60 000 × (16% × 0.5% + 3% × 2% + 1% × 1%) = 48 + 36 + 6 = 90(万元)，则甲公司 2018 年年末预计负债余额 = 50 − 40 + 90 = 100 (万元)

借：预计负债　400 000

贷：银行存款　400 000

借：销售费用 900 000
　　贷：预计负债 900 000

(2) 2019 年 1 月 21 日，甲公司的客户丙公司发生洪水，属于资产负债表日后新发生的事项，为非调整事项，应在附注中适当披露。

(3) 2019 年 2 月 12 日，甲公司与丁公司达成和解协议，该协议在资产负债表日已经存在：截至 2018 年 12 月 31 日，双方拟进行和解，和解协议还未达成。所以该事项属于资产负债表日后调整事项。

借：以前年度损益调整——调整营业外支出
(9 000 000 + 5 000 000 − 10 500 000) 3 500 000
　　贷：预计负债 3 500 000
借：预计负债 (3 500 000 + 10 500 000) 14 000 000
　　贷：其他应付款 14 000 000
借：其他应付款 14 000 000
　　贷：银行存款 14 000 000
借：利润分配——未分配利润 3 500 000
　　贷：以前年度损益调整 3 500 000
借：盈余公积 350 000
　　贷：利润分配——未分配利润 350 000

财务报表调整略。

4．资产负债表日后发现了财务报表舞弊或差错

这一事项指资产负债表日后至财务报告批准报出日之前发生的属于资产负债表期间或以前期间存在的财务报表舞弊或差错，这种舞弊或差错应当作为资产负债表日后调整事项，调整报告年度的年度财务报告或中期财务报告相关项目的数字。

第三节　资产负债表日后非调整事项的会计处理

一、非调整事项的处理原则

资产负债表日后发生的非调整事项，表明资产负债表日后发生的情况的事项，与资产负债表日存在状况无关，不应当调整资产负债表日的财务报表。但有的非调整事项对财务报告使用者具有重大影响，如不加以说明，将不利于财务报告使用者做出正确估计和决策。因此，应在附注中进行披露。

二、非调整事项的具体会计处理办法

资产负债表日后发生的非调整事项，应当在报表附注中披露每项重要的资产负债表日后非调整事项的性质、内容及其对财务状况和经营成果的影响。无法做出估计的，应当说明原因。

资产负债表日后非调整事项的主要例子有：

(1) 资产负债表日后发生重大诉讼、仲裁和承诺。资产负债表日后发生的重大诉讼等事项，对企业影响较大，为防止误导投资者及其他财务报告使用者，应当在报表附注中披露。

(2) 资产负债表日后资产价格、税收政策、外汇汇率发生重大变化。资产负债表日后发生的资产价格、税收政策和外汇汇率的重大变化，虽然不会影响资产负债表日财务报表相关项目的数据，但对企业资产负债表日后期间的财务状况和经营成果有重大影响，应当在报表附注中予以披露，如发电企业资产负债表日后发生的上网电价的调整。

(3) 资产负债表日后因自然灾害导致资产发生重大损失。

(4) 资产负债表日后发行股票和债券以及其他巨额举债。企业发行股票、债券以及向银行或非银行金融机构举借巨额债务都是比较重大的事项，虽然这一事项与企业资产负债表日的存在状况无关，但这一事项的披露能使财务报告使用者了解与此有关的情况及可能带来的影响。因此，应当在报表附注中对其进行披露。

【例 10-11】 甲公司 2018 年度财务报告于 2019 年 4 月 30 日经董事会批准对外报出。2019 年 3 月 15 日，甲公司向戊银行借款 5 000 万元，由于该事项发生于资产负债表日后至财务报表批准报出日之间，且甲银行的该举债金额重大，属于非调整事项，应该在附注中做适当披露。

(5) 资产负债表日后资本公积转增资本。企业以资本公积转增资本将会改变企业的资本(或股本)结构，影响较大，应当在报表附注中进行披露。

(6) 资产负债表日后发生巨额亏损。企业资产负债表日后发生巨额亏损将会对企业报告期以后的财务状况和经营成果产生重大影响，应当在报表附注中及时披露该事项，以便为投资者或其他财务报告使用者做出正确决策提供信息。

(7) 资产负债表日后发生企业合并或处置子公司。企业合并或者处置子公司的行为可以影响股权结构、经营范围等方面，对企业未来的生产经营活动能产生重大影响，应当在报表附注中进行披露。

(8) 资产负债表日后，企业利润分配方案中拟分配的以及经审议批准宣告发放的现金股利或利润。资产负债表日后，企业制定利润分配方案，拟分配或经审议批准宣告发放现金股利或利润的行为，并不会导致企业在资产负债表日形成现时义务，虽然该事项的发生可导致企业负有支付股利或利润的义务，但支付义务在资产负债表日尚不存在，不应该调整资产负债表日的财务报告。因此，该事项为非调整事项。但为便于财务报告使用者更充分地了解相关信息，企业需要在财务报告中适当披露该信息。

✧✧✧✧✧ 练　习　题 ✧✧✧✧✧

一、单项选择题

1. 企业在资产负债表日后期间发生的下列事项，属于非调整事项的是(　　)。
   A. 报告年度已售的商品发生销售退回
   B. 报告期存在的未决诉讼判决
   C. 发现报告年度重大会计差错

D．企业在银行大规模借债

2．企业对资产负债表日后发生的非调整事项的处理中，正确的是(　　)。

A．需要调整报告年度的财务报表

B．重要的非调整事项应当在报告年度的报表附注中披露

C．应当在报表附注中披露，同时需要调整报告年度的报表

D．既不需要调整报告年度的报表，也不需要在报表附注中披露

3．下列有关资产负债表日后事项的表述中，正确的是(　　)。

A．调整事项是资产负债表日后新发生的事项，与报告期财务状况无关

B．调整事项是资产负债表日后期间所发生的有利于资产负债表日财务状况的事项

C．非调整事项是资产负债表日后期间所发生的不利于资产负债表日财务状况的事项

D．资产负债表日至财务报告批准报出日之间发生的需要调整或说明的有利或不利事项

4．甲公司是一家专门从事大型机械设备的生产与销售的上市公司，乙会计师事务所在2018年3月对甲公司进行年度审计时，发现如下问题：① 2017年末库存机械设备账面余额为320万元。经检查，该批机械设备的预计售价为300万元，预计销售费用和相关税金为20万元。当时由于疏忽，将预计售价误记为350万元，未计提存货跌价准备。② 2017年12月16日，甲公司购入1 000万元股票，并将其指定为以公允价值计量且其变动计入其他综合收益的非权益性交易工具投资。12月31日的股票收盘价为900万元。甲公司按其购入成本列报在资产负债表中。甲公司适用的所得税税率为25%，按照净利润的10%计提法定盈余公积。根据上述审计发现的问题，甲公司进行的下列调整不正确的是(　　)。

A．调减报告年度存货项目金额40万元

B．调减报告年度递延所得税资产项目金额10万元

C．调减报告年度年其他综合收益75万元

D．调减报告年度所得税费用25万元

5．下列有关资产负债表日后事项的说法中，不正确的是(　　)。

A．资产负债表日后事项涵盖期间指年度资产负债表日的下一天至董事会或类似机构批准财务报告对外公布的日期

B．非调整事项是报告年度资产负债表日及之前不存在的事项

C．资产负债表日后发生的调整事项都需要通过“以前年度损益调整”科目调整

D．财务报告批准报出以后、实际报出之前又发生与资产负债表日后事项有关的事项，并由此影响财务报告对外公布日期的，日后事项涵盖期间应以董事会或类似机构再次批准财务报告对外公布的日期为截止日期

6．甲公司在2018年的财务报告批准报出日之前，发现了2017年的重大会计差错，正确的会计处理是(　　)。

A．应当作为本期会计差错处理

B．应当作为本期发现以前年度会计差错处理

C．需要在当期报表附注中披露

D．应当作为资产负债表日后调整事项做出相应调整

7．甲公司2018年的财务报告于2019年4月30日经董事会批准报出，2018年所得税汇算清缴于 2019 年 4 月 30 日完成，甲公司在资产负债表日后事项期间发生下列事项：① 2019年2月20日，持有的以公允价值计量且其变动计入当期损益的股票市价下跌，该金融资产的账面价值为600万元，现行市价为500万元。② 2019年2月15日遭受自然灾害，购入的存货发生毁损100万元。③ 2019年3月18日公司董事会提出2018年年度利润分配方案为每5股派1元现金股利。④ 2019年4月20日公司在年前违约诉讼案件的判决结果是支付赔偿金300万元，双方均同意该判决结果，不再上诉。公司在2018年末已确认预计负债350万元。税法规定，该诉讼损失实际发生时允许税前扣除。⑤ 2019 年 4 月 20 日，因产品质量原因，客户将 2018 年 12 月 11 日购入的一批大额商品退回，全部价款为600万元，成本为500万元。甲公司适用的所得税税率为25%，下列有关甲公司对资产负债表日后事项会计处理的表述中，正确的是(　　)。

A．甲公司因产品退回应调整报告年度营业收入600万元、营业成本500万元

B．因股票市价下跌，甲公司应调减报告年度公允价值变动损益100万元

C．甲公司董事会提出2018年年度利润分配方案应作为调整事项处理

D．法院判决违约损失，甲公司应调增报告年度预计负债50万元

8．下列有关资产负债表日后事项的表述中，正确的是(　　)。

A．资产负债表日至财务会计报告批准报出日之间，由董事会制定的财务会计报告所属期间利润分配方案中法定盈余公积的提取，应作为调整事项处理

B．资产负债表日后发生的调整事项如涉及现金收支项目的，均可以调整报告年度资产负债表的货币资金项目，但不调整报告年度现金流量表各项目数字

C．资产负债表日后事项，作为调整事项调整会计报表有关项目数字后，还需要在会计报表附注中进行披露

D．资产负债表日至财务会计报告批准报出日之间，由董事会制定的财务会计报告所属期间利润分配方案中的现金股利，应作为调整事项处理

9．上市公司甲2018年的财务报告于2019年4月20日对外公告。2019年2月18日，甲公司 2018 年 10 月 10 日销售给丁公司的一批商品由于质量问题而被退回。该批商品的销售价格为1 000万元，增值税额130万元，成本为800万元，控制权已转移但丁公司货款未支付。经核实，该批商品已办理了退货手续并且已入库。甲公司对该事项作为资产负债表日后调整事项处理，甲公司适用的所得税税率25%，则甲公司调整该事项对报告年度净损益的影响金额是(　　)。

A．200万元　　　　B．330万元

C．−150万元　　　　D．247.75万元

10．甲公司2019年12月31日应收丙公司账款3 000万元，按照预期信用损失的估计已计提坏账准备150万元。2020年2月21日，甲公司知悉丙公司于2020年2月19日向法院申请破产。甲公司估计该应收丙公司账款全部无法收回。甲公司2019年的财务报告于2020年4月20日经董事会批准对外报出。甲公司适用的所得税税率为25%，甲公司按照净利润的10%提取法定盈余公积。不考虑其他事项，该资产负债表日后事项对报告年度的未分配利润的影响金额是(　　)。

A．285 万元　　B．2137.5 万元

C．2 850 万元　　D．2 250 万元

二、多项选择题

1．甲公司在资产负债表日后涵盖期间内发生的如下事项属于资产负债表日后调整事项的(　　)。

A．发现报告年度财务报表存在会计差错

B．国家发布最新税收政策发生重要变化

C．公司进行资本公积转增股本

D．获得进一步证据表明需要增加资产负债表日计提的预计负债金额

2．甲公司由于合同违约于 2019 年 10 月被丁公司起诉，该项诉讼在 2019 年 12 月 31 日尚未判决。甲公司的律师认为很有可能败诉，公司对该项诉讼确认了预计负债 200 万元。2020 年 2 月 18 日财务报告批准报出之前，法院判决甲公司需要偿付丁公司的经济损失 220 万元，甲公司同意判决结果，并且以银行存款支付了相应的赔偿款项。作为资产负债表日后调整事项，甲公司应做的会计处理包括(　　)。

A．调增报告年度资产负债表其他应付款 220 万元

B．调减报告年度资产负债表预计负债 200 万元

C．调减报告年度资产负债表银行存款 220 万元

D．调整报告年度现金流量表正表相关项目

3．下列各项业务中，需要调整当期期初留存收益的有(　　)。

A．资产负债表日后涵盖期间发现报告年度漏记了管理用固定资产折旧 500 万元

B．资产负债表日后涵盖期间发现上年度以现金结算的股份支付确认了成本费用和资本公积 200 万元

C．因固定资产预期耗费形式发生变化，将固定资产折旧方法由直线法改为双倍余额递减法

D．资产负债表日后涵盖期间发生销售退回，该销售在报告年度已确认收入 1 100 万元，结转成本 800 万元

4．资产负债表日后涵盖期间发生销售退回，企业的会计处理中正确的有(　　)。

A．销售退回发生于报告年度所得税汇算清缴之前，涉及应交所得税的，应当通过调整报告年度应交所得税的金额

B．销售退回发生于报告年度所得税汇算清缴之后，涉及应交所得税的，不调整报告年度应交所得税的金额，应作为报告年度次年的纳税调整事项

C．资产负债表日后期间发生的销售退回，仅包括报告年度或报告中期销售的商品在资产负债表日后期间发生的销售退回

D．资产负债表所属期间或以前期间所售商品在资产负债表日后期间发生退回的，应作为资产负债表日后调整事项处理

5．下列发生在资产负债表日后期间的事项中属于资产负债表日后事项的有(　　)。

A．支付销售人员的工资　　B．当地发生自然灾害

C．公司发行新债券　　D．报告年度金融资产发生减值

6．甲公司2019年的财务报告于2020年4月30日经董事会批准对外报出。不考虑其他因素，甲公司2019年发生的下列交易或事项中，应该作为调整事项处理的有(　　)。

A．2月10日，公司新发行债券1 000万元

B．3月15日，2019年被提起诉讼的案件结案，判决金额与2019年已计提金额相差200万元

C．5月20日，发现2019年漏记一项固定资产

D．2月18日，收到销售退回的商品一批，报告年度已确认营业收入100万元，结转营业成本80万元

7．下列关于重要的资产负债表日后非调整事项的披露，说法正确的有(　　)。

A．非调整事项的性质应该进行披露

B．非调整事项的内容应该进行披露

C．应披露非调整事项对经营成果的影响

D．对于无法做出估计的非调整事项应披露其未来期间的处理

三、判断题

1．资产负债表日后期间内企业发行股票属于调整事项。(　　)

2．资产负债表日后期间发生的调整事项需要在报告年度报表附注中进行适当披露。(　　)

3．资产负债表日后期间发生的非调整事项需要调整报表的项目的相关数字。(　　)

4．资产负债表日后涵盖期间为资产负债表日至董事会或类似机构批准报表报出日。(　　)

5．资产负债表日后调整事项是对资产负债表日已存在的状况提供了新的或者进一步证据的状况。(　　)

6．企业对于资产负债表日后重大的非调整事项进行适当披露即可。(　　)

7．企业董事会提出股票股利分配方案属于非调整事项。(　　)

8．资产负债表日后期间发现报告年度以前期间发生的会计差错，需要通过“以前年度损益调整”科目进行调整。(　　)

9．资产负债表日后期间发现了财务报表舞弊属于资产负债表日后调整事项。(　　)

10．资产负债表日后调整事项影响损益的通过“以前年度损益调整”科目进行调整，调整完成后转入“本年利润”科目。(　　)

四、计算分析题

甲公司为上市公司，其2019年度财务报告批准报出日为2020年4月30日，甲公司适用的所得税税率为25%，2019年所得税汇算清缴日为2020年3月25日。假定税法规定，除为第三方提供债务担保损失不得税前扣除外，其他诉讼损失在实际发生时允许税前扣除。甲公司按照净利润的10%计提法定盈余公积。乙会计师事务所在2020年4月20日对甲公司2019年度会计报表审计时，发现以下三个事项：

(1) 2019年11月10日，丙公司对甲公司提起诉讼，要求其赔偿由于违约造成的经济损失600万元，截止2019年12月31日法院仍在处理中，甲公司无法估计该项诉讼的结果。2020年2月10日，法院一审判决甲公司败诉，要求其支付赔偿款500万元，并承担

诉讼费 3 万元，甲公司对判决结果不服并提起上诉，截止财务报告批准报出前，该项上诉在尚未结案，甲公司预计二审很可能推翻原判，最终支付赔偿款 400 万元，并承担诉讼费 3 万元。

(2) 2019 年 11 月 15 日，丁公司对甲公司提起诉讼，要求甲公司赔偿违反经济合同所造成的经济损失 500 万元。报告年度年末，甲公司律师预计败诉的可能性为 85%，最高赔偿金额为 400 万元，甲公司在报表中计提了 400 万元的预计负债。2020 年 2 月 13 日，根据诉讼案情最新消息，甲公司律师预计赔偿金额在 310 万元～330 万元之间任一金额且概率均等。截止财务报告批准报出前该诉讼尚未结案。

(3) 2019 年 12 月 20 日，由于合同违约戊公司对甲公司提起诉讼，甲公司估计败诉的可能性为 80%，如败诉，赔偿金额估计为 200 万元，甲公司实际确认预计负债 200 万元。2020 年 3 月 18 日法院判决甲公司败诉、赔偿金额为 260 万元。甲公司同意判决结果且赔偿款项已支付。

(4) 丙公司从戊银行取得一笔借款，甲公司为该笔贷款提供担保，担保责任：丙公司借款本息和罚息总金额的 80%。截止 2019 年 12 月 31 日丙公司逾期无力偿还借款，被戊银行起诉，甲公司成为连带责任人，戊银行要求丙公司与被担保甲公司共同偿还贷款本息 1 200 万元以及支付罚息 20 万元。截止报告资产负债表日该诉讼仍未结案。甲公司估计有 80%的可能性需要承担担保责任，并且丙公司没有偿还能力。甲公司在 2019 年 12 月 31 日确认了相关的预计负债 976 万元。2020 年 3 月 31 日法院判决丙公司与甲公司败诉，其中甲公司偿还贷款本金 1 200 万元和罚息 60 万元总额的 80%。甲公司同意不再上诉，且支付赔偿款项。

要求：根据以上资料编制相关的会计分录。

第十一章 所 得 税

教学目的与要求

通过本章的学习，了解资产负债表债务法的含义和基本核算程序，掌握资产和负债的计税基础，重点掌握暂时性差异的类型、递延所得税负债和递延所得税资产的确认和计量以及所得税费用的确认和计量。

第一节 所得税的计税方法与计税基础

一、所得税的计税方法

企业会计准则和所得税税法是基于不同目的、遵循不同原则分别制定的，两者在资产与负债的计量标准、收入与费用的确认原则等方面存在着一定的分歧，导致企业一定期间按企业会计准则的要求确认的会计利润往往不等于按税法规定计算的应纳税所得额。所得税会计是研究如何处理会计利润和应纳税所得额之间差异的会计理论与方法，是针对会计与税收规定之间的差异，在所得税会计核算中的具体体现。

根据我国《企业会计准则第 18 号——所得税》的规定，我国所得税会计采用资产负债表债务法核算所得税。

(一) 资产负债表债务法的含义

资产负债表债务法是从资产负债表出发，对资产或负债按照会计准则规定确定的账面价值与按照税法规定确定的计税基础的不同而产生的差异，确认为递延所得税资产或递延所得税负债，并在此基础上确定所得税费用的方法。从本质上来看，该方法中涉及两张资产负债表：一个是按照会计准则规定编制的资产负债表，有关资产、负债在该表上以其账面价值体现；另外一个是假定按照税法规定进行核算编制的资产负债表，其中资产、负债列示的价值量为其计税基础。

(二) 资产负债表债务法的基本核算程序

在资产负债表债务法下，企业一般应于资产负债表日进行所得税核算。在发生如企业合并等特殊交易或事项时，应在确认因交易或事项取得的资产、负债时，确认相关的所得税影响。资产负债表债务法的基本核算程序如下。

1．确定资产和负债的账面价值

资产和负债的账面价值，是指资产和负债在资产负债表中应列示的金额。例如，某企业存货的账面余额为 900 万元，企业在会计期末对存货计提了 50 万元的跌价准备，则存货的账面价值为 850 万元，存货在资产负债表中应列示的金额为 850 万元。

2．确定资产和负债的计税基础

资产和负债的计税基础应按照会计准则中对资产和负债计税基础的确定方法，以适用的税收法规为基础进行确定。

3．确定递延所得税

对比资产和负债的账面价值和计税基础的差异，分析其性质，除准则中规定的特殊情况外，应分别按照应纳税暂时性差异和适用税率确定递延所得税负债的期末余额，按照可抵扣暂时性差异和适用税率确定递延所得税资产的期末余额，然后与递延所得税负债和递延所得税资产的期初余额进行比较，确定当期应予进一步确认或应予转回的递延所得税负债和递延所得税资产金额，并将二者的差额作为利润表中所得税费用的递延所得税部分。

4．确定当期所得税

按照适用的税法规定计算确定当期应纳税所得额，将应纳税所得额乘以适用的所得税税率计算确定当期应交所得税，作为利润表中所得税费用的当期所得税部分。

5．确定利润表中的所得税费用

利润表中的所得税费用由当期所得税和递延所得税两部分组成。企业在计算确定当期所得税和递延所得税的基础上，将两者之和(或之差)作为利润表中的所得税费用。

资产负债表债务法的基本核算程序如图 11-1 所示。

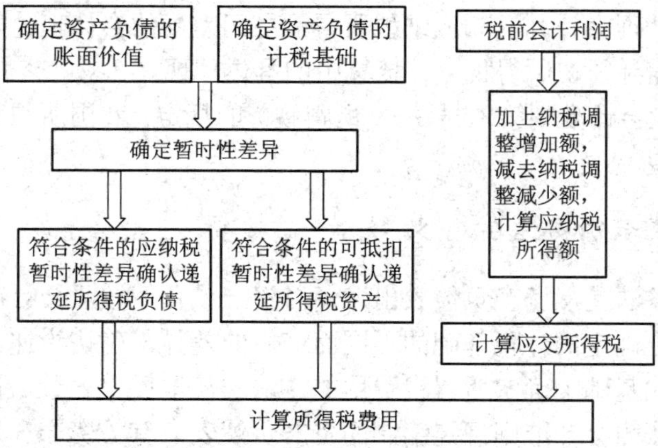

图 11-1　资产负债表债务法的基本核算程序

二、所得税的计税基础

(一) 资产的计税基础

资产的计税基础，是指企业收回资产账面价值过程中，计算应纳税所得额时按照税法规定可以自应税经济利益中抵扣的金额，即某一项资产在未来期间计税时按照税法规定可以税前扣除的总金额。

资产在初始确认时，其计税基础一般为取得成本，即企业为取得某项资产支付的成本在未来期间准予税前扣除。在资产持续持有的过程中，其计税基础是资产的取得成本减去以前期间按照税法规定已经税前扣除的金额后的余额。例如，固定资产、无形资产等长期资产在资产负债表日的计税基础是指其成本扣除按照税法规定已在以前期间税前扣除的累计折旧额或累计摊销额后的金额。

企业应当按照适用的税收法规的规定计算确定资产的计税基础。固定资产、无形资产等的计税基础可确定如下：

1. 固定资产

以各种方式取得的固定资产，初始确认时入账价值基本上是被税法认可的，即取得时其账面价值一般等于计税基础。

固定资产在持有期间进行后续计量时，会计上的基本计量模式是“成本－累计折旧－固定资产减值准备”，税收上的基本计量模式是“成本－按照税法规定计算确定的累计折旧”。会计与税收处理的差异主要来自于折旧方法、折旧年限的不同以及固定资产减值准备的计提。

(1) 折旧方法、折旧年限产生的差异。会计准则规定，企业可以根据固定资产经济利益的预期实现方式合理选择折旧方法，如年限平均法、双倍余额递减法和年数总和法等，其前提是有关的方法能够反映固定资产为企业带来经济利益的实现情况；而税法规定固定资产一般按年限平均法计提折旧，按照规定某些固定资产可以加速折旧的情况除外。

会计准则规定，企业可以根据固定资产的性质和使用情况合理确定折旧年限；而税法规定了每一类固定资产的最低折旧年限。

【例 11-1】　甲公司于 2017 年 12 月 20 日购入一台环保设备，原价为 800 万元，使用年限为 8 年，预计净残值为 0，采用年限平均法计提折旧。税法规定类似固定资产采用加速折旧法计提的折旧可予税前扣除，该企业在计税时采用双倍余额递减法计提折旧，预计净残值为 0。2018 年 12 月 31 日，该环保设备的账面价值和计税基础计算如下：

该环保设备的账面价值 = 800 − 800 / 8 = 700 (万元)

该环保设备的计税基础 = 800 − 800 × 2 / 8 = 600 (万元)

该环保设备由于会计处理和计税时采用的折旧方法不同，导致其账面价值 700 万元与其计税基础 600 万元产生了 100 万元差额，该差额代表着将于未来期间增加企业的应纳税所得额，产生未来期间应交所得税的增加。

【例 11-2】　仍以例 11-1 为例，假定税法规定的最短折旧年限为 10 年，采用年限平均法计提折旧，其他条件不变。2018 年 12 月 31 日，该环保设备的账面价值和计税基础计算如下：

该环保设备的账面价值 = 800 − 800 / 8 = 700 (万元)

该环保设备的计税基础 = 800 − 800 / 10 = 720 (万元)

该环保设备由于会计处理和计税时采用的折旧年限不同，导致其账面价值 700 万元与其计税基础 720 万元产生了 20 万元差额，该差额代表着将于未来期间减少企业的应纳税所得额，产生未来期间应交所得税的减少。

(2) 因计提固定资产减值准备产生的差异。会计准则规定，企业在持有固定资产期间，如果固定资产发生了减值，应当对固定资产计提减值准备；而税法规定，企业所计提的资产减值准备在发生实质性损失前不允许税前扣除，因此造成固定资产的账面价值与计税基础的差异。

【例 11-3】 乙公司于 2015 年 12 月 20 日购买某设备，成本为 1 600 万元，预计使用 10 年，预计净残值为 0，采用年限平均法计提折旧。2018 年 12 月 31 日，甲公司估计该设备可收回金额为 920 万元。假定税法规定的折旧方法、折旧年限与会计准则相同，企业的资产在发生实质性损失时可予税前扣除。2018 年 12 月 31 日，该设备的账面价值和计税基础计算如下：

该设备计提减值准备前的账面价值 = 1600 − 1 600 / 10 × 3 = 1 120 (万元)

可收回金额为 920 万元，应当计提 200 万元固定资产减值准备，计提该减值准备后，固定资产的账面价值为 920 万元。

该设备的账面价值 = 920 (万元)

该设备的计税基础 = 1 600 − 1 600 / 10 × 3 = 1 120 (万元)

该设备由于会计处理和计税时对固定资产减值准备的处理不同，导致其账面价值 920 万元与其计税基础 1 120 万元产生了 200 万元差额，该差额代表着将于未来期间减少企业的应纳税所得额，产生未来期间应交所得税的减少。

2. 无形资产

除内部研究开发形成的无形资产以外，以其他方式取得的无形资产，初始确认时其入账价值与税法规定的成本之间一般不存在差异。无形资产在后续计量时，会计与税收的差异主要产生于对无形资产是否需要摊销及无形资产减值准备的计提。

(1) 内部研究开发形成的无形资产导致的差异。对于内部研究开发形成的无形资产，会计准则规定有关研究开发支出区分两个阶段，研究阶段的支出和开发阶段符合资本化条件前的支出应当费用化计入当期损益，而开发阶段符合资本化条件的支出应当计入所形成无形资产的成本；税法规定，自行开发的无形资产，以开发过程中该资产符合资本化条件后至达到预定用途前发生的支出为计税基础。对于内部研究开发形成的无形资产，一般情况下初始确认时按照会计准则规定确定的成本与其计税基础应当是相同的。

但是，税法中规定企业为开发新技术、新产品、新工艺发生的研究开发费用，未形成无形资产计入当期损益的，在按照规定据实扣除的基础上，按照研究开发费用的 75%加计扣除；形成无形资产的，按照无形资产成本的 175%摊销，因而产生账面价值与计税基础在初始确认时的差异。

【例 11-4】 丙公司 2018 年开发一项新技术，共发生研究开发支出 1 000 万元，其中研究阶段支出 200 万元，开发阶段符合资本化条件前发生的支出为 200 万元，符合资本化条件后发生的支出为 600 万元。假定开发形成的无形资产在当期期末已达到预定用途，但尚未进行摊销。2018 年 12 月 31 日，该无形资产的账面价值和计税基础计算如下：

该无形资产的账面价值 = 600 (万元)

该无形资产的计税基础 = 600 × 175% = 1 050 (万元)

该项自行研发的无形资产符合税法加计扣除的条件，无形资产的账面价值 600 万元小于其计税基础 1050 万元，两者之间的差额 450 万元将于未来期间减少企业的应纳税所得额，产生未来期间应交所得税的减少。

(2) 使用寿命不确定的无形资产导致的差异。会计准则规定应根据无形资产使用寿命情况，区分为使用寿命有限的无形资产和使用寿命不确定的无形资产。对于使用寿命不确定的无形资产，不要求摊销，但在每个会计期末应进行减值测试；税法规定所有无形资产的成本，都应在一定期限内摊销，有关摊销额允许税前扣除，因而产生使用寿命不确定的无形资产在后续计量时账面价值与计税基础之间的差异。

【例 11-5】 2016 年 1 月 1 日，甲公司以 200 万元的成本取得某项无形资产，由于无法合理预计其使用寿命，划分为使用寿命不确定的无形资产。2016 年 12 月 31 日，对该项无形资产进行减值测试表明未发生减值。税法规定，对该项无形资产按照 10 年的期间采用直线法摊销，有关摊销额允许税前扣除。2016 年 12 月 31 日，该无形资产的账面价值和计税基础计算如下：

该无形资产的账面价值 = 200 (万元)

该无形资产的计税基础 = 200 − 200 / 10 = 180 (万元)

该使用寿命不确定的无形资产因会计准则和税法的规定不同，在后续计量时账面价值 200 万元大于计税基础 180 万元，两者之间的差额 20 万元将于未来期间增加企业的应纳税所得额，产生未来期间应交所得税的增加。

(3) 计提无形资产减值准备导致的差异。会计准则规定，企业在持有无形资产期间，如果无形资产发生了减值，应当对无形资产计提减值准备；而税法规定，企业所计提的资产减值准备在发生实质性损失前不允许税前扣除，因此造成无形资产的账面价值与计税基础的差异。

【例 11-6】 2015 年 1 月 1 日，甲公司购入一项专利权，成本为 600 万元，预计使用 10 年，采用直线法分期摊销。假定税法规定的摊销年限、摊销方法与会计相同。2017 年 12 月 31 日，甲公司估计该专利权的可回收金额为 300 万元。2017 年 12 月 31 日，该专利权的账面价值和计税基础计算如下：

该专利权计提减值准备前的账面价值 = 600 − 600 / 10 × 3 = 420 (万元)

可收回金额为 300 万元，应当计提 120 万元固定资产减值准备，计提该减值准备后，固定资产的账面价值为 300 万元。

该专利权的账面价值 = 300 (万元)

该专利权的计税基础 = 600 − 600 / 10 × 3 = 420 (万元)

该专利权由于会计处理和计税时对无形资产减值准备的处理不同，导致其账面价值 300 万元与其计税基础 420 万元产生了 120 万元差额，该差额代表着将于未来期间减少企业的应纳税所得额，产生未来期间应交所得税的减少。

3. 以公允价值计量且其变动计入当期损益的金融资产

按照《企业会计准则第 22 号——金融工具确认和计量》的规定，对于以公允价值计量且其变动计入当期损益的金融资产，其在会计期末的账面价值为公允价值；而税法规定，企业以公允价值计量的金融资产，持有期间公允价值的变动不计入应纳税所得额，即在会计期末的计税基础为其取得成本，因此造成该类金融资产账面价值与计税基础之间的差异。

企业持有的以公允价值计量且其变动计入其他综合收益的金融资产，计税基础也是其取得成本，可比照处理。

【例 11-7】 丁公司 2018 年 7 月 20 日以 1 800 万元取得乙公司股票 200 万股作为交易性金融资产核算，2018 年 12 月 31 日，丁公司尚未出售所持有乙公司股票，乙公司股票公允价值为每股 7.5 元。税法规定，交易性金融资产在持有期间公允价值的变动不计入当期应纳税所得额，待处置时一并计算应计入应纳税所得额的金额。2018 年 12 月 31 日，该交易性金融资产的账面价值和计税基础计算如下：

该交易性金融资产的账面价值 = 7.5 × 200 = 1 500 (万元)

该交易性金融资产的计税基础 = 1 800 (万元)

该交易性金融资产由于会计处理和计税时对持有期间公允价值变动的处理不同，导致其账面价值 1 500 万元与其计税基础 1 800 万元产生了 300 万元差额，该差额代表着将于未来期间减少企业的应纳税所得额，产生未来期间应交所得税的减少。

【例 11-8】 2017 年 10 月 18 日，戊公司以 1 500 万元成本取得一项债权性投资，作为以公允价值计量且其变动计入其他综合收益的金融资产核算。2017 年 12 月 31 日，该投资的市价为 1 575 万元。2017 年 12 月 31 日，该金融资产的账面价值和计税基础计算如下：

该金融资产的账面价值 = 1 575 (万元)

该金融资产的计税基础 = 1 500 (万元)

该金融资产由于会计处理和计税时对持有期间公允价值变动的处理不同，导致其账面价值 1 575 万元与其计税基础 1 500 万元产生了 75 万元差额，该差额代表着将于未来期间增加企业的应纳税所得额，产生未来期间应交所得税的增加。

4．其他资产

因会计准则规定与税法规定不同，企业持有的其他资产，可能造成其账面价值与计税基础之间存在差异，如：

(1) 投资性房地产。企业持有的投资性房地产进行后续计量时，会计准则规定可以采用两种模式：一种是成本模式，采用该种模式计量的投资性房地产，其账面价值与计税基础的确定与固定资产、无形资产相同；另一种是在符合规定条件的情况下，可以采用公允价值模式对投资性房地产进行后续计量。对于采用公允价值模式进行后续计量的投资性房地产，其账面价值的确定类似于以公允价值计量的金融资产，因税法中没有投资性房地产的概念及专门的税收处理规定，其计税基础的确定类似于固定资产或无形资产的计税基础。

【例 11-9】 甲公司于 2018 年 1 月 1 日将一栋成本为 750 万元的办公楼用于对外出租，该办公楼预计使用年限为 20 年，已使用 5 年，企业按照年限平均法计提折旧，预计净残值为零。转为投资性房地产核算后，甲公司采用公允价值模式对该投资性房地产进行后续计量。假定税法规定的折旧方法、折旧年限及净残值与会计规定相同。同时，税法规定资产在持有期间公允价值的变动不计入应纳税所得额，待处置时一并计算确定应计入应纳税所得额的金额。该项投资性房地产在 2018 年 12 月 31 日的公允价值为 900 万元。2018 年 12 月 31 日，该投资性房地产的账面价值和计税基础计算如下：

该投资性房地产的账面价值 = 900 (万元)

该投资性房地产的计税基础 = 750 − 750 / 20 × 6 = 525 (万元)

该投资性房地产由于会计处理和计税时对持有期间公允价值变动的处理不同，导致其账面价值 900 万元与其计税基础 525 万元产生了 375 万元差额，该差额代表着将于未来期间增加企业的应纳税所得额，产生未来期间应交所得税的增加。

(2) 原材料和应收账款。原材料和应收账款等资产在计提了减值准备后，其账面价值会随之下降，而税法规定资产在发生实质性损失之前，预计的减值损失不允许税前扣除，即其计税基础不会因减值准备的提取而变化，因此产生资产的账面价值与计税基础之间的差异。

【例 11-10】 乙公司 2018 年 3 月 11 日购入成本为 500 万元的原材料，因部分生产线停工，当年未领用任何原材料，2018 年资产负债表日估计该原材料的可变现净值为 400 万元。假定该原材料在 2018 年无期初余额。2018 年 12 月 31 日，该原材料的账面价值和计税基础计算如下：

该原材料应计提的存货跌价准备 = 500 − 400 = 100 (万元)。计提该存货跌价准备后，该原材料的账面价值为 400 万元。

该原材料的计税基础不因存货跌价准备的提取而发生变化，其计税基础为 500 万元。

该原材料的账面价值 = 400 (万元)

该原材料的计税基础 = 500 (万元)

该原材料由于会计处理和计税时对存货跌价准备的处理不同，导致其账面价值 400 万元与其计税基础 500 万元产生了 100 万元差额，该差额代表着将于未来期间减少企业的应纳税所得额，产生未来期间应交所得税的减少。

【例 11-11】 乙公司 2018 年 12 月 31 日应收账款余额为 800 万元，期末对应收账款计提了 80 万元的坏账准备。假定该公司应收账款及坏账准备的期初余额均为零，2018 年 12 月 31 日，该应收账款的账面价值和计税基础计算如下：

该应收账款的账面价值 = 800 − 80 = 720 (万元)

该应收账款的计税基础 = 800 (万元)

该应收账款由于会计处理和计税时对坏账准备的处理不同，导致其账面价值 720 万元与其计税基础 800 万元产生了 80 万元差额，该差额代表着将于未来期间减少企业的应纳税所得额，产生未来期间应交所得税的减少。

(二) 负债的计税基础

负债的计税基础，是指负债的账面价值减去未来期间计算应纳税所得额时按照税法规定可予抵扣的金额。其公式如下：

负债的计税基础 = 负债的账面价值 − 未来期间按照税法规定可予税前扣除的金额

一般情况下，负债的确认与偿还不会影响企业未来期间的损益，也不会影响其未来期间的应纳税所得额，因此未来期间计算应纳税所得额时按照税法规定可予抵扣的金额为 0，负债的计税基础即为账面价值。例如，企业的短期借款、应付账款等。但是，某些情况下，负债的确认可能会影响企业的损益，进而影响不同期间的应纳税所得额，使其计税基础与账面价值之间产生差额，如按照会计规定确认的某些预计负债等。

1．企业因销售商品提供售后服务等原因确认的预计负债

按照《企业会计准则第 13 号——或有事项》规定，企业应将预计提供售后服务发生的支出在销售当期确认为费用，同时确认预计负债。如果税法规定，与销售产品相关的支出应于发生时税前扣除。因该类事项产生的预计负债在期末的计税基础为其账面价值与未来期间可税前扣除的金额之间的差额，因有关的支出实际发生时可全额税前扣除，其计税基础为 0。

因其他事项确认的预计负债，应按照税法规定的计税原则确定其计税基础。某些情况下，某些事项确认的预计负债，税法规定其支出无论是否实际发生均不允许税前扣除，即未来期间按照税法规定可予抵扣的金额为 0，则该预计负债账面价值与计税基础相同。

【例 11-12】　丙公司对其销售的产品承诺提供 3 年的保修服务，在 2018 年度的利润表中确认了 80 万元销售费用，同时确认为预计负债，当年度发生保修支出 20 万元，预计负债的期末余额为 60 万元。假定税法规定，与产品售后服务相关的费用在实际发生时税前扣除。2018 年 12 月 31 日，该预计负债的账面价值和计税基础计算如下：

该预计负债的账面价值 = 60 (万元)

该预计负债的计税基础 = 0 (万元)

该预计负债的账面价值与计税基础之间产生了 60 万元的差额，该差额代表着将于未来期间减少企业的应纳税所得额，产生未来期间应交所得税的减少。

2．预收账款

企业在收到客户预付的款项时，因不符合会计准则规定的收入确认条件，会计上将其确认为负债。税法对于收入的确认原则一般与会计规定相同，即会计上未确认收入时，计税时一般亦不计入应纳税所得额，预收账款的计税基础等于账面价值。

如果不符合会计准则规定的收入确认条件的预收账款，但按照税法规定应计入当期应纳税所得额时，有关预收账款的计税基础为 0，即因其产生时已经计入应纳税所得额，未来期间可全额税前扣除，计税基础为 0。

【例 11-13】　丁公司于 2016 年 4 月 8 日预收了一笔合同款，金额为 500 万元，因不符合收入确认条件而作为预收账款核算，按照税法规定，该款项应计入取得当期应纳税所得额计算交纳所得税。2016 年 12 月 31 日，该预收账款的账面价值和计税基础计算如下：

该预收账款的账面价值 = 500 (万元)

该预收账款的计税基础 = 0 (万元)

该预收账款的账面价值与计税基础之间产生了 500 万元的差额，该差额代表着将于未来期间减少企业的应纳税所得额，产生未来期间应交所得税的减少。

3．应付职工薪酬

会计准则规定，企业为获得职工提供的服务给予的各种形式的报酬以及其他相关支出均应作为企业的成本、费用，在未支付之前确认为负债。税法对于合理的职工薪酬基本允许税前扣除，相关应付职工薪酬负债的账面价值等于计税基础。

4．其他负债

企业的其他负债项目，如应交的罚款和滞纳金等，在尚未支付之前按照会计规定确认为费用，同时作为负债反映。税法规定，罚款和滞纳金不允许税前扣除，其计税基础为账面价值减去未来期间计税时可予税前扣除的金额 0 之间的差额，即计税基础等于账面价值。

第二节 暂时性差异的会计处理

暂时性差异是指资产、负债的账面价值与其计税基础不同产生的差额。其中账面价值，是指按照会计准则规定确定的有关资产、负债在资产负债表中应列示的金额。由于资产、负债的账面价值与其计税基础不同，产生了在未来收回资产或清偿负债的期间内，应纳税所得额增加或减少并导致未来期间应交所得税增加或减少的情况，在这些暂时性差异发生的当期，一般应当确认相应的递延所得税负债或递延所得税资产。

一、暂时性差异的类型

(一) 应纳税暂时性差异

应纳税暂时性差异是指在确定未来收回资产或清偿负债期间的应纳税所得额时，将导致产生应税金额的暂时性差异。该差异在未来期间转回时，会增加转回期间的应纳税所得额，在应纳税暂时性差异产生当期，应当确认相关的递延所得税负债。应纳税暂时性差异通常产生于以下两种情况。

1. 资产的账面价值大于其计税基础

资产的账面价值是企业在持续使用或最终出售该项资产时会取得的经济利益总额，而计税基础是一项资产在未来期间可予税前扣除的总金额。资产的账面价值大于其计税基础，该项资产未来期间产生的经济利益不能全部税前抵扣，两者之间的差额需要交所得税，产生应纳税暂时性差异。

2. 负债的账面价值小于其计税基础

负债的账面价值是企业预计在未来期间清偿该项负债时的经济利益流出，而计税基础是账面价值在扣除税法规定未来期间允许税前扣除的金额之后的差额。负债的账面价值与其计税基础不同产生的暂时性差异，实质上是税法规定就该项负债在未来期间可以税前扣除的金额为负数，即应在未来期间应纳税所得额的基础上调增，增加应纳税所得额和应交所得税金额，产生应纳税暂时性差异，应确认相关的递延所得税负债。

(二) 可抵扣暂时性差异

可抵扣暂时性差异是指在确定未来收回资产或清偿负债期间的应纳税所得额时，将导致产生可抵扣金额的暂时性差异。该差异在未来期间转回时会减少转回期间的应纳税所得额，减少未来期间的应交所得税。在可抵扣暂时性差异产生当期，符合确认条件的情况下，应当确认相关的递延所得税资产。可抵扣暂时性差异一般产生于以下两种情况。

1. 资产的账面价值小于其计税基础

资产的账面价值小于其计税基础，意味着资产在未来期间产生的经济利益少，按照税法规定允许税前扣除的金额多，两者之间的差额可以减少企业在未来期间的应纳税所得额并减少应交所得税，符合有关确认条件时，应确认相关的递延所得税资产。

2．负债的账面价值大于其计税基础

负债的账面价值大于其计税基础，意味着未来期间按照税法规定构成负债的全部或部分金额可以自未来应税经济利益中扣除，减少未来期间的应纳税所得额和应交所得税。符合有关确认条件时，应确认相关的递延所得税资产。

(三) 特殊项目产生的暂时性差异

1．未作为资产、负债确认的项目产生的暂时性差异

某些交易或事项发生后，因为不符合资产、负债的确认条件而未确认为资产负债表中的资产或负债，但按照税法规定能够确定其计税基础的，其账面价值 0 与计税基础之间的差异也构成暂时性差异。例如，企业发生的符合条件的广告费和业务宣传费支出，除税法另有规定外，不超过当年营业收入 15%的部分准予扣除；超过部分准予在以后纳税年度结转扣除。该类支出在发生时按照会计准则规定计入当期损益，不形成资产负债表中的资产，但因按税法规定可以确定其计税基础，两者之间的差异也形成暂时性差异。

【例 11-14】 戊公司 2018 年发生广告费 980 万元，至年末已全额支付给广告公司。税法规定，企业发生的广告费、业务宣传费不超过当年营业收入 15%的部分允许税前扣除，超过部分允许结转以后年度税前扣除。戊公司 2018 年实现营业收入 6 000 万元。2018 年 12 月 31 日，该广告费支出形成的资产的账面价值和计税基础计算如下：

该广告费支出形成资产的账面价值 = 0 (万元)

该广告费支出形成资产的计税基础 = 980 − 6 000 × 15% = 80 (万元)

广告费支出形成资产的账面价值 0 元与其计税基础 80 万元之间形成 80 万元可抵扣暂时性差异，该暂时性差异在未来期间可减少企业的应纳税所得额，符合确认条件时，应确认相关的递延所得税资产。

2．可抵扣亏损及税款抵减产生的暂时性差异

按照税法规定可以结转以后年度的未弥补亏损及税款抵减，虽不是因资产、负债的账面价值与计税基础不同产生的，但与可抵扣暂时性差异具有同样的作用，均能够减少未来期间的应纳税所得额和应交所得税，会计处理上视同可抵扣暂时性差异，符合条件的情况下，应确认与其相关的递延所得税资产。

【例 11-15】 甲公司于 2012 年发生经营亏损 500 万元，按照税法规定，该亏损可用于抵减以后 5 个年度的应纳税所得额。该公司预计其于未来 5 年期间能够产生足够的应纳税所得额弥补该亏损。

分析：该经营亏损不是资产、负债的账面价值与其计税基础不同产生的，但该经营亏损可用 2013 年至 2017 年连续 5 个会计年度的应纳税所得额予以弥补，共可抵减应纳税所得额 500 万元，属于可抵扣暂时性差异。

二、递延所得税负债和递延所得税资产

(一) 递延所得税负债的确认和计量

应纳税暂时性差异在转回期间将增加未来期间的应纳税所得额和应交所得税，导致企

业经济利益的流出，因而在发生期间应作为负债确认，即递延所得税负债产生于应纳税暂时性差异。

1. 递延所得税负债的确认

企业在确认因应纳税暂时性差异产生的递延所得税负债时，应遵循以下原则：除会计准则中明确规定可不确认递延所得税负债的情况以外，企业对于所有的应纳税暂时性差异均应确认相关的递延所得税负债。除直接计入所有者权益的交易或事项以及企业合并外，在确认递延所得税负债的同时，应增加利润表中的所得税费用。与应纳税暂时性差异相关的递延所得税负债的确认，体现了会计上的谨慎性原则，即企业进行会计核算时不应高估资产、不应低估负债。

【例 11-16】　甲公司于 2018 年 1 月 1 日开始计提折旧的某设备，取得成本为 200 万元，采用年限平均法计提折旧，使用年限为 10 年，预计净残值为 0。假定计税时允许按双倍余额递减法计列折旧，使用年限及预计净残值与会计相同。甲公司适用的所得税税率为 25%。假定该企业不存在其他会计与税收处理的差异。

分析：2018 年该项固定资产按照会计规定计提的折旧额为 20 万元，计税时允许扣除的折旧额为 40 万元，则该固定资产的账面价值 180 万元与其计税基础 160 万元的差额构成应纳税暂时性差异，企业应确认递延所得税负债 5 万元[(180 − 160) × 25%]。

【例 11-17】　乙公司于 2011 年 12 月 26 日购入一台机器设备，成本为 525 000 元，预计使用年限为 6 年，预计净残值为零。会计上按直线法计提折旧，假定税法规定的使用年限及净残值均与会计相同，计税时可采用年数总和法计提折旧。本例中假定该公司各会计期间均未对固定资产计提减值准备，除该项固定资产产生的会计与税法之间的差异外，不存在其他会计与税收的差异，乙公司所得税税率为 25%。

根据以上资料，乙公司各年年末有关递延所得税的确认情况，见表 11-1。

表 11-1　递延所得税确认表　　单位：元

项　目	2012 年	2013 年	2014 年	2015 年	2016 年	2017 年
实际成本	525 000	525 000	525 000	525 000	525 000	525 000
累计会计折旧	87 500	175 000	262 500	350 000	437 500	525 000
账面价值	437 500	350 000	262 500	175 000	87 500	0
累计计税折旧	150 000	275 000	375 000	450 000	500 000	525 000
计税基础	375 000	250 000	150 000	75 000	25 000	0
暂时性差异	62 500	100 000	112 500	100 000	62 500	0
适用税率	25%	25%	25%	25%	25%	25%
递延所得税负债余额	15 625	25 000	28 125	25 000	15 625	0

分析：该项固定资产各年度账面价值与计税基础确定如下。

(1) 2012 年资产负债表日：

账面价值 = 实际成本 − 会计折旧额 = 525 000 − 87 500 = 437 500 (元)

计税基础 = 实际成本 − 税前扣除的折旧额 = 525 000 − 150 000 = 375 000 (元)

因资产的账面价值 437 500 元大于其计税基础 375 000 元，两者之间产生的 62 500 元差异会增加未来期间的应纳税所得额和应交所得税，属于应纳税暂时性差异，应确认与其相关的递延所得税负债 15 625 元(62 500 × 25%)。其账务处理如下：

借：所得税费用　　15 625

　　贷：递延所得税负债　　15 625

(2) 2013 年资产负债表日：

账面价值 = 525 000 − 87 500 − 87 500 = 350 000 (元)

计税基础 = 实际成本 − 累计已税前扣除的折旧额 = 525 000 − 275 000 = 250 000 (元)

因资产的账面价值 350 000 元大于其计税基础 250 000 元，两者之间产生的 100 000 元差异为应纳税暂时性差异，应确认与其相关的递延所得税负债 25 000 元，但递延所得税负债的期初余额为 15 625 元，当期应进一步确认递延所得税负债 9 375 元。其账务处理如下：

借：所得税费用　　9 375

　　贷：递延所得税负债　　9 375

(3) 2014 年资产负债表日：

账面价值 = 525 000 − 262 500 = 262 500 (元)

计税基础 = 525 000 − 375 000 = 150 000 (元)

因资产的账面价值 262 500 元大于其计税基础 150 000 元，两者之间产生的 112 500 元差异为应纳税暂时性差异，应确认与其相关的递延所得税负债 28 125 元，但递延所得税负债的期初余额为 25 000 元，当期应进一步确认递延所得税负债 3 125 元。其账务处理如下：

借：所得税费用　　3 125

　　贷：递延所得税负债　　3 125

(4) 2015 年资产负债表日：

账面价值 = 525 000 − 350 000 = 175 000 (元)

计税基础 = 525 000 − 450 000 = 75 000 (元)

因资产的账面价值 175 000 元大于其计税基础 75 000 元，两者之间产生的 100 000 元差异为应纳税暂时性差异，应确认与其相关的递延所得税负债 25 000 元，但递延所得税负债的期初余额为 28 125 元，当期应转回原已确认的递延所得税负债 3 125 元。其账务处理如下：

借：递延所得税负债　　3 125

　　贷：所得税费用　　3 125

(5) 2016 年资产负债表日：

账面价值 = 525 000 − 437 500 = 87 500 (元)

计税基础 = 525 000 − 500 000 = 25 000 (元)

因资产的账面价值 87 500 元大于其计税基础 25 000 元，两者之间产生的 62 500 元差异为应纳税暂时性差异，应确认与其相关的递延所得税负债 15 625 元，但递延所得税负债的期初余额为 25 000 元，当期应转回递延所得税负债 9 375 元，账务处理如下：

借：递延所得税负债 9 375

  贷：所得税费用 9 375

(6) 2017 年资产负债表日：

该项固定资产的账面价值及计税基础均为零，两者之间不存在暂时性差异，前期已确认的与该项资产相关的递延所得税负债应予全额转回，其账务处理如下：

借：递延所得税负债 15 625

  贷：所得税费用 15 625

2．不确认递延所得税负债的特殊情况

有些情况下，虽然资产、负债的账面价值与其计税基础不同，产生了应纳税暂时性差异，但出于各方面考虑，会计准则规定不确认相关的递延所得税负债，主要包括：

(1) 商誉的初始确认。非同一控制下的企业合并中，企业合并成本大于合并中取得的被购买方可辨认净资产公允价值份额的差额，确认为商誉。因会计与税收的划分标准不同，按照税法规定作为免税合并的情况下，税法不认可商誉的价值，即从税法角度，商誉的计税基础为 0，两者之间的差额形成应纳税暂时性差异。但是，确认该部分暂时性差异产生的递延所得税负债，则意味着将进一步增加商誉的价值。因商誉本身即是企业合并成本在取得的被购买方可辨认资产、负债之间进行分配后的剩余价值，确认递延所得税负债进一步增加其账面价值会影响到会计信息的可靠性，而且增加了商誉的账面价值以后，可能很快就要计提减值准备，同时其账面价值的增加还会进一步产生应纳税暂时性差异，使得递延所得税负债和商誉价值量的变化不断循环。因此，对于企业合并中产生的商誉，其账面价值与计税基础不同形成的应纳税暂时性差异，会计准则规定不确认相关的递延所得税负债。

【例 11-18】 甲公司以增发市场价值为 600 000 元的本企业普通股为对价购入乙公司 100%的净资产，假定该项企业合并符合税法规定的免税合并条件，且乙公司原股东选择进行免税处理。购买日乙公司各项可辨认资产、负债的公允价值及其计税基础如表 11-2 所示。

表 11-2 乙公司各项可辨认资产、负债的公允价值及计税基础 单位：元

项 目	公允价值	计税基础	暂时性差异
固定资产	270 000	155 000	115 000
应收账款	210 000	210 000	0
存货	174 000	124 000	50 000
其他应付款	(30 000)	0	(30 000)
应付账款	(120 000)	(120 000)	0
不包括递延所得税的可辨认资产、负债的公允价值	504 000	369 000	135 000

乙公司适用的所得税税率为 25%，该项交易中应确认递延所得税负债及商誉的金额计算如下：

企业合并成本	600 000
可辨认净资产公允价值	504 000
递延所得税资产	(3 000 000 × 25%)7 500
递延所得税负债	(16 500 000 × 25%)41 250
考虑递延所得税后可辨认资产、负债的公允价值	470 250
商誉	129 750

所确认的商誉金额 129 750 元与其计税基础 0 之间产生的应纳税暂时性差异，不再进一步确认相关的递延所得税影响。

(2) 除企业合并以外的其他交易或事项中，如果该项交易或事项发生时既不影响会计利润，也不影响应纳税所得额，则所产生的资产、负债的初始确认金额与其计税基础不同，形成应纳税暂时性差异的，交易或事项发生时不确认相应的递延所得税负债。该规定主要是考虑到由于交易发生时既不影响会计利润，也不影响应纳税所得额，确认递延所得税负债的直接结果是增加有关资产的账面价值或是降低所确认负债的账面价值，使得资产、负债在初始确认时，违背历史成本原则，影响会计信息的可靠性。

(3) 与联营企业、合营企业投资等相关的应纳税暂时性差异，一般应确认递延所得税负债，但同时满足以下两个条件的除外：一是投资企业能够控制暂时性差异转回的时间；二是该暂时性差异在可预见的未来很可能不会转回。满足上述条件时，投资企业可以运用自身的影响力决定暂时性差异的转回，如果不希望其转回，则在可预见的未来该项暂时性差异即不会转回，从而无需确认相关的递延所得税负债。

应予说明的是，企业在运用上述条件不确认与联营企业、合营企业相关的递延所得税负债时，应有确凿的证据表明其能够控制有关暂时性差异转回的时间。一般情况下，企业对联营企业的生产经营决策仅能够实施重大影响，并不能够主导被投资单位包括利润分配政策在内的主要生产经营决策的制定，满足《企业会计准则第 18 号——所得税》规定的能够控制暂时性差异转回时间的条件一般是通过与其他投资者签订协议等，达到能够控制被投资单位利润分配政策等情况。

3. 递延所得税负债的计量

递延所得税负债以应纳税暂时性差异转回期间适用的所得税税率计量。企业在确认递延所得税负债时，可以现行适用所得税税率为基础计算确定。对于享受优惠政策的企业，如国家重点扶持的有高新技术企业，享受一定时期的税率优惠，则所产生的暂时性差异应以预计其转回期间的适用所得税税率为基础计量。

(二) 递延所得税资产的确认和计量

1. 递延所得税资产的确认

可抵扣暂时性差异在转回期间将减少企业的应纳税所得额和应交所得税，在可抵扣暂时性差异的产生期间，相关的所得税影响金额构成一项未来的经济利益，应确认为一项资产，递延所得税资产产生于可抵扣暂时性差异。

同递延所得税负债的确认相同，有关交易或事项发生时，对会计利润或是应纳税所得额产生影响的，所确认的递延所得税资产应作为利润表中所得税费用的调整；有关的可抵扣暂时性差异产生于直接计入所有者权益的交易或事项，则确认的递延所得税资产也应计入所有者权益；企业合并时产生的可抵扣暂时性差异的所得税影响，应相应调整企业合并中确认的商誉或是应计入当期损益的金额。

在判断企业于可抵扣暂时性差异转回的未来期间能否产生足够的应纳税所得额时，应考虑以下两个方面的影响：

一是通过正常的生产经营活动能够实现的应纳税所得额，如企业通过销售商品、提供劳务等所实现的收入，扣除相关费用后的金额。

二是以前期间产生的应纳税暂时性差异在未来期间转回时将产生应纳税所得额的增加额。

考虑到受可抵扣暂时性差异转回的期间内可能取得应纳税所得额的限制，因无法取得足够的应纳税所得额而未确认相关的递延所得税资产的，应在财务报表附注中进行披露。

【例 11-19】 2013 年 12 月 31 日，丙公司库存 A 商品的账面余额为 600 万元，经减值测试，确定 A 商品的可变现净值为 500 万元，丙公司计提了存货跌价准备 100 万元；2014 年，丙公司将库存 A 商品全部售出，收到出售价款(不包括收取的增值税销项税额)480 万元。假定除该项库存商品计提存货跌价准备产生的会计与税收之间的差异外，不存在其他会计与税收的差异。丙公司预计在未来期间能够产生足够的应纳税所得额用来抵扣可抵扣暂时性差异，适用的所得税税率为 25%。

丙公司各年资产负债表日确认递延所得税资产的会计处理：

(1) 2013 年 12 月 31 日：

库存 A 商品期末账面价值小于计税基础的差额 100 万元(600 – 500)属于可抵扣暂时性差异，因预计未来期间能够产生足够的应纳税所得额用来抵扣可抵扣暂时性差异，丙公司应确认递延所得税资产 25 万元(100 × 25%)，会计处理如下：

借：递延所得税资产　　250 000

　贷：所得税费用　　250 000

(2) 2014 年 12 月 31 日：

丙公司出售 A 商品时确认的损失为 20 万元(500 – 480)，而 2014 年度计税时，出售 A 商品允许从当期应纳税所得额中扣除的损失则为 120 万元(600 – 480)，二者之差 100 万元为 2013 年度产生的可抵扣暂时性差异在 2014 年度全部转回所减少的本年应纳税所得额，并相应地减少了本年应交所得税 25 万元(100 × 25%)。由于 2013 年度产生的可抵扣暂时性差异在 2014 年度已经全部转回，在 2014 年资产负债表日，丙公司应将上年确认的递延所得税资产全部转回。

借：所得税费用　　250 000

　贷：递延所得税资产　　250 000

确认递延所得税资产时，应关注以下问题：

(1) 递延所得税资产的确认应以未来期间可能取得的应纳税所得额为限。在可抵扣暂时性差异转回的未来期间内，企业无法产生足够的应纳税所得额用以抵减可抵扣暂时性差异的影响，使得与递延所得税资产相关的经济利益无法实现的，该部分递延所得税资产不应确认；企业有确凿的证据表明其于可抵扣暂时性差异转回的未来期间能够产生足够的应纳税所得额，进而利用可抵扣暂时性差异的，则应以可能取得的应纳税所得额为限，确认相关的递延所得税资产。

(2) 对与联营企业、合营企业的投资相关的可抵扣暂时性差异，同时满足下列条件的，应当确认相关的递延所得税资产：一是暂时性差异在可预见的未来很可能转回；二是未来很可能获得用来抵扣可抵扣暂时性差异的应纳税所得额。对联营企业和合营企业的投资产生的可抵扣暂时性差异，主要产生于权益法下确认的投资损失以及计提减值准备的情况下。

(3) 对于按照税法规定可以结转以后年度的未弥补亏损和税款抵减，应视同可抵扣暂时性差异处理。在预计可利用可弥补亏损或税款递减的未来期间内能够取得足够的应纳税所得额时，应当以很可能取得的应纳税所得额为限，确认相关的递延所得税资产，同时减少确认当期的所得税费用。

2. 不确认递延所得税资产的特殊情况

某些情况下，如果企业发生的某项交易或事项不是企业合并，并且交易发生时既不影响会计利润也不影响应纳税所得额，且该项交易中产生的资产、负债的初始确认金额与其计税基础不同，产生可抵扣暂时性差异的，会计准则规定在交易或事项发生时不确认相关的递延所得税资产。其原因同该种情况下不确认相关的递延所得税负债相同，如果确认递延所得税资产，则需调整资产、负债的入账价值，对实际成本进行调整将有违历史成本原则，影响会计信息的可靠性，该种情况下不确认相关的递延所得税资产。

【例 11-20】　丁公司 2018 年发生资本化研究开发支出 800 万元，至年末该研发项目尚未完成。税法规定，按照会计准则规定资本化的开发支出按其 175%作为计算摊销额的基础。

分析：丁公司按照会计准则规定资本化的开发支出为 800 万元，其计税基础为 1 400 万元(800 × 175%)，该开发支出及所形成无形资产在初始确认时其账面价值与计税基础即存在差异，因该差异并非产生于企业合并，同时在产生时既不影响会计利润也不影响应纳税所得额，按照《企业会计准则第 18 号——所得税》规定，不确认与该暂时性差异相关的所得税影响。

3. 递延所得税资产的计量

(1) 适用税率的确定。同递延所得税负债的计量相一致，确认递延所得税资产时，应估计相关可抵扣暂时性差异的转回时间，采用转回期间适用的所得税税率为基础计算确定。另外，无论相关的可抵扣暂时性差异转回期间如何，递延所得税资产均不予折现。

(2) 递延所得税资产的减值。与其他资产相一致，资产负债表日，企业应当对递延所得税资产的账面价值进行复核。如果未来期间很可能无法取得足够的应纳税所得额用以利用递延所得税资产的利益，应当减记递延所得税资产的账面价值。对于预期无法实现的部分，一般应确认为当期所得税费用，同时减少递延所得税资产的账面价值；对于原确认时计入所有者权益的递延所得税资产，其减记金额亦应计入所有者权益，不影响当期所得税费用。

递延所得税资产的账面价值因上述原因减记以后，继后期间根据新的环境和情况判断能够产生足够的应纳税所得额用以利用可抵扣暂时性差异，使得递延所得税资产包含的经济利益能够实现的，应相应恢复递延所得税资产的账面价值。

三、适用所得税税率变化对已确认递延所得税项目的影响

递延所得税资产和递延所得税负债代表的是有关可抵扣暂时性差异或应纳税暂时性差异于未来期间转回时，导致应交所得税金额的减少或增加的情况。在适用所得税税率变化时，应纳税暂时性差异或可抵扣暂时性差异在未来期间转回时产生增加或减少应交所得税的情况，应对原已确认的递延所得税资产和递延所得税负债的金额进行调整，反映所得税税率变化带来的影响。

除直接计入所有者权益的交易或事项产生的递延所得税资产和递延所得税负债，相关的调整金额应计入所有者权益以外，其他情况下产生的调整金额应确认为当期所得税费用(或收益)。

第三节　所得税费用的确认和计量

企业核算所得税，主要是为确定当期应交所得税以及利润表中的所得税费用，从而确定各期实现的净利润。在资产负债表债务法下，利润表中的所得税费用由两个部分组成：当期所得税和递延所得税。

一、当期所得税

当期所得税是指企业对当期发生的交易和事项，按照税法规定计算确定的应缴纳给税务机关的所得税金额，即应交所得税。

企业在确定当期所得税时，对于当期发生的交易或事项，会计处理与税收处理不同的，应在会计利润的基础上，按照适用税收法规的要求进行调整(即纳税调整)，计算出当期应纳税所得额，按照应纳税所得额与适用所得税税率计算确定当期应交所得税。一般情况下，应纳税所得额可在会计利润的基础上，考虑会计与税收规定之间的差异，按照以下公式计算确定：

应纳税所得额＝会计利润+按照会计准则规定计入利润表但计税时不允许税前扣除的费用＋(或－)计入利润表的费用与按照税法规定可予税前抵扣的金额之间的差额＋(或－)计入利润表的收入与按照税法规定应计入应纳税所得额的收入之间的差额－税法规定的不征税收入＋(或－)其他需要调整的因素。

二、递延所得税

递延所得税是指按照所得税准则规定当期应予确认的递延所得税费用，其金额是当期应确认的递延所得税负债与递延所得税资产之差，但不包括计入所有者权益的交易或事项对所得税影响。其用公式表示为：

递延所得税＝(递延所得税负债的期末余额－递延所得税负债的期初余额)－(递延所

得税资产的期末余额－递延所得税资产的期初余额)

值得注意的是，如果某项交易或事项按照会计准则规定应计入所有者权益，由该交易或事项产生的递延所得税资产或递延所得税负债及其变化亦应计入所有者权益，不构成利润表中的递延所得税。

另外，非同一控制下的企业合并中因资产、负债的入账价值与其计税基础不同产生的递延所得税资产或递延所得税负债，其确认结果直接影响购买日确认的商誉或计入利润表的损益金额，不影响购买日的所得税费用。

三、所得税费用

企业在计算确定了当期应交所得税和递延所得税以后，可将两者相加确认为利润表中的所得税费用。其计算公式为：

所得税费用 = 当期所得税 + 递延所得税

【例 11-21】 戊公司适用的所得税税率为 25%，2016 年按照税法规定计算的应交所得税为 120 万元。2016 年 12 月 31 日，通过比较资产、负债的账面价值与其计税基础，确定应纳税暂时性差异为 200 万元，可抵扣暂时性差异为 150 万元，上列暂时性差异均与直接计入所有者权益的交易或事项无关。递延所得税资产期初账面余额为 30 万元，递延所得税负债期初账面余额为 45 万元。戊公司不存在可抵扣亏损和税款抵减，预计在未来期间能够产生足够的应纳税所得额用以抵扣可抵扣暂时性差异。

分析：

当期确认的递延所得税负债 = 200 × 25% － 45 = 5(万元)

当期确认的递延所得税资产 = 150×25% － 30 = 7.5(万元)

当期确认的递延所得税 = 5 － 7.5 = － 2.5(万元)

当期确认的所得税费用 = 120 － 2.5 = 117.5(万元)

借：所得税费用	1 175 000	
递延所得税资产	75 000	
贷：递延所得税负债		50 000
应交税费——应交所得税		1 200 000

【例 11-22】 2018 年度，甲公司利润表中利润总额为 3 000 万元，该公司适用的所得税税率为 25%。递延所得税资产及递延所得税负债无期初余额。

2018 年发生的会计处理与纳税处理存在差别的交易和事项有：

(1) 2018 年 1 月开始计提折旧的一项固定资产，成本为 1 500 万元，使用年限为 10 年，无残值，会计处理按双倍余额递减法计提折旧，税收处理按直线法计提折旧。假定税法规定的使用年限及净残值与会计规定相同。

(2) 向关联企业捐赠现金 500 万元。假定按照税法规定，企业向关联方的捐赠不允许税前扣除。

(3) 取得作为交易性金融资产核算的股票投资，其成本为 600 万元，2018 年 12 月 31 日的公允价值为 1 000 万元。税法规定，以公允价值计量的金融资产持有期间市价变动不计入应纳税所得额。

(4) 违反环保法规定应支付罚款 250 万元。

(5) 期末对持有的存货计提了 100 万元的存货跌价准备。

分析：甲公司 2018 年资产负债表相关项目金额及其计税基础如表 11-3 所示：

表 11-3 甲公司 2018 年资产负债表相关项目金额及计税基础 单位：万元

项 目	账面价值	计税基础	差 异	
			应纳税暂时性差异	可抵扣暂时性差异
存货	2 000	2 100		100
交易性金融资产	1000	600	400	
其他应付款	250	250		
固定资产：				
固定资产原价	1 500	1 500		
减：累计折旧	300	150		
减：固定资产减值准备	0	0		
固定资产账面价值	1 200	1 350		150
总 计			400	250

(1) 计算 2018 年度当期所得税：

应纳税所得额 = 3 000 + 150 + 500 − 400 + 250 + 100 = 3 600 (万元)

应交所得税 = 3 600 × 25% = 900 (万元)

(2) 计算 2018 年度递延所得税：

递延所得税资产 = 250 × 25% = 62.5 (万元)

递延所得税负债 = 400 × 25% = 100 (万元)

递延所得税 = 100 − 62.5 = 37.5 (万元)

(3) 计算 2018 年度利润表中的所得税费用：

所得税费用 = 900 + 37.5 = 937.5 (万元)

账务处理如下：

借：所得税费用　　9 375 000

　　递延所得税资产　　625 000

　　贷：应交税费——应交所得税　　9 000 000

　　　　递延所得税负债　　1 000 000

第四节 所得税的列报

一、列报的基本原则

企业对所得税的核算结果，除利润表中列示的所得税费用以外，在资产负债表中形成的应交税费(应交所得税)以及递延所得税资产和递延所得税负债应当遵循《企业会计准则第 18 号——所得税》和《企业会计准则第 30 号——财务报表列报》规定列报。其中，递延所得税资产和递延所得税负债一般应当分别作为非流动资产和非流动负债在资产负债表中列示，所得税费用应当在利润表中单独列示，同时还应在附注中披露与所得税有关的信息。

一般情况下，在个别财务报表中，当期所得税资产与当期所得税负债及递延所得税资产与递延所得税负债可以以抵销后的净额列示。在合并财务报表中，纳入合并范围的企业中，一方的当期所得税资产或递延所得税资产与另一方的当期所得税负债或递延所得税负债一般不能予以抵销，除非所涉及的企业具有以净额结算的法定权利并且意图以净额结算。

二、所得税费用(收益)与会计利润关系的说明

按照会计准则的要求，企业应在会计报表附注中，说明所得税费用(收益)与会计利润的关系，说明当期以会计利润为起点，通过考虑会计与税收规定之间的差异，最终计算得到所得税费用的过程。

自会计利润到所得税费用之间的调整包括两个方面：一是未包括在利润总额的计算中，但包含在当期或递延所得税计算中的项目；二是未包括在当期或递延所得税计算中，但包含在利润总额中的项目。具体调整项目一般包括：

(1) 与税率相关的调整；

(2) 税法规定的非应税收入、不得税前扣除的成本费用和损失等永久性差异；

(3) 本期未确认递延所得税资产的可抵扣暂时性差异或可抵扣亏损的影响、使用前期未确认递延所得税资产的可抵扣亏损影响；

(4) 对以前期间所得税进行汇算清缴的结果与以前期间确认金额不同调整报告期间所得税费用等。

✦✦✦✦✦ 练　习　题 ✦✦✦✦✦

一、单项选择题

1. 长江公司于2015年6月15日取得某项固定资产，其初始入账价值为360万元，使用年限为10年，采用年限平均法计提折旧，预计净残值为0。税法规定，对于该项固定资产折旧年限为15年，折旧方法、预计净残值与会计规定相同。则2015年12月31日该项固定资产的计税基础为(　　)万元。

A. 336　　B. 24　　C. 12　　D. 348

2. 大海公司当期发生研究开发支出共计320万元，其中研究阶段支出120万元，开发阶段不符合资本化条件的支出50万元，开发阶段符合资本化条件的支出150万元，该项研发当期达到预定用途转入无形资产核算，假定大海公司当期摊销无形资产30万元。税法摊销方法、摊销年限和预计净残值与会计相同。大海公司当期期末无形资产的计税基础为(　　)万元。

A. 150　　B. 120　　C. 0　　D. 180

3. 甲公司于2015年6月20日取得一项交易性金融资产，其购买价格为800万元，相关交易费用为20万元。2015年12月31日该项交易性金融资产的公允价值为950万元。则2015年12月31日该项交易性金融资产的计税基础为(　　)万元。

A. 950　　B. 800　　C. 810　　D. 0

4. 南昌公司2015年12月31日预提产品质量保证费用，确认预计负债100万元，2015年发生产品质量保修费用20万元，假定预计负债期初余额为零。税法规定，企业计提的质量保修费在实际发生时允许税前扣除。则南昌公司2015年12月31日预计负债计税基础为(　　)万元。

A. 0　　B. 80　　C. 20　　D. 100

5. 西方公司于2014年12月31日取得某项固定资产，其初始入账价值为600万元，使用年限为5年，采用年数总和法计提折旧，预计净残值为0。税法规定对于该项固定资产采用年限平均法计提折旧，折旧年限、预计净残值与会计规定相同。下列关于该固定资产2015年12月31日产生暂时性差异的表述中正确的是(　　)。

A. 产生应纳税暂时性差异80万元　　B. 产生可抵扣暂时性差异80万元
C. 产生可抵扣暂时性差异40万元　　D. 不产生暂时性差异

6. 甲公司2015年12月计入成本费用的职工工资总额为5 600万元，2015年12月31日尚未支付。税法规定，当期计入成本费用的5 600万元工资支出中，可予税前扣除的合理部分为4 000万元。则甲公司2015年12月31日应付职工薪酬的计税基础为(　　)万元。

A. 5600　　B. 4000　　C. 1600　　D. 0

7. 甲公司所得税采用资产负债表债务法核算，适用的所得税税率为25%。甲公司于2015年7月1日购入一项专利技术，该专利技术专门用于生产A产品。入账价值为600万元，预计使用年限为5年，无残值，采用直线法摊销，假定税法对于该项专利技术的折旧政策与会计规定一致。2015年年末，由于市场上出现了更先进的生产A产品的专利技术，甲公司为该专利技术进行减值测试。估计该专利技术的公允价值减去处置费用后的净额为420万元，预计未来现金流量现值为400万元。假定生产的A产品期末全部对外出售。则甲公司因该事项确认递延所得税资产金额为(　　)万元。

A. 30　　B. 50　　C. 65　　D. 80

8. A公司2015年12月因违反当地有关环保法规的规定，接到环保部门的处罚通知，要求其支付罚款280万元，A公司确认其他应付款280万元。税法规定，企业因违反国家有关法律法规支付的罚款和滞纳金，计算应纳税所得额时不允许税前扣除。至2015年12月31日，该项罚款已经支付了200万元。则A公司2015年12月31日该项其他应付款的计税基础为(　　)万元。

A. 0　　B. 280　　C. 200　　D. 80

9. 新华公司使用的所得税税率为25%，采用资产负债表债务法核算所得税。新华公司2015年年初坏账准备的余额为0。2015年12月31日应收账款余额为2 300万元，该公司期末对应收账款计提了200万元的坏账准备。按照税法规定，应收账款计提的坏账准备在发生实质性损失之前不允许税前扣除。则2015年12月31日该项应收账款对递延所得税的影响为(　　)。

A. 应确认递延所得税资产50万元
B. 应确认递延所得税资产——50万元
C. 应确认递延所得税负债50万元
D. 应确认递延所得税负债——50万元

10．下列各项确认的递延所得税不对应所得税费用科目的是(　　)。

A．可供出售金融资产公允价值变动

B．交易性金融资产公允价值变动

C．存货计提减值准备

D．应收账款计提坏账

11．甲公司2015年度实现利润总额2 000万元，其中国债利息收入为120万元，实际发生业务招待费 300 万元，按照税法规定允许税前扣除的金额为 280 万元。无其他纳税调整事项，甲公司适用的所得税税率为25%，则甲公司2015年应交所得税的金额为(　　)万元。

A．475　　B．500　　C．470　　D．395

12．甲公司在2014年度亏损为100万元，按照税法规定允许用以后5年税前利润弥补亏损。甲公司预计5年内应纳税所得额总计80万元，假设适用的所得税税率始终为25%，无其他暂时性差异。则甲公司在2014年应确认的递延所得税资产金额为(　　)万元。

A．25　　B．20　　C．5　　D．0

13．甲公司于2015年1月1日开始计提折旧的某项固定资产，其初始入账价值为500万元，使用年限为20年，采用年限平均法计提折旧，预计净残值为0。税法规定对于该项固定资产采用双倍余额递减法计提折旧，使用年限、预计净残值与会计规定相同。则2015年12月31日该项固定资产的计税基础为(　　)万元。

A．475　　B．450　　C．500　　D．0

14．在下列各项负债中，其计税基础为零的是(　　)。

A．赊购商品

B．从银行取得的短期借款

C．因确认保修费用形成的预计负债

D．因各项税收滞纳金和罚款确认的其他应付款

15．下列各项资产和负债中，不产生暂时性差异的是(　　)。

A．应税合并条件下非同一控制下的企业合并购买日产生的商誉

B．已计提减值准备的固定资产

C．已确认公允价值变动损益的交易性金融资产

D．投资性房地产后续采用公允价值模式计量

二、多项选择题

1．下列各项中，可能引起固定资产账面价值与计税基础不一致的有(　　)。

A．折旧方法不同　　B．折旧年限不同

C．预计净残值不同　　D．计提固定资产减值准备

2．下列各项中可能会导致无形资产账面价值与计税基础不同的因素有(　　)。

A．使用寿命有限的无形资产，会计与税法中对其预计使用年限的估计不同，其他因素估计相同

B．使用寿命有限的无形资产，会计和税法中对其预计的使用年限及预计净残值相同，摊销的方法不同

C．使用寿命不确定的无形资产，税法中按直线法计提摊销

D．外购的无形资产，会计上计提减值准备

3．下列关于负债的计税基础基本理解的表述中正确的有(　　)。

A．负债的计税基础代表的是在未来期间可予税前扣除的总金额

B．负债的计税基础代表的是账面价值在扣除税法规定未来期间允许税前扣除的金额之后的差额

C．负债的账面价值大于其计税基础表示未来期间计税时按照税法规定可予税前扣除的金额

D．负债的账面价值大于其计税基础减少未来期间的应纳税所得额，均应确认递延所得税资产

4．下列情况中，会产生应纳税暂时性差异的有(　　)。

A．资产的账面价值大于其计税基础

B．资产的账面价值小于其计税基础

C．负债的账面价值大于其计税基础

D．负债的账面价值小于其计税基础

5．下列选项中产生可抵扣暂时性差异的有(　　)。

A．预提产品保修费用

B．计提存货跌价准备

C．采用公允价值模式进行后续计量的投资性房地产期末公允价值大于投资性房地产取得时成本

D．计提固定资产减值准备

6．下列各项中产生应纳税暂时性差异的有(　　)。

A．固定资产的账面价值为 500 万元，计税基础为 450 万元

B．可供出售金融资产的账面价值为 60 万元，计税基础为 30 万元

C．交易性金融资产的账面价值为 50 万元，计税基础为 100 万元

D．因产品质量保证计提预计负债的账面价值为 20 万元，计税基础为 0 万元

7．下列各项资产和负债中，因账面价值与计税基础不一致形成暂时性差异的有(　　)。

A．使用寿命不确定的无形资产

B．已计提减值准备的固定资产

C．已确认公允价值变动损益的交易性金融资产

D．因违反税法规定应缴纳但尚未缴纳的滞纳金

8．下列各项关于资产计税基础的表述中，正确的有(　　)。

A．资产的计税基础指资产在当期可以税前扣除的金额

B．自行研发无形资产，其初始确认时的计税基础为其成本的 175%

C．固定资产在某一资产负债表日的计税基础是其成本扣除按照税法规定计算确定的累计折旧后的金额

D．固定资产在资产负债表日的计税基础是其成本扣除累计折旧和减值准备后的金额

9．甲公司所得税采用资产负债表债务法核算，适用的所得税税率为 25%。甲公司 2015 年分别销售 A 和 B 产品 1 万件和 2 万件，不含增值税的销售单价分别为 100 元和 50 元。

甲公司向购买者承诺提供产品售后 2 年内免费保修服务，预计保修期内将发生的保修费在销售额的 2%至 8%之间，且该范围内各种结果发生的可能性相同。2015 年实际发生保修费 5 万元，2015 年 1 月 1 日预计负债的年初数为 3 万元。税法规定，与产品售后服务相关的费用在实际发生时允许税前扣除，则甲公司关于上述事项的表述中，正确的有(　　)。

A．甲公司 2015 年年末预计负债的账面价值为 10 万元

B．甲公司 2015 年年末预计负债的账面价值为 8 万元

C．甲公司 2015 年年末预计负债的计税基础为 8 万元

D．甲公司 2015 年年末预计负债的计税基础为 0

10．下列各项中，假设递延所得税均对应所得税费用，则下列能够增加递延所得税费用金额的有(　　)。

A．递延所得税资产借方发生额

B．递延所得税资产贷方发生额

C．递延所得税负债借方发生额

D．递延所得税负债贷方发生额

11．下列有关负债计税基础确定的表述中，正确的有(　　)。

A．企业因销售商品提供售后三包等原因于当期确认了 200 万元的预计负债。则该预计负债的账面价值为 200 万元，计税基础为 0

B．企业因债务担保确认了预计负债 100 万元，则该项预计负债的账面价值为 100 万元，计税基础为 0

C．企业收到客户的一笔款项 100 万元，因不符合收入确认条件，会计上作为预收账款反映，但符合税法规定的收入确认条件，该笔款项已计入当期应纳税所得额，则预收账款的账面价值为 100 万元，计税基础为 0

D．企业当期期末确认应付职工薪酬 1 500 万元，按照税法规定可以于当期全部扣除。则应付职工薪酬的账面价值为 1 500 万元，计税基础为 1 500 万元

12．大海公司 2015 年 1 月 1 日存货跌价准备余额为 10 万元，因本期销售结转存货跌价准备 2 万元。2015 年 12 月 31 日存货成本为 90 万元，可变现净值为 70 万元。税法规定，企业计提的资产减值损失在发生实质性损失时允许税前扣除。则下列表述中正确的有(　　)。

A．大海公司 2015 年 12 月 31 日计提存货跌价准备 12 万元

B．大海公司 2015 年 12 月 31 日存货账面价值为 70 万元

C．大海公司 2015 年 12 月 31 日存货计税基础为 70 万元

D．大海公司 2015 年 12 月 31 日存货计税基础为 90 万元

13．2015 年 1 月 1 日，甲公司为开发新技术开始自行研发某项专利技术，研发过程中共发生研发支出 30 万元，其中符合资本化条件的支出为 24 万元，不符合资本化条件的支出为 6 万元。2015 年 7 月 1 日甲公司该项专利技术研发成功达到预定可使用状态并立即投入使用，甲公司预计该项专利技术的使用年限为 30 年，对其采用直线法计提摊销，预计净残值为 0；税法规定该类无形资产的摊销年限、摊销方法及净残值与会计相同。2015 年年末该项无形资产未发生减值，则下列说法中不正确的有(　　)。

A．2015 年 7 月 1 日该项无形资产的账面价值为 30 万元

B．2015 年 7 月 1 日该项无形资产的计税基础为 24 万元

C．2015 年 12 月 31 日该项无形资产的账面价值为 23.6 万元

D．2015 年 12 月 31 日该项无形资产的计税基础为 23.6 万元

14．下列各中，不产生暂时性差异的有(　　)。

A．确认国债利息收入　　B．内部研发形成的无形资产

C．计提存货跌价准备　　D．应交的罚款和滞纳金

15．下列各项目中，可能会产生暂时性差异的有(　　)。

A．应收账款计提坏账准备　　B．因债务担保确认的预计负债

C．自行研发形成的无形资产　　D．可供出售金融资产公允价值变动

三、判断题

1．资产的账面价值与计税基础不同产生暂时性差异的原因，主要是由于会计和税法对资产的入账价值不同所产生的。(　　)

2．资产账面价值大于其计税基础，产生可抵扣暂时性差异；负债账面价值小于其计税基础，产生应纳税暂时性差异。(　　)

3．企业对于产生的可抵扣暂时性差异均应确认相应的递延所得税资产。(　　)

4．未作为资产和负债确认的项目，如按照税法规定可以确定其计税基础，则该计税基础与其账面价值之间的差额应属于暂时性差异。(　　)

5．资产负债表日，如果未来期间很可能无法获得足够的应纳税所得额用以抵扣递延所得税资产的利益，应当减记递延所得税资产的账面价值。(　　)

6．企业应当对递延所得税资产和递延所得税负债进行折现加以核算。(　　)

7．除内部研究开发形成的无形资产外，以其他方式取得的无形资产，初始确认时其入账价值与税法上规定的成本之间一般不存在差异。(　　)

8．国债利息免税会造成资产账面价值小于计税基础，形成递延所得税资产。(　　)

9．企业在收到客户预付的款项时，按照税法规定，该预收账款的计税基础等于账面价值。(　　)

10．一般情况下，对于应付职工薪酬，其计税基础为账面价值减去在未来期间可予税前扣除的金额 0 之间的差额，即账面价值等于计税基础。(　　)

四、计算分析题

1．甲公司为上市公司，所得税采用资产负债表债务法核算，适用的所得税税率为 25%。2014 年 12 月 31 日甲公司某项专利权出现减值迹象，预计可收回金额为 108 万元。该专利权自 2012 年年初开始自行研究开发，2012 年发生相关研发支出 105 万元，符合资本化条件前发生的研究和开发支出 45 万元，符合资本化条件后发生的开发支出为 60 万元；2013 年至无形资产达到预定用途前发生开发支出 160 万元(全部符合资本化条件)，2013 年 7 月 1 日专利技术获得成功达到预计用途并专门用于生产 A 产品。申请专利权发生注册费用 7.5 万元，为运行该项无形资产发生培训支出 8 万元。甲公司预计运用该项专利权生产的产品在未来 10 年内会为企业带来经济利益。乙公司向甲公司承诺在 5 年后以 45 万元(不含增值税)购买该项专利权。甲公司管理层计划在 5 年后将其出售给乙公司。甲公司采用直线法摊销无形资产，无残值，假定税法的折旧政策与会计规定相同。

要求：

(1) 根据上述资料，计算甲公司2013年形成无形资产的账面价值及计税基础并编制相关会计分录。

(2) 根据上述资料，计算甲公司2014年年末无形资产计提减值准备的金额及计税基础并编制相关会计分录。

(注：答案中的金额单位用万元表示，计算结果保留两位小数)

2．甲公司采用资产负债表债务法核算其所得税，适用的所得税税率为25%。2015年6月30日，甲公司将自用房产转作经营性出租且以公允价值模式进行后续计量的投资性房地产。该房产原值1 000万元，预计使用年限为10年，转换前采用年限平均法计提折旧，无残值；截止2015年6月30日该房产已经使用3年，使用期间未计提减值准备；转换日，该房产的公允价值为1 000万元。2015年12月31日，其公允价值为1 100万元。假定税法对该房产按期计提折旧，税法规定的折旧年限、方法、净残值与转换前的会计核算相同。

要求：

(1) 编制2015年6月30日自用房产转换为投资性房地产的相关会计分录。

(2) 计算该项投资性房地产2015年12月31日的账面价值和计税基础，并确认相应的所得税影响。

(3) 编制2015年12月31日确认投资性房地产公允价值变动和相关所得税的会计分录。

(注：答案中的金额单位用万元表示)

3．甲公司是一家在深圳交易所挂牌交易的上市公司，适用的所得税税率为25%，采用资产负债表债务法核算企业所得税。2014年1月1日递延所得税资产余额(全部为存货项目计提的跌价准备)为25万元；递延所得税负债余额(全部为交易性金融资产项目的公允价值变动)为15万元。根据税法规定自2015年1月1日起甲公司认定为高新技术企业，同时该公司适用的所得税税率变更为15%。该公司2014年实现的税前利润总额为5 090万元，涉及所得税的交易或事项如下：

(1) 年末存货的余额为400万元，可变现净值为360万元。根据税法规定，转回的存货跌价准备不计入应纳税所得额。

(2) 年末交易性金融资产的账面价值为420万元，其中成本220万元、累计公允价值变动200万元。根据税法规定，交易性金融资产公允价值变动收益不计入应纳税所得额。

(3) 2014年6月20日，甲公司因违反税收的规定被税务部门处以10万元罚款，罚款未支付。税法规定，企业违反国家法规所支付的罚款不允许在税前扣除。

(4) 2014年12月10日，甲公司被乙公司提起诉讼，要求其赔偿未履行合同造成的经济损失。12月31日，该诉讼尚未审结。甲公司预计很可能支出的金额为100万元。税法规定，该诉讼损失在实际发生时允许在税前扣除。

(5) 其他资料：假定甲公司预计在未来期间有足够的应纳税所得额用于抵扣可抵扣暂时性差异。

要求：

(1) 根据上述资料，计算2014年年末甲公司各项目的暂时性差异金额，计算结果填列在表11-4中。

表 11-4 2014 年年末甲公司各项目暂时性差异金额 单位：万元

项 目	账面价值	计税基础	可抵扣暂时性差异	应纳税暂时性差异
存货				
交易性金融资产				
其他应付款				
预计负债				

(2) 计算甲公司 2014 年应纳税所得额和应交所得税。

(3) 计算甲公司 2014 年应确认的递延所得税资产、递延所得税负债和所得税费用。

(4) 编制甲公司 2014 年确认所得税费用的相关会计分录。

4．甲公司于 2014 年 10 月 10 日用一幢办公楼与乙公司的一块土地使用权进行置换，资产置换日，甲公司换出办公楼的原价为 6 000 万元，已提折旧 1 000 万元，未计提减值准备，公允价值为 7 000 万元；乙公司换出土地使用权的原价为 5 000 万元，已提摊销 800 万元，公允价值为 7 000 万元。甲公司换入的土地使用权准备持有以备增值后转让，采用公允价值模式计量，2014 年年末换入土地使用权的公允价值为 7 500 万元，2015 年年末公允价值为 8 100 万元。税法规定，对该土地使用权以历史成本计量，预计使用年限为 50 年，采用直线法摊销，无残值。该非货币性资产交换具有商业实质。乙公司换入的办公楼作为固定资产核算，预计使用年限为 25 年，采用年限平均法计提折旧，预计净残值为零。税法折旧方法、预计使用年限和净残值与会计规定相同。2015 年 10 月 20 日，乙公司将该办公楼出租，采用以公允价值模式计量，转换当日公允价值为 7 200 万元。2015 年 12 月 31 日，办公楼公允价值为 7 500 万元。税法对该房地产以历史成本计量，且房产自用时的折旧政策与税法一致。甲公司、乙公司适用的所得税税率均为 25%，不考虑其他税费。

要求：

(1) 分别编制 2014 年 10 月 10 日甲公司和乙公司非货币性资产交换有关的会计分录。

(2) 编制 2015 年 12 月 31 日甲公司与递延所得税有关的会计分录。

(3) 编制 2015 年 12 月 31 日乙公司与递延所得税有关的会计分录。

第十二章 政府补助

教学目的与要求

通过本章的学习，掌握政府补助的定义及其特征，掌握政府补助的会计处理。

第一节 政府补助的概述

一、政府补助的定义

根据政府补助准则的规定，政府补助是指企业从政府无偿取得货币性资产或非货币性资产。其主要形式包括政府对企业的无偿拨款、税收返还、财政贴息，以及无偿给予非货币性资产等。通常情况下，直接减征、免征、增加计税抵扣额、抵免部分税额等不涉及资产直接转移的经济资源，不适用政府补助准则。但是，部分减免税款需要按照政府补助准则进行会计处理。例如，属于一般纳税人的加工型企业根据税法规定招用自主就业退役士兵，并按定额扣减增值税的，应当将减征的税额计入当期损益，借记“应交税金——应交增值税(减免税额)”科目，贷记“其他收益”科目。还需要说明的是，增值税出口退税不属于政府补助。根据税法规定，在对出口货物取得的收入免征增值税的同时，退付出口货物前道环节发生的进项税额，增值税出口退税实际上是政府退回企业事先垫付的进项税，所以不属于政府补助。

二、政府补助的特征

(一) 政府补助是来源于政府的经济资源

政府主要是指行政事业单位及类似机构。对企业收到的来源于其他方的补助，如有确凿证据表明政府是补助的实际拨付者，其他方只是起到代收代付的作用，则该项补助也属于来源于政府的经济资源。例如，某集团公司母公司收到一笔政府补助款，有确凿证据表明该补助款实际的补助对象为该母公司下属子公司，母公司只是起到代收代付作用，在这种情况下，该补助款属于对子公司的政府补助。

(二) 政府补助是无偿

政府补助是无偿的，即企业取得来源于政府的经济资源，不需要向政府交付商品或服务等对价。无偿性是政府补助的基本特征这一特征将政府补助与政府作为企业所有者投入的资本、政府购买服务等互惠性交易区别开来。

政府如以企业所有者身份向企业投入资本，享有相应的所有权权益，政府与企业之间是投资者与被投资者的关系，属于互惠交易。

企业从政府取得的经济资源，如果与企业销售商品或提供劳务等活动密切相关，且来源于政府的经济资源是企业商品或服务的对价或者是对价的组成部分，应当按照《企业会计准则第 14 号——收入》的规定进行会计处理，不适用政府补助准则。需要说明的是，政府补助通常附有一定条件，这与政府补助的无偿性并无矛盾，只是政府为了推行其宏观经济政策，对企业使用政府补助的时间、使用范围和方向进行了限制。

【例 12-1】 甲企业是一家生产和销售高效照明产品的企业。国家为了支持高效照明产品的推广使用，通过统一招标的形式确定中标企业、高效照明产品及其中标协议供货价格。甲企业作为中标企业，需以中标协议供货价格减去财政补贴资金后的价格将高效照明产品销售给终端用户，并按照高效照明产品实际安装数量、中标供货协议价格、补贴标准，申请财政补贴资金。2015 年度，甲企业销售高效照明产品获得财政资金 5 000 万元。

此例中，甲企业虽然取得财政补贴资金，但最终受益人是从甲企业购买高效照明产品的大宗用户和城乡居民，相当于政府以中标协议供货价格从甲企业购买了高效照明产品，再以中标协议供货价格减去财政补贴资金后的价格将产品销售给终端用户。实际操作时，政府并没有直接从事高效照明产品的购销，但以补贴资金的形式通过甲企业的销售行为实现了政府推广使用高效照明产品的目标。对甲企业而言，销售高效照明产品是其日常经营活动，甲企业仍按照中标协议供货价格销售了产品，其销售收入由两部分构成：一是终端用户支付的购买价款，二是财政补贴资金，财政补贴资金是甲企业产品对价的组成部分。可见，甲企业收到的补贴资金 5 000 万元应当按照收入准则的规定进行会计处理。

【例 12-2】 2019 年 2 月，乙企业与所在城市的开发区人民政府签订了项目合作投资协议，实施“退城进园”技改搬迁。根据协议，乙企业在开发区内投资约 4 亿元建设电子信息设备生产基地。生产基地占地面积 400 亩，该宗项目用地按开发区工业用地基准地价挂牌出让，乙企业摘牌并按挂牌出让价格缴纳土地款及相关税费 4 800 万元。乙企业自开工之日起须在 18 月内完成搬迁工作，从原址搬迁至开发区，同时将乙企业位于城区繁华地段的原址用地(200 亩，按照所在地段工业用地基准地价评估为 1 亿元)移交给开发区政府收储，开发区政府将向乙企业支付补偿资金 1 亿元。

本例中，为实施“退城进园”技改搬迁，乙企业将其位于城区繁华地段的原址用地移交给开发区政府收储，开发区政府为此向乙企业支付补偿资 1 亿元。由于开发区政府对乙企业的搬迁补偿是基于乙企业原址用地的公允价值确定的，实质是政府按照相应资产的市场价格向企业购买资产，企业从政府取得的经济资源是企业让渡其资产的对价，双方的交易是互惠性交易，不符合政府补助无偿性的特点，所以乙企业收到的 1 亿元搬迁补偿资金不作为政府补助处理，而应作为处置非流动资产的收入。

【例 12-3】 丙企业是一家生产和销售重型机械的企业。为推动科技创新，丙企业所在地政府于 2019 年 8 月向丙企业拨付了 3 000 万元资金，要求丙企业将这笔资金用于技术改造项目研究，研究成果归丙企业享有。

本例中，丙企业的日常经营活动是生产和销售重型机械，其从政府取得了 3 000 万元资金用于研发支出，且研究成果归丙企业享有。所以这项财政拨款具有无偿性，丙企业收到的 3 000 万元资金应当按照政府补助准则的规定进行会计处理。

三、政府补助的分类

确定了来源于政府的经济利益属于政府补助后，还应当对其进行恰当的分类。根据政府补助准则规定，政府补助应当划分为与资产相关的政府补助和与收益相关的政府补助，这是因为两类政府补助给企业带来经济利益或者弥补相关成本或费用的形式不同，从而在具体账务处理上存在差别。

（一）与资产相关的政府补助

与资产相关的政府补助，是指企业取得的、用于购建或以其他方式形成长期资产的政府补助。通常情况下，相关补助文件会要求企业将补助资金用于取得长期资产。长期资产将在较长的期间内给企业带来经济利益。会计上有两种处理方法可供选择，一是将与资产相关的政府补助确认为递延收益，随着资产的使用而逐步结转入损益；二是将补助冲减资产的账面价值，以反映长期资产的实际取得成本。

（二）与收益相关的政府补助

与收益相关的政府补助，是除与资产相关的政府补助之外的政府补助。此类补助主要是用于补偿企业已发生或即将发生的费用或损失。其受益期相对较短，所以通常在满足补助所附条件时计入当期损益或冲减相关成本。

第二节　政府补助的会计处理

一、会计处理方法

根据政府补助准则的规定，政府补助同时满足下列条件的，才能予以确认：一是企业能够满足政府补助所附条件；二是企业能够收到政府补助。在计量方面，政府补助为货币性资产的，应当按照收到或应收的金额计量。如果企业已经实际收到补助资金，应当按照实际收到的金额计量；如果资产负债表日企业尚未收到补助资金，但企业在符合了相关政策规定后就相应获得了收款权，且与之相关的经济利益很可能流入企业，企业应当在这项补助成为应收款时按照应收的金额计量。政府补助为非货币性资产的，应当按照公允价值计量；公允价值不能可靠取得的，按照名义金额计量。

政府补助有两种会计处理方法：一是总额法，在确认政府补助时将政府补助全额确认为收益，而不是作为相关资产账面价值或者费用的扣减；二是净额法，将政府补助作为相关资产账面价值或所补偿费用的扣减。根据《企业会计准则——基本准则》的要求，同一企业不同时期发生的相同或者相似的交易或者事项，应当采用一致的会计政策，不得随意变更。的确需变更的，应当在附注中说明。企业应当根据经济业务的实质，判断某一类政府补助业务应当采用总额法还是净额法。通常情况下，对同类或类似政府补助业务只能选用一种方法。同时，企业对该业务应当一贯地运用该方法，不得随意变更与企业日常活动相关的政府补助，应当按照经济业务实质，计入其他收益或冲减相关成本费用。与企业日常活动无关的政府补助，计入营业外收支。通常情况下，若政府补助补偿的成本费用是营业利润之中的项目，或该补助与日常销售等经营行为密切相关如增值税即征即退等，则认为该政府补助与日常活动相关。

企业选择总额法对与日常活动相关的政府补助进行会计处理的，应增设“其他收益”科目进行核算。“其他收益”科目核算总额法下与日常活动相关的政府补助以及其他与日常活动相关且应直接计入本科目的项目。对于总额法下与日常活动相关的政府补助，企业在实际收到或应收时，或者将先确认为“递延收益”的政府补助分摊计入损益时，借记“银行存款”“其他应收款”“递延收益”等科目，贷记“其他收益”科目。

二、与资产相关的政府补助

实务中，企业通常先收到补助资金，再按照政府要求将补助资金用于购建固定资产或无形资产等长期资产。企业在收到补助资金时，有两种会计处理方法可供选择。一是总额法，即按照补助资金的金额借记有关资产科目，贷记“递延收益”科目；然后在相关资产使用寿命内按合理、系统的方法分期计入损益。如果企业先收到补助资金，再购建长期资产，则应当在开始对相关资产计提折旧或摊销时开始将递延收益分期计入损益；如果企业先开始购建长期资产，再收到补助资金，则应当在相关资产的剩余使用寿命内按照合理、系统的方法将递延收益分期计入损益。企业对与资产相关的政府补助选择总额法后，为避免出现前后方法不一致的情况，结转递延收益时不得冲减相关成本费用，而是将递延收益分期转入其他收益或营业外收入，借记“递延收益”科目，贷记“其他收益”或“营业外收入”科目。相关资产在使用寿命结束时或结束前被处置(出售、转让、报废等)，尚未分摊的递延收益余额应当一次性转入资产处置当期的损益，不再予以递延。二是净额法，将补助冲减相关资产账面价值，企业按照扣减了政府补助后的资产价值对相关资产计提折旧或进行摊销。

实务中存在政府无偿给予企业长期非货币性资产的情况，如无偿给予的土地使用权和天然起源的天然林等。对无偿给予的非货币性资产，企业在收到时，应当按照公允价值借记有关资产科目，贷记“递延收益”科目，在相关资产使用命内按合理，系统的方法分期计入损益，借记“递延收益”科目，贷记“其他收益”或“营业外收入”科目。对以名义金额(1 元)计量的政府补助，在取得时计入当期损益。

【例 12-4】 按照国家有关政策，企业购置环保设备可以申请补贴以补偿其环保支出。A 企业于 2019 年 1 月向政府有关部门提交了 21 万元的补助申请，作为对其购置环保设备的补贴。2019 年 3 月 15 日，A 企业收到了政府补贴款 21 万元。2019 年 4 月 20 日，A 企业购入不需安装环保设备，实际成本为 48 万元，使用寿命 10 年，采用直线法计提折旧(不考虑净残值)。2027 年 4 月，A 企业的这台设备发生毁损。本例中不考虑相关税费。

A 企业的账务处理有以下两种方法。

方法一：A 企业选择总额法进行会计处理。

(1) 2019 年 3 月 15 日实际收到财政拨款，确认递延收益。

借：银行存款	210 000	
贷：递延收益		210 000

(2) 2019 年 4 月 20 日购入设备：

借：固定资产	480 000	
贷：银行存款		480 000

(3) 自 2019 年 5 月起每个资产负债表日(月末)计提折旧，同时分摊递延收益。

① 计提折旧(假设该设备用于污染物排放测试新旧费用入制造费用)。

借：制造费用	4 000	
贷：累计折旧		4 000

② 分摊递延收益(月末)：

借：递延收益	1 750	
贷：其他收益		1 750

(4) 2027 年 4 月设备毁损，同时转销递延收益余额：

① 设备毁损：

借：固定资产清理	96 000	
累计折旧	384 000	
贷：固定资产		480 000
借：营业外支出	96 000	
贷：固定资产清理		96 000

② 转销递延收益余额：

借：递延收益	42 000	
贷：营业外收入		42 000

方法二：A 企业选择净额法进行会计处理。

(1) 2019 年 3 月 15 日实际收到财政拨款：

借：银行存款	210 000	
贷：递延收益		210 000

(2) 2019 年 4 月 20 日购入设备：

借：固定资产	480 000	
贷：银行存款		480 000
借：递延收益	210 000	
贷：固定资产		210 000

(3) 自 2019 年 5 月起每个资产负债表日(月末)计提折旧：

借：制造费用	2 250	
贷：累计折旧		2 250

(4) 2027 年 4 月设备毁损：

借：固定资产清理	54 000	
累计折旧	216 000	
贷：固定资产		270 000
借：营业外支出	54 000	
贷：固定资产清理		54 000

三、与收益相关的政府补助

对于与收益相关的政府补助，企业应当选择采用总额法或净额法进行会计处理。选择总额法的，应当计入其他收益或营业外收入；选择净额法的，应当冲减相关成本费用或营业外支出。

(1) 用于补偿企业以后期间的相关成本费用或损失的，在收到时应当先判断企业能否满足政府补助所附条件。根据政府补助准则的规定只有满足政府补助确认条件的才能予以确认。客观情况通常表明企业能够满足政府补助所附条件，企业应当将补助确认为递延收益，并在确认相关费用或损失的期间，计入当期损益或冲减相关成本。

【例 12-5】 B 企业于 2018 年 3 月 15 日与企业所在地地方政府签订合作协议，根据协议约定，当地政府将向 B 企业提供 100 万奖励资金，用于企业的人才激励和人才引进奖励，B 企业必须按年向当地政府报送详细的资金使用计划并按规定用途使用资金。协议同时还约定，B 企业自获得奖励起 10 年内注册地址不迁离本区，否则政府有权追回奖励资金。B 企业于 2018 年 4 月 10 日收到 100 万元补助资金，分别在 2018 年 12 月、2019 年 12 月、2020 年 12 月使用了 40 万元、30 万元和 30 万元，用于发放给总裁级别类高管年度奖金。

本例中，B 企业在实际收到补助资金时应当先判断是否满足递延收益确认条件。如果客观情况表明 B 企业在未来 10 年内离开该地区的可能性很小，比如通过成本效益分析认为 B 企业迁离该地区的成本大大高于收益，则 B 企业在收到补助资金时应当计入“递延收益”科目，实际按规定用途使用补助资金时，再计入当期收益。

B 企业选择净额法对此类补助进行会计处理，其账务处理：

• 2018 年 4 月 10 日 B 企业实际收到补助资金：

借：银行存款	1 000 000	
贷：递延收益		1 000 000

• 2018 年 12 月、2019 年 12 月、2020 年 12 月企业将补贴资金用以发放高管奖金，相应结转递延收益：

① 2018 年 12 月：

借：递延收益	400 000	
贷：管理费用		400 000

② 2019 年 12 月：

借：递延收益	300 000	
贷：管理费用		300 000

③ 2020 年 12 月：

借：递延收益	300 000	
贷：管理费用		300 000

如果 B 企业在收到补助资金时暂时无法确定能否满足政府补助所附条件(即在未来 10 年向不得离开该地区)，应当将收到的补助资金先记入“其他应付款”科目，待客观情况表明企业能够满足政府补助所附条件后再转入“递延收益”科目。

(2) 用于补偿企业已发生的相关成本费用或损失的，直接计入当期损益或冲减相关成本。这类补助通常与企业已经发生的行为有关，是对企业已发生的成本费用或损失的补偿，或是对企业过去行为的奖励。

【例 12-6】 C 企业销售其自主开发生产的动漫软件，按照国家有关规定，该企业的这种产品适用增值税即征即退政策，按 1%的税率征收增值税后，对其增值税实际税负超过 3%的部分，实行即征即退。C 企业 2018 年 8 月在进行退税申报，对归属于 7 月的增值税即征即退提交退税申请，经主管税务机关审核后的退税额为 100 万元。软件企业即征即退增值税与企业的日常销售密切相关，属于与企业日常活动相关的政府补助。C 企业 2018 年 8 月申请退税并确定了增值税退税额，其账务处理：

借：其他应收款　　1 000 000

　　贷：其他收益　　1 000 000

【例 12-7】 D 企业 2018 年 1 月遭受重大自然灾害并于 2018 年 2 月 20 日收到了政府补助资金 20 万元。2018 年 2 月 20 日，D 企业实际收到补助资金并选择总额法进行会计处理，其账务处理：

借：银行存款　　200 000

　　贷：营业外收入　　200 000

【例 12-8】 E 企业是集芳烃技术研发、生产于一体的高新技术企业。芳烃的原料是石脑油。石脑油按成品油项目在生产环节征消费税。根据国家有关规定，对使用燃料油、石脑油生产乙烯芳烃的企业购进并用于生产乙烯芳烃类化工产品的石脑油、燃料油，按实际耗用数量退还所含消费税。假设石脑油单价为 5 333 元/吨(其中，消费税 2 105 元/吨)。本期 E 企业将 11.5 吨石脑油投入生产，石脑油转换率为 1.15∶1(即 1.15 吨石脑油可生产 1 吨乙烯芳烃)，共生产乙烯芳烃 10 吨。E 企业根据当期产量及所购原料供应商的消费税证明，申请退还相应的消费。当期应退消费税为 $10 \times 1.15 \times 2\,105 = 24\,207.5$ 元。E 企业在期末结转存货成本和主营业务成本之前，账务处理：

借：其他应收款　　24 207.5

　　贷：生产成本　　24 207.5

四、政府补助的退回

已计入损益的政府补助需要退回的，应当在需要退回的当期分情况按照以下规定进行会计处理：

(1) 初始确认时冲减相关资产账面价值的，调整资产账面价值。

(2) 存在相关递延收益的，冲减相关递延收益账面余额，超出部分计入当期损益。

(3) 属于其他情况的，直接计入当期损益。此外，对于属于前期差错的政府补助退回，应当按照前期差错更正进行追溯调整。

【例 12-9】 接例 12-4，假设 2020 年 5 月，有关部门在对 A 企业的检查中发现，A 企业不符合申请补助的条件，要求 A 企业退回补助。A 企业于当月退回了补助款 21 万元。

A 企业的账务处理有以下两种方法。

方法一：A 企业选择总额法进行会计处理，应当结转递延收益，并将超出部分计入当期损益。因为以前期间计入其他收益，所以本例中这部分退回的补助冲减应退回当期的其他收益。

2020 年 5 月 A 企业退回补助款时：

借：递延收益　189 000

　　其他收益　21 000

　　贷：银行存款　210 000

方法二：A 企业选择净额法进行会计处理，应视同一开始就没有收到政府补助，调整固定资产的账面价值，将实际退回金额与账面价值调整数之间的差额计入当期损益。因为本例中以前期间实际冲减了制造费用，所以本例中这部分退回的补助补记退回当期的制造费用。

2020 年 5 月丁企业退回补助款时：

借：固定资产　189 000

　　制造费用　21 000

　　贷：银行存款　210 000

【例 12-10】 F 企业于 2018 年 11 月与某开发区政府签订合作协议，在开发区内投资设立生产基地。协议约定，开发区政府自协议签订之日起 6 个月内向 F 企业提供 30 万元产业补贴资金用于奖励该企业在开发区内投资，F 企业自获得补贴起 5 年内注册地址不迁离本区。如果 F 企业在此期限内提前搬离开发区，开发区政府允许 F 企业按照实际留在本区的时间保留部分补贴，并按剩余时间追回补贴资金。F 企业于 2019 年 1 月 3 日收到补贴资金。

假设 F 企业在实际收到补助资金时，客观情况表明 F 企业在未来 5 年内搬离开发区的可能性很小，F 企业应当在收到补助资金时将其计入“递延收益”科目。由于协议约定如果 F 企业提前撤离开发区，开发区政府有权追回部分补助，说明企业每留在开发区内一年就有权取得与这一年相关的补助，与这一年补助有关的不确定性基本消除，补贴收益得以实现，所以 F 企业应当将该补助在 5 年内平均摊销结转计入损益。

F 企业的账务处理：

(1) 2019 年 1 月 3 日 F 企业实际收到补贴资金。

借：银行存款　300 000

　　贷：递延收益　300 000

(2) 2019 年 12 月 31 日及以后年度，F 企业分期将递延益结转入当期损益。

借：递延收益　60 000

　　贷：其他收益　60 000

假设 2020 年 1 月，因 F 企业重大战略调整，搬离开发区，开发区政府根据协议要求 F 企业退回补贴 180 万元：

借：递延收益　180 000

　　贷：其他应付款　180 000

五、特定业务的会计处理

(一) 综合性项目政府补助

综合性项目政府补助同时包含与资产相关的政府补助和与收益相关的政府补助，企业需要将其进行分解并分别进行会计处理；难以区分的，企业应当将其整体归类为与收益相关的政府补助进行处理。

【例 12-11】 2019 年 6 月 15 日，某市科技创新委员会与企业签订了科技计划项目合同书，拟对 G 企业的新药临床研究项目提供研究补助资金。该项目总预算为 600 万元，其中，市科技创新委员会资助 200 万元，G 企业自筹 400 万元。政府资助的 200 万元用于补助设备费 60 万元、材料费 15 万元、测试化验加工费 95 万元、差旅费 10 万元、会议费 5 万元、专家咨询费 8 万元、管理费用 7 万元。本例中除设备费外的其他各项费用都计入研究支出。市科技创新委员会应当在合同签订之日起 30 日内将资金拨付给 G 企业。根据双方约定，G 企业应当按合同规定的开支范围，对市科技创新委员会资助的经费实行专款双方约定，G 企业应当按合同规定的开支范围，对市科技创新委员会资助的经费实行专款专用。项目实施期限为自合同签订之日起 30 个月，期满后 G 企业如未通过验收，在该项目实施期满后 3 年内不得再向市政府申请科技补贴资金。G 企业于 2019 年 7 月 10 日收到补助资金，在项目期内按照合同约定的用途使用了补助资金，其中，G 企业于 2019 年 7 月 25 日按项目合同书的约定购置了相关设备，设备成本 150 万元，其中使用补助资金 60 万元，该设备使用年限为 10 年，采用直线法计提折旧(不考虑净残值)。假设本例中不考虑相关税费。

本例中，G 企业收到的政府补助是综合性项目政府补助，需要区分与资产相关的政府补助和与收益相关的政府补助并分别进行处理，假设乙企业对收到的与资产相关的政府补助选择净额法进行会计处理。

G 企业的账务处理：

(1) 2019 年 7 月 10 日 G 企业实际收到补贴资金时：

借：银行存款	2 000 000	
贷：递延收益		2 000 000

(2) 2019 年 7 月 25 日购入设备：

借：固定资产	1 500 000	
贷：银行存款		1 500 000
借：递延收益	600 000	
贷：固定资产		600 000

(3) 自 2019 年 8 月起每个资产负债表日(月末)计提折旧，折旧费用计入研发支出：

借：研发支出	7 500	
贷：累计折旧		7 500

(4) 对其他与收益相关的政府补助，G 企业应当按照相关经济业务的实质确定是计入其他收益还是冲减相关成本费用，在企业按规定用途实际使用补助资金时计入损益，或者在实际使用的当期期末根据当期累计使用的金额计入损益，借记“递延收益”科目，贷记有关损益科目。

(二) 政策性优惠贷款贴息

政策性优惠贷款贴息是政府为支持特定领域或区域发展，根据国家宏观经济形势和政策目标，对承贷企业的银行借款利息给予的补贴。企业取得政策性优惠贷款贴息的，应当区分财政将贴息资金拨付给贷款银行和财政将贴息资金直接拨付给企业两种情况，分别进行会计处理。

1．财政将贴息资金拨付给贷款银行

在财政将贴息资金拨付给贷款银行的情况下由贷款银行以政策性优惠利率向企业提供贷款。这种方式下，受益企业按照优惠利率向贷款银行支付利息，没有直接从政府取得利息补助，企业可以选择下列方法之一进行会计处理。一是以实际收到的金额作为借款的入账价值，按照借款本金和该政策性优惠利率计算借款费用。通常情况下，实际收到的金额即为借款本金。二是以借款的公允价值作为借款的入账价值并按照实际利率法计算借款费用，实际收到的金额与借款公允价值之间的差额确认为递延收益，递延收益在借款存续期内采用实际利率法摊销冲减相关借款费用。企业选择了上述两种方法之一后，应当一致地运用，不得随意变更。

在这种情况下，向企业发放贷款的银行并不是受益主体，其仍然按照市场利率收取利息，只是一部分利息来自企业，另一部分利息来自财政贴息。所以金融企业发挥的是中介作用，并不需要确认与贷款相关的递延收益。

2．财政将贴息资金直接拨付给受益企业

财政将贴息资金直接拨付给受益企业，企业先按照同类贷款市场利率向银行支付利息，财政部门定期与企业结算贴息。在这种方式下，由于企业先按照同类贷款市场利率向银行支付利息，所以实际收到的借款金额通常就是借款的公允价值，企业应当将对应的贴息冲减相关借款费用。

第三节　政府补助的列报

一、政府补助在利润表上的列示

企业应当在利润表中的“营业利润”项目之上单独列报“其他收益”项目，计入其他收益的政府补助在该项目中反映，列报格式如表12-1所示。冲减相关成本费用的政府补助，在相关成本费用项目中反映。与企业日常经营活动无关的政府补助，在利润表的营业外收支项目中列报。

表12-1　其他收益项目在利润表中的列报格式

项　目	本期金额	上期金额
一、营业收入		
减：营业成本		
税金及附加		
销售费用		
管理费用		
财务费用		
资产减值损失		

续表

项　目	本期金额	上期金额
加：公允价值变动收益(损失以“－”号填列)		
投资收益(损失以“－”号填列)		
其中：对联营金业和合营企业的投资收益		
资产处置收益(损失以“－”号填列)		
其他收益		
二、营业利润(亏损以“－”号填列)		

二、政府补助的附注披露

企业应当在附注中披露与政府补助有关的下列信息：政府补助的种类、金额和列报项目；计入当期损益的政府补助金额；本期退回的政府补助金额及原因。

因政府补助涉及递延收益、其他收入、营业外收入以及成本费用等多个报表项目，为了全面反映政府补助情况，企业应当在附注中单设项目披露政府补助的相关信息。参考披露格式如表 12-2、表 12-3 所示：

表 12-2　计入递延收益的政府补助的明细表

补助项目	种类	期初余额	本期新增金额	本期结转计入损益或冲减相关成关成本的金额	期末余额	本期结转计入损益或冲减相关成关的列报项目
科项目经费	财政拨款					
…						

表 12-3　计入当前损益或冲减相关成本的政府补助的明细表

补助项目	种类	本期计入损益或冲减相关成关成本的金额	本期计入损益或冲减相关成关的列报项目
科项目经费	财政拨款		
…			

✦✦✦✦✦ 练　习　题 ✦✦✦✦✦

一、单项选择题

1. 2018 年 1 月 1 日，乙企业为建造一项环保工程向银行贷款 1 000 万元，期限为 3 年，年利率为 6%。当年 12 月 31 日，乙企业向当地政府提出财政贴息申请。经审核，当地政府批准自 2019 年 1 月 1 日起按照实际贷款额 1 000 万元给予年利率 2%的财政贴息，并于每年年末直接拨付给贷款银行。乙企业按照实际收到的价款确认贷款金额，该环保工程于2019年年末完工。假设2019年全年均为资本化期间。不考虑其他因素，乙企业2019年关于利息费用的处理，正确的是(　　)。

A．应确认财务费用60万元　　B．应确认在建工程40万元

C．应确认递延收益20万元　　D．应确认其他收益40万元

2．2018年1月1日，某生产企业根据国家鼓励政策自行建造一台大型生产设备，并为此申请政府财政补贴120万元，该项补贴于2018年2月1日获批，于4月1日到账。11月26日该生产设备建造完毕并投入生产，累计发生成本960万元，预计使用年限为10年，预计净残值为0，按双倍余额递减法计提折旧，当年用该设备生产的产品至年底已全部对外出售。甲公司采用净额法核算与资产相关的政府补助。假设递延收益的摊销方法同该项资产的折旧方法一致。不考虑其他因素，上述事项对该企业当年损益的影响金额是(　　)。

A．－14万元　　B．4万元　　C．10万元　　D．－20万元

3．企业取得的下列政府资源，不属于政府补助的是(　　)。

A．政府对企业的无偿拨款　　B．无偿划拨的土地使用权

C．增值税出口退税　　D．税收返还

4．2018年7月20日，甲公司取得当地财政部门拨款1 860万元，用于资助甲公司2018年7月初开始进行的一项研发项目的前期研究。该研发项目预计周期为两年，预计将发生研究支出3 000万元。至年末累计发生研究支出1 500万元(全部以银行存款支付)。政府补助文件中并未规定其政府补助类型。甲公司按照总额法核算其政府补助，且按年分摊取得的政府补助。假定不考虑其他因素，甲公司2018年因该事项确认的其他收益为(　　)。

A．1 860万元　　B．1 500万元

C．1 395万元　　D．465万元

5．甲公司采用总额法核算其政府补助。甲公司本期收到即征即退的消费税100万元，其应进行的会计处理为(　　)。

A．冲减“应交税费——应交消费税”100万元

B．确认“其他收益”100万元

C．确认“递延收益”100万元

D．确认“资本公积”100万元

6．已确认的政府补助需要返还的，下列情况正确的处理方法是(　　)。

A．初始确认时冲减相关资产成本的，应当调整资产账面价值

B．不存在相关递延收益的，直接计入资本公积

C．存在相关递延收益的，冲减相关递延收益账面余额，超出部分计入资本公积

D．不存在相关递延收益的，直接计入未分配利润

7．甲公司2017年财务报告于2018年4月30日批准对外报出，2017年的所得税汇算清缴于2018年5月31日完成，所得税税率为25%。2018年4月20日，甲公司收到当地税务部门返还其2017年度已交所得税款的通知，甲公司4月30日收到税务部门返还的所得税款项720万元。甲公司在对外提供2017年度财务报告时，因无法预计是否符合有关的税收优惠政策，故全额计算缴纳了所得税并确认了相关的所得税费用。采用总额法核算时，甲公司实际收到返还的所得税款应作的会计处理为(　　)。

A．直接调整 2017 年度财务报表相关项目的金额

B．确认 2018 年递延收益 720 万元

C．确认 2018 年应交所得税 720 万元

D．增加 2018 年营业利润 720 万元

8．下列各项中不属于政府补助形式的是(　　)。

A．政府对企业的无偿拨款　　B．财政贴息

C．税收返还　　D．政府的资本性投入

二、多项选择题

1．2018 年 3 月 5 日，甲公司取得当地政府拨入的财政拨款 400 万元用于购买科研设备。2018 年 6 月 21 日，甲公司购入该研发设备并立即投入使用，发生的实际成本为 840 万元，该设备预计可使用 10 年，采用年限平均法计提折旧，预计净残值为 40 万元。2024 年 1 月 1 日，甲公司以 600 万元出售上述设备。甲公司对该政府补助采用总额法核算，并按照直线法摊销。下列有关甲公司的会计处理中，正确的有(　　)。

A．甲公司在取得政府拨款时应当直接计入当期损益 400 万元

B．甲公司在取得政府拨款时应当冲减以后期间固定资产的成本 400 万元

C．甲公司在 2018 年针对该设备计提折旧的金额为 40 万元

D．甲公司在 2024 年因设备出售影响当期损益的金额为 380 万元

2．A 公司 2018 年发生了以下交易或事项：① A 公司需要购置一部环保设备，但是由于资金不足，按照有关规定向政府提出 200 万元的补助申请，政府同意该申请，并拨付款项；② A 公司因招收残疾人员入职取得政府给予的补助款项 25 万元；③ A 公司收到当地政府的投资款项 2 000 万元；④ 政府本期免征 A 公司增值税金额 50 万元。A 公司对政府补助均采用总额法核算，不考虑其他因素。根据政府补助的相关概念以及上述事项，判断下列说法中不正确的有(　　)。

A．为购置环保设备取得的财政拨款属于与资产相关的政府补助

B．因招收残疾人入职取得的财政补贴不属于政府补助

C．接受政府投资属于与资产相关的政府补助

D．免征企业增值税属于与收益相关的政府补助

3．企业获得的与政府补助相关的下列信息，应在财务报表附注中披露的有(　　)。

A．政府补助的种类

B．计入当期损益的政府补助金额

C．本期退回的政府补助金额及退回原因

D．政府补助的金额和列报项目

4．下列关于与收益相关的政府补助的说法中，正确的有(　　)。

A．用于补偿企业以后期间相关成本费用或损失的且客观情况表明企业能够满足政府补助所附条件，则应当确认递延收益，并在确认相关费用或损失的期间，计入当期损益或冲减相关成本

B．用于补偿企业以后期间相关成本费用或损失的且客观情况暂时无法确定企业是否满足政府补助所附条件，则收到时应先确认为其他应付款

C．实际收到用于补偿企业已经发生的相关成本费用或损失的补助资金时，应当按照实际收到的金额计入当期损益或冲减相关成本

D．用于补偿企业已经发生的相关成本费用或损失的，如果会计期末企业尚未收到补助资金，则企业不能进行任何会计处理

5．下列关于政府补助的说法中正确的有(　　)。

A．政府补助是无偿的、无条件的

B．政府以投资者身份向企业投入资本属于政府补助

C．企业只有符合政府补助政策的规定时，才有资格申请政府补助

D．符合政策规定不一定都能够取得政府补助；不符合政策规定、不具备申请政府补助资格的，不能取得政府补助

6．下列关于政府补助特征的说法中正确的有(　　)。

A．政府补助是无偿的

B．政府补助通常附有一定的条件

C．政府补助是来源于政府的经济资源

D．直接减征、免征、增加计税抵扣额、抵免部分税额属于政府补助

7．下列关于政府补助的计量，表述正确的有(　　)。

A．政府补助为货币性资产的，应当按照收到或应收的金额计量

B．与收益相关的政府补助为货币性资产的，且是用于弥补已发生的相关成本费用或损失的，如果会计期末企业尚未收到补助资金，企业只有在符合了相关政策规定且预计与之相关的经济利益很可能流入企业时才应按照应收的金额予以确认

C．政府补助为非货币性资产的，通常应当按照公允价值计量

D．政府补助为非货币性资产的，公允价值不能可靠取得的，不进行账务处理

8．下列各项中不属于政府对企业的无偿拨款的有(　　)。

A．免征的所得税

B．拨付企业的粮食定额补贴

C．先征后返的消费税

D．财政部门拨给企业用于购建固定资产或进行技术改造的专项资金

三、判断题

1．企业收到政府拨入有专项用途的资本性投入款应作为政府补助核算。(　　)

2．政府补助包括货币性资产形式和非货币性资产形式。(　　)

3．政府作为企业所有者投入的固定资产，应划分为与资产相关的政府补助。(　　)

4．企业取得与收益相关的政府补助，应当在取得时直接计入当期损益。(　　)

5．政府补助准则要求采用的是收益法中的净额法，以便更真实、完整地反映政府补助的相关信息。(　　)

6．递延收益只用来核算与资产相关的政府补助。(　　)

7．政府向企业无偿划拨非货币性长期资产属于与收益相关的政府补助。(　　)

8．企业取得与资产相关的政府补助，不能全额确认为当期收益，应当随着相关资产的

使用逐渐计入以后各期的收益。（ ）

四、计算分析题

A 公司是一家生产和销售高效照明产品的企业，其资料如下：

(1) 根据国家有关部门要求，A 公司代国家进口 LED 半导体材料，按国家有关规定将产品按照进口价格的 80%出售给政府指定的生产照明产品的企业，进销差价由财政补贴。2017 年 1 月，A 公司进口 LED 半导体材料 100 吨，价格为 1 200 万元/吨，全部材料收到并入库。2017 年 2 月，A 公司将进口 LED 半导体材料全部销售给其他企业取得货款收入 96 000 万元。2017 年末，该企业收到国家财政支付的进销差价补偿款 24 000 万元。

(2) A 公司作为一家生产和销售高效照明产品的企业，参与了国家组织的高效照明产品推广的招标会，并以 8 000 万元的价格中标，其中财政补贴资金为 5 000 万元，将高效照明产品销售给终端用户的价格为 3 000 万元。A 公司按照高效照明产品实际安装数量、中标供货协议价格、补贴标准，申请财政补贴资金。2017 年度，A 公司按照合同要求全部将高效照明产品发出，取得终端用户货款并获得财政资金共计 8 000 万元，该批高效照明产品的成本为 6 000 万元。

(3) 2018 年 1 月 1 日 A 公司向银行贷款 1 250 万元，期限 5 年，按年计息，每年年末付息，到期一次还本并支付最后一期利息。由于该笔贷款资金将被用于国家扶植的高效照明产业，符合财政贴息条件，所以贷款利率显著低于 A 公司取得同类贷款的市场利率。假设 A 公司取得同类贷款的市场利率为 10%。A 公司与银行签订的上述贷款合同约定的年利率为 4.72%，A 公司按年向银行支付贷款利息。财政按年向银行拨付贴息。贴息后实际支付的年利率为 4.72%，贷款前两年利息费用满足资本化条件，计入相关在建工程的成本。假定借款的公允价值为 1 000 万元。

(4) 2018 年 1 月 1 日 A 公司向银行贷款 1 000 万元，期限 3 年，按年计息，每年年末付息，到期一次还本。该笔贷款资金将被用于国家扶植高效照明产业，符合财政贴息条件。A 公司与银行签订的贷款合同约定的年利率为 8%。以付息凭证向财政申请贴息资金，财政贴息年利率为 4%，财政部门按年与 A 公司结算贴息资金。A 公司取得该贷款用于建造生产车间，且 2018 年属于资本化期间。

要求：

(1) 根据资料(1)，说明 A 公司取得的进销差价补偿是否属于政府补助，并编制 A 公司 2017 年进口、销售半导体材料的会计分录。

(2) 根据资料(2)，说明 A 公司取得财政补贴资金应如何处理，并编制 A 公司 2017 年销售高效照明产品的会计分录。

(3) 根据资料(3)，分别采用两种方法编制 A 公司 2018 年的相关会计分录。方法一，以实际收到的金额作为借款的入账价值，按照借款本金和该政策性优惠利率计算借款费用；方法二，以借款的公允价值作为借款的入账价值并按照实际利率法计算借款费用，实际收到的金额与借款公允价值之间的差额确认为递延收益，递延收益在借款存续期内采用实际利率法摊销，冲减相关借款费用。

(4) 根据资料(4)，编制 A 公司与银行贷款贴息相关的会计分录。

第十三章

企 业 合 并

教学目的与要求

通过本章的学习，了解企业合并的含义与分类、处理企业合并的权益结合法和购买法的基本原理，掌握同一控制下和非同一控制下企业合并的账务处理。

第一节　企业合并概述

企业合并是企业谋求规模迅速扩张的重要方式之一，企业可以通过合并来获得成本优势和分散风险，获得管理经营和财务上的协同效应，企业合并也可能出于法律税收或其他原因而以多种方式形成。

一、企业合并的概念

企业合并是将两个或两个以上单独的企业合并成为一个报告主体的交易或事项。企业合并的结果通常是一个企业取得了对另外一个或多个业务的控制权。如果一个企业取得了对另一个或多个企业的控制权，而被购买方(或被合并方)并不构成业务，则该交易或事项并不形成企业合并。企业取得了不形成业务的一组资产或净资产时，应将购买成本按购买日所取得各项可辨认资产、负债的公允价值为基础进行分配，不按照《企业会计准则第20号——企业合并》的规定进行账务处理。

所谓业务，是指企业内部某些生产经营活动或资产负债的组合；该组合具有投入、加工处理过程和产出能力，能够独立计算其成本费用或所产生的收入，但一般不构成一个企业，不具有独立的法人资格，如企业的分公司、独立的生产车间、不具有独立法人资格的分部等。

从企业合并的概念来看，能够形成企业合并，除了要看取得的企业是否构成业务之外，关键还要看有关交易或事项发生前后，是否能够引起报告主体的变化。报告主体的变化产生于控制权的变化。在交易或事项发生以后，一方面能够对另一方的生产经营决策实施控制，能形成母子公司关系就涉及控制权的转移，该交易或事项发生以后，子公司需要纳入母公司合并财务报表的范围，从合并财务报表角度形成报告主体的变化；交易或事项发生以后，一方能够控制另一方的全部净资产，被合并的企业在合并后失去法人主体资格，也涉及控制权的变化及报告主体的变化，从而形成企业合并。

假定在企业合并前 A、B 两个企业为各自独立的法律主体，且构成业务(在合并交易之前，不存在任何投资关系)，则《企业会计准则第 20 号——企业合并》中所界定的企业合并，包括但不限于以下情况：

(1) 企业 A 通过增发自身的普通股从企业 B 原股东处取得企业 B 的全部股权，该交易事项发生之后，企业 B 仍然持续经营。

(2) 企业 A 支付对价取得企业 B 的全部净资产，该交易或事项发生之后，撤销企业 B 的法人主体资格。

(3) 企业 A 以自身持有的资产作为出资人，投入企业 B 取得对企业的控制权，该交易事项发生之后，企业 B 仍维持其独立法人资格持续经营。

二、企业合并的方式

(一) 吸收合并

吸收合并也称兼并，是指合并方(或购买方)通过企业合并取得被合并方(或被购买方)的全部净资产，合并后注销被合并方的法人资格，被合并方原持有的资产、负债在合并之后成为合并方的资产、负债。如果甲公司通过吸收合并取得了乙公司，则这种合并可用等式表示为：甲公司+乙公司=甲公司。在吸收合并的情况下，被吸收的企业办理注销登记，存续的企业办理变更登记手续。

吸收合并中被合并方在合并以后被注销，从合并方的角度需要解决的问题有：在合并日(或购买日)取得的被合并方有关资产、负债入账价值的确定，以及为了进行企业合并支付的合并对价与所取得被合并方资产、负债入账价值存在差额的处理。企业合并以后期间，合并方应将合并中取得的资产、负债作为本企业的资产、负债进行核算。

(二) 新设合并

新设合并，是指两个或两个以上的企业合并成为一个新的企业，参与合并的原各企业均归于消灭的企业合并。如果甲公司和乙公司以新设合并的方式组建了丙公司，用等式表示即为：甲公司+乙公司=丙公司。在新设合并下，原有的企业需要办理注销登记手续，新成立的企业需要办理新设立登记手续。在新设合并中，新企业重新建立新账，与一般企业一样填制会计凭证，登记会计账簿，并编制会计报表。

(三) 控股合并

控股合并，是指企业合并方在企业合并中取得被合并方的控制权，被合并方在合并后仍然保持其独立的法人资格并持续经营，合并方确认企业合并形成的对被合并方投资的合并行为。因此，控股合并下的合并方又称为“投资方”或“控股企业”，被合并方又称为“被投资方”或“被控股企业”，如果甲公司取得了乙公司的控制权，这种控制合并可以用等式表示为：甲公司+乙公司=甲公司+乙公司。在控股合并下，合并方和被合并方仍为独立的企业法人，既不需要办理注销登记手续，也不需要办理变更登记手续，合并方与被合并方分别独立核算，本身并无特殊的会计处理问题；但准则认为，合并后投资方和被投资方形成了企业集团，即构成了一个经济整体，它们作为企业集团的成员，形成了母子公司的关系，母公司需要根据纳入到合并范围的母子公司各自的个别会计报表为基础编制合并报表，来反映企业集团整体的财务状况、经营成果和现金流量。

三、企业合并类型的划分

根据我国《企业会计准则第20号——企业合并》的相关规定，将企业合并按照一定的标准划分为两大基本类型：同一控制下的企业合并和非同一控制下的企业合并。

(一) 同一控制下的企业合并

1. 同一控制下的企业合并的概念

同一控制下的企业合并，是指参与合并的企业在合并前、后均受同一方或相同的多方最终控制且该控制并非暂时性的，参与合并的双方分别称为“合并方”和“被合并方”。

通常情况下，同一控制下的企业合并是指发生在同一企业集团内部企业成员之间的合并，如母公司将全资子公司的净资产转移至母公司并注销子公司，或母公司将其拥有的对一个子公司的权益转移至另一个子公司，使该子公司拥有其股权。

2. 同一控制下的企业合并的特点

(1) 从最终实施控制方的角度来看，其所能够实施控制的净资产并没有发生变化，原则上应保持其账面价值不变。

(2) 由于该类合并发生于关联方之间，交易作价往往不公允，很难以双方协定的价格作为核算基础。因为如果以双方协定的价格作为核算基础，则可能会出现增值的情况。

因此，同一控制下的企业合并的特点就决定了该类合并实质上是一种事项而并非交易，应以账面价值作为计量的基础。

(二) 非同一控制下的企业合并

1. 非同一控制下的企业合并的概念

非同一控制下的企业合并，是指参与合并的各方在合并前、后不受同一方或相同多方最终控制。参与合并的双方分别称为“合并方”和“被合并方”，也可以称为“购买方”和“被购买方”。

2. 非同一控制下企业合并的特点

非同一控制下企业合并的特点主要有：

(1) 参与合并的各方不受同一方或相同的多方控制，是非关联企业之间进行合并，合并大多是出于企业自愿的行为。

(2) 交易过程中，各方出于自身的利益考虑会进行激烈的讨价还价，交易是以公允价值为基础，交易对价相对公平合理。

因此，非同一控制下的企业合并的特点决定了该类合并实质上是一种交易，应以公允价值作为计量的基础。

(三) 相关概念

1. 同一方与相同的多方

同一方，是指对参与合并的企业在合并前、后均受实施最终控制的投资者。相同的多方，是指根据投资者之间的协议约定在对被投资单位的生产经营决策实施表决权时，发表一致意见的两个或两个以上的投资者。

2. 控制与最终控制

控制，是指投资方拥有对被投资方的权利，通过参与被投资方的相关活动而享有可变回报，并且有能力运用对被投资方的权力影响其回报金额。在直接控制的情况下，控制方对被控制方的控制就应该是最终控制；在存在间接控制的情况下，间接控制方拥有对被投资方的最终控制。控制的实施途径有：

(1) 一个企业直接或间接拥有另一个企业半数以上表决权。

(2) 一个企业拥有另一个企业表决权不足半数以上，但通过拥有半数以下表决权和相关会计准则规定的其他方式达到控制。这里的"其他方式"主要包括：

① 通过与被投资方其他单位投资者之间的协议，拥有被投资单位半数以上表决权；

② 根据公司章程和协议规定，有权决定被投资单位的财务和经营政策；

③ 有权任免被投资单位的董事会或类似权力机构的多数成员；

④ 在被投资单位的董事会或类似权力机构中占有多数表决权。因此可见，对于控制的判断要遵循实质重于形式的原则。

3. 控制并非暂时性

控制并非暂时性，是指参与合并的各方在合并前、后较长时间内为最终控制方所控制，具体是指在企业合并之前(即合并日之前)，参与合并的各方在最终控制方的控制时间一般在一年以上(含一年)，企业合并后所形成的报告主体在最终控制方的控制时间也应达到一年以上(含一年)。

4. 合并日或购买日

合并日(或购买日)，是指合并方或购买方实际取得对被合并方(或被购买方)控制权的日期，即被合并方或被购买方的净资产或生产经营决策的控制权转移给合并方(或购买方)的日期。一般情况下，同一控制下的企业合并称为"合并日"，非同一控制下的企业合并称为"购买日"。同时满足下列条件的，可以认为实现了控制权的转移：

(1) 企业合并合同或协议已获得股东大会通过；

(2) 企业合并事项需要经过国家有关主管部门审批的，已获得了批准；

(3) 参与合并各方已办理了必要的财产权转移手续；

(4) 合并方(或购买方)已支付了合并价款的大部分(一般应超过 50%)，并且有能力支付剩余款项；

(5) 合并方(或购买方)实质上已经控制了被合并方(或被购买方)的财务和经营政策，并享有相应的权利，承担相应的风险。

需要注意的是，就非同一控制下的企业合并而言，有时候"购买日"与股权投资的"交易日”可能不一致，如果企业合并是一次股权交易实现的，则股权交易日就是购买日；如果企业合并是通过多次股权交易分步实现的，交易日是各单项投资在投资方财务报表中确认之日，购买日则是购买方获得被购买方控制权的日期。

【例 13-1】 甲公司和乙公司分别归属于不同的母公司，A、B、C、D、E、F 均为股份有限公司。其中，甲公司分别直接拥有 A 公司、B 公司的 80%、70%的表决权；A 公司直接拥有 C 公司 60%的表决权；乙公司分别直接拥有 D 公司、E 公司的 80%、70%的表决权；D 公司直接拥有 F 公司 60%的表决权。以上各项表决权的拥有时间均超过一年，根据上述资料说明合并前存在的最终控制关系。如果甲和乙合并，A 和 B 合并，D 和 E 合并，A 和乙合并，C 和 D 合并，C、E、F 三者合并。分别判断其合并的类型。

分析：

(1) 甲直接控制 A 和 B，间接控制 C；A 直接控制 C；甲是 A、B、C 的最终控制方。乙直接控制 D、E，间接控制 F；D 直接控制 F；乙是 D、E、F 的最终控制方。

(2) A、B 合并属于同一控制下的企业合并，合并前后均受甲公司的最终控制；D、E 合并属于同一控制下的企业合并，合并前后均受乙公司的最终控制；甲、乙合并，A、乙合并，C、D 合并，C、E、F 合并，属于非同一控制下的企业合并。

(四) 两种角度对企业合并分类的联系

无论是同一控制下的企业合并，还是非同一控制下的企业合并，从合并后主体的法律地位上看，都有可能产生两种结果，一种结果是合并不形成母子公司关系；另一种结果是形成母子公司关系，不形成母子公司关系的企业合并就是吸收合并和新设合并，形成母子公司关系的合并就是控股合并。

无论是不形成母子公司关系的吸收合并、新设合并，还是形成母子公司关系的控股合并，合并方(或购买方)在企业合并中都取得了被合并方(被购买方)的控制权，只不过控制权的表现方式不同，在吸收合并或新设合并中，这个控制权表现为取得的被合并方(或被购买方)的净资产；在控股合并下，这个控制权表现为取得的被合并方(或被购买方)的股权。

(五) 企业合并与长期股权投资的关系

企业合并可以形成长期股权投资，具体来说，控股合并可以形成长期股权投资，并且形成的是具有控制关系的长期股权投资，而具有共同控制、重大影响所形成的长期股权投资则是由非企业合并的方式形成的。

四、企业合并会计处理的基本思路

无论是同一控制下的企业合并，还是非同一控制下的企业合并，合并的结果都包括形成母子公司关系(控股合并)和不形成母子公司关系(吸收合并和新设合并)，合并的实质都需要合并方(或购买方)支付合并对价，合并过程中都有可能发生合并费用。因此，不管是同一控制下的企业合并，还是非同一控制下的企业合并，在合并日(或购买日)合并方(或购买方)进行的会计处理的基本思路如表 13-1 所示。

表 13-1　两种合并的会计处理基本思路的对比

吸收合并	控股合并
借：资产类账户 　贷：负债类账户 　　银行存款 　　库存商品等 　　应付债券 　　股本等	借：长期股权投资 　贷：银行存款 　　库存商品等 　　应付债券 　　股本等

在此过程中需要解决的问题有：

(1) 取得：合并方对被合并方取得的净资产或股权应如何计量？

(2) 付出：合并方支付的合并对价应如何计量？

(3) 取得与付出若有差异，则应如何进行账务处理？

(4) 支付的合并费用应如何核算？

会计理论界对以上问题的处理方法主要有两种：权益结合法和购买法。我国的《企业会计准则第 20 号——企业合并》规定，同一控制下企业合并的会计处理以账面价值作为计量基础，非同一控制下的企业合并的会计处理以公允价值作为计量基础。可以说前者在一定程度上是对权益结合法基本原理的扩张，后者则是购买法的应用。

五、合并日(或购买日)合并财务报表的编制

在合并日(或购买日)，母公司除了编制企业合并的会计分录外，还需要编制合并财务报表。同一控制下的企业合并，母公司在合并日需要编制合并资产负债表、合并利润表和合并现金流量表，非同一控制下的企业合并，母公司在购买日只需要编制合并资产负债表。

第二节　同一控制下企业合并的会计处理

一、同一控制下企业合并的会计处理原则

1. 合并方取得的净资产或股权按原账面价值入账

同一控制下企业合并的合并方对吸收合并中取得的资产和负债，按照合并日被合并方有关资产、负债的账面价值计量；对控股合并中取得的长期股权投资，按照合并日享有的被合并方所有者权益账面价值的份额，作为其初始投资成本。

2. 合并方支付的合并对价按账面价值结转

作为合并对价所支付的资产、发生或承担的负债，合并方按其账面价值结转并确认；发行的股份按面值总额计量，即合并方不确认合并对价的转让损益。

3. 合并差额的处理

合并方取得的净资产或长期股权投资的账面价值与所支付的合并对价账面价值之间的差额，应当调整所有者权益，即增加或减少资本公积(资本溢价或股本溢价)、资本公积不足以冲减的，依次冲减留存收益(盈余公积和未分配利润)。

4. 合并费用的处理

合并方为进行企业合并发生的审计费用，评估费用，法律咨询费等相关直接费用应于发生时，直接计入当期损益(管理费用)。但为企业合并发行的债券或承担其他债务支付的手续费、佣金等，应当计入所发行债券及其他债务的初始计量成本；企业合并中发行权益性证券所产生的手续费、佣金等相关费用应当抵减权益性证券的溢价发行收入，溢价收入不足冲减的，则冲减留存收益。

二、同一控制下企业合并的具体会计处理

(一) 同一控制下的吸收合并

同一控制下企业的吸收合并，是指合并方在合并后取得对被合并方生产经营决策控制权，被合并方在企业合并后解散。合并方在合并日涉及的问题主要有以下三方面：

(1) 合并中取得资产、负债入账价值的确定：取得的相关资产、负债按被合并方原账面价值入账。

(2) 合并差额的处理：应调整相应的资本公积(资本溢价或股本溢价)，资本公积的余额不足，应冲减留存收益，即依次冲减盈余公积和未分配利润。

(3) 因吸收合并后只有一个会计主体，故不存在合并财务报表的编报问题。

吸收合并的合并方在合并日的账务处理：

借：取得的被合并方的资产(被合并方原账面价值)

　　贷：取得的被合并方的负债(被合并方原账面价值)

　　　　银行存款

　　　　库存商品(或其他会计科目)

　　　　股本(面值)

　　　　资本公积——资本溢价(或股本溢价)

　　　　资本公积 = 被合并方净资产账面价值 − 合并对价的账面价值

其差额若为负数，则应从借方依次冲减资本公积(资本溢价或股本溢价)，若资本公积不足以冲减的，则依次冲减盈余公积和利润分配——未分配利润。

(二) 同一控制下的控股合并

同一控制下的控股合并，是指合并方在合并后取得对被合并方生产经营决策的控制权，并且被合并方在合并之后仍然继续经营。合并方在合并日涉及两方面的问题：

(1) 该项企业合并所形成的对被合并方长期股权投资的确认和计量问题，对子公司而言，只是股东的变更，因此子公司不需要进行账务处理。

(2) 由于合并后仍然是两个会计主体，形成的是具有母子关系的企业集团，因此需要编制合并财务报表。

控股合并的合并方在合并日的账务处理：

借：长期股权投资(享有被合并方净资产账面价值的份额)

　　应收股利(支付对价中包含已宣告但尚未发放的现金股利)

　　贷：银行存款

　　　　库存商品(或其他会计科目)

　　　　股本(面值)

　　　　资本公积——资本溢价或股本溢价

资本公积 = 享有被合并方净资产账面价值的份额 + 应收股利 − 合并对价账面价值

若差额为负数，则应从借方依次冲减资本公积——资本溢价(股本溢价)，盈余公积和利润分配未分配利润。

(三) 合并费用的账务处理

无论是吸收合并、新设合并还是控股合并，企业发生的与合并有关的评估、审计咨询等相关直接费用均应计入当期损益，并做出如下的账务处理：

借：管理费用

　　贷：银行存款等

需要注意的是，合并费用不包括为企业合并发行债券或股票的发行费用。为企业合并发行债券的发行费用应计入“应付债券——利息调整”科目；为企业合并发行股票的发行费用应从溢价发行收入中扣除，即冲减资本公积——资本溢价(股本溢价)，资本公积不足以冲减的，则依次冲减盈余公积和利润分配——未分配利润。

【例 13-2】 P 集团下有甲、乙两个子公司，2018 年 12 月 31 日甲公司和乙公司的资产负债表如表 13-2 所示。

表 13-2(1)　甲公司资产负债表(简表)

2018 年 12 月 31 日　　单位：万元

资产	年末数	负债及所有者权益	年末数
货币资金	200	短期借款	60
应收账款	30	应付账款	40
存货	70	其他应付款	30
固定资产	700	长期借款	420
无形资产	20	股本	300
		资本公积	60
		盈余公积	50
		未分配利润	60
资产合计	1 020	负债及所有者权益合计	1 020

表 13-2(2) 乙公司资产负债表(简表)

2018 年 12 月 31 日　　单位：万元

资　产	年末数	负债及所有者权益	年末数
货币资金	120	短期借款	20
应收账款	40	应付账款	60
存货	50	其他应付款	40
固定资产	420	长期借款	300
无形资产	10	股本	140
		资本公积	20
		盈余公积	30
		未分配利润	30
资产合计	640	负债及所有者权益合计	640

分别根据下列不同情况，做出合并日甲公司的账务处理：

(1) 2019 年 1 月 1 日甲公司发行每股面值为 10 元的普通股 18 万股，对乙公司进行吸收合并，则合并日甲公司编制的会计分录为：

借：库存现金　1 200 000
　应收账款　400 000
　库存商品等存货　500 000
　固定资产　4 200 000
　无形资产　100 000
　贷：短期借款　200 000
　　应付账款　600 000
　　其他应付款　400 000
　　长期借款　3 000 000
　　股本(面值)　1 800 000
　　资本公积——股本溢价　400 000

(2) 2019 年 1 月 1 日甲公司发行每股面值为 10 元的普通股 18 万股，对乙公司实施控股合并取得乙公司全部股权，在合并日甲公司编制的会计分录为：

甲公司的股权投资成本 = 合并日乙公司所有者权益账面价值 × 持股比例
= 220 × 100% = 220 (万元)

借：长期股权投资　2 200 000
　贷：股本(面值)　1 800 000
　　资本公积——股本溢价　400 000

(3) 沿用上述条件(2)，甲公司对乙公司实施控股合并，假设取得乙公司 80%的股权，则合并日甲公司编制的会计分录为：

甲公司的股权投资成本 = 乙公司所有者权益账面价值×持股比例
= 220 × 80% = 176 万元

借：长期股权投资　　1 760 000
　　资本公积——股本溢价　　40 000
　　贷：股本(面值)　　1 800 000

(4) 沿用条件(2)，假设甲公司为合并支付了法律、审计咨询、评估等相关直接费用合计 4 万元，另外发行股票的手续费为 2 万元，则合并日甲公司的账务处理如下：

借：长期股权投资　　2 200 000
　　贷：股本(面值)　　1 800 000
　　　　资本公积——股本溢价　　400 000
借：管理费用　　40 000
　　贷：银行存款　　40 000
借：资本公积——股本溢价　　20 000
　　贷：银行存款　　20 000

以上分录可以合并为以下一笔分录：

借：长期股权投资　　2 200 000
　　管理费用　　40 000
　　贷：股本　　1 800 000
　　　　银行存款　　60 000
　　　　资本公积——股本溢价(金额倒挤)　　380 000

【例 13-3】 甲公司和乙公司为同一 P 集团下的两家子公司，2018 年 1 月 1 日，甲公司按面值发行了 6 000 万元的债券取得乙公司 70%的股权，2018 年 1 月 1 日，乙公司所有者权益的账面价值为 10 000 万元，甲公司另外支付了债券发行手续费 20 万元，则合并日甲公司编制的会计分录为：

甲公司的投资成本 = 合并日乙公司所有者权益账面价值 × 持股比例

= 10 000 × 70% = 7 000 (万元)

借：长期股权投资　　70 000 000
　　应付债券——利息调整　　200 000
　　贷：应付债券——面值　　60 000 000
　　　　资本公积——股本溢价　　10 000 000
　　　　银行存款　　200 000

以上分录也可以拆分为以下两笔：

借：长期股权投资　　70 000 000
　　贷：应付债券——面值　　60 000 000
　　　　资本公积——股本溢价　　10 000 000
借：应付债券——利息调整　　200 000
　　贷：银行存款　　200 000

三、同一控制下企业合并的信息披露

同一控制下的企业合并，合并方应当在合并当期财务报表中披露如下相关信息：

(1) 参与合并企业的基本情况；

(2) 属于同一控制下企业合并的判断依据；

(3) 合并日的确定依据；

(4) 以支付现金、转让非现金资产及承担债务作为合并对价的，所支付的对价在合并日的账面价值；以发行权益性证券作为合并对价的，合并中发行权益性证券的数量及定价原则；参与合并各方交换有表决权股份的比例。

(5) 被合并方的资产、负债在上一会计期间资产负债表日及合并日的账面价值；被合并方自合并当期期初至合并日的收入、净利润、现金流量等信息。

(6) 合并合同或协议约定将承担被合并方或有负债的情况。

(7) 被合并方采用的会计政策与合并方不一致所做出的调整情况的说明。

(8) 合并后已处置或准备处置被合并方资产负债的账面价值、处置价格等。

第三节　非同一控制下企业合并的会计处理

一、非同一控制下企业合并的账务处理原则

(一) 购买方取得的可辨认净资产或股权入账价值的确定

非同一控制下的企业合并，其实质是一项交易，作为购买交易中取得的资产、承担的负债或取得的股权需要采用公允价值计量，而不能采用账面价值计量。具体确认计量方法如下：

(1) 吸收合并下，购买方需要将取得的被购买方可辨认净资产按其公允价值入账。

(2) 控股合并下、购买方应在购买日按所确定的合并成本作为其长期股权投资成本的初始入账价值。

(二) 购买方支付的合并对价的账务处理

非同一控制下的企业合并，购买方支付的合并对价应按公允价值进行账务处理。合并对价的公允价值即为合并成本。

1. 合并成本

购买方的合并成本一般等于购买日为取得被购买方控制权而付出的资产、发生或承担的负债、发行的权益性证券的公允价值。

对于企业合并中付出的资产，购买方按其公允价值确认合并成本，同时购买方还需按资产的原账面价值予以注销。此时，因资产的公允价值与其账面价值之间的差额，购买方应确认资产转让损益。

2. 合并成本中包含或有对价的公允价值

在某些情况下，当企业合并合同或协议中规定视未来或有事项的发生，购买方通过发行额外证券、支付额外现金或其他资产等方式追加合并对价的，或者要求返还之前已经支付的对价，购买方应当将合并协议约定的或有对价作为企业合并转让对价的一部分，并按

其在购买日的公允价值计入企业的合并成本。

3．合并成本的调整

企业合并发生的当期期末，因合并中取得的各项可辨认资产、负债及或有负债的公允价值或购买方的合并成本只能暂时确定的，购买方应当以所确定的暂时价值为基础，对企业合并成本进行确认和计量。购买日后12个月内对原确认的暂时价值进行调整的，视同是在购买日进行的确认和计量，即进行追溯调整。

(三) 被购买方可辨认净资产公允价值的确定

被购买方可辨认净资产公允价值，是指合并中取得的被购买方可辨认资产的公允价值，减去负债及或有负债公允价值后的余额。

1．公允价值的确定

(1) 货币资金：按照购买日被购买方原账面价值确定。

(2) 有活跃市场的股票、债券、基金等金融工具：按照购买日活跃市场中的市场价格确定。

(3) 应收款项：其中对于短期应收账款，一般按照应收取的金额作为其公允价值；对于长期应收款项，应按照适当的利率折现后的现值确定其公允价值，在确定应收款项的公允价值时，应考虑发生坏账的可能性及相关收款费用。

(4) 存货：对其中的产成品和商品按其估计售价减去估计的销售费用、相关税金及销售方出售类似产成品或商品估计可能实现的利润确定；在产品按完工产品的估计售价减去至完工仍将发生的成本、估计的销售费用、相关税费以及基于同类或类似产成品的基础上，估计出售可能实现的利润确定；原材料按现行重置成本确定。

(5) 不存在活跃市场的金融工具：如权益性投资等，应当参照《企业会计准则第22号——金融工具确认和计量》的规定，采用估值技术确定其公允价值。

(6) 房屋建筑物、机器设备、无形资产：其中存在活跃市场的，应以购买日的市场价格为基础，确定其公允价值；不存在活跃市场的，但同类或类似资产存在活跃市场的，采用估值技术确定其公允价值。

(7) 应付账款、应付票据、应付职工薪酬、应付债券、长期应付款：其中的短期负债一般按照应支付的金额确定其公允价值；长期负债应按适当的折现率折现后的现值作为其公允价值。

(8) 取得的被购买方的或有负债：其公允价值在购买日能够可靠计量的，应确认为预计负债，这项负债应当按照假定第三方愿意代购买方承担，就其所承担义务需要购买方支付的金额作为其公允价值。

(9) 递延所得税资产和递延所得税负债：取得的被购买方各项可辨认资产、负债及或有负债的公允价值与其计税基础之间存在差额的，应当按照《企业会计准则第18号——所得税》的规定，确认相应的递延所得税资产或递延所得税负债，所确认的递延所得税资产或递延所得税负债的金额不应折现。

2．购买方将被购买方可辨认净资产公允价值单独予以确认的条件

对被购买方各项可辨认资产、负债及或有负债符合下列条件的，购买方应当单独予以确认：

(1) 合并中取得的被购买方除无形资产以外的其他各项资产，其所带来的经济利益很可能流入企业且公允价值能够可靠计量的，应当单独予以确认，并按照公允价值计量；合并中取得的无形资产，其公允价值能够可靠计量的，应当单独确认为无形资产，并按照公允价值计量。

(2) 合并中取得被购买方除或有负债以外的其他各项负债履行有关的义务，很可能导致经济利益流出企业且公允价值能够可靠计量的，应当单独予以确认，并按照公允价值计量。

(3) 合并中取得的被购买方或有负债的公允价值能够可靠计量的，应当单独确认并按照公允价值计量。

(四) 合并差额的处理

非同一控制下的企业合并中，购买方的合并成本与取得的可辨认净资产公允价值份额的差额应分别以不同情况处理。

(1) 合并成本大于取得的可辨认净资产公允价值份额的差额，确认为合并商誉。视企业合并方式的不同，非同一控制下的吸收合并与非同一控制下的控股合并购买方关于商誉的确认方法又有差别。

① 非同一控制下的吸收合并。购买方在购买日的账务处理中单独确认为商誉，从而在合并后的续存企业的个别资产负债表中单独列示。换而言之，如果企业的个别资产负债表中列示有商誉，则说明该商誉来自于企业曾经对其他企业实施的吸收合并。

② 非同一控制下的控股合并。购买方在购买日确认的长期股权投资的初始投资成本即为合并成本。因此，购买方在合并日关于企业合并的账务处理是借、贷方平衡的，表面上看没有差额，但这个差额实际上是存在的，只是列示的地点不同。在购买日、购买方的个别资产负债表中，商誉金额未单独列示出来，而是包含在长期股权投资的初始投资成本中了；但在购买日合并资产负债表中就应单独列报合并商誉(多付出的代价)。换而言之，如果企业的合并资产负债表中列示有商誉，则意味着该商誉来自于企业曾经对其他企业实施的控股合并。

(2) 合并成本小于取得的可辨认净资产公允价值份额的差额则计入当期损益。非同一控制下的企业合并当购买方的合并成本小于取得的可辨认净资产公允价值份额时，购买方首先对取得的被购买方各项可辨认资产、负债及或有负债的公允价值，即合并成本的计量进行复核，如果经复核后合并成本仍小于合并中取得的被购买方可辨认净资产公允价值份额的，则其差额应当计入当期损益(营业外收入)，并在报表附注中予以披露说明。在吸收合并中，这个差额反映为当期损益(营业外收入)并列示于报表中；而对于控股合并，该差额不在个别报表中体现，只有编制合并报表时才能够将该差额体现出来。

二、非同一控制下企业合并的具体账务处理

(一) 非同一控制下的吸收合并

非同一控制下的吸收合并，购买方在购买日应当将合并中取得的符合确认条件的各项可辨认资产和负债，按其公允价值确认为本企业的资产和负债；购买企业的合并成本与所取得的被购买方可辨认净资产公允价值之间的差额视情况分别确认为商誉或记入企业合并当期损益。购买方作为合并对价的有关非货币性资产在购买日的公允价值与其账面价值的

差额，应作为资产处置损益计入合并当期的利润表。其具体账务处理如下：

借：取得的被购买方各项可辨认资产(公允价值)
　　商誉(借方差额)
　　贷：取得的被购买方各项可辨认负债及或有负债(公允价值)
　　　　合并对价(公允价值)
　　　　资产处置损益(贷方差额，也可能是借方差额)
　　　　营业外收入等(贷方差额)

根据合并对价具体形式的不同：如付出资产、承担债务、发行权益性证券等方式，上述合并分录可衍生出以下具体分录：

(1) 支付资产实施的吸收合并。

① 支付货币资金、出让存货时：

借：取得的被购买方各项可辨认资产(公允价值)
　　商誉(借方差额)
　　贷：取得的被购买方各项可辨认负债及或有负债(公允价值)
　　　　银行存款
　　　　主营业务收入
　　　　应交税费——应交增值税(销项税额)
　　　　营业外收入(贷方差额)

借：主营业务成本
　　贷：库存商品

② 出让固定资产、无形资产：

借：取得的被购买方各项可辨认资产(公允价值)
　　商誉(借方差额)
　　贷：取得的被购买方各项可辨认负债及或有负债(公允价值)
　　　　固定资产清理
　　　　无形资产
　　　　资产处置损益(或借方差额)
　　　　营业外收入(贷方差额)

(2) 承担债务实施的吸收合并。

借：取得的被购买方各项可辨认资产(公允价值)
　　商誉(借方差额)
　　贷：取得的被购买方各项可辨认负债及或有负债(公允价值)
　　　　应付债券——面值
　　　　应付债券——利息调整(借或贷)
　　　　银行存款(债券发行费用)
　　　　营业外收入(贷方差额)

以上分录也可以拆分为以下两笔：

借：取得的被购买方各项可辨认资产(公允价值)
　　商誉(借方差额)

贷：取得的被购买方各项可辨认负债及或有负债(公允价值)
应付债券——面值
应付债券——利息调整(借或贷)
营业外收入(贷方差额)
借：应付债券——利息调整
贷：银行存款(债券发行费用)
(3) 发行权益性证券实施的吸收合并。
借：取得的被购买方各项可辨认资产(公允价值)
商誉(借方差额)
贷：取得的被购买方各项可辨认负债及或有负债(公允价值)
股本(面值)
资本公积——股本溢价(金额倒挤)
银行存款(权益性证券发行费用)
营业外收入(贷方差额)
以上分录可以拆分为以下两笔：
借：取得的被购买方各项可辨认资产(公允价值)
商誉(借方差额)
贷：取得的被购买方各项可辨认负债及或有负债(公允价值)
股本(面值)
资本公积——股本溢价
营业外收入(贷方差额)
借：资本公积——股本溢价
贷：银行存款(权益性证券发行费用)

(二) 非同一控制下的控股合并

非同一控制下的控股合并，购买方所涉及的会计处理问题主要有两方面：一是购买日因企业合并所形成的对被购买方长期股权投资初始投资成本的确定，该投资成本与作为合并对价的有关资产账面价值之间差额的处理；二是购买日合并财务报表的编制。其具体账务处理如下：
借：长期股权投资(合并成本)
应收股利(被购买方已宣告但尚未发放的现金股利)
贷：资产类科目(账面价值)
投资收益(借或贷)
主营业务收入
应交税费——应交增值税(销项税额)
固定资产清理
资产处置损益(借或贷)
借：管理费用(与合并相关的直接费用：法律法、评估费、律师费等)
贷：银行存款

【例 13-4】 甲企业和乙企业无任何关联方关系，2019 年 1 月 1 日两个企业进行控股合并，甲企业用账面价值 500 万元，其公允价值 600 万元，增值税率为 13%的库存商品和 300 万元的货币资金购买了乙企业 100%的控股权，其他资料省略。

(1) 分别计算甲企业的合并成本、资产转让损益、长期股权投资的入账价值。

(2) 若该合并交易中，甲企业另用银行存款支付了 3 万元的评估、审计等相关直接费用，则分别计算甲企业的合并成本、资产转让损益、长期股权投资的入账价值。

(3) 假设合并协议中约定：如果乙企业在合并后两年内每年实现的净利润均超过 500 万，则甲企业就在原购买价的基础上，另支付 5%的价款。甲企业根据对已有信息的分析，认为乙企业今后两年内各年实现的净利润很可能超过 500 万元。

分析：甲企业、乙企业无任何关联方关系，且甲企业取得了乙企业的控股权，则甲、乙两企业的合并属于非同一控制下的控股合并。

(1) 甲企业的合并成本 = 合并对价的公允价值 = 600 + 600 × 13% + 300 = 978 (万元)

甲企业资产转让损益 = 600 − 500 = 100 (万元)

甲企业长期股权投资的入账价值 = 978 (万元)

(2) 甲企业支付的评估审计等相关合并费用在发生时直接计入当期损益(管理费用)，管理费用不影响合并成本及长期股权投资的入账价值。其结果和(1)相同。

(3) 本条件属于合并成本中包含或有对价的情况：

甲企业的合并成本 = 978 × (1 + 5%) = 1 026.9 (万元)

【例 13-5】 甲企业和乙企业为非同一控制下的两家企业，分别根据以下不同情况做出甲企业进行企业合并的账务处理。

(1) 2019 年 6 月 30 号，甲企业用账面价值 400 万元、公允价值 500 万元、增值税税率 13%的库存商品和 300 万元的银行存款吸收合并乙企业，购买日乙企业净资产账面价值资料如表 13-3 所示。

假设在购买日无法及时准确确定乙企业各项资产、负债的公允价值，甲企业按乙企业资产、负债的账面价值作为临时价值，对乙企业的合并交易进行了确认和计量；2019 年年末确定了乙企业固定资产的公允价值为 800 万元，其他资产、负债的公允价值与其账面价值(如表 13-3 所示)相等，假设甲企业对合并进来的固定资产采用直线法按 10 年计提折旧。

表 13-3　乙企业净资产账面价值一览表　　单位：万元

项　目	账面价值	项目	账面价值
原材料	200	应付账款	300
固定资产	700	短期借款	100
无形资产	200	负债合计	400
		股本	400
		资本公积	100
		盈余公积	50
		未分配利润	150
		所有者权益合计	700
总　计	1 100	总　计	1 100

分析：2019 年 6 月 30 日，甲企业取得乙企业净资产时应按其公允价值入账，但由于当时无法及时准确地确定乙企业各项资产、负债的公允价值。因此在吸收合并的情况下，甲企业取得的净资产暂时按其账面价值入账，即资产 1 100 万元，负债 400 万元。

购买日甲企业的合并成本 = 500 + 500 × 13% + 300 = 865 (万元)

取得的净资产和付出的合并成本之间的差额确认为商誉 865 − 700 = 165 (万元)。

购买日甲企业吸收合并的账务处理如下：

借：原材料	2 000 000	
固定资产	7 000 000	
无形资产	2 000 000	
商誉	1 650 000	
贷：应付账款		3 000 000
短期借款		1 000 000
主营业务收入		5 000 000
应交税费——应交增值税(销项税额)		650 000
银行存款		3 000 000
借：主营业务成本	4 000 000	
贷：库存商品		4 000 000

2019 年 12 月 31 日调整合并成本：2019 年年末确定乙企业固定资产的公允价值为 800 万元，其他资产、负债的公允价值和其账面价值相等，因此 2019 年 12 月 31 日应对购买日的会计分录进行追溯调整，同时补提折旧。

借：固定资产	1 000 000	
贷：商誉		1 000 000
借：管理费用等	(100 / 10 / 2) 50 000	
贷：累计折旧		50 000

(2) 假设在购买日即可确定乙企业净资产的公允价值为 800 万元，其他条件同(1)的内容，即乙企业固定资产的公允价值为 800 万元，其他资产、负债的公允价值和其账面价值相等，则：

① 购买日，甲企业吸收合并乙企业编制的会计分录为：

借：原材料	2 000 000	
固定资产	8 000 000	
无形资产	2 000 000	
商誉	650 000	
贷：应付账款		3 000 000
短期借款		1 000 000
主营业务收入		5 000 000
应交税费——应交增值税(销项税额)		650 000
银行存款		3 000 000
借：主营业务成本	4 000 000	
贷：库存商品		4 000 000

② 购买日，若甲企业控股合并乙企业，则编制的会计分录为：

借：长期股权投资 (5 650 000 + 3 000 000) 8 650 000

  贷：主营业务收入 5 000 000

    应交税费——应交增值税(销项税额) 650 000

    银行存款 3 000 000

借：主营业务成本 4 000 000

  贷：库存商品 4 000 000

(3) 假设在购买日即可确定乙企业净资产的公允价值为 800 万元，即乙企业固定资产的公允价值为 800 万元，其他资产、负债的公允价值与其账面价值相等，甲企业用账面价值 300 万元，其公允价值 400 万元且增值税率 13%的库存商品和 148 万元的银行存款完成了对乙企业的合并，则：

① 购买日，若甲企业吸收合并乙企业，编制如下会计分录：

借：原材料 2 000 000

  固定资产 8 000 000

  无形资产 2 000 000

  贷：应付账款 3 000 000

    短期借款 1 000 000

    主营业务收入 4 000 000

    应交税费——应交增值税(销项税额) 520 000

    银行存款 1 480 000

    营业外收入 2 000 000

借：主营业务成本 3 000 000

  贷：库存商品 3 000 000

② 购买日，若甲企业控股合并乙企业，则编制如下会计分录：

借：长期股权投资 (4 000 000 + 4 000 000 × 13% + 1 480 000) 6 000 000

  贷：主营业务收入 4 000 000

    应交税费——应交增值税(销项税额) 520 000

    银行存款 1 480 000

借：主营业务成本 3 000 000

  贷：库存商品 3 000 000

(注：控股合并下，合并成本 600 万元与取得的被购买方净资产公允价值的份额 800 万元之间的差额 200 万元应反映在合并资产负债表中。)

三、非同一控制下企业合并的信息披露

非同一控制下的企业合并，合并方应当在合并当期财务报表附注中披露下列相关信息：

(1) 参与合并企业的基本情况。

(2) 购买日的确定依据。

(3) 合并成本的构成及其账面价值，公允价值及公允价值的确定方法。

(4) 被购买方各项可辨认资产、负债在上一会计期间资产负债表日及购买日的账面价值及公允价值，企业合并中取得的被购买方无形资产的公允价值及其公允价值的确定方法。

(5) 合并合同或协议约定将承担被购买方或有负债的情况。

(6) 被购买方自购买日起至报告期期末的收入、净利润、现金流量等情况。

(7) 商誉的金额及其确定方法。

(8) 因合并成本小于合并中取得的被购买方可辨认净资产公允价值的份额，计入当期损益的金额。

(9) 合并后已处置或准备处置被购买方资产、负债的账面价值、处置价格等。

练 习 题

一、单项选择题

1．A 企业于 2018 年 6 月 20 日取得 B 公司 10%的股权，于 2018 年 12 月 20 日取得 B 公司 10%的股权并有重大影响，于 2019 年 12 月 20 日又取得 B 公司 40%的股权，假定于当日开始能够对 B 公司实施控制，则企业合并的购买日为(　　)。

A．2018 年 6 月 20 日　　B．2018 年 12 月 20 日

C．2019 年 12 月 20 日　　D．2019 年 1 月 1 日

2．甲公司和乙公司同为 A 集团的子公司，2018 年 1 月 1 日，甲公司以银行存款 760 万元取得乙公司所有者权益的 80%，同日乙公司所有者权益的账面价值为 1 000 万元，可辨认净资产公允价值为 1 100 万元。2018 年 1 月 1 日，甲公司应确认的资本公积为(　　)万元。

A．40(借方)　　B．40(贷方)　　C．0　　D．120(贷方)

3．甲公司和乙公司同为 A 集团的子公司，2018 年 8 月 1 日甲公司发行 600 万股普通股(每股面值 1 元)作为对价取得乙公司 60%的股权，普通股每股市价为 1.5 元；同日乙企业账面净资产总额为 1 300 万元，公允价值为 1500 万元。2018 年 8 月 1 日甲公司取得的长期股权投资的入账价值为(　　)万元。

A．900　　B．750　　C．780　　D．600

4．甲公司发行 1 000 万股普通股(每股面值 1 元，市价 5 元)作为合并对价取得乙公司 100%的股权，合并后乙公司维持法人资格继续经营，合并双方合并前无关联方关系，购买日乙企业的可辨认资产公允价值总额为 5 000 万元，可辨认负债公允价值总额为 2 000 万元，则合并成本与享有被购买方可辨认净资产公允价值份额的差额应(　　)。

A．计入商誉 3 000 万元

B．计入资本公积 3 000 万元

C．个别报表不做账务处理，编制合并财务报表时确认合并商誉 2 000 万元

D．个别报表不做账务处理，编制合并财务报表时确认资本公积 2 000 万元

5．非同一控制下企业合并中，以发行权益性证券取得的长期股权投资，其初始投资成本应当按照(　　)确定。

A．发行权益性证券的公允价值

B．发行权益性证券的账面价值

C．发行权益性证券的面值总额

D．取得的长期股权投资原投资单位的账面价值

6．甲公司2018年4月1日与乙公司原投资者A公司签订协议，甲公司以存货和承担A公司的短期还贷款义务换取A持有的乙公司股权，2018年7月1日合并日乙公司可辨认净资产公允价值为2 000万元，所有者权益账面价值为1 800万元，甲公司取得70%的份额。甲公司投出存货的公允价值为1 000万元，增值税130万元(增值税税率13%)，账面成本800万元，承担归还贷款义务400万元。甲公司和乙公司不属于同一控制下的公司。甲公司取得乙公司长期股权投资的入账价值为(　　)万元。

A．1 400　　B．1 230　　C．1 530　　D．1 117

7．非同一控制下企业合并中，关于一次交换交易实现的企业合并，其合并成本为(　　)。

A．购买方在购买日为取得对被购买方的控制权而付出的资产、发生或承担的负债以及发行的权益性证券的公允价值

B．被合并方可辨认净资产公允价值

C．被合并方可辨认净资产账面价值

D．购买方在购买日为取得对被购买方的控制权而付出的资产、发生或承担的负债以及发行的权益性证券的账面价值

8．非同一控制下企业合并，购买方对于企业合并成本大于合并中取得的被购买方可辨认净资产公允价值份额的差额，下列会计处理方法不正确的表述是(　　)。

A．应确认为商誉，控股合并情况下，该差额是指合并财务报表中应列示的商誉

B．应确认为商誉，吸收合并情况下，该差额是购买方在其账簿及个别财务报表中应确认的商誉

C．商誉在确认以后，持有期间不要求摊销，每一会计年度末，企业应当按照《企业会计准则第8号——资产减值》的规定对其进行减值测试，按照账面价值与可收回金额孰低的原则计量，对于可收回金额低于账面价值的部分，计提减值准备，有关减值准备在提取以后，不能够转回

D．商誉在确认以后，应在规定的10年内摊销，同时在每一会计年度末，企业应当按照《企业会计准则第8号——资产减值》的规定对其进行减值测试，按照账面价值与可收回金额孰低的原则计量，对于可收回金额低于账面价值的部分，计提减值准备，有关减值准备在提取以后，可以转回

9．企业合并后仍维持其独立法人资格继续经营的企业合并形式为(　　)。

A．控股合并　　B．吸收合并　　C．换股合并　　D．新设合并

10．甲公司以一台固定资产和一项专利权作为对价取得同一集团内乙公司100%的股权。固定资产为一台原价1 000万元、累计折旧400万元的设备；专利权的原价为600万元、累计摊销为150万元。合并日乙公司账面所有者权益总额为1 300万元，甲公司在确认对乙公司的长期股权投资时，确认的资本公积为(　　)。

A．贷记250万元　　B．借记250万元

C．不产生资本公积　　D．贷记300万元

11．甲公司和乙公司不属于同一控制下的公司，2018年1月1日，甲公司以一台固定

资产投资取得乙公司所有者权益的 60%，该固定资产的公允价值为 2 000 万元，账面价值为 1 800 万元，同日乙公司所有者权益的账面价值为 3 100 万元，可辨认净资产公允价值为 3 500 万元。2018 年 1 月 1 日，甲公司应确认的合并成本为(　　)万元。

A. 1 860　　B. 1 800　　C. 2 000　　D. 2 100

12. 2019 年 1 月 1 日，甲公司以一台固定资产和银行存款 400 万元向乙公司投资(甲公司和乙公司不属于同一控制的两个公司)，占乙公司 60%的股权。该固定资产的账面原价为 8 000 万元，已计提累计折旧 500 万元，已计提固定资产减值准备 200 万元，其公允价值为 7 600 万元。同日，乙公司可辨认净资产公允价值为 13 000 万元。不考虑其他相关税费。则甲公司 2019 年 1 月 1 日应确认的合并成本为(　　)万元。

A. 8 000　　B. 7 600　　C. 7 800　　D. 13 000

13. A 公司于 2018 年 7 月 1 日以 2 000 万元取得 B 公司 30%的股权，因能够派人参与 B 公司的生产经营决策，对所取得的长期股权投资按照权益法核算，并于 2018 年确认对 B 公司的投资收益 200 万元(该项投资的初始投资成本与投资时应享有被投资单位的可辨认净资产公允价值的份额相等)。2019 年 7 月 1 日，A 公司又斥资 2 500 万元取得 B 公司另外 30%的股权。假定 A 公司在取得 B 公司的长期股权投资后，B 公司并未宣告发放现金股利或利润。A 公司按净利润的 10%提取法定盈余公积。2019 年 7 月 1 日 A 公司长期股权投资的初始投资成本为(　　)万元。

A. 2 500　　B. 2 000　　C. 4 500　　D. 4 700

14. 甲公司 2019 年 4 月 1 日与乙公司原投资者 A 公司签订协议，甲公司和乙公司不属于同一控制下的公司。甲公司以存货和承担 A 公司的短期还贷款义务换取 A 持有的乙公司股权，2019 年 7 月 1 日合并日乙公司可辨认净资产公允价值为 1 100 万元，甲公司取得 70%的份额。甲公司投出存货的公允价值为 500 万元，增值税 80 万元，账面成本 400 万元，承担归还贷款义务 200 万元。甲公司的 2019 年 7 月 1 日应确认的合并成本为(　　)万元。

A. 700　　B. 780　　C. 770　　D. 580

二、多项选择题

1. 为进行企业合并发生的各项直接相关费用，下列说法中正确的有(　　)。

A. 非同一控制下的企业合并，购买方为进行企业合并发生的各项直接相关费用应当计入企业合并成本

B. 非同一控制下的企业合并，购买方为进行企业合并发生的各项直接相关费用应当计入当期损益

C. 非同一控制下的企业合并，购买方为进行企业合并发生的各项直接相关费用应当计入所有者权益

D. 同一控制下的企业合并，合并方为进行企业合并发生的各项直接相关费用，应当于发生时计入当期损益

2. 同一控制下吸收合并在合并日的会计处理正确的是(　　)。

A. 合并方取得的资产和负债应当按照合并日被合并方的账面价值计量

B. 合并方取得的资产和负债应当按照合并日被合并方的公允价值计量

C. 以支付现金、非现金资产作为合并对价的，发生的各项直接相关费用计入管

理费用

D．合并方取得净资产账面价值与支付的合并对价账面价值的差额调整资本公积

3．对非同一控制下的企业合并时的合并成本，下列说法中正确的有(　　)。

A．一次交换交易实现的企业合并，合并成本为购买方在购买日为取得对被购买方的控制权而付出的资产、发生或承担的负债以及发行的权益性证券的公允价值

B．通过多次交换交易分步实现的企业合并，合并成本为每一单项交易成本之和

C．购买方为进行企业合并发生的各项直接相关费用也应当计入企业合并成本

D．购买方为进行企业合并发生的各项直接相关费用应当计入当期损益

4．确定购买日的基本原则是控制权转移的时点。企业在实务操作中，同时满足了以下条件时，一般认为实现了控制权的转移，从而形成购买日，主要包括(　　)。

A．企业合并合同或协议已获股东大会等内部权力机构通过

B．按照规定，合并事项需要经过国家有关主管部门审批的，已获得相关部门的批准

C．参与合并各方已办理了必要的财产产权交接手续

D．购买方已支付了购买价款的大部分(一般应超过 50%)，并且有能力支付剩余款项

5．下列有关同一控制下的企业合并表述正确的有(　　)。

A．合并方在合并中确认取得的被合并方的资产、负债仅限于被合并方账面上原已确认的资产和负债，合并中不产生新的资产和负债

B．合并方在合并中确认取得的被合并方的资产时，不包括被合并方在企业合并前账面上原已确认的商誉

C．合并方在合并中确认取得的被合并方的资产、负债时，不确认商誉

D．合并方在合并中确认取得的被合并方的资产时，不包括被合并方在企业合并前账面上原已确认的递延所得税资产和递延所得税负债

6．下列有关同一控制下的企业合并表述正确的有(　　)。

A．合并方在合并中取得的净资产的入账价值相对于为进行企业合并支付的对价账面价值之间的差额，不作为资产的处置损益，不影响合并当期利润表，有关差额应调整所有者权益相关项目

B．合并方在企业合并中取得的价值量相对于所放弃价值量之间存在差额的，调整合并方的所有者权益时，应首先调整资本公积(资本溢价或股本溢价)，资本公积(资本溢价或股本溢价)的余额不足冲减的，应冲减留存收益

C．合并方在企业合并中取得的价值量相对于所放弃价值量之间存在差额的，调整合并方的商誉或计入营业外收入

D．对于同一控制下的控股合并，合并方在编制合并财务报表时，参与合并各方在合并以前期间实现的留存收益应体现为合并财务报表中的留存收益

7．下列关于非同一控制下企业合并确定的合并成本表述正确的有(　　)。

A．企业合并成本包括购买方为进行企业合并支付的现金或非现金资产、发行或承担的债务、发行的权益性证券等在购买日的公允价值以及企业合并中发生的

各项直接相关费用

B．参与合并各方在企业合并合同或协议中规定，如果被购买方连续两年净利润超过一定水平，购买方需支付额外对价的，如果合并方在购买日预计被购买方的盈利水平很可能会达到合同规定的标准，则应将按照合同或协议约定需支付的金额并入企业合并成本一并考虑

C．对于购买方在企业合并时很可能需要代被购买方承担的或有负债，在其公允价值能够可靠计量的情况下，应作为合并中取得的负债单独确认

D．非同一控制下企业合并中发生的与企业合并直接相关的费用，应当计入企业合并成本

8．非同一控制下的企业合并中，购买方对合并成本与合并中取得的被购买方可辨认净资产公允价值份额的差额，下列说法中正确的有(　　)。

A．购买方对合并成本大于合并中取得的被购买方可辨认净资产公允价值份额的差额，应当确认为商誉

B．购买方对合并成本大于合并中取得的被购买方可辨认净资产公允价值份额的差额，应当计入当期损益

C．购买方对合并成本小于合并中取得的被购买方可辨认净资产公允价值份额的差额，应当确认为商誉

D．购买方对合并成本小于合并中取得的被购买方可辨认净资产公允价值份额的差额，首先对取得的被购买方各项可辨认资产、负债及或有负债的公允价值以及合并成本的计量进行复核，经复核后合并成本仍小于合并中取得的被购买方可辨认净资产公允价值份额的，其差额应当计入当期损益

三、判断题

1．购买日确定的基本原则是控制权转移的时点。(　　)

2．如果企业合并业务中合并方确认了长期股权投资，则该合并必然是控股合并。(　　)

3．如果企业合并业务中合并方确认了取得的有关资产和负债，则该合并必然是吸收合并或新设合并。(　　)

4．企业合并必然形成长期股权投资。(　　)

5．同一控制下的控股合并，进行企业合并支付的审计费、评估费、法律咨询费等相关费用，应于发生时直接计入合并成本。(　　)

6．非同一控制下的控股合并进行企业合并时支付的审计费、评估费、法律咨询费等相关费用应于发生时直接计入合并成本。(　　)

7．同一控制下的企业合并，合并方支付的合并对价应按其账面价值结转。(　　)

8．非同一控制下的企业合并，合并方支付的合并对价按其公允价值结转，同时应确认资产转让损益。(　　)

9．同一控制下的企业合并，不管是吸收合并还是新设合并，均不会产生损益。(　　)

10．非同一控制下的企业合并，不管是吸收合并还是控股合并，均要确认损益。(　　)

四、计算及账务处理题

1. A 公司以一项账面价值为 2 800 万元的固定资产(原价 4 000 万元，累计折旧 1 200 万元)、一项账面价值为 1 200 万元的无形资产(原价 3 000 万元，累计摊销 1 800 万元)及一项账面价值为 2 000 万元的交易性金融资产为对价，取得同一集团内部另一家全资企业 B 公司 100%的股权。支付对价的账面价值为 6 000 万元。合并日，A 公司和 B 公司所有者权益构成如表 13-4 所示。

表 13-4　A、B 公司所有者权益项目构成　单位：万元

A 公司项目	金额	B 公司项目	金额
股本	36 000	股本	2 000
资本公积(资本溢价)	1 000	资本公积	2 000
盈余公积	8 000	盈余公积	3 000
未分配利润	20 000	未分配利润	3 000
合　计	65 000	合　计	10 000

要求：若不考虑相关税费，编制 A 公司取得长期股权投资的账务处理，以及合并日在合并工作底稿中的抵销分录。

2. 2019 年 6 月 30 日，A 公司向 B 公司的股东定向增发 1 500 万股普通股(每股面值为 1 元)对 B 公司进行控股合并。市场价格为每股 3.5 元，取得了 B 公司 70%的股权。假定该项合并为非同一控制下的企业合并，被购买方 B 公司在 2019 年 6 月 30 日有关资产、负债情况如表 13-5 所示。

表 13-5　B 公司资产负债表(简表)

2019 年 6 月 30 日　单位：万元

项　目	账面价值	公允价值	项　目	账面价值	公允价值
资产：			负债和所有者权益：		
货币资金	270	270	短期借款	1 350	1 350
应收账款	1 200	1 200	应付账款	180	180
存货	153	270	其他应付款	180	180
长期股权投资	1 290	2 280	负债合计	1 710	1 710
固定资产	1 800	3 300	股本	1 500	
无形资产	300	900	资本公积	900	
资产总计	5 013	8 220	盈余公积	300	
			未分配利润	603	
			所有者权益合计	3 303	6 510
			负债和所有者权益总计	5 013	8 220

B 公司的股东对出售 B 公司股权选择采用免税处理。B 公司各项可辨认资产、负债在

合并前账面价值与其计税基础相同。各公司适用的所得税税率均为 25%。

要求：

(1) 编制购买日的有关会计分录；

(2) 编制购买方在购买日合并资产负债表中的调整分录；编制购买方在购买日合并资产负债表中的抵销分录。

第十四章 合并财务报表

教学目的与要求

通过本章的学习，理解合并财务报表的含义与种类，理解合并财务报表的合并原理，明确合并范围，熟悉合并财务报表的编制程序，理解合并财务报表编制程序中有关的调整与抵销分录的账务处理原则，理解并掌握合并资产负债表以及合并利润表的编制方法，了解合并现金流量表的编制方法。

第一节　合并财务报表概述

一、合并财务报表的概念

合并财务报表(或称合并报表)，是指以母公司和子公司组成的企业集团为一个会计主体，以母公司和子公司单独编制的个别财务报表为基础，由母公司编制的综合反应企业集团整体财务状况、经营成果及现金流量的财务报表。与个别财务报表相比，合并财务报表具有以下特点：

(1) 编制的主体不同。合并财务报表是由企业集团的控股公司或母公司编制，个别财务报表则是由各个独立企业单独编制。

(2) 反映的对象不同。合并财务报表以企业集团这一非法律主体(但为会计主体)，反映该主体的财务会计信息；而个别财务报表只反映既是法律主体又是会计主体的单个企业的财务会计信息。

(3) 编制的基础不同。合并财务报表是以个别财务报表为基础编制，个别财务报表则是以各单个企业的相关会计账簿记录资料为基础编制。

(4) 编制的方法不同。合并财务报表采用工作底稿法这一特殊手段，通过在工作底稿中编制调整和抵销分录，对个别报表数据加以汇总、调整、抵销，最后整理出合并数并据以填制正式的合并财务报表；个别财务报表则是根据系统的账簿记录直接或间接计算填列各报表项目。

二、合并财务报表与企业合并的关系

合并财务报表与企业合并有着必然的联系，但是并非每一种合并方式下都需要编制合并财务报表，合并财务报表的编制与否，与其合并是否属于同一控制下的企业合并无关，

而与企业合并的法律结果有关。

在吸收合并下，合并前的两个和多个企业被其中一个企业合并，合并后被合并方不复存在，合并后只有一个独立的法律主体(同时是会计主体)，不会涉及合并报表的编制问题；在新设合并下，合并前的两个或多个企业共同组成一个新的企业，也不会涉及合并财务报表的编制；而在控股合并下，合并方与被合并方仍各自为独立的法律主体和会计主体，而作为合并后的企业集团这一整体，从经济意义上来说，为了反映其总体的财务状况、经营成果和现金流量，则需要编制合并财务报表。

三、合并财务报表的分类

从不同的角度，财务报表有不同的分类。

(一) 按反映的具体内容不同

按反应的具体内容不同，合并财务报表可分为合并资产负债表、合并利润表、合并所有者权益变动表及合并现金流量表。

(1) 合并资产负债表是由母公司编制的，反映报告期末企业集团整体的资产、负债和股东权益情况的报表。

(2) 合并利润表是由母公司编制的，反映报告期内企业集团整体经营成果情况的报表。

(3) 合并所有者权益变动表是由母公司编制的，反映报告期内企业集团整体的所有者权益变动情况的报表。

(4) 合并现金流量表是由母公司编制的，反映报告期内企业集团整体的现金流入、现金流出等数量增减变动情况的报表。

(二) 按编制时间及目的不同

按编制时间及目的不同，合并财务报表可以分为合并日合并财务报表，合并日后合并财务报表。

1. 合并日合并财务报表

合并日合并财务报表，即取得控制权当天编制的合并报表，编制合并日合并报表是企业股权取得日的重要会计事项之一。同一控制下的企业合并，母公司在合并日需要编制的合并报表有合并资产负债表、合并期初至合并日的合并利润表及合并现金流量表；非同一控制下的企业合并，母公司在合并日需要编制的合并报表只有合并资产负债表。

2. 合并日后合并财务报表

合并日后合并财务报表，即取得控制权后的每一个资产负债表日编制的合并报表，同合并日相比，合并日后的各期内发生的内部交易、投资收益的确认、股利分配等合并日不曾有的事项，与之相关的财务报表数据进行调整和抵销，就构成了合并日后合并财务报表工作底稿中与合并日合并财务报表工作底稿中不同的内容。

四、合并财务报表的编制原则

编制合并财务报表应当在统一会计政策、统一会计期间的前提下，同时遵循以下原则。

1. 以个别财务报表为基础编制

这一原则解释了为什么在合并日后以后的各期编制合并财务报表时，需要在合并财务报表的工作底稿中，对未分配利润(期初项目)进行调整。

2. 一体性原则

一体性原则决定了在编制合并财务报表时对集团内部交易或事项要予以抵销。

3. 重要性原则

根据这一原则对合并财务报表项目可进行适当的取舍，对集团内部交易或事项可根据需要来决定是否全部予以抵销。

五、编制合并财务报表的前期准备事项

合并财务报表的编制涉及多个子公司，为了使编制的合并财务报表准确、全面地反映企业集团的真实情况，必须做好一系列的前期准备工作，主要包括以下几个方面。

(一) 统一母子公司的会计政策

会计政策是编制财务报表的基础，母公司应当统一子公司所采用的会计政策，使子公司采用的会计政策与母公司的会计政策保持一致。只有母、子公司采用的会计政策相同，才能保证母、子公司个别财务报表反映的财务内容相一致，进而编制合并财务报表。因此，如果子公司采用的会计政策与母公司的不一致，应当按照母公司的会计政策对子公司财务报表进行必要的调整，或者要求子公司按照母公司的会计政策另行编制财务报表，以实现编制抵销分录前数据基础的可比性。

(二) 统一母子公司的会计期间

母公司应当统一子公司的会计期间，使子公司采用的会计期间与母公司的会计期间保持一致，以会计期间不同的个别财务报表为基础编制的合并财务报表将无法恰当地反映出企业集团整体的财务状况、经营成果和现金流量及所有者权益各组成部分的变化情况，使合并财务报表变得毫无意义。因此，如果子公司采用的会计期间与母公司不一致，应当按照母公司的会计期间，对子公司财务报表进行必要的调整，或者要求子公司按照母公司的会计期间另行编制财务报表，已实现抵销之前数据基础的可比性。

(三) 对子公司以外币表示的财务报表进行折算

对母公司和子公司的财务报表进行合并，其前提必须是母、子公司个别财务报表所采用的货币计量单位相一致。外币业务比较多的企业应该遵循外币折算准则的有关选择记账本位币，在符合准则规定的基础上确定是否采用某一外币作为记账本位币。在将境外经营纳入合并范围时，应当按照外币折算准则的相关规定进行账务处理。

(四) 收集编制合并财务报表的相关资料

合并财务报表以母公司和其子公司的财务报表及其他资料为依据，由母公司合并有关项目的数据编制。为编制合并财务报表，母公司应当要求子公司及时提供下列相关资料：

(1) 子公司相应期间的财务报表。

(2) 采用的与母公司不一致的会计政策及其影响金额。

(3) 与母公司不一致的会计期间的说明。

(4) 与母公司与其他子公司之间发生的所有内部交易的相关资料，包括但不限于内部购销交易、债权债务、投资及其产生的现金流量，以及为实现内部销售利润的期初、期末余额及变动情况等资料。

(5) 子公司所有者权益变动和利润分配的有关资料。

(6) 编制合并财务报表所需要的其他资料。

六、合并财务报表的编制程序

(一) 设置合并工作底稿

合并工作底稿的作用是为合并财务报表的编制提供基础，具体如表 14-1 所示。一般情况下合并资产负债表工作底稿、合并利润表工作底稿、合并所有者权益变动表工作底稿合在一张工作底稿中，合并现金流量表工作底稿需要单独设置。

表 14-1 合并工作底稿 金额单位：万元

项 目	母公司	子公司	合计数	调整与抵销分录		合并数
				借方	贷方	
(资产负债表项目)						
(利润表项目)						
(股东权益变动表项目)						

在合并工作底稿中，对母公司和纳入合并范围的子公司的个别财务报表各项目的数据进行汇总、调整和抵销处理，最终计算得出合并财务报表各项目的合并数。

1. 关于调整处理

调整处理主要是指编制抵销分录之前，对个别财务报表有关项目所做出的调整，具体可能需要调整的事项如下：

(1) 为统一会计政策、会计期间所做出的调整，如合并财务报表编制前期准备事项所述。

(2) 非同一控制下企业合并取得的子公司，要对子公司可辨认净资产按购买日公允价值为基础进行调整。换言之，购买日合并财务报表中子公司各项可辨认净资产，按购买日公允价值报告；而购买日后每期期末的合并资产负债表中，子公司可辨认净资产的报告价值并不是期末评估的公允价值，而是按购买日公允价值作为基础，再结合相关资产、负债报告期内的价值变动，对子公司个别财务报表账面价值进行调整后的结果。

(3) 将母公司对子公司长期股权投资的成本法按权益法重新进行调整。具体来说，通过对比成本法和权益法的会计处理，将母公司报表中的长期股权投资项目，从成本法核算的结果调整为权益法下应有的金额。

2. 关于抵销处理

抵销处理即为抵销分录的编制，主要是为了抵销内部交易对个别报表有关项目的影响，抵销分录的编制是合并财务报表编制程序中的核心环节。

(1) 抵销处理的意义。合并财务报表反映的是包括母公司和纳入合并范围的子公司所组成的企业集团整体的财务状况、经营成果和现金流量。因此，构成这个整体的各个成员企业之间的交易，站在企业集团的角度来看，就属于内部交易。内部交易对相关成员企业个别报表的影响，在编制合并报表时应予以抵销，以便生成能够反映企业集团整体的合并财务信息。

需要注意的是，抵销分录只能在合并财务报表工作底稿中编制。因此，抵销分录里涉及的对象应当是有关的财务报表项目，而不是会计科目。因此可以得出：第一，合并资产负债表、合并利润表，合并所有者权益变动表的工作底稿需要合并设置，而合并现金流量表工作底稿与上述合并财务报表工作底稿没有联系；第二，抵销分录对个别财务报表没有任何影响，从而导致以后报告期末编制合并财务报表时，可能涉及对未分配利润(期初项目)的调整。

(2) 抵销处理的种类。按照内部交易的种类，可以将抵销处理分为以下四大类：

第一，与内部股权投资有关的抵销处理；

第二，与内部债权债务有关的抵销处理；

第三，与内部存货交易、固定资产交易及无形资产等内部资产交易有关的抵销处理；

第四，与内部现金流动有关的抵销处理。

综上所述，与内部现金流动有关的抵销，只能影响到现金流量表，仅仅与合并现金流量表的编制有关；其他三类都直接或间接与合并资产负债表、合并利润表及合并所有者权益变动表的编制有关。例如，内部应收账款和应付账款抵销仅与合并资产负债表有关，内部资产交易导致的营业收入和营业成本的抵销就与合并利润表有关，内部应收账款计提坏账准备的抵销与合并资产负债表和合并利润表均有关。

(二) 将个别财务报表的数据过入合并工作底稿

将母公司和纳入合并范围的子公司的个别资产负债表、利润表及所有者权益变动表，各项目的数字过入合并工作底稿，并在合并工作底稿中对母公司和子公司个别财务报表各项目的数据进行简单加总，计算得出相应的合计金额。

(三) 编制调整分录与抵销分录

在合并财务报表工作底稿“调整与抵销分录”栏中编制调整与抵销分录，为了清楚起见，也可以分别设置调整分录栏和抵销分录栏，抵销分录的编制基础就是个别报表数据的简单加总数与调整分录数据之和。

(四) 计算合并财务报表各项目的合并金额

在母公司和纳入合并范围的子公司个别财务报表项目简单加总金额的基础上，分别计算合并财务报表中各资产项目、负债项目、所有者权益项目、收入项目和费用项目等的合并金额。其合并金额等于合计数加上(或减去)调整与抵销分录的借方，减去(或加上)调整与抵销分录的贷方后的余额。

(五) 填列正式的合并财务报表

根据合并财务报表工作底稿中计算出来的资产、负债、所有者权益、收入、费用类及现金流量表中各项目的合并金额，填列正式的合并财务报表。合并所有者权益变动表，也可以根据合并资产负债表及合并利润表进行编制。合并资产负债表、合并利润表、合并所有者权益变动表、合并现金流量表的格式如表 14-2 至表 14-5 所示。

表 14-2　合并资产负债表(简表)

编制单位：　　　　2011 年 12 月 31 日　　　　金额单位：万元

资　产	期末余额	年初余额	负债和所有者权益(或股东权益)	期末余额	年初余额
流动资产：			流动负债：		
货币资金			短期借款		
应收票据及应收账款			应付票据及应付账款		
其他应收款			应交税费		
应付账款			应付职工薪酬		
存货			其他应付款		
流动资产合计			流动负债合计		
非流动资产：			非流动负债：		
长期股权投资			长期借款		
债权投资			应付债券		
其他权益工具投资			递延所得税负债		
其他债权投资			长期应付款		
固定资产			非流动负债合计		
在建工程			负债合计		
无形资产			所有者权益：		
商誉			股本		
递延所得税资产			资本公积		
其他非流动资产			盈余公积		
非流动资产合计			未分配利润		
			归属于母公司所有者权益合计		
			少数股东权益		
			所有者权益合计		
资产总计			负债及所有者权益合计		

表 14-3　合并利润表(简表)

编制单位：　　2011 年度　　金额单位：万元

项　　目	本年金额	上年金额
一、营业收入		
减：营业成本		
税金及附加		
销售费用		
管理费用		
财务费用		
资产减值损失		
加：投资收益		
其他收益		
二、营业利润		
加：营业外收入		
减：营业外支出		
三、利润总额		
减：所得税费用		
四、净利润		
其中：归属于母公司股东损益		
少数股东损益		
五、其他综合收益		
六、综合收益总额		
其中：归属于母公司股东的综合收益总额		
归属于少数股东的综合收益总额		

表 14-4　合并所有者权益变动表(简表)

编制单位：　　2011 年度　　金额单位：万元

项　　目	归属于母公司所有者权益									
	股本	资本公积	盈余公积	未分配利润	小计					
一、上年年末余额										
加：会计政策变更										
前期差错更正										
二、本年年初余额										
三、本年增减变动金额(减少以“-”号填列)										
(一) 综合收益总额										
(二) 所有者投入和减少资本										
(三) 利润分配										
(四) 股东权益内部结转										
四、本年年末余额										

表 14-5　合并现金流量表(简表)

2011 年　　　　单位：万元

项　　目	上年数	本年数
一、经营活动产生的现金流量：		
销售商品、提供劳务收到的现金		
收到的其他与经营活动有关的现金		
购买商品、接受劳务支付的现金		
支付给职工以及为职工支付的现金		
支付的各项税费		
支付的其他与经营活动有关的现金		
经营活动产生的现金流量净额		
二、投资活动产生的现金流量：		
收回投资所收到的现金		
取得投资收益所收到的现金		
购建固定资产、无形资产和其他长期资产的支付的现金		
投资所支付的现金		
取得子公司及其他营业单位支付的现金净额		
投资活动产生的现金流量净额		
三、筹资活动产生的现金流量：		
吸收投资所收到的现金		
借款所收到的现金		
偿还债务所支付的现金		
分配股利、利润或偿付利息所支付的现金		
其中：子公司支付少数股东股利所支付的现金		
支付的其他与筹资活动有关的现金		
其中：子公司依法减资支付给少数股东的现金		
筹资活动产生的现金流量净额		
四、汇率变动对现金的影响		
五、现金及现金等价物净增加额		

第二节　合并范围的确定

这里所说的合并范围是指可以纳入合并财务报表的企业范围。合并财务报表的合并范围，应当以控制为基础予以确认。

控制，是指投资方拥有对被投资方的权利，通过参与被投资方的相关活动而享有可变回报，并且有能力运用对被投资方的权力影响其回报金额。控制的定义包含三项基本要素：

第一，投资方拥有对被投资方的权利。

第二，投资方通过参与被投资方的相关活动而享有可变回报。

第三，有能力运用对被投资方的权力影响其回报金额。

在判断投资方是否能够控制被投资方时，应当且仅当投资方具有上述所有要素时，才能表明投资方能够控制被投资方。

一、投资方拥有对被投资方的权力

在判断控制时，投资方应首先考虑被投资方设立的目的及其设计，以识别出：

第一，相关活动。

第二，如何对相关活动进行决策。

第三，哪一方拥有现实能力主导这些活动。

第四，哪一方从这些活动中获得回报。

(一) 识别被投资方的相关活动及其决策机制

1. 识别被投资方的相关活动

要判断投资方是否对被投资方拥有权力，首先需要识别被投资方的相关活动。相关活动是指对被投资方的回报产生重大影响的活动。对许多企业而言，经营和财务活动通常对其回报产生重大影响。但是，不同的相关活动产生的影响可能是不同的，应当根据企业的行业特点、业务特点、发展阶段、市场环境等具体情况进行判断，这些活动可能包括但不限于下述活动：

(1) 商品或劳务的销售和购买。

(2) 金融资产的管理。

(3) 资产的购买和处置。

(4) 研究与开发活动。

(5) 资本结构的确定和融资活动。

2. 分析相关活动的决策机制

在判断被投资方的相关活动后，了解谁拥有对被投资方的权力的下一个重要步骤，是了解此类活动的决策机制。就相关活动所做出的决策的例子包括但不限于：

(1) 对被投资方的经营、融资等活动做出决策，包括编制预算。

(2) 任命被投资方的关键管理人员或服务提供商，并决定其报酬，以及终止其作为服务提供商的业务关系或者将其予以辞退。

3. 比较不同相关活动对回报的影响大小

被投资方的相关活动通常有多个，而且可能不是同时进行的。当两个或两个以上投资方能够分别单方面主导被投资方的不同相关活动时，能够主导对被投资方回报产生最重大影响的活动的一方拥有对被投资方的权利。在判断哪个投资方对被投资方拥有权力时，投资方考虑的因素可能包括：

(1) 被投资方的设立目的。

(2) 影响被投资方利润率、收入和企业价值的决定因素。

(3) 各投资方拥有的与上述决策因素相关的决策职权的范围，以及这些职权分别对被投资方回报的影响程度。

(4) 投资方对于可变回报的风险敞口的大小。

(二) 赋予投资方对被投资方权力的权利

1. 主导相关活动的现实权利

权力源于权利。为拥有被投资方的权力，投资方必须享有现时权利使其目前有能力主导被投资方的相关活动。因此，权力的判断应以投资方主导被投资方相关活动的能力为基础，特别是准则并不要求投资方实际行使其权利。拥有现时能力主导被投资方相关活动的投资方拥有主导被投资方的权力，即使其主导的权力尚未被行使。相反，投资方曾经主导被投资方相关活动的证据有助于确定投资方是否拥有权力，但是仅凭此类证据本身不足以得出投资方是否具有主导被投资方权力的结论。

2. 赋予投资方对被投资方权力的权利方式

投资方对被投资方的权力可能源自各种权利。例如，表决权或潜在表决权、委派或罢免有能力主导被投资方相关活动的该被投资方关键管理人员或其他主体的权利、决定被投资方进行某项交易或否决某项交易的权利、有管理合同授予的决策权利。这些权利单独或者结合在一起，可能赋予对被投资方的权力。

通常情况下，当被投资方具有一系列对回报产生重要影响的经营及财务活动，且需要就这些活动连续的进行实质性决策时，表决权或类似权利(单独或结合其他安排)将赋予投资者权力。

3. 实质性权利和保护性权利

在判断投资方对被投资方所应有的权利时，还应区分该权利是实质性权利还是保护性权利。

(1) 实质性权利。在判断投资方是否拥有对被投资方的权力时，应仅考虑投资方及其他方享有的实质性权利。实质性权利，是指持有人有实际能力行使的可执行的权利。实质性权利应是在对相关活动进行决策时可执行的权利。实质性权利通常是当前可执行的权利，但某些情况下，目前不可行使的权利也可能是实质性权利。

对于投资方拥有的实质性权利，即便投资方并未实际行使，也应在判断投资方是否对被投资方拥有权力时予以考虑。

(2) 保护性权利。保护性权利，是指仅为了保护权利持有人利益却没有赋予持有人对相关活动决策权的一种权利。保护性权利通常只能在被投资方的活动发生根本性改变或某些例外情况发生时才能够行使，它既没有赋予其持有人对被投资方拥有权力，也不能阻止其他方对被投资方拥有权力。

(三) 权力源自表决权

大部分情况下，投资方通过表决权或类似权利获得主导被投资方相关活动的现时权利。

持有被投资方过半数表决权的投资方要对被投资方拥有权力，该投资方所拥有的表决权必须是实质性权利，且使该投资方具有主导该被投资方相关活动的现时能力(通常通过决定财务和经营政策来实现)。

1. 持有被投资方半数以上表决权

当被投资方的相关活动由持有半数以上表决权的投资方表决决定，或者主要相关活动的权力机构的多数成员由持有半数以上表决权的投资方指派，而且权力机构的决策由多数成员主导时，持有半数以上表决权的投资方拥有对被投资方的权力。

2. 持有被投资方半数以上投票权但并无权力

投资方虽然持有被投资方半数以上投票权，但当这些投票权不是实质性权利时，其并不拥有对被投资方的权力。

(1) 当其他方拥有现时权利使其可以主导被投资方的相关活动(如持有半数以下表决权的其他方拥有实质性潜在表决权，并据此取得主导被投资方相关活动的现时权利)，且该其他方不是投资方的代理人时，投资方不拥有对被投资方的权力。

(2) 当投资方所拥有的表决权并非实质性权利时，即使持有多数表决权，投资方也不拥有对被投资方的权力。例如，由于无法获得必要的信息或由于法律法规方面的障碍，投资方虽然持有半数以上表决权但无法行使，则该投资方不拥有对被投资方的权力。

确定持有半数以上表决权的投资方是否拥有权力，关键在于该投资方是否拥有主导被投资方相关活动的现时能力。在被投资方相关活动被政府、法院、管理人、接管人、清算人或监管人等其他方主导时，投资方无法凭借其拥有的表决权主导被投资方的相关活动。因此，投资方即使持有被投资方过半数的表决权，也不拥有对被投资方的权力。

在有些情况下，根据相关章程、协议或其他法律文件，主导相关活动的决策所需要的表决权比例高于持有半数以上表决权的一方持有的表决权比例。例如，被投资方的公司章程规定与相关活动有关的决策，必须由出席会议的投资方持有 2/3 以上表决权通过。在这种情况下，持有半数以上但不足 2/3 表决权的投资方，虽然表决权比例超过半数，但该表决权本身不足以赋予投资方权力，应结合其他相关因素进行进一步的分析判断。

3. 持有被投资方半数或半数以下表决权

持有半数和半数以下表决权的投资方(或虽然有半数以上的表决权，但表决权比例仍不足以主导被投资方相关活动的投资方)应综合考虑事实和情况，以判断其持有的表决权与相关事实和情况相结合，是否可以赋予投资方拥有对被投资方的权力。

(1) 投资方持有的表决权相对于其他投资方持有的表决权份额的大小，以及其他投资方持有表决权的分散程度。与其他方持有的表决权比例相比，投资方持有的表决权比例越高，越有可能有现时能力主导被投资方相关活动。为否决投资方而需要联合一致的行动方越多，投资方越有可能有现时能力主导被投资方相关活动。

(2) 与其他表决权持有人的合同安排。投资方自己拥有的表决权不足，但通过与其他表决权持有人的合同安排使其可以控制足以主导被投资方相关活动的表决权，从而拥有被投资方的权力，该类合同安排须确保投资方能够主导其他表决权持有人的表决，即其他表决权持有人按照投资方的意愿进行表决，而不是与其他表决权持有人协商根据双方协商一致的结果进行表决。

(3) 其他合同安排产生的权利。投资方可能通过拥有的表决权和其他决策权相结合的方式使其目前有能力主导被投资方的相关活动。例如，合同安排赋予投资方在被投资方的权力机构中指派若干成员的权利，而该成员足以主导权力机构对相关活动的决策。又如，投资方可能通过表决权和合同安排给予的其他权利，使其目前有能力主导被投资方的生产活动，或主导被投资方的其他经营和财务活动，从而对被投资方的回报产生重大影响。但是，在不存在其他权利时，仅仅是被投资方对投资方的经济依赖(如供应商和其主要客户的关系)，不会导致投资方对被投资方拥有权力。

(4) 投资方和其他方持有的潜在表决权。潜在表决权是获得被投资方投票权的权利，如可转换工具或期权包括远期合同中的权力，为了确定是否拥有对被投资方的权利，投资方应当考虑其持有的潜在投票权，即由其他方持有的潜在投票权，但是投资方应当仅考虑具有实质性的投票权，上述有关判断实质性权利的条件同样适用于潜在投票权。

(5) 其他显示投资方需要在需要决策时拥有现实能力，主导被投资方相关活动的事实或情况，如被投资方的其他股东是否均为被动的财务投资者，以及被投资方以往股东大会的表决权行使情况，在被投资方的相关活动是通过表决权进行决策的情况下，投资方在考虑了所有相关情况和事实后，仍不能确定投资方是否拥有被投资方的权力，则投资方不控制被投资方。

4．潜在表决权

在进行控制分析时，投资方需要考虑其持有的潜在表决权及其他方式持有的潜在表决权的影响，以确定其对被投资方是否拥有权力。潜在表决权是获得被投资方表决权的权利，如何转换工具、认股权证、远期股权购买合同或期权所产生的权利。确定潜在表决权是否给予其持有者权利时，需要考虑的因素包括：

(1) 潜在表决权是否为实质性表决权。在分析控制时，仅考虑满足实质性权利要求的潜在表决权。

(2) 投资方是否持有其他表决权或其他与被投资方相关的决策权，这些权利与投资方持有的潜在表决权结合后是否赋予投资方拥有对被投资方的权力。

(3) 潜在表决权工具的设立目的和设计，以及投资方参与被投资方的其他方式的目的和设计。这包括分析相关工具和安排的条款和条件，以及投资方接受这些条款和条件的期望、动机和原因。

(四) 权力源自表决权之外的其他权利

在某些情况下，某些主体的投资方对其权力并非源自于表决权，被投资方的相关活动由一项或多项合同安排决定，如证券化产品、资产支持融资工具、部分投资基金等结构化主体。结构化主体，是指其设计导致在确定其控制方时不能将表决权或类似权力作为决定因素的主体，主导该主体相关活动的依据通常是合同安排或其他安排形式。结构化主体通常具备下列特征中的部分或全部：

第一，经营活动受到限制。

第二，设立和运作目标受到限制，通常为事先确定的单一目标。

第三，在不存在次级财务支持情况下，其所拥有的权力不足以为所从事的活动提供资金。

第四，以多项基于合同而相互关联的工具向投资方进行融资，导致信用风险集中或其他风险集中。

投资方需要结合下列因素进行分析：

(1) 在设立被投资方时所做出的决策及投资方对其设立活动的参与度。

(2) 考虑其他相关合同安排。

(3) 考虑仅在特定情况或事项发生时开展的活动。

(4) 投资方对被投资方做出的承诺。

二、通过参与被投资方的相关活动而享有可变回报

判断投资方是否控制被投资方的第二项基本要素是：通过参与被投资方的相关活动而享有可变回报。可变回报是不固定的并可能随被投资方业绩而变动的回报，可能是正数也可能是负数，或者是有正有负。投资方在判断其享有被投资方的回报是否变动及如何变动时，应当根据合同安排的性质，而不是法律形式。例如，投资方持有固定利率的交易性债券投资时，虽然利率是固定的，但该利率取决于债券违约风险及债券发行方的信用风险，因此固定利率也可能属于可变回报。

三、有能力运用对被投资方的权力影响其回报金额

判断控制的第三项基本要是：有能力运用对被投资方的权力影响其回报金额。只有当投资方不仅拥有对被投资方的权利、通过参与被投资方的相关活动而享有可变回报，并且有能力运用对被投资方的权力来影响其回报金额时，投资方才能控制被投资方。因此，拥有决策权的投资方在判断其是否控制被投资方时，需要考虑其决策行为是以主要责任人(即实际决策人)的身份进行还是以代理人的身份进行。此外，在其他方拥有决策权时，投资方还需要考虑其他方是否是以代理人的身份代表该投资方行使决策权。

代理人代表其他方(主要责任人)行动并服务于该其他方的利益。主要责任人可能将其对被投资方的某些或全部决策权授予代理人，但在代理人代表主要责任人行使此类权力时，代理人并不对被投资方拥有控制。在评估控制时，代理人的决策权应被视为由主要责任人直接持有，权利属于主要责任人而非代理人。

在决定决策者是否为代理人时，应当综合考虑该决策者与被投资方及其他投资方之间的关系。

第一，存在单独一方拥有实质性权利可以无条件罢免决策者的，该决策者为代理人。

第二，除第一以外的情况下，应当综合考虑决策者对被投资方的决策权范围、其他方享有的实质性权利、决策者的薪酬水平、决策者应持有被投资方中的其他权利所承担可变回报的风险等相关因素进行判断。

四、实质代理人

当投资方或有能力主导投资方活动的一方，有能力主导其他方代表投资方行动时，则该方为投资方的实质代理人。在这种情况下，投资方在评估对被投资方是否存在控制时，应将其自身和其实质代理人的决策权及其通过实质代理人而间接承担或者享有的可变回报的风险或权利与其自身的权利一并考虑。

五、对被投资方可分割部分(单独主体)的控制

投资方通过应当对是否控制被投资方整体进行判断。但在少数情况下，如果有确凿证据表明同时满足下列条件并且符合相关法律法规规定的，投资方应当将被投资方的一部分(以下简称该部分)视为被投资方可分割的部分(单独主体)，进而判断是否控制该单独主体：

(1) 该部分的资产是偿付该部分负债或该部分其他利益方的唯一来源，不能用于偿还该部分以外的被投资方的其他负债。

(2) 除与该部分相关的各方外，其他方不享有与该部分资产相关的权利，也不享有与该部分资产剩余现金流量相关的利益。

六、控制的持续评估

控制的评估是持续的，当环境和情况发生变化时，投资方需要评估控制的三个基本要素中的一个或多个是否发生了变化。如果有任何事情或者情况表明控制的三个基本要素中的一个或多个发生变化，投资方应重新评估对被投资方是否具有控制。

(1) 如果对被投资方的权力的行使方式发生了变化，该变化必须反映在投资方对被投资方权力的评估中。例如，决策机制的变化可能意味着投资方不再通过表决权主导相关活动，而是由协议或者合同等其他安排赋予其他方主导相关活动的现时权利。

(2) 某些事件即使不涉及投资方，也可能导致该投资方获得对被投资方的权利。例如，其他方以前拥有的能阻止投资方控制被投资方的决策权到期失效，则可能使投资方因此而获得权力。

(3) 投资方应考虑因其参与被投资方相关活动而承担的可变回报风险敞口的变化带来的影响。例如，如果拥有权力的投资方不再享有可变回报(如与业绩相关的管理费合同到期)，则该投资方将因此而丧失对被投资方的控制。

(4) 投资方还应考虑其作为代理人或主要负责人的判断是否发生了变化。投资方与其他方之间整体关系的变化可能意味着原为代理人的投资方不再是代理人；反之亦然。例如，如果投资方或其他方的权利发生了变化，投资方应重新评估其代理人或主要责任人的身份。投资方有关控制的判断结论，或者初期评估其是主要责任人或代理人的结果，不会仅因为市场情况的变化(如因市场情况的变化导致被投资方等可变回报发生变化)而变化，除非市场情况的变化导致原来三要素中的一个或多个发生了变化，或导致主要责任人与代理人之间的关系发生了变化。

七、投资性主体

(一) 母公司与子公司

1. 母公司

母公司是指拥有一个或一个以上子公司的企业(或主体)。从母公司的概念可以看出母公司要求同时具备以下两个条件：

(1) 必须拥有一个或一个以上的子公司，即必须满足控制的要求，能够决定另一个企业的财务和经营政策，并据以从另一个企业的经营活动中获取利益的权利。母公司可以只控制一个子公司，也可以同时控制多个子公司。

(2) 母公司可以是企业，如《公司法》所规定的股份有限公司、有限责任公司，也可以是主体，如非企业形式的、但形成会计主体的其他组织(如基金等)。

2．子公司

子公司是指被母公司控制的企业，从子公司的概念可以看出子公司也要求同时具备以下两个条件：

(1) 作为子公司必须被母公司所控制，并且只能有一个母公司控制，不可能也不允许被两个或两个母公司同时控制，被两个或两个公司同时控制的被投资单位是合营企业，而不是子公司。

(2) 子公司可以是企业，如《公司法》所规范的股份有限公司、有限责任公司；也可以是主体，如非企业形式的但形成会计主体的其他组织(如基金及信托项目等特殊目的的主体)。

(二) 母公司属于投资性主体的条件

当母公司同时满足下列条件时，该母公司属于投资性主体。

(1) 该公司是以向投资者提供投资管理服务为目的，从一个或多个投资者处获取资金。

(2) 该公司唯一的经营目的，是通过资本增值、投资收益或者两者兼有，而让投资者获得回报。

(3) 该公司按照公允价值对几乎所有投资的业绩进行考量和评价。

(三) 合并处理

1. 母公司是投资性主体

如果母公司是投资性主体，则母公司应当仅将为其投资活动提供相关服务的子公司(如有)纳入合并范围并编制合并财务报表；其他子公司不应当予以合并，母公司对其他子公司的投资应当按照公允价值计量且变动计入当期损益。

2．投资性主体的母公司本身不是投资性主体

投资性主体的母公司本身不是投资性主体，则应当将其控制的全部主体，包括那些通过投资性主体所间接控制的主体，纳入合并财务报表的范围。

3．母公司由非投资性主体转变为投资性主体

当母公司由非投资性主体转变为投资性主体时，除仅将为其投资活动提供相关服务的子公司纳入合并财务报表范围编制合并财务报表外，企业自转变日起对其他子公司不再予以合并，按照视同在转变日处置子公司但保留剩余股权的原则进行会计处理。

4．母公司由投资性主体转变为非投资性主体

当母公司由投资性主体转变为非投资性主体时，应将原未纳入合并财务报表范围的子公司于转变日纳入合并财务报表范围，原未纳入合并财务报表范围的子公司在转变日的公允价值视同为购买的交易对价。

第三节　与内部股权投资有关的抵销处理

一、合并日股权投资的抵销处理概述

(一) 基本原理

与企业集团内部成员之间股权投资有关的业务主要包括：第一，投资方对被投资方进行股权投资；第二，投资后被投资方向投资方宣告分派股利。以母公司对子公司的股权投资为例。母公司为取得子公司的控制权进行股权投资时，一方面增加母公司的长期股权投资，另一方面形成子公司的股本。股权投资之后的各个报告期内，子公司宣告分派现金股利，会导致母公司确认投资收益。从企业集团的角度来看，这种股权投资引起的长期股权投资、股本、投资收益、利润分配等会计要素的变动，源于内部股权投资业务。因此，在编制合并财务报表时，这些内部股权投资业务的确认和计量对投资双方个别财务报表数据产生的影响，应予以抵销。

合并日应编制合并财务报表。编制合并财务报表时，应进行相应的调整与抵销的账务处理。根据现行会计准则，无论是同一控制下的企业合并，还是非同一控制下的企业合并，都视同合并后形成的报告主体(合并方)自合并日开始对被合并方实施控制。在合并日，一般只需要进行与内部股权投资有关的抵销处理。在抵销处理时，一般只涉及将投资方的长期股权投资与被投资方的股东权益相抵销，有时还会涉及少数股东权益的确定，但不会涉及股权投资收益有关的抵销处理。

母公司对子公司进行的长期股权投资，一方面反映为长期股权投资以外的其他资产的减少，另一方面反映为长期股权投资的增加，在母公司个别资产负债表中长期股权投资作为资产类项目列示出来。子公司接受这一投资时，一方面增加资产，另一方面作为股本等进行账务处理，在其个别资产负债表中一方面反映为股本的增加，另一方面反映为相对应的资产的增加。从整个企业集团来看，母公司对子公司进行的长期股权投资，实质上相当于母公司将资产拨付给下属核算单位，而不会引起整个企业集团的资产、负债、所有者权益的增减变动。因此，编制合并财务报表时，应当在母公司与子公司财务报表数据简单加总的基础上，将母公司对子公司的长期股权投资项目与子公司所有者权益项目相互予以抵销。

子公司所有者权益中不属于母公司的份额，即子公司所有者权益中抵销母公司享有的份额后的余额，在合并财务报表中应作为“少数股东权益”处理，“少数股东权益”项目应当在所有者权益项目下单独予以列示。

(二) 少数股东权益

所谓少数股东权益(也称非控制性权益)，是指子公司股东权益中非属母公司所拥有的那部分股权，是相对于控股权而言的。少数股东权益显然产生于子公司非母公司全资控股的情况下，而少数股东权益的报告却只与合并财务报表有关。与少数股东权益相关的另一个重要概念是少数股东损益。少数股东损益，是指公司当年实现的净利润中，少数股东所应享有的份额，在金额上相当于子公司当年实现的净损益与少数股东持股比例的乘积。同净利润增加公司股东权益一样，少数股东损益无疑将会增加或减少企业集团少数股东权益，报告期内子公司股东权益的任何变化都会引起少数股东权益的变动。

少数股东权益是在编制合并资产负债表中确认的，而少数股东损益是在编制合并利润表中确认的。合并资产负债表中少数股东权益的报告列示金额，以及如何列示；少数股东损益在合并利润表中如何列报、金额如何计量都取决于合并报表的不同合并理论。

现行会计准则基本上采用了实体理论，即将少数股东权益作为合并股东权益的组成部分，在合并资产负债表中的股东权益部分单独列示，无论在编制合并日的合并财务报表还是在编制合并之后的合并财务报表时，都需要在合并资产负债表中将子公司股东权益中属于少数股东所享有的份额列示为少数股东权益；在编制合并日后各期的合并利润表时，需要将子公司报告期内实现的净利润中属于少数股权享有的部分确认为少数股东损益，子公司报告期内股利分配额中归属于少数股东的部分，增加少数股东权益。

二、合并日的调整与抵销处理

合并日应编制合并财务报表。编制合并财务报表时，应进行相应的调整和抵销处理。根据现行会计准则，无论是同一控制下的企业合并还是非同一控制下的企业合并，在合并日(或购买日)都需要编制合并资产负债表，即在合并日只涉及将投资方的长期股权投资与被投资方的股东权益相抵销，而不会涉及投资收益等有关项目的抵销处理。具体来说，同一控制下的企业合并和非同一控制下的企业合并抵销处理时会有所差别。

(一) 同一控制下的企业合并

同一控制下的企业合并，合并日合并工作底稿中，抵销分录编制思路如下。

第一，合并日，母公司已经按照被合并方所有者权益账面价值乘以持股比例作为其长期股权投资的入账价值，因此编制合并财务报表时，在合并工作底稿中，直接抵销母公司的长期股权投资项目。

第二，子公司的股东权益项目同时按账面价值予以抵销。

第三，在母公司持股比例不足100%时，在抵销上述两项的情况下，还需要确认少数股东权益项目。

综上所述，合并日合并方在合并工作底稿中所编制的抵销分录为：

借：股本
　　资本公积
　　其他综合收益
　　盈余公积
　　未分配利润
　　贷：长期股权投资
　　　　少数股东权益

【例 14-1】　P 集团下有长江、黄河两个子公司，2018 年 12 月 31 日，长江公司和黄河公司的资产负债表(简表)如表 14-6 所示。

表 14-6　资产负债表(简表)

编制单位：长江、黄河公司　　2018 年 12 月 31 日　　单位：万元

资　产	长江公司	黄河公司	负债及所有者权益(或股东权益)	长江公司	黄河公司
货币资金	200	120	短期借款	60	20
应收账款	30	40	应付账款	40	60
存货	70	50	其他应付款	30	40
固定资产	700	420	长期借款	420	300
无形资产	20	10	股本	300	140
			资本公积	60	20
			盈余公积	50	30
			未分配利润	60	30
资产合计	1 020	640	负债及所有者权益合计	1 020	640

分别根据下列不同情况编制合并日合并财务报表的调整与抵销分录：

(1) 2019 年 1 月 1 日，长江公司发行每股面值为 10 元的普通股 18 万元，对黄河公司实施控股合并取得了黄河公司的全部股权。

借：长期股权投资 [(1 400 000 + 200 000 + 300 000 + 300 000) × 100%] 2 200 000
　　贷：股本　　(180 000 × 10) 1 800 000
　　　　资本公积——股本溢价　　400 000

合并日，长江公司在合并工作底稿中应编制如下抵销分录：

借：股本　　1 400 000
　　资本公积　　200 000
　　盈余公积　　300 000
　　未分配利润　　300 000
　　贷：长期股权投资　　2 200 000

(2) 沿用上述条件(1)，长江公司对黄河公司实施控股合并，假设合并日取得乙公司 80%的股权。

借：长期股权投资　　(2 200 000 × 80%) 1 760 000
　　资本公积——股本溢价　　40 000
　　贷：股本　　1 800 000

合并日，长江公司在合并工作底稿中应编制如下抵销分录：

借：股本　　1 400 000
　　资本公积　　200 000
　　盈余公积　　30 000
　　未分配利润　　30 000
　　贷：长期股权投资　　1 760 000
　　　　少数股东权益　　440 000

合并日合并财务报表工作底稿(简表)如表 14-7 所示。

表 14-7 合并工作底稿(简表) 单位：万元

项 目	母公司	子公司	合计数	调整与抵销分录		合并数
				借方	贷方	
(资产负债表项目)						
货币资金	200	120	320			320
应收账款	30	40	70			70
存货	70	50	120			120
固定资产	700	420	1 120			1 120
无形资产	20	10	30			30
长期股权投资	220	0	220		220	0
短期借款	60	20	80			80
应付账款	40	60	100			100
其他应付款	30	40	70			70
长期借款	420	300	720			720
股本	480(300+180)	140	620	140		480
资本公积	100(60+40)	20	120	20		100
盈余公积	50	30	80	30		50
未分配利润	60	30	90	30		60

(二) 非同一控制下的企业合并

非同一控制下的企业合并，购买日合并工作底稿中抵销分录的编制思路为：

第一，购买日，母公司编制抵销分录之前，应先按购买日确定的子公司各项可辨认资产、负债及或有负债的公允价值对子公司的财务报表进行调整，并编制调整分录。

第二，购买日，母公司已经按合并成本(合并对价的公允价值)，确认了长期股权投资，在编制合并财务报表时，在合并工作底稿中直接抵销母公司的长期股权投资项目；同时，若长期股权投资成本大于母公司在子公司所有者权益享有的份额，则确认为合并商誉；若长期股权投资小于母公司在子公司所有者权益中所享有的份额，则调整留存收益(即盈余公积和未分配利润)。

第三，子公司的股东权益同时按公允价值予以抵销。

第四，在母公司持股比例不足 100%时，在进行上述处理的同时，还需要确认少数股东权益项目，即被购买方所有者权益公允价值乘以少数股东的持股比例。

综上所述，购买日购买方在合并工作底稿中所做出的账务处理如下：

(1) 按公允价值对非同一控制下取得子公司财务报表项目进行调整。以固定资产为例，并假定固定资产公允价值大于其账面价值。

借：固定资产——原价(调整固定资产项目)

　　贷：资本公积

(注：资产的减值调整做相反处理，负债的调整与资产的调整处理相反；另外为了简化起见，暂不考虑资产价值调整所涉及的递延所得税问题。)

(2) 母公司长期股权投资与子公司股东权益相互抵销，并确认少数股东权益。

借：股本
　　资本公积
　　其他综合收益
　　盈余公积
　　未分配利润
　　商誉(借方差额)
　　贷：长期股权投资
　　　　少数股东权益
　　　　未分配利润(贷方差额)

(注：母公司购买日不编制合并利润表，故不能调整利润表项目的营业外收入。)

【例 14-2】 长江公司和黄河公司为非同一控制下的两家公司，2018 年 6 月 30 日，长江公司用账面价值 900 万元、公允价值 1160 万元的库存商品和 600 万元的银行存款控股合并黄河公司。购买日，黄河公司净资产账面价值如表 14-8 所示：

表 14-8　资产负债表(简表)

编制单位：黄河公司　　2018 年 06 月 30 日　　单位：万元

资　产	黄河公司	负债及所有者权益(或股东权益)	黄河公司
货币资金	100	短期借款	200
原材料	400	应付账款	600
固定资产	1400	负债合计	800
无形资产	300	股本	800
		资本公积	200
		盈余公积	100
		未分配利润	300
		所有者权益合计	1400
资产合计	2200	负债及所有者权益合计	2200

假设在购买日即可确定黄河公司净资产的公允价值为 1600 万元，即黄河企业固定资产的公允价值为 1600 万元，其他资产、负债的公允价值和其账面价值相等。2018 年年末，确定黄河公司固定资产的公允价值为 1600 万元，其他资产、负债的公允价值和其账面价值相等，假设长江公司对合并进来的固定资产采用直线法并按 10 年计提折旧，合并工作底稿中的调整和抵销分录如下：

(1) 假设取得黄河公司 100%的控股权。

① 调整分录(将黄河公司净资产账面价值调整成为公允价值)：

借：固定资产——原价　　2 000 000
　　贷：资本公积　　2 000 000

② 抵销分录：

借：股本　　8 000 000

　　资本公积　　(2 000 000 + 2 000 000) 4 000 000

　　盈余公积　　1 000 000

　　未分配利润　　3 000 000

　　商誉(借方差额)　　(17 600 000 − 16 000 000)　1 600 000

　　贷：长期股权投资　　(11 600 000 + 6 000 000) 17 600 000

合并日合并财务报表工作底稿(简表)如表 14-9 所示。

表 14-9　合并工作底稿(简表)

2018 年 6 月 30 日　　单位：万元

项　目	母公司(个别报表)	子公司(个别报表)	合计数	调整与抵销分录		合并数
				借方	贷方	
(资产负债表项目)						
货币资金	200	100	300			300
存货	300	400	700			700
固定资产	100	1 400	1 500	200		1 700
无形资产	100	300	400			400
长期股权投资	1 760	0	1 760		1 760	0
商誉				160		160
短期借款	100	200	300			300
应付账款	200	600	800			800
应交税费	160	0	160			160
股本	1 500	800	2 300	800		1 500
资本公积	60	200	260	400	200	60
盈余公积	100	100	200	100		100
未分配利润	340	300	640	300		340
少数股东权益						0

(2) 假如取得黄河公司 80%的控股权。

① 调整分录：

借：固定资产——原价　　2 000 000

　　贷：资本公积　　2 000 000

② 抵销分录：

借：股本　　8 000 000

　　资本公积　　4 000 000

　　盈余公积　　1 000 000

　　未分配利润——年末　　3 000 000

　　商誉　　　　　　　　　　　(17 600 000 − 16 000 000 × 80%) 4 800 000
　　贷：长期股权投资　　　　　　　(11 600 000 + 6 000 000) 17 600 000
　　　　少数股东权益　　　　　　　　(16 000 000 × 20%) 3 200 000

【例 14-3】　承例 14-2，长江公司对黄河公司实施控股合并，假设在购买日即可确定黄河企业净资产的公允价值为 1600 万元，即黄河公司固定资产的公允价值为 1600 万元，其他资产、负债的公允价值与账面价值相等。长江公司用账面价值 800 万元、公允价值 960 万元的库存商品(公允价值 960 万元包含收入及税金)和 240 万元的银行存款完成了对黄河公司的合并，合并日合并工作底稿中的调整和抵销分录如下：

(1) 假设取得黄河公司 100%的控股权。

① 调整分录：

借：固定资产——原价　　　　　　　　　　　2 000 000
　　贷：资本公积　　　　　　　　　　　　　　2 000 000

② 抵销分录：

借：股本　　　　　　　　　　　　　　　　　8 000 000
　　资本公积　　　　　　(2 000 000 + 2 000 000) 4 000 000
　　盈余公积　　　　　　　　　　　　　　　1 000 000
　　未分配利润　　　　　　　　　　　　　　3 000 000
　　贷：长期股权投资　　　　(9 600 000 + 2 400 000) 12 000 000
　　　　未分配利润　　　　(16 000 000 − 12 000 000) 4 000 000

(注：长期股权投资的初始入账价值：960 + 240 = 1 200 万元)

(2) 假设取得黄河公司 80%的控股权。

① 调整分录：

借：固定资产——原价　　　　　　　　　　　2 000 000
　　贷：资本公积　　　　　　　　　　　　　　2 000 000

②抵销分录

借：股本　　　　　　　　　　　　　　　　　8 000 000
　　资本公积　　　　　　(2 000 000 + 2 000 000) 4 000 000
　　盈余公积　　　　　　　　　　　　　　　1 000 000
　　未分配利润　　　　　　　　　　　　　　3 000 000
　　贷：长期股权投资　　　　(9 600 000 + 2 400 000) 12 000 000
　　　　少数股东权益　　　　　　(16 000 000 × 20%) 3 200 000
　　　　未分配利润　　　　(16 000 000 − 12 000 000) 4 000 000

三、合并日后合并财务报表工作底稿中与股权投资有关的抵销处理

不管是同一控制下的企业合并，还是非同一控制下的企业合并，合并日(或购买日)之后编制与股权投资有关的抵销处理时，均需要先将长期股权投资的成本法调整成为权益法核算的结果。调整之后，再编制相应的抵销分录。合并日(或购买日)之后，各期期末需要编制的抵销分录有：母公司长期股权投资与子公司股东权益的抵销、母公司股权投资收益

与子公司分配给母公司股利的抵销等。具体来说，同一控制下的企业合并和非同一控制下的企业合并在进行抵销处理时仍会有所差别。

(一) 长期股权投资成本法核算的结果调整为权益法核算的结果

1. 合并当年年末

(1) 调整被投资单位盈利。

借：长期股权投资

　　贷：投资收益

(2) 调整被投资单位亏损。

借：投资收益

　　贷：长期股权投资

(3) 调整被投资单位分派现金股利。

借：投资收益

　　贷：长期股权投资

(4) 调整子公司除净损益以外的所有者权益的其他变动。

借：长期股权投资

　　贷：其他综合收益

　　　　资本公积

或是相反的会计分录：

借：其他综合收益

　　资本公积

　　贷：长期股权投资

2. 连续编制合并财务报表

应当说明的是，本期合并财务报表中年初所有者权益各项目的金额应与上期合并财务报表中年末所有者权益相对应的金额相一致。因此，上期编制合并财务报表时，涉及股本、实收资本、资本公积、盈余公积等项目的，在本期编制合并财务报表调整和抵销分录时均应用“股本——年初”“资本公积——年初”“盈余公积——年初”等项目代替；对于上期编制调整和抵销分录时，涉及利润表中的项目及所有者权益变动表中未分配利润的项目，在本期编制合并财务报表调整和抵销分录时也应用“未分配利润——年初”项目代替。

(1) 调整以前年度被投资单位盈亏。

借：长期股权投资

　　贷：未分配利润——年初

若为亏损则做相反的分录，即：

借：未分配利润——年初

　　贷：长期股权投资

(2) 调整被投资单位本年度盈利。

借：长期股权投资

　　贷：投资收益

(3) 调整被投资单位本年度亏损。

借：投资收益

　　贷：长期股权投资

(4) 调整被投资单位以前年度分派现金股利。

借：未分配利润——年初

　　贷：长期股权投资

(5) 调整被投资单位当年分派现金股利。

借：投资收益

　　贷：长期股权投资

(6) 调整被投资单位以前年度除净损益以外所有者权益的其他变动。

借：长期股权投资贷

　　贷：其他综合收益——年初

　　　　资本公积——年初

(7) 调整本年除净损益以外所有者权益的其他变动。

借：长期股权投资

　　贷：资本公积

　　　　其他综合收益

(二) 同一控制下的企业合并

合并日后的各期期末编制合并报表时，同一控制下企业合并的抵销处理如下：

1. 母公司长期股权投资与子公司所有者权益的抵销

借：股本

　　资本公积

　　盈余公积

　　未分配利润——年末

　　贷：长期股权投资

　　　　少数股东权益

2. 母公司对子公司、子公司与子公司相互之间持有对方长期股权投资的投资收益的抵销

借：投资收益

　　少数股东损益

　　未分配利润——年初

　　贷：提取盈余公积

　　　　应付普通股股利

　　　　未分配利润——年末

3. 内部长期股权投资减值准备的抵销

长期股权投资减值准备的计提，一方面减少了资产负债表中长期股权投资项目的报告价值；另一方面，增加了利润表中的资产减值损失，并对以后期间的期初未分配利润项目带来影响。如果母公司对子公司的长期股权投资在上一年度计提了减值准备，本年又计提了减值准备，在编制合并财务报表时，需要将计提的减值准备予以抵销。

(1) 合并当年年末：

借：长期股权投资(资产负债表长期股权投资项目)

　　贷：资产减值损失

(2) 合并日后的各期期末：

借：长期股权投资(资产负债表长期股权投资项目)

　　贷：资产减值损失(当期计提的减值损失)

　　　　未分配利润——年初(期初累计计提的减值损失)

【例 14-4】 长江公司与黄河公司同为 P 集团下的两家子公司，长江公司对黄河公司的长期股权投资合并当年年末计提了减值准备 100 万元，下一年又计提了减值准备 20 万元，则编制合并报表时，需要做如下的抵销处理：

(1) 合并当年年末。

借：长期股权投资(资产负债表长期股权投资项目)　　1 000 000

　　贷：资产减值损失　　1 000 000

(2) 合并日后的下一年年末。

借：长期股权投资(资产负债表长期股权投资项目)　　1 200 000

　　贷：资产减值损失　　200 000

　　　　未分配利润——年初　　1 000 000

【例 14-5】 长江公司与黄河公司同为 P 集团下的两家子公司，2018 年 1 月 1 日长江公司发行每股面值为 10 元的普通股 18 万股，对黄河公司实施控股合并取得了黄河公司 80%的股权。2018 年 1 月 1 日，黄河公司股东权益总额为 220 万元，其中股本为 140 万元、资本公积为 20 万元、盈余公积为 30 万元、未分配利润为 30 万元；2018 年全年黄河公司实现净利润 200 万元，经公司董事会提议并经股东大会批准 2018 年提取盈余公积 20 万元(按净利润的 10%提取)、向股东宣告分派现金股利 60 万元。2018 年 12 月 31 日股东权益总额为 360 万元，其中：股本为 140 万元、资本公积 20 万元、盈余公积 50 万元，未分配利润 150 万元，2018 年 12 月 31 日编制合并财务报表时所做的调整与抵销处理如下：

(1) 将成本法核算的结果调整为权益法核算的结果。

① 调整被投资单位盈利：

借：长期股权投资　　(2 000 000 × 80%) 1 600 000

　　贷：投资收益　　1 600 000

② 调整被投资单位分派现金股利：

借：投资收益　　(600 000 × 80%) 480 000

　　贷：长期股权投资　　480 000

经过上述调整后，2018 年 12 月 31 日，长江公司对黄河公司长期股权投资的账面价值为 176 + 160 − 48 = 288 (万元)，长江公司对黄河公司长期股权投资账面价值正好与长江公司在黄河公司股东权益所拥有的份额相等，其余 20%则属于少数股东权益。

(2) 母公司长期股权投资与子公司所有者权益相互抵销。

借：股本　　1 400 000

资本公积 200 000
盈余公积 500 000
未分配利润 1 500 000
贷：长期股权投资 2 880 000
少数股东权益 (3 600 000 × 20%) 720 000

(3) 将对子公司的投资收益与子公司当年利润分配相抵销。

借：投资收益 (2 000 000 × 80%) 1 600 000
少数股东损益 (2 000 000 × 20%) 400 000
未分配利润——年初 300 000
贷：应付普通股股利 600 000
提取盈余公积 200 000
未分配利润——年末 1 500 000

(4) 抵销母公司与子公司之间的债权债务。

黄河公司本年宣告分派现金股利 60 万元，股利尚未支付。黄河公司已将其列入应付股利 60 万元，长江公司根据黄河公司宣告分派现金股利的公告，按照其所享有的份额已确认为应收股利，并在资产负债表中列示应收股利 48 万元，这属于母、子公司之间的债权债务，在编制合并资产负债表时应予以抵销。

借：应付股利 480 000
贷：应收股利 480 000

【例 14-6】 承例 14-5，假定 2019 年黄河公司实现净利润 400 万元，提取盈余公积 40 万，宣告分派现金股利 100 万，2019 年年末编制合并财务报表时所做的抵销处理如下。

(1) 将成本法核算的结果调整为权益法核算的结果：

① 调整被投资单位以前年度损益。

借：长期股权投资 (2 000 000 × 80%) 1 600 000
贷：未分配利润——年初 1 600 000

② 调整被投资单位本年度盈利。

借：长期股权投资 (4 000 000 × 80%) 3 200 000
贷：投资收益 3 200 000

③ 调整被投资单位以前年度分派现金股利。

借：未分配利润——年初 (600 000 × 80%) 480 000
贷：长期股权投资 480 000

④ 调整被投资单位本年度分派现金股利。

借：投资收益 (1 000 000 × 80%) 800 000
贷：长期股权投资 800 000

经过上述调整后，2019 年 12 月 31 日甲公司对乙公司长期股权投资的账面价值为 528 万元，长江公司对黄河公司长期股权投资账面价值正好与长江公司在黄河公司股东权益所拥有的份额相等，其余 20%则属于少数股东权益。

(2) 母公司长期股权投资与子公司所有者权益相互抵销：

借：股本 1 400 000

资本公积 200 000
盈余公积 900 000
未分配利润 (1 500 000 + 4 000 000 − 400 000 − 1 000 000) 4 100 000
贷：长期股权投资 (2 880 000 + 3 200 000 − 800 000) 5 280 000
少数股东权益 [(1 400 000 + 200 000 + 900 000 + 4 100 000) × 20%] 1 320 000

(3) 将对子公司的投资收益与子公司当年利润分配相互抵销。

借：投资收益 (4 000 000 × 80%) 3 200 000
少数股东损益 (4 000 000 × 20%) 800 000
未分配利润——年初 1 500 000
贷：提取盈余公积 400 000
应付普通股股利 1 000 000
未分配利润——年末(1 500 000 + 4 000 000 − 4 000 000 − 1 000 000) 4 100 000

(4) 抵销母公司、子公司之间的债权债务。

借：应付股利 (1 000 000 × 80%) 800 000
贷：应收股利 800 000

(三) 非同一控制下的企业合并

购买日后，各期期末编制合并财务报表时，非同一控制下的企业合并除调整长期股权投资的核算方法外，仍需根据母公司在购买日设置的备查账簿中登记的该子公司有关可辨认资产、负债的公允价值，对子公司的个别财务报表中的相关数据进行调整，使子公司个别财务报表反映为在购买日公允价值基础上确定的可辨认资产、负债在本期资产负债表日应有的金额。

1. 固定资产公允价值大于账面价值

以固定资产为例，假定固定资产公允价值大于其账面价值，对子公司个别财务报表进行调整。

调整分录如下：

(1) 投资当年(合并当年)。

借：固定资产——原价(调整固定资产项目)
贷：资本公积

借：管理费用(当年按公允价值应补提的折旧)
贷：固定资产——累计折旧

(2) 连续编制合并财务报表。

借：固定资产——原价
贷：资本公积——年初

借：未分配利润——年初(年初累计补提折旧)
贷：固定资产——累计折旧

借：管理费用(当年补提折旧)
贷：固定资产——累计折旧

2．长期股权投资由成本法核算的结果调整为权益法下的核算结果

(1) 合并当年年末。

① 调整被投资单位盈利。

借：长期股权投资

　　贷：投资收益

② 调整被投资单位亏损。

借：投资收益

　　贷：长期股权投资

③ 调整被投资单位分派现金股利。

借：投资收益

　　贷：长期股权投资

④ 调整子公司除净损益以外的所有者权益的其他变动。

借：长期股权投资

　　贷：其他综合收益

　　　　资本公积

或是相反的会计分录：

借：其他综合收益

　　资本公积

　　贷：长期股权投资

(2) 连续编制合并财务报表。应当说明的是，本期合并财务报表中年初所有者权益各项目的金额应与上期合并财务报表中年末所有者权益相对应的金额相一致。因此，上期编制合并财务报表时，涉及股本、实收资本、资本公积、盈余公积等项目的，在本期编制合并财务报表调整和抵销分录时均应用“股本——年初”“资本公积——年初”“盈余公积——年初”等项目代替；对于上期编制调整和抵销分录时，涉及利润表中的项目及所有者权益变动表中未分配利润的项目，在本期编制合并财务报表调整分录和抵销分录时也应用“未分配利润——年初”项目代替。

① 调整以前年度被投资单位盈利。

借：长期股权投资

　　贷：未分配利润——年初

若为亏损则做相反的分录，即：

借：未分配利润——年初

　　贷：长期股权投资

② 调整被投资单位本年度盈利。

借：长期股权投资

　　贷：投资收益

③ 调整被投资单位本年度亏损。

借：投资收益

　　贷：长期股权投资

④ 调整被投资单位以前年度分派现金股利。

借：未分配利润——年初

　　贷：长期股权投资

⑤ 调整被投资单位当年分派现金股利。

借：投资收益

　　贷：长期股权投资

⑥ 调整被投资单位以前年度除净损益以外所有者权益的其他变动。

借：长期股权投资贷

　　贷：其他综合收益——年初

　　　　资本公积——年初

⑦ 调整本年度除净损益以外所有者权益的其他变动。

借：长期股权投资

　　贷：资本公积

　　　　其他综合收益

3. 母公司长期股权投资与子公司所有者权益的抵销

借：股本

　　资本公积(经调整后的账面余额)

　　其他综合收益

　　盈余公积

　　未分配利润——年末(经调整后的账面余额)

　　商誉(借方差额)

　　贷：长期股权投资

　　　　少数股东权益

　　　　未分配利润——年初(贷方差额)

4. 母公司与子公司、子公司与子公司之间持有对方长期股权的投资投资收益的抵销

借：投资收益

　　少数股东损益

　　未分配利润——年初

　　贷：应付普通股股利

　　　　提取盈余公积

　　　　未分配利润——年末

5. 内部长期股权投资减值准备的抵销

长期股权投资减值准备的计提，一方面减少了资产负债表中长期股权投资项目的报告价值；另一方面，增加了利润表中的资产减值损失，并对以后期间的期初未分配利润项目带来影响。如果母公司对子公司的长期股权投资在上一年度计提了减值准备，本年又计提了减值准备，在编制合并财务报表时，需要将计提的减值准备予以抵销。

(1) 合并当年年末：

借：长期股权投资(资产负债表长期股权投资项目)

贷：资产减值损失

(2) 合并日后的各期期末：

借：长期股权投资(资产负债表长期股权投资项目)

贷：资产减值损失(当期计提的减值损失)

未分配利润——年初(期初累计计提的减值损失)

【例 14-7】 长江公司与黄河公司为非同一控制下的两家公司，长江公司(母公司)对黄河公司(子公司)的长期股权投资合并当年末计提了减值准备 200 万，下一年又计提了减值准备 40 万，则编制合并报表时，需要做如下的抵销处理：

(1) 合并当年年末：

借：长期股权投资(资产负债表长期股权投资项目)　　2 000 000

贷：资产减值损失　　2 000 000

(2) 合并日后的下一年年末：

借：长期股权投资(资产负债表长期股权投资项目)　　2 400 000

贷：资产减值损失　　400 000

未分配利润——年初　　2 000 000

【例 14-8】 长江公司和黄河公司为非同一控制下的两家企业。2018 年 1 月 1 日，长江公司用账面价值 1 000 万元、公允价值 1 160 万元的库存商品和 600 万元的银行存款从黄河公司的母公司手中取得了黄河公司 80%的控股权。购买日，黄河公司净资产的账面价值为 1 400 万元，其中股本为 800 万元、资本公积 200 万元、盈余公积 100 万元、未分配利润 300 万元。合并当日黄河公司净资产公允价值为 1 600 万元，其中固定资产评估增值 200 万元，其他资产、负债的公允价值和其账面价值相等，假设长江企业对合并进来的固定资产采用直线法按 10 年计提折旧。(为简化起见，暂不考虑销售商品涉及的增值税。)

2018 年度黄河公司实现净利润 400 万元，提取盈余公积 40 万元，宣告分派现金股利 100 万元。2019 年度黄河公司实现净利润 600 万元，提取盈余公积 60 万元，宣告分派现金股利 200 万元。

则母公司在 2018 年 12 月 31 日、2019 年 12 月 31 日编制合并财务报表时所做的调整及抵销分录如下：

(1) 2018 年 1 月 1 日，(在个别报表中)购买日长江公司合并的账务处理：

借：长期股权投资　　(11 600 000 + 6 000 000) 17 600 000

贷：主营业务收入　　11 600 000

银行存款　　6 000 000

借：主营业务成本　　10 000 000

贷：库存商品　　10 000 000

2018 年年末，黄河公司宣告发放现金股利 100 万，长江公司按持股比例应享有的份额为 100 × 80% = 80(万元)，其分录为：

借：应收股利　　800 000

贷：投资收益　　800 000

(2) 2018 年 1 月 1 日，购买日(即合并日)合并财务报表编制的调整与抵销分录：

① 调整分录(将黄河公司净资产的账面价值调整成为公允价值)。

借：固定资产——原价　　2 000 000

　　贷：资本公积　　2 000 000

(为简化起见，暂不考虑因固定资产价值调整涉及的递延所得税问题)

② 抵销分录。

借：股本　　8 000 000

　　资本公积　　(2 000 000 + 2 000 000)4 000 000

　　盈余公积　　1 000 000

　　未分配利润　　3 000 000

　　商誉　　(17 600 000 − 16 000 000 × 80%) 4 800 000

　　贷：长期股权投资　　17 600 000

　　　　少数股东权益　　(16 000 000 × 20%) 3 200 000

(3) 2018 年 12 月 31 日合并财务报表的编制时(合并当年年末)：

① (在合并工作底稿中)将黄河公司净资产的账面价值调整成为公允价值：

借：固定资产——原值　　2 000 000

　　贷：资本公积　　2 000 000

借：管理费用　　(2 000 000 / 10) 200 000

　　贷：固定资产——累计折旧　　200 000

② 将成本法核算的结果调整为权益法核算的结果：

a. 调整被投资单位盈利。

借：长期股权投资　　[(4 000 000 − 200 000) × 80%] 3 040 000

　　贷：投资收益　　3 040 000

b. 调整被投资单位分派现金股利。

借：投资收益　　(1 000 000 × 80%) 800 000

　　贷：长期股权投资　　800 000

经上述调整后，2018 年 12 月 31 日长江公司对黄河公司长期股权投资的账面价值为 1984 万元(1760 + 304 − 80)。

③ 长江公司的长期股权投资与黄河公司所有者权益的抵销：

借：股本　　8 000 000

　　资本公积　　(2 000 000 + 2 000 000) 4 000 000

　　盈余公积　　(1 000 000 + 400 000) 1 400 000

　　未分配利润——年末　(3 000 000 + 4 000 000 - 20 000 - 400 000 - 1 000 000) 5 400 000

　　商誉 [19 840 000 − (8 000 000 + 4 000 000 + 14 000 000 + 5 400 000) × 80%] 4 800 000

　　贷：长期股权投资　　19 840 000

　　　　少数股东权益 [(8 000 000 + 4 000 000 + 1 400 000 + 5 400 000) × 20%] 3 760 000

2018 年 12 月 31 日，黄河公司个别报表中净资产账面价值为 1700 万元(800 + 200 + 140 + 560)，其中股本 800 万元、资本公积 200 万元、盈余公积 140 万元、未分配利润 560 万元。分录中“未分配利润——年末”的金额经公允价值调整之后为 540 万元，即：年初 300 万元+本年净利润 400 万元——固定资产补提的折旧 20 万元——提取的盈余公积 40 万元——分配的现金股利 100 万元＝540(万元)。2018 年 12 月 31 日，黄河公司调整后净资产公允价值为 1 880 万元，其中股本 800 万元、资本公积 400 万元、盈余公积 140 万元、未分配利润 540 万元。

④ 长江公司当年的投资收益与黄河公司的利润分配相互抵销：

借：投资收益　[(4 000 000 − 200 000) × 80%] 3 040 000
　　少数股东损益　[4 000 000 − 200 000) × 20%] 760 000
　　未分配利润——年初　3 000 000
　　贷：提取盈余公积　400 000
　　　　应付普通股股利　1 000 000
　　　　未分配利润——年末　5 400 000

⑤ 将对黄河公司的债务与长江公司的债权相互抵销：

借：应付股利　800 000
　　贷：应收股利　800 000

(4) 2019 年 12 月 31 日合并报表的编制：

① (在合并工作底稿中)对黄河公司个别财务报表项目进行调整。

借：固定资产——原值　2 000 000
　　贷：资本公积　2 000 000
借：未分配利润——年初　200 000
　　贷：固定资产——累计折旧　200 000
借：管理费用　200 000
　　贷：固定资产——累计折旧　200 000

② 将成本法核算的结果调整为权益法核算的结果。

a. 调整被投资单位 2018 年度损益。

借：长期股权投资　[(4 000 000 − 200 000) × 80%] 3 040 000
　　贷：未分配利润——年初　3 040 000

b. 调整被投资单位 2019(当年)实现的损益。

借：长期股权投资　[(6 000 000 − 200 000) × 80%] 4 640 000
　　贷：投资收益　4 640 000

c. 调整被投资单位 2018 年度分派现金股利。

借：未分配利润——年初　(1 000 000 × 80%) 800 000
　　贷：长期股权投资　800 000

d. 调整被投资单位 2019(当年)分派现金股利。

借：投资收益　(2 000 000 × 80%) 1 600 000
　　贷：长期股权投资　1 600 000

经过上述调整后，2019 年 12 月 31 日，长江公司对黄河公司长期股权投资的账面价值为 2 288 万元(1 760 + 304 + 464 − 80 − 160)。

③ 甲公司长期股权投资与乙公司所有者权益的抵销。

借：股本　8 000 000
　　资本公积　(2 000 000 + 2 000 000) 4 000 000

盈余公积 (1 000 000 + 400 000 + 600 000) 2 000 000
未分配利润——年末 (5 400 000 + 6 000 000 − 200 000−6000 000 − 2 000 000) 8 600 000
商誉 (22 880 000 − 22 600 000 × 80%) 4 800 000
贷：长期股权投资 22 880 000
少数股东权益 [(8 000 000 + 4 000 000 + 2 000 000 + 8 600 000) × 20%]4 520 000

2019 年 12 月 31 日，黄河公司个别报表中净资产账面价值为 2100 万元，其中：股本 800 万元、资本公积 200 万元、盈余公积 200 万元、未分配利润 900 万元。合并工作底稿中“未分配利润——年末”的金额经公允价值调整后为 860 万元，即：年初 540 万元+本年净利润 600 万元-固定资产补提的折旧 20 万元-提取的盈余公积 60 万元-分配的现金股利 200 万元。

2019 年 12 月 31 日，黄河公司经调整后的净资产公允价值为 2260 万元，其中：股本 800 万元、资本公积 400 万元、盈余公积 200 万元、未分配利润 860 万元。

④ 长江公司对黄河公司的投资收益与黄河公司当年利润分配相互抵销：

借：投资收益 [(6 000 000 − 200 000) × 80%] 4 640 000
少数股东损益 [(6 000 000 − 200 000) × 20%] 1 160 000
未分配利润——年初 5 400 000
贷：提取盈余公积 600 000
应付普通股股利 2 000 000
未分配利润——年末 8 600 000

⑤ 对黄河公司的债务与长江公司的债权相互抵销：

借：应付股利 1 600 000
贷：应收股利 1 600 000

第四节　与内部债权债务有关的抵销处理

母公司与子公司之间、子公司与子公司相互之间，可能由于各种内部交易产生债权债务。在编制合并财务报表时，对于企业集团成员企业之间的内部债权债务应予以抵销，以便使合并财务报表报告的债权债务反映为企业集团整体的对外债权债务；另外，与内部债权债务有关的利息收益、利息费用，以及与内部债权债务有关的坏账准备或资产减值准备也应一并予以抵销。

一、内部债权债务项目本身的抵销

在编制合并资产负债表时，需要进行抵销处理的内部债权债务项目主要有：

(1) 应收账款与应付账款；
(2) 应收票据与应付票据；
(3) 预收账款与预付账款；
(4) 债权投资(或交易性金融资产)与应付债券；

(5) 应收股利与应付股利；

(6) 其他应收款与其他应付款。

对于以上内部债权债务在编制合并财务报表时，应当编制抵销分录将一方的债权与另一方的债务相互抵销，其抵销分录为：

借：债务类项目

　　贷：债权类项目

二、与内部债权债务有关的投资收益(利息收入)和利息费用的抵销

与内部债权债务有关的投资收益(利息收入)和利息费用的抵销，主要影响到合并利润表，现以内部应付债券和债权投资相关的利息费用和投资收益(利息收入)相互抵销为例，应编制的抵销分录为：

借：投资收益

　　贷：财务费用(在建工程)

应当注意的是，当债权投资方的当年利息收入和债券发行方的当年利息费用金额相等时，直接按金额做上述分录进行抵销；当债权投资方的利息收益与债券发行方的利息费用金额不相等时，借方差额计入财务费用项目，贷方差额计入投资收益项目，最终简化之后仍是上述的分录。换言之，最终是按利息收益和利息费用两者孰低金额进行抵销的。

在某些情况下，债券投资企业持有的企业集团内部成员企业的债券并不是从发行债券的企业直接购进的，而是在证券市场上从第三方手中购进的。在这种情况下，债权投资中的债券投资与发行债券企业的应付债券抵销时，可能会出现差额，这时应当将其计入合并利润表中的投资收益或财务费用项目，这种情况有以下两种：

(1) 当应付债券的摊余成本大于债权投资的摊余成本时：

借：应付债券(个别报表中的摊余成本)

　　贷：债权投资(个别报表中的摊余成本)

　　　　财务费用(差额倒挤)

(2) 当应付债券的摊余成本小于债权投资的摊余成本时：

借：应付债券(个别报表的摊余成本)

　　投资收益(金额倒挤)

　　贷：债权投资(个别财务报表的摊余成本)

【例 14-9】　黄河公司是长江公司的子公司，2018 年 1 月 1 日，黄河公司按面值 500 万元发行债券。该债券票面利率为 5%，期限为 5 年，每年年末支付利息，到期还本。长江公司于当日购入黄河公司发行的债券准备长期持有，并将其作为以摊余成本计量的金融资产核算，双方均按实际利率法(实际利率假定为 5%)确定利息收益和利息费用，2018 年年末与合并财务报表有关的抵销分录如下：

(1) 抵销内部债权债务。

借：应付债券　　　　5 000 000

　　贷：债权投资　　　　5 000 000

(2) 抵销与内部债权债务有关的利息收益与利息费用。

借：投资收益　　(5 000 000 × 5%) 250 000

　　贷：财务费用　　250 000

2018 年年末，合并工作底稿(简表)见表 14-10 所示。

表 14-10　合并工作底稿(简表)

2018 年 12 月 31 日　　金额单位：万元

项　目	母公司	子公司	合计数	调整与抵销分录		合并数
				借方	贷方	
(资产负债表项目)						
债权投资	500	0	500		500	0
应付债券	0	500	500	500		0
(利润表项目)						
投资收益	25	0	25	25		0
财务费用	0	25	25		25	0
(股东权益变动表项目)						
未分配利润(年初)	0	0	0			0
未分配利润(年末)	25	–25	0	25	25	0

【例 14-10】　黄河公司是长江公司的子公司，2018 年 1 月 1 日，黄河公司发行面值为 200 000 元，票面利率 5%，期限为 5 年，每年年末付息一次，到期还本的债券。发行价格为 204 000 元，另外支付了 4 000 元的交易费用。2018 年年初，长江公司按 206 000 元的价格购入了该债券准备长期持有，并将其作为以摊余成本计量的金融资产，同时支付了交易费用 1 260 元，双方均按实际利率法(假定实际利率为 4%)确定利息收益和利息费用，与合并财务报表有关的抵销处理如下：

(1) 黄河公司个别财务报表的相关账务处理：

① 2018 年 1 月 1 日乙公司发行债券(溢价发行)：

借：银行存款　　204 000

　　贷：应付债券——成本(面值)　　200 000

　　　　　　　　——利息调整　　4 000

借：应付债券——利息调整　　4 000

　　贷：银行存款　　4 000

(此时，该应付债券的账面价值为 200 000 元)

② 2018 年 12 月 31 日确认利息费用：

借：财务费用　　(200 000 × 5%)10 000

　　贷：应付利息　　10 000

③ 2018 年 12 月 31 日支付利息时：

借：应付利息　　10 000

　　贷：银行存款　　10 000

④ 2019 年 12 月 31 日确认利息费用时：

借：财务费用　10 000

　　贷：应付利息　10 000

⑤ 2019 年 12 月 31 日支付利息时：

借：应付利息　10 000

　　贷：银行存款　10 000

(2) 长江公司个别财务报表的相关账务处理：

① 2018 年 1 月 1 日购入黄河公司发行的债券时：

借：债权投资——成本(面值)　200 000

　　　　　　——利息调整　(6 000+1 260)7 260

　　贷：银行存款　(206 000+1 260)207 260

② 2018 年 12 月 31 日确认利息收益时：

借：应收利息　10 000

　　贷：投资收益　(207 260×4%)8 290

　　　　债权投资——利息调整　1 710

(注：为简化计算、利息费用以万元取整数列示)

则 2018 年年末，债权投资的摊余成本为 200 000+7 260－1 710=205 550 (元)。

③ 2018 年 12 月 31 日收到利息时：

借：银行存款　10 000

　　贷：应收利息　10 000

(3) 2018 年年末编制合并财务报表时的相关抵销处理如下：

① 抵销内部债权债务。

借：应付债券　200 000

　　投资收益　5 550

　　贷：债权投资　205 550

② 抵销与内部债权债务相关的利息收益和利息费用。

借：投资收益　8 290

　　财务费用　1 710

　　贷：财务费用　10 000

以上分录简化之后，最终的抵销分录如下：

借：投资收益　8 290

　　贷：财务费用　8 290 (按孰低原则)

三、内部应收账款计提坏账准备的抵销

(一) 抵销坏账准备的期初数(连续编制合并报表时)

借：应收票据及应收账款——坏账准备(合并资产负债表项目)

　　贷：未分配利润——年初

(二) 抵销本期计提(或冲回)的坏账准备

借：应收票据及应收账款——坏账准备
　　贷：资产减值损失
或者相反的分录，
借：资产减值损失
　　贷：应收票据及应收账款——坏账准备

【例 14-11】 黄河公司是长江公司的子公司，长江公司计提坏账准备的比例为 0.5%，2015 年年末长江公司对黄河公司应收账款余额为 120 万元，当年长江公司对该应收账款计提了坏账准备 0.6 万元；2016 年年末，长江公司对黄河公司应收账款余额为 160 万元，长江公司补提了坏账准备 0.2 万元；2017 年年末，长江公司对黄河公司应收账款余额为 80 万元，长江公司则冲回了坏账准备 0.4 万元；则 2015 年、2016 年、2017 年年末编制合并财务报表的抵销分录如下：

(1) 2015 年年末的抵销分录：
① 抵销母、子公司之间的债权债务。
借：应付票据及应付账款　1 200 000
　　贷：应收票据及应收账款　1 200 000
② 抵销当年计提的坏账准备。
借：应收票据及应收账款——坏账准备　6 000
　　贷：资产减值损失　6 000
(2) 2016 年年末的抵销分录：
① 抵销母、子公司之间的债权债务。
借：应付票据及应付账款　1 600 000
　　贷：应收票据及应收账款　1 600 000
② 抵销坏账准备的期初数。
借：应收票据及应收账款——坏账准备(资产负债表项目)　6 000
　　贷：未分配利润——年初　6 000
③ 抵销当年计提的坏账准备。
借：应收票据及应收账款——坏账准备　2 000
　　贷：资产减值损失　2 000
(3) 2017 年年末的抵销分录：
① 抵销母、子公司之间的债权债务。
借：应付票据及应付账款　800 000
　　贷：应收票据及应收账款　800 000
② 抵销坏账准备的期初数。
借：应收票据及应收账款——坏账准备　8 000
　　贷：未分配利润——年初　8 000
③ 抵销当年冲回的坏账准备。
借：资产减值损失　4 000
　　贷：应收票据及应收账款——坏账准备　4 000

第五节　与内部资产交易有关的抵销处理

母公司与子公司之间、子公司与子公司相互之间可能发生销售商品、提供劳务、固定资产、在建工程、无形资产等有关资产的交易活动，在编制合并财务报表时，应抵销这些交易中包含的未实现内部销售损益，并抵销有关的资产减值准备。

一、内部存货交易的抵销处理

从编制合并财务报表的角度来讲，集团内部存货交易有以下三种情况：第一，购入的存货已经全部向集团外销售；第二，购入的存货全部未对集团外销售；第三，购入的存货一部分已经售出集团外部，还有一部分期末没有对外售出。在第一种情况下，内部销售利润已经全部实现，不存在未实现内部销售利润的抵销问题；在第二种情况下，内部购销商品所形成的未实现内部销售利润要予以抵销；第三种情况下，内部利润一部分已经成为已实现的内部销售利润，还有一部分未对外销售，从而留在企业集团内部形成了期末未实现内部销售利润。在编制合并财务报表时，应当区分上述不同情况，将内部购销业务所形成的未实现内部销售利润予以抵销。

(一) 购入存货已经全部售出集团外部的抵销处理

从日常会计核算和编制个别财务报表的角度来看，对购销双方来讲内部存货交易，已对集团外存货交易的会计处理方法并无差别。随着内部购销业务所形成的存货，对外销售出去之后，原来包含的未实现内部销售利润已经随着对外销售而实现了，期末存货价值中不包含有未实现内部销售利润，因此不存在抵销问题。

(二) 购入的存货全部未实现对外售出集团外部的抵销处理

在内部购进的商品中包含有未实现售出集团外部的情况下，销售企业按照内部交易价格确定的销售收入并结转销售成本，在个别利润表中已加以反映，购买企业已支付的购货价款作为存货成本入账并反映在个别资产负债表中以资产列示；对于销售企业的内部销售收入与内部销售成本之间的差额即为销售利润，这一部分属于未实现内部销售利润。这部分未实现内部销售利润，对于购买企业来说，已经作为存货成本的组成部分计入存货的价值中，因此在编制合并财务报表时，应将存货价值中包含的这部分未实现内部销售利润予以抵销。

(三) 购入的存货部分已对外售出、部分形成期末存货的抵销处理

对于已经向集团外部销售的商品，包含的未实现内部销售利润部分，已经随着对外销售而实现了利润。而未向集团外部销售的商品当中所包含的未实现内部销售利润部分，在编制合并财务报表时应当予以抵销。编制的抵销分录为：

借：营业收入

贷：营业成本

存货(期末存货价值中包含的未实现内部销售利润)

(四) 递延所得税的调整

内部交易形成的存货包含的未实现内部销售利润的抵销，调低了(或调高了)该存货在合并资产负债表中的报告价值，从合并报表的角度来看，该存货的账面价值低于其计税基础，由此产生的可抵扣暂时性差异；或是存货的账面价值大于其计税基础，由此会产生应纳税暂时性差异，从而对未来的纳税影响应当在合并报表中予以确认，并编制如下的调整分录：

借：递延所得税资产(抵销的内部存货交易中未实现内部销售利润×所得税税率)

借或贷：所得税费用(本期应调整的递延所得税)

贷：未分配利润——年初(前期已调整的递延所得税)

【例 14-12】 2018 年年末，长江公司(母公司)将成本为 1 000 万元的存货，以 1 200 万元的价格出售给黄河公司(子公司)。2018 年年末，黄河公司未将该存货售出企业集团，黄河公司于 2019 年将该存货中的 30%，另加价 10%的毛利售出企业集团。所得税税率为 25%，其他资料省略。

母公司报告期末编制合并财务工作底稿时，应编制如下的抵销与调整分录：

(1) 2018 年年末相关抵销处理：

① 抵销期末存货价值中包含的未实现内部销售利润：

借：营业收入	1 200 000	
贷：营业成本		1 000 000
存货		2 000 000

② 调整与内部交易存货相关的递延所得税：

借：递延所得税资产	500 000	
贷：所得税费用		500 000

(2) 2019 年年末相关抵销处理：

①抵销期初存货价值中包含的未实现内部销售利润：

借：未分配利润——年初	2 000 000	
贷：营业成本		2 000 000

② 抵销期末存货价值中包含的未实现内部销售利润：

借：营业成本	1 400 000	
贷：存货		1 400 000

③ 调整与内部交易形成存货相关的递延所得税：

借：递延所得税资产	350 000	
所得税费用	150 000	
贷：未分配利润——年初		500 000

(注：期末存货的账面价值为 700 万元、其计税基础为 840 万元，计税基础大于账面价值 140 万元形成可抵扣暂时性差异，即：形成期末递延所得税资产 35 万元(140×70%)应在

合并报表中予以确认，同时调整当期所得税费用。)

【例 14-13】　长江公司为黄河公司的母公司，2019 年长江公司向黄河公司销售了一批商品，销售收入为 1 000 万元，销售成本为 700 万元，款项已收付，增值税税率为 13%，分别根据以下几种情况编制本期期末与合并财务报表相关的抵销分录。(注：暂不考虑内部交易形成期末存货产生的递延所得税调整问题。)

(1) 若截止到本期期末，黄河公司从长江公司购入的商品均未实现对外销售。

(2) 若截止到本期期末，黄河公司从长江公司购入的商品全部实现了对外销售，销售总价为 1 500 万元。

(3) 若截止到本期期末，黄河公司从长江公司购入的商品对外销售了 60%，总价款为 900 万元，剩余 40%形成期末存货。

在个别报表中，长江公司销售商品给黄河公司时所做出的会计分录如下：

(1) 确认销售收入：

借：银行存款　　11 300 000

　　贷：主营业务收入　　10 000 000

　　　　应交税费——应交增值税(销项税额)　　(10 000 × 13%) 1 300 000

(2) 结转销售成本：

借：主营业务成本　　7 000 000

　　贷：库存商品　　7 000 000

(3) 黄河公司从长江公司采购该商品时：

借：库存商品　　10 000 000

　　应交税费——应交增值税(进项税额)　　1 300 000

　　贷：银行存款　　11 300 000

(4) 黄河公司对外销售该商品时，确认销售收入：

借：银行存款　　16 950 000

　　贷：主营业务收入　　15 000 000

　　　　应交税费-应交增值税(销项税额)　　(15 000 000 × 13%) 1 950 000

同时，结转销售成本：

借：主营业务成本　　10 000 000

　　贷：库存商品　　10 000 000

(5) 假若黄河公司对外销售 60%的商品时，确认销售收入：

借：银行存款　　10 170 000

　　贷：主营业务收入　　9 000 000

　　　　应交税费——应交增值税(销项税额)　　(9 000 000 × 13%) 1 170 000

同时，结转销售成本：

借：主营业务成本　　6 000 000

　　贷：库存商品　　6 000 000

在第一种情况下，商品全部未实现对外销售，母、子两个公司个别财务报表中涉及上述第(1)、第(2)、第(3)笔分录；而站在企业集团的角度来看，内部交易形成的商品并未实现对外销售，长江公司确认的主营业务收入和结转的主营业务成本均应予以抵销；同时，黄河公司购入该商品时虚增的内部销售利润已计入到黄河公司购入商品的价值中去了，这一部分未实现内部销售利润也应予以抵销，因此抵销分录为：

借：营业收入 10 000 000

贷：营业成本 7 000 000

存货 3 000 000

销售当年年末，合并工作底稿(简表)如表 14-11 所示。

表 14-11 合并工作底稿(简表)

2017 年 12 月 31 日 金额单位：万元

项 目	母公司	子公司	合计数	调整与抵销分录		合并数
				借方	贷方	
(资产负债表项目)						
存货	300	1 000	1 300		300	1 000
未分配利润	400	0	400	1 000	700	100
(利润表项目)						
营业收入	1000	0	1 000	1 000		0
营业成本	700	0	700		700	0
营业利润	300	0	300	1 000	700	0
投资收益	100	0	100			100
净利润	400	0	400	1 000	700	100
(股东权益变动表项目)						
未分配利润(期初)	0	0	0			0
未分配利润(期末)	400	0	400	1 000	700	100

在第二种情况下，子公司将内部购入的商品全部实现对外销售，母、子两个公司个别财务报表涉及上述第(1)、第(2)、第(3)、第(4)笔分录；而站在企业集团的角度，商品已售出集团外部，商品存货中包含的未实现内部销售利润已经全部实现，因此不存在期末存货中包含的未实现内部销售利润的抵销问题，只需要将母、子公司重复确认的收入和成本予以抵销即可：

借：营业收入 10 000 000

贷：营业成本 10 000 000

在第三种情况下，子公司将期末 60%的商品对外销售，实现销售收入 900 万元，40%形成期末存货。母、子两个公司个别财务报表中涉及上述第(1)、(2)、(3)、(5)笔分录，而站在企业集团的角度来看，商品对外售出了 60%，这部分存货中包含的内部销售利润随着对外销售已经实现；但期末 40%存货价值中包含的未实现内部销售利润应予以抵销，同时将长江公司多结转的营业收入与黄河公司多结转的营业成本也应予以抵销，因此编制如下的抵销分录：

借：营业收入　10 000 000
　　贷：营业成本　8 880 000(倒挤)
　　　　存货 (3 000 000 × 40%) 1 200 000(期末存货价值中包含的未实现内部销售利润)

(五) 内部存货跌价准备的抵销

在企业编制合并财务报表时，不但要将企业集团内部交易所形成的存货价值中包含的未实现内部销售利润予以抵销；同时，还应当在期末对存货计提的存货跌价准备、与内部交易形成的期末存货相关的部分予以抵销。

【例 14-14】 长江公司为黄河公司的母公司，本期 2017 年长江公司向黄河公司销售了一批商品，销售收入为 1 000 万元，销售成本为 700 万元。款项已收付，增值税税率为 13%。截止到本期期末，黄河公司从长江公司购入的商品均未实现对外销售，且不考虑与内部交易形成期末存货所产生递延所得税问题。

分别根据以下几种情况编制本期期末与内部存货交易相关的抵销分录。

(1) 期末该批存货的可变现净值为 650 万元。

(2) 期末该批存货的可变现净值为 700 万元。

(3) 期末批存货的可变现净值为 750 万元。

分析：期末与内部存货交易有关的抵销处理同上例的结果，在此特别分析与存货跌价准备有关的抵销处理。

(1) 期末该批存货的可变现净值为 650 万元时，黄河公司个别财务报表中存货跌价准备的处理：

借：资产减值损失　(10 000 000 − 6 500 000) 3 500 000
　　贷：存货跌价准备　3 500 000

站在企业集团的角度，该存货的成本为 700 万元，可变现净值为 650 万元，实际减值了 50 万元，所以多计提存货跌价准备 300 万元应予以抵销，抵销分录为：

借：营业收入　10 000 000
　　贷：营业成本　7 000 000
　　　　存货　3 000 000
借：存货——存货跌价准备　3 000 000
　　贷：资产减值损失　3 000 000

(2) 期末该批存货的可变现净值为 700 万元时，黄河公司个别财务报表中关于存货跌价准备的账务处理：

借：资产减值损失　(10 000 000 − 7 000 000) 3 000 000
　　贷：存货跌价准备　3 000 000

站在企业集团的角度，该存货的成本为 700 万元，可变现净值为 700 万元，该存货并没有发生减值，所以计提的存货跌价准备应全部予以抵销，抵销分录为：

借：营业收入　10 000 000
　　贷：营业成本　7 000 000
　　　　存货　3 000 000

借：存货——存货跌价准备　　3 000 000

　　贷：资产减值损失　　3 000 000

(3) 期末该批存货的可变现净值为 750 万元时，黄河公司个别财务报表关于存货跌价准备的账务处理：

借：资产减值损失　　2 500 000

　　贷：存货跌价准备　　2 500 000

站在企业集团的角度，该存货的成本为 700 万元，可变现净值为 750 万元，该存货并没有发生减值，所以计提的存货跌价准备应全部予以抵销，抵销分录为：

借：营业收入　　10 000 000

　　贷：营业成本　　7 000 000

　　　　存货　　3 000 000

借：存货——存货跌价准备　　2 500 000

　　贷：资产减值损失　　2 500 000

(六) 连续编制合并财务报表有关内部存货交易的抵销处理

1. 续编制合并财务报表时，内部存货交易的抵销处理

(1) 将年初存货中包含的未实现内部销售利润予以抵销。

借：未分配利润——年初(年初存货中包含的未实现内部销售利润)

　　贷：营业成本

(2) 将本期内部商品购销业务予以抵销。

借：营业收入(本期内部商品购销业务实现的收入)

　　贷：营业成本

(3) 将期末存货中包含的未实现内部销售利润予以抵销。

借：营业成本

　　贷：存货(期末存货中包含的未实现内部销售利润)

2. 期末内部存货交易计提存货跌价准备时的抵销处理

(1) 存货跌价准备期初数的抵销。

借：存货——存货跌价准备(资产负债表项目)

　　贷：未分配利润——年初

(2) 抵销本期因对外销售存货结转的存货跌价准备。

借：营业成本

　　贷：存货——存货跌价准备

(3) 抵销存货跌价准备期末数与上述余额的差额，但存货跌价准备的抵销以存货中包含的未实现内部销售利润为限(即：抵销后存货跌价准备账户反应的金额为企业集团期末存货应计提跌价准备的真实金额)。

借：存货——存货跌价准备

　　贷：资产减值损失

(或做相反的分录)

【例 14-15】　长江公司为黄河公司的母公司。2018 年长江公司向黄河公司销售了一批商品，销售收入为 1 000 万元，销售成本为 700 万元，款项已经收付，增值税税率为 13%。截止到 2018 年年末，黄河公司从长江公司购入的商品均未实现对外销售，该批存货的可变现净值为 650 万元。2019 年黄河公司对外销售了该批存货的 60%，实现销售收入 900 万元，当年年末该批存货的可变现净值为 350 万元。不考虑其他存货变动的情况，且不考虑与内部交易形成期末存货所产生递延所得税问题。

(1) 2018 年年末与存货交易相关的抵销处理。

① 将本期内部商品购销业务相互抵销：

借：营业收入　10 000 000

　贷：营业成本　10 000 000

② 将期末存货价值中包含的未实现内部销售利润予以抵销：

借：营业成本　3 000 000

　贷：存货　3 000 000

③ 将本期多计提的存货跌价准备予以抵销：

借：存货——存货跌价准备　3 000 000

　贷：资产减值损失　3 000 000

(2) 2019 年年末与存货交易相关的抵销处理。

① 抵销年初存货价值中包含的未实现内部销售利润：

借：未分配利润——年初　3 000 000

　贷：营业成本　3 000 000

② 抵销存货跌价准备年初数：

借：存货——存货跌价准备　3 000 000

　贷：未分配利润——年初　3 000 000

③ 抵销因本期销售存货多结转的存货跌价准备：

借：营业成本　1 800 000

　贷：存货——存货跌价准备　1 800 000

因为黄河公司本期对外销售存货结转存货跌价准备时，在个别报表中做如下账务处理：

借：存货跌价准备　(3 500 000 × 60%) 2 100 000

　贷：主营业务成本　2 100 000

④ 抵销期末存货价值中包含的未实现内部销售利润：

借：营业成本　(3 000 000 × 40%) 1 200 000

　贷：存货　1 200 000

⑤ 抵销期末存货跌价准备，但存货跌价准备的抵销以期末存货中包含的未实现内部销售利润金额为限：

借：资产减值损失　700 000

　贷：存货——存货跌价准备　700 000

二、内部固定资产交易的抵销处理

企业集团内部固定资产交易有两种情况：一种是销售方将产品销售给购买方，购买方将此产品作为固定资产来使用；另一种是销售方将固定资产销售给购买方，购买方将此作为固定资产来使用。由于购买方购入固定资产是为了在本企业使用而非对外销售，因此不管哪种情况均要抵销期末固定资产原价中包含的未实现内部销售利润。

固定资产在使用期间内是以其原值作为基础来分期计提折旧的，由于购货方的固定资产原价中包含有未实现内部销售利润并据此计提了折旧，因此每期计提折旧数额要大于按销售方建造成本计提的折旧额，所以在编制合并财务报表时，还应当将多计提的折旧予以抵销。

(一) 一方是固定资产，另一方购入后仍作为固定资产核算的抵销

企业集团内部某企业将自身使用的固定资产转让(或变卖)给集团内部的其他企业作为固定资产使用，从销售方的角度来看，处置的固定资产在资产负债表中表现为固定资产原价和累计折旧的减少，实现了处置净损益，作为资产处置损益列示在利润表中；从购货方的角度来看，按销售方的转让价格计入固定资产原值，因此在购货方的固定资产原价中包含了该资产在销售方的净值同时也包含了销售方转让该固定资产所实现的损益。但从整个企业集团的角度来看，这一交易属于企业集团内部固定资产的调拨性质，只是使用地点发生了变化，既不能实现收益的增加，也不能实现收益的减少，因此应当将固定资产交易所包含的未实现内部销售利润予以抵销。

1．抵销固定资产原值中包含的未实现内部销售利润

借：资产处置收益

　　贷：固定资产——原值(资产负债表中固定资产项目)

2．抵销当期多计提的折旧

借：固定资产——累计折旧(资产负债表中固定资产项目)

　　贷：管理费用(或制造费用)

【例 14-16】 A 公司和 B 公司为母子公司关系，2018 年年末 A 公司(母公司)将其净值为 800 万元的某厂房，以 1280 万元的价格变卖给 B 公司(子公司)作为固定资产使用。A 公司变卖该内部固定资产实现了收益 480 万元，并列示在个别财务报表中。B 公司以 1280 万元的价格将其购入并作为固定资产入账列示于个别资产负债表中。(暂不考虑内部交易形成固定资产涉及的增值税及递延所得税调整问题)

分析：在该内部固定资产交易中，A 公司因交易实现了资产处置损益 480 万元，B 公司确认的固定资产价值为 1280 万元。站在整个企业集团的角度来看，固定资产的价值实为 800 万元，虚增了 480 万元属于未实现内部销售利润，因此在编制合并财务报表时应当将固定资产原值中包含的未实现内部销售利润予以抵销，抵销分录如下：

借：资产处置收益	4 800 000	
贷：固定资产——原值		4 800 000

当年年末，合并工作底稿(简表)如表 14-12 所示。

表 14-12　合并工作底稿(简表)

2018 年 12 月 31 日　　金额单位：万元

项　目	母公司	子公司	合计数	调整与抵销分录		合并数
				借方	贷方	
(资产负债表项目)						
固定资产	1 000	1 280	2 280		480	1 800
未分配利润	480	0	480	480		0
(利润表项目)						
营业收入	0	0	0			0
营业成本	0	0	0			0
营业利润	0	0	0			0
管理费用	0	0	0			0
资产处置收益	480	0	480	480		0
净利润	480	0	480	480		0
(所有者权益变动表项目)						
未分配利润(年初)	0	0	0			0
未分配利润(年末)	480	0	480	480		0

(二) 一方为销售的商品，另一方购入作为固定资产使用

企业集团内部某企业将自身生产出来的产品销售给企业集团内部的其他企业作为固定资产使用，从销售方的角度来看，已将商品产生的收入和成本计入了当期损益列示在个别利润表中；从购货方的角度来看，按销售方的销售价格作为固定资产原值列示在资产负债表中；但从整个企业集团的角度来看，相当于自建固定资产交付使用，并不产生利润，只是固定资产的使用地点发生了变化。因此，在编制合并财务报表时，应将该交易所形成的内部销售利润及固定资产原值中包含的未实现内部销售利润予以抵销；同时将购货方固定资产多计提的折旧也应予以抵销，编制的抵销分录如下：

借：营业收入(内部交易产生的销售收入)

　　贷：营业成本(内部交易产生的销售成本)

　　　　固定资产——原价(固定资产原值中包含的未实现内部销售利润)

借：固定资产——累计折旧(资产负债表中固定资产项目)

　　贷：管理费用(或制造费用)

【例 14-17】　A 公司和 B 公司为母子公司关系。2017 年 1 月 1 日，A 公司(母公司)将自己生产出来的产品销售给 B 公司(子公司)作为固定资产使用。A 公司销售该产品的销售收入为 1280 万元，销售成本为 800 万元；B 公司以 1280 万元的价格作为该固定资产的原价入账。B 公司购买的该固定资产用于公司行政管理，该固定资产属于不需要安装的固定资产且当月投入使用，其折旧年限为 4 年，预计净残值为零，为简化合并处理假定，该

内部交易固定资产在交易当年按 12 个月计提折旧，(暂不考虑变卖固定资产涉及的增值税问题及期末内部交易形成固定资产涉及的递延所得税调整问题)则 A 公司在编制合并财务报表时应做如下抵销处理：

(1) 将本期购入的固定资产原值中包含的未实现内部销售利润予以抵销。

与一般的商品购销业务抵销相似，编制合并财务报表时，A 公司确认了该商品的销售收入 1280 万元和销售成本 800 万元。B 公司购入该商品后，作为固定资产来核算，该固定资产的原值为 1280 万元，其中包含有未实现内部销售利润 480 万元，应予以抵销，抵销分录如下：

借：营业收入　　12 800 000
　贷：营业成本　　8 000 000
　　固定资产——原价　　4 800 000

(2) 将本期多计提的折旧予以抵销。

B 公司购入该固定资产的入账价值为 1280 万元，按 4 年计提折旧，每年折旧额为 320 万元。站在企业集团的角度来看，该固定资产的价值应为 800 万元，每年计提折旧为 200 万元，多计提折旧 120 万元，实际上就是因为固定资产原值中包含的未实现内部销售利润 480 万元所导致的，因此在编合并报表时，应当将多计提的折旧予以抵销，抵销分录为：

借：固定资产——累计折旧　　1 200 000 (资产负债表中固定资产项目)
　贷：管理费用　　1 200 000

(三) 固定资产交易发生以后各期的抵销处理

固定资产的使用往往跨越好几个会计期间，内部固定资产交易不仅与发生当期有关，而且与以后使用该固定资产的会计期间相关。因此，在编制合并财务报表时，不仅在该项交易发生的当期要考虑固定资产原值中包含的未实现内部销售利润的抵销，而且在以后持有固定资产期间每年都要考虑固定资产原值中包含的未实现内部销售利润的抵销问题，这是因为合并报表的编制是以个别报表为基础来编制的。

(1) 将期初固定资产原值中包含的未实现内部销售利润予以抵销。

借：未分配利润——年初
　贷：固定资产——原值(资产负债表中固定资产项目)

(2) 将期初累计多计提的折旧予以抵销。

借：固定资产——累计折旧
　贷：未分配利润——年初

(3) 抵销本期多计提的折旧。

借：固定资产——累计折旧
　贷：管理费用(或制造费用)

【例 14-18】 承例 14-17，B 公司 2018 年度个别资产负债表中，该内部交易固定资产原值为 1280 万元，累计折旧为 640 万元，该固定资产净值为 640 万元，(暂不考虑变卖固定资产涉及的增值税问题及期末内部交易形成固定资产涉及的递延所得税调整问题)则 A 公司编制 2018 年度合并财务报表时应进行如下抵销：

(1) 将期初固定资产原值中包含的未实现内部销售利润予以抵销。

借：未分配利润——年初 4 800 000

贷：固定资产——原价 4 800 000

(2) 将期初累计多计提的折旧予以抵销。

借：固定资产——累计折旧 1 200 000

贷：未分配利润——年初 1 200 000

(3) 将本期多计提的折旧予以抵销。

借：固定资产——累计折旧 1 200 000

贷：管理费用 1 200 000

B 公司 2019 年个别资产负债表中，该内部交易固定资产原价为 1280 万元，累计折旧为 960 万元，该固定资产净值为 320 万元，则 A 公司 2019 年度合并财务报表中应进行如下抵销处理：

(1) 将期初固定资产原价中包含的未实现内部销售利润予以抵销。

借：未分配利润——年初 4 800 000

贷：固定资产——原价 4 800 000

(2) 将期初累计多计提折旧予以抵销。

借：固定资产——累计折旧 2 400 000

贷：未分配利润——年初 2 400 000

(3) 将本期多计提的折旧予以抵销。

借：固定资产——累计折旧 1 200 000

贷：管理费用 1 200 000

(四) 递延所得税的调整

与前述内部交易形成存货一样，内部固定资产交易包含的未实现利润的抵销，调低或(调高)该固定资产在合并资产负债表中的报告价值，从合并报表的角度来看，该固定资产账面价值与其计税基础不相等，由此产生的可抵扣(或应纳税)暂时性差异对未来所得税的影响在合并报表中应予以确认。

与前述内部存货交易相关递延所得税的调整不同的是，内部交易固定资产在交易当年和以后各使用期间，都会涉及递延所得税的相关调整，而且固定资产的折旧因素也会对递延所得税的调整产生影响。从连续合并财务报表编制的角度来看，以内部交易形成固定资产且存在未实现内部销售利润的情况为例，相关的抵销与调整分录如下：

借：递延所得税资产(抵销内部交易固定资产包含未实现内部利润×所得税税率)

借或贷：所得税费用(本期应调整的递延所得税)

贷：未分配利润——年初(前期已调整的递延所得税)

【例 14-19】 2018 年 6 月末，某集团公司的母公司(长江公司)将一台成本为 3 万元的产品以 4 万元的价格出售给子公司(黄河公司)，后者将其作为管理用固定资产核算，预计使用年限为 10 年，采用直线法计提折旧，且不考虑净残值，所得税税率为 25%，为了便于分析，假定母公司应交所得税，在 2019 年尚未缴纳，其他资料省略。(暂不考虑变卖固定资产涉及的增值税问题)母公司(长江公司)在 2018 年、2019 年合并工作底稿中相关调整和抵销分录为：

(1) 2018 年度的调整：

① 抵销期末固定资产原价中包含的未实现内部销售利润：

借：营业收入　　40 000

　　贷：营业成本　　30 000

　　　　固定资产——原价　　10 000

② 抵销当年多计提的折旧：

借：固定资产——累计折旧　　500

　　贷：管理费用　　500

③ 调整内部固定资产交易相关的递延所得税：

借：递延所得税资产　　2 375

　　贷：所得税费用　　2 375

注：该固定资产的账面价值为 28 500 元(30 000 – 30 000 / 10 / 2)，其计税基础为 38 000 元(40 000 – 40 000 / 10 / 2)，其计税基础大于账面价值的差额 9 500 元产生可抵扣暂时性差异，形成递延所得税资产 2 375 元(9 500 × 25%)，在合并报表中应予以确认。

(2) 2019 年度的调整：

① 抵销年初固定资产原价中包含的未实现内部销售利润：

借：未分配利润——年初　　10 000

　　贷：固定资产——原价　　10 000

② 抵销年初累计多计提的折旧：

借：固定资产——累计折旧　　500

　　贷：未分配利润——年初　　500

③ 抵销当年多计提的折旧：

借：固定资产——累计折旧　　1 000

　　贷：管理费用　　1 000

④ 调整内部固定资产交易相关的递延所得税：

借：递延所得税资产　　2 125

　　所得税费用　　250

　　贷：未分配利润——年初　　2 375

注：期末固定资产的账面价值为 25 500 元(30 000 – 30 000 / 10 × 1.5)，其计税基础为 34 000 元(40 000 – 40 000 / 10 × 1.5)，计税基础大于账面价值的差额 8 500 元产生可抵扣暂时性差异，从而形成递延所得税资产 2 125 元(8 500 × 25%)，在合并报表中应予以确认，同时调整当期的所得税费用。

(五) 内部交易固定资产计提资产减值准备的抵销

企业集团有关成员企业之间发生内部交易后，内部交易的购买方在期末按固定资产的可回收金额与其账面价值进行比较，若发生减值计提固定资产减值准备并确认资产减值损失；而在合并财务报表中，该内部交易所形成的固定资产的期末减值金额和本期应确认的减值损失，应当以该项资产保留在交易内部卖方为假设条件，并且按照该资产的可回收金额低于其账面价值的差额计提减值准备，确认减值损失。为了达到这一目标，就有必要将内部交易形成的固定资产在个别报表中所多计提的减值准备予以抵销。

(1) 对于以前年度多计提的固定资产减值准备的抵销：

借：固定资产——固定资产减值准备(资产负债表中固定资产项目)

　　贷：未分配利润——年初

(2) 对于本期多计提的固定资产减值准备的抵销：

借：固定资产——固定资产减值准备(资产负债表中固定资产项目)

　　贷：资产减值损失

【例 14-20】　长江公司和黄河公司为母子公司，2017 年 1 月 1 日长江公司(母公司)将自己生产的产品销售给黄河公司(子公司)作为固定资产使用，长江公司销售该产品的收入为 1280 万元，销售成本为 800 万元；黄河公司以 1280 万元的价格购入并作为固定资产用于行政管理部，黄河公司购买的该项固定资产折旧年限为 10 年，简化起见当年按 12 个月计提折旧。2017 年年末该固定资产的可回收金额为 1000 万元，因此黄河公司计提了减值准备 152 万元；而站在企业集团的角度来看，该资产的实际成本为 800 万元，并没有发生减值，因此母公司在编制合并报表时，应当将计提的减值准备全部予以抵销，(暂不考虑变卖固定资产涉及的增值税问题及期末内部交易形成固定资产涉及的递延所得税调整问题)则长江公司在编制合并财务报表时应做如下抵销处理：

(1) 将固定资产原价中包含的未实现内部销售利润予以抵销：

借：营业收入　　12 800 000

　　贷：营业成本　　8 000 000

　　　　固定资产——原价　　4 800 000

(2) 将本期多计提的折旧予以抵销：

借：固定资产——累计折旧　　480 000

　　贷：管理费用　　480 000

(3) 对于本期多计提的固定资产减值准备予以抵销：

借：固定资产——固定资产减值准备　　1 520 000

　　贷：资产减值损失　　1 520 000

【例 14-21】　承接 14-20，2018 年年末该内部交易的固定资产的可回收金额为 800 万元，黄河公司在原来计提减值准备的基础上又计提了 72 万元的减值准备；而站在企业集团的角度来看，该资产的实际成本为 800 万元，并没有发生减值，母公司在编制期末合并财务报表时应做如下抵销处理：

(1) 将期初固定资产原价中包含的未实现内部销售利润予以抵销：

借：未分配利润——年初　　4 800 000

　　贷：固定资产——原价　　4 800 000

(2) 将期初累计多计提的折旧予以抵销：

借：固定资产——累计折旧　　4 80 000

　　贷：未分配利润——年初　　4 80 000

(3) 将本期多计提的折旧予以抵销：

借：固定资产——累计折旧　　480 000

　　贷：管理费用　　480 000

(4) 对于以前年度多计提的固定资产减值准备予以抵销：

借：固定资产——固定资产减值准备 1 520 000

　　贷：未分配利润——年初 1 520 000

(5) 对于本期多计提的固定资产减值准备予以抵销：

借：固定资产——固定资产减值准备 720 000

　　贷：资产减值损失 720 000

(六) 内部固定资产清理期间的抵销处理

对于内部交易形成的固定资产，购买企业在固定资产报废时，该固定资产原价和已计提的折旧都通过固定资产清理科目予以转销，期末已不包含在资产负债表中。一般情况下，报废当年需要抵销的只有当年多计提的折旧，由于固定资产的折旧年限是估计的使用年限，因此在实际工作中固定资产清理的时间可能会出现三种不同的情况：如期清理，超期清理，提前清理。

1．内部固定资产如期清理的抵销

在固定资产如期清理报废期间，内部固定资产的折旧已提足，购买企业将固定资产原值与计提的折旧均已转账并注销固定资产，原值中包含的未实现内部销售利润和累计折旧中包含的因未实现内部销售利润而多计提的折旧在个别财务报表中已不复存在，因此这两部分不必抵消，只需要将本期多计提的折旧予以抵销即可。

借：未分配利润——年初

　　贷：管理费用(本期多计提的折旧)

【例 14-22】承例 14-18，2020 年 12 月该内部交易固定资产使用期满，B 公司于 2020 年 12 月对其进行报废清理，B 公司对该固定资产清理实现固定资产清理净收益 12 万元，在 2020 年度个别利润表中以营业外收入列示；随着该固定资产的清理，该固定资产原值和累计折旧均已转销，因此该固定资产已不列示在 B 公司个别资产负债表中，A 公司在编制合并财务报表时，应进行如下抵销处理：

(1) 将期初固定资产原值中包含的未实现内部销售利润予以抵销。

借：未分配利润——年初 4 800 000

　　贷：营业外收入 4 800 000

(注：在编制抵销分录时，涉及到固定资产项目的均用营业外收入代替)

(2) 将期初累计多计提的折旧予以抵销。

借：营业外收入 3 600 000

　　贷：未分配利润——年初 3 600 000

(3) 将本期多计提的折旧予以抵销。

借：营业外收入 1 200 000

　　贷：管理费用 1 200 000

以上分录也可以合并成为一笔分录如下：

借：未分配利润——年初 1 200 000

　　贷：管理费用 1 200 000

(注：固定资产使用期满清理时，只需要将本期多计提的折旧予以抵销)

2．内部固定资产超期清理的抵销

(1) 当内部固定资产超期使用时，该固定资产在预计使用期限内的最后一个会计期间仍要计提折旧，同时该固定资产原值及已经计提的折旧仍然列示在购买企业的个别财务报表中，因此内部固定资产在预计最后一个使用年限内的抵销处理如下：

借：未分配利润——年初

　　贷：固定资产——原价(固定资产原价中包含的未实现内部销售利润)

借：固定资产——累计折旧(以前年度累计多计提的折旧)

　　贷：未分配利润——年初

借：固定资产——累计折旧(本期多计提的折旧)

　　贷：管理费用

(2) 在内部固定资产超期使用的各个会计期间内，虽然企业已不再计提折旧，但由于固定资产仍然使用并仍然列示在个别财务报表中，因此编制合并财务报表时，仍需要将固定资产原值中包含的未实现内部销售利润与多计提的折旧予以抵销。因本期不再计提折旧，故只需要调整固定资产原值中包含的未实现内部销售利润，以及以前年度累计多计提的折旧对期初未分配利润的影响即可。超期使用期间抵销分录如下：

借：未分配利润——年初

　　贷：固定资产——原价

借：固定资产——累计折旧

　　贷：未分配利润——年初

(3) 在内部固定资产超期使用之后进行清理的会计期间内，因购买企业的固定资产原价及其计提的累计折旧均已注销，内部固定资产对合并财务报表不再产生影响，故不必编制任何合并抵销分录。

【例 14-23】 承例 14-18，2020 年 12 月 31 日该内部交易固定资产使用期满，但固定资产仍处于使用状态之中，B 公司未对其进行清理报废。B 公司 2020 年度个别财务报表中列示该固定资产的原价为 1280 万元，累计折旧为 1280 万元，A 公司在编制 2020 年合并财务报表时，应进行如下的抵销处理：

(1) 将期初固定资产原价中包含的未实现内部销售利润予以抵销。

借：未分配利润——年初　　4 800 000

　　贷：固定资产——原价　　4 800 000

(2) 将期初累计多计提的折旧予以抵销。

借：固定资产——累计折旧　　3 600 000

　　贷：未分配利润——年初　　3 600 000

(3) 将本期多计提的折旧予以抵销。

借：固定资产——累计折旧　　1 200 000

　　贷：管理费用　　1 200 000

【例 14-24】 承例 14-23，假设该内部交易固定资产 2021 年仍处于使用状态，B 公司 2021 年度个别财务报表中列示该固定资产原价 1280 万元，累计折旧 1280 万元，由于固定资产超期使用不再计提折旧，B 公司个别利润表中无该内部固定资产计提折旧的费用，甲公司在编制 2021 年度合并财务报表时，应进行如下抵销处理：

(1) 将期初固定资产原价中包含的未实现内部销售利润予以抵销。

借：未分配利润——年初　　4 800 000

　　贷：固定资产——原价　　4 800 000

(2) 将以前年度累计多计提的折旧予以抵销。

借：固定资产——累计折旧　　4 800 000

　　贷：未分配利润——年初　　4 800 000

以上分录也可以合并成为如下一笔：

借：固定资产——累计折旧　　4 800 000

　　贷：固定资产——原价　　4 800 000

3. 内部固定资产提前清理的抵销

在内部固定资产使用期限未满提前进行清理的情况下，购买企业将固定资产原价与其计提的折旧均已注销，固定资产原价中包含的未实现内部销售利润和累计折旧中因未实现内部销售利润而多计提的折旧也已不存在，但在编制抵销分录时仍应当考虑期初该固定资产原值中包含的未实现内部销售利润及以前年度累计多计提的折旧，以及本期多计提的折旧的抵销处理。

由于固定资产提前转让、变卖(或报废)，购买企业通过固定资产清理结转到资产处置损益科目(或营业外收支)；也就是说，用资产处置收益(或营业外收支)来代替固定资产的相关项目，抵销处理如下：

(1) 将期初固定资产原价中包含的未实现内部销售利润予以抵销。

借：未分配利润——年初

　　贷：资产处置收益(或营业外收支)

(2) 将期初累计多计提的折旧予以抵销

借：资产处置收益(或营业外收支)。

　　贷：未分配利润——年初

(3) 将本期多计提的折旧予以抵销。

借：资产处置收益(或营业外收支)

　　贷：管理费用

【例 14-25】 承例 14-18，假设黄河公司于 2019 年 12 月对该内部交易固定资产进行清理处置，在对其清理过程中取得清理净收益 10 万元，在其个别利润表中作为营业外收入列示。该内部交易固定资产已经使用了三年，黄河公司对该固定资产累计计提折旧为 960 万元，母公司在编制合并财务报表时，应进行如下抵销处理：

(1) 将期初固定资产原值中包含的未实现内部销售利润抵销。

借：未分配利润——年初　　4 800 000

　　贷：营业外收入　　4 800 000

(2) 将期初累计多计提的折旧予以抵销。

借：营业外收入　　2 400 000

　　贷：未分配利润——年初　　2 400 000

(3) 将本期多计提的折旧予以抵销。

借：营业外收入　　1 200 000

　　贷：管理费用　　1 200 000

三、内部无形资产交易的抵销处理

(一) 内部发生无形资产交易当期的抵销处理

(1) 集团内企业将其开发的商品出售给集团内部其他企业作为无形资产使用。例如，软件开发公司开发的用于对外销售的计算机软件等，对于销售方而言是存货，对于购买方而言是无形资产，购买的无形资产价值中包含有未实现内部销售利润，因此在编制合并报表时应予以抵销。在这种情况下抵销分录为：

借：营业收入

　　贷：营业成本

　　　　无形资产——原值(无形资产价值中包含的未实现内部销售利润)

(2) 集团内企业将自身持有的无形资产出售给集团内的其他企业作为无形资产核算，如集团内部转让商标权等。这种情况下抵销分录为：

借：资产处置收益

　　贷：无形资产——原价(无形资产价值中包含的未实现内部销售利润)

(3) 对于需要摊销的无形资产，由于在取得当月就要进行摊销，所以要把由于无形资产原价中包含的未实现内部销售利润而多摊销的金额予以抵销，抵销分录如下：

借：无形资产——累计摊销(资产负债表无形资产项目)

　　贷：管理费用

【例 14-26】 长江公司和黄河公司是互为母子公司的两家企业，2017 年 1 月 1 号长江公司(母公司)将自己开发的软件产品销售给黄河公司(子公司)作为无形资产使用，长江公司销售该产品的收入为 1280 万元，销售成本为 800 万元；黄河公司以 1280 万元的价格购入并作为无形资产使用，黄河公司购买的该项无形资产其摊销年限为 10 年(暂不考虑销售软件涉及的相关税费)，母公司在编制合并财务报表时，应进行如下抵销处理：

(1) 将本期购入的无形资产原价中包含的未实现内部销售利润予以抵销。与一般内部商品交易的抵销处理相似，在合并财务报表中，母公司应当将该产品的销售收入 1280 万元、销售成本 800 万元，以及黄河公司购入的无形资产原价中包含的未实现内部销售利润 480 万元予以抵销，其抵销分录为：

借：营业收入　　12 800 000

　　贷：营业成本　　8 000 000

　　　　无形资产——原价　　4 800 000 (资产负债表无形资产项目)

(2) 将本期多计提的摊销予以抵销。黄河公司购入该项无形资产的入账价值为 1280 万元，按 10 年摊销，每年摊销金额为 128 万元。站在企业集团的角度来看，该项无形资产的价值应为 800 万元，每年摊销金额为 80 万元，每年多摊销了 48(128 − 80)万元，因此编制合并财务报表时应予以抵销，其抵消分录为：

借：无形资产——累计摊销　　480 000 (资产负债表无形资产项目)
　　贷：管理费用　　480 000

2017 年年末，合并工作底稿(简表)如表 14-13 所示。

表 14-13　合并工作底稿(简表)

2017 年 12 月 31 日　　金额单位：万元

项　目	母公司	子公司	合计数	调整与抵销分录		合并数
				借方	贷方	
(资产负债表项目)						
无形资产	0	1 152	1 152	48	480	720
未分配利润	480	−128	352	1 280	800 48	−80
(利润表项目)						
营业收入	1 280	0	1 280	1 280		0
营业成本	800	0	800		800	0
营业利润	480	0	480	1 280	800	0
管理费用	0	128	128		48	80
资产处置收益	0	0	0			0
净利润	480	−128	352	1 280	800 48	−80
(所有者权益变动表项目)						
未分配利润(年初)	0	0	0			0
未分配利润(年末)	480	−128	352	1 280	800 48	−80

(二) 对于内部交易形成的无形资产，在连续编制合并财务报表时的抵销处理

(1) 将期初无形资产原价中包含的未实现内部销售利润予以抵销：

借：未分配利润——年初
　　贷：无形资产——原值

(2) 将期初累计多计提的摊销予以抵销。

借：无形资产——累计摊销
　　贷：未分配利润——年初

(3) 将本期多计提的摊销予以抵销：

借：无形资产——累计摊销
　　贷：管理费用

【例 14-27】　承例 14-26，黄河公司 2018 年度个别资产负债表中内部交易形成的无形资产原价为 1 280 万元，累计摊销为 256 万元，该无形资产的账面价值为 1 024 万元，母公司在编制 2018 年度合并财务报表时，应进行如下抵销处理：

(1) 将期初无形资产原价中包含的未实现内部销售利润予以抵销：

借：未分配利润——年初　　4 800 000
　　贷：无形资产——原价　　4 800 000

(2) 将期初累计多计提的摊销予以抵销：

借：无形资产——累计摊销　　480 000
　　贷：未分配利润——年初　　480 000

(3) 将本期多计提的摊销予以抵销：

借：无形资产——累计摊销　　480 000
　　贷：管理费用　　480 000

(三) 处置无形资产期间的抵销处理

在无形资产处置当期，购买企业的无形资产已不复存在，无形资产及累计摊销已随着无形资产的清理，结转到资产处置损益或营业外收支科目中。对于整个企业集团来说，随着无形资产的处置，其无形资产原价中包含的未实现内部销售利润和多计提的摊销金额均已实现。因此，在编制合并财务报表时，资产负债表中无形资产相关项目应用资产处置损益或营业外收支项目代替，并进行如下的抵销处理：

(1) 将期初无形资产原价中包含的未实现内部销售利润予以抵销：

借：未分配利润——年初
　　贷：资产处置收益(或营业外收支)

(2) 将以前年度多计提的累计摊销予以抵销：

借：资产处置收益(或营业外收支)
　　贷：未分配利润——年初

(3) 无形资产清理当期需要将本期多计提的摊销予以抵销：

借：资产处置收益(或营业外收支)
　　贷：管理费用

【例 14-28】 承例 14-27，黄河公司在 2018 年年末将该内部交易形成的无形资产报废处置，实现处置净收益 10 万元计入营业外收入并列示于个别财务报表中；母公司在编制 2018 年度合并财务报表时应进行如下的抵销处理：

(1) 将期初无形资产原价中包含的未实现内部销售利润予以抵销：

借：未分配利润——年初　　4 800 000
　　贷：营业外收入　　4 800 000

(2) 将以前年度多计提的累计摊销予以抵销：

借：营业外收入　　480 000
　　贷：未分配利润——年初　　480 000

(3) 无形资产清理当期需要将本期多计提的摊销予以抵销：

借：营业外收入　　480 000
　　贷：管理费用　　480 000

(四) 内部无形资产交易计提的减值准备的抵销处理

(1) 对于以前年度多计提的无形资产减值准备的抵销：

借：无形资产——无形资产减值准备

　　贷：未分配利润——年初

(2) 对于本期多计提的无形资产减值准备的抵销：

借：无形资产——无形资产减值准备

　　贷：资产减值损失

【例 14-29】　长江公司和黄河公司为母子公司，2017 年 1 月 1 日长江公司(母公司)将自己开发的软件销售给黄河公司(子公司)作为无形资产使用，长江公司销售该产品的收入为 1280 万元，销售成本为 800 万元；黄河公司以 1280 万元的价格购入并作为无形资产使用，黄河公司购买的该项无形资产其摊销年限为 10 年。2017 年年末该软件的可回收金额为 1000 万元，黄河公司计提了减值准备 152 万元；而站在企业集团的角度来看，该软件的实际成本为 800 万元，并没有发生减值，因此母公司在编制合并报表时，应当将计提的减值准备全部予以抵销，2017 年年末应编制的抵销分录如下：

(1) 将无形资产原价中包含的未实现内部销售利润予以抵销：

借：营业收入　　12 800 000

　　贷：营业成本　　8 000 000

　　　　无形资产——原价　　4 800 000

(2) 将本期多计提的摊销予以抵销：

借：无形资产——累计摊销　　480 000

　　贷：管理费用　　480 000

(3) 对于本期多计提的无形资产减值准备予以抵销：

借：无形资产——无形资产减值准备　　1 520 000

　　贷：资产减值损失　　1 520 000

【例 14-30】　承例 14-29，若 2018 年年末该内部交易的无形资产的可回收金额为 800 万元，黄河公司在原来计提减值准备的基础上又计提了 72 万元的减值准备；而站在企业集团的角度来看，该软件的实际成本为 800 万元，并没有发生减值，母公司在编制期末合并财务报表时应做如下的抵销处理：

(1) 将期初无形资产原价中包含的未实现内部销售利润予以抵销：

借：未分配利润——年初　　4 800 000

　　贷：无形资产——原价　　4 800 000

(2) 将期初累计多计提的摊销予以抵销：

借：无形资产——累计摊销　　480 000

　　贷：未分配利润——年初　　480 000

(3) 将本期多计提的摊销予以抵销：

借：无形资产——累计摊销　　480 000

　　贷：管理费用　　480 000

(4) 对于以前年度多计提的无形资产减值准备予以抵销：

借：无形资产——无形资产减值准备　　1 520 000

　　贷：未分配利润——年初　　1 520 000

(5) 对于本期多计提的无形资产减值准备予以抵销：

借：无形资产——无形资产减值准备　　720 000

　贷：资产减值损失　　720 000

第六节　合并现金流量表的编制

一、合并现金流量表概述

现金流量表作为第三张主要报表已经被世界上一些主要国家的会计实务所采用，现金流量表要求按照收付实现制编制，反映企业经济业务所引起的现金流入和现金流出。其编制方法包括直接法和间接法两种。我国已经明确规定企业对外报送的现金流量表应采用直接法编制。所谓直接法，是将按照权责发生制确认的营业收入调整与营业活动有关的流动资产和流动负债的增减变动，列示营业收入和其他收入的收现数，将按照配比原则确认的营业成本和营业费用调整为付现数。在采用直接法的情况下，以合并利润表有关项目的数据为基础，调整得出本期的现金流入和现金流出数量；分别经营活动产生的现金流量、投资活动产生的现金流量、筹资活动产生的现金流量三大类，反映企业一定会计期间的现金流量情况。

合并现金流量表是综合反映母公司及其子公司组成的企业集团在一定会计期间现金流入、现金流出数量及其增减变动情况的财务报表。合并现金流量表以母公司和子公司的现金流量表为基础，在抵销母公司与子公司、子公司相互之间发生内部交易对合并现金流量表的影响后，由母公司编制而成。合并现金流量表也可以合并资产负债表和合并利润表为依据进行编制。

二、编制合并现金流量表需要抵销的项目

在以母公司和子公司个别现金流量表为基础编制合并现金流量表时，需要进行抵销的内容主要以下几个方面：

(1) 母公司与子公司、子公司相互之间当期以现金投资或收购股权增加的投资所产生的现金流量应当抵销。当母公司从子公司中购买其持有的其他企业的股票时，由此所产生的现金流量，在购买股权方的母公司的个别现金流量表中，表现为“投资活动产生的现金流量”中的“投资支付的现金”的增加，而在出售股权方的子公司的个别现金流量表中则表现为“投资活动产生的现金流量”中的“收回投资收到的现金”的增加。在母公司对子公司投资的情况下，其所产生的现金流量表在母公司的个别现金流量表中表现为“投资活动产生的现金流量”中的“投资支付的现金”的增加，而在接受投资的子公司个别现金流量表中则表现为“筹资活动产生的现金流量”中的“吸收投资收到的现金”的增加。因此，编制合并现金流量表时须将其予以抵销。

(2) 母公司与子公司、子公司相互之间当期取得投资收益收到的现金，应当与分配股利、利润或偿付利息支付的现金相互抵销。母公司对子公司投资及子公司之间进行投资分配现金股利或利润时，由此所产生的现金流量，在股利或利润支付方的个别现金流量表中表现

为“筹资活动产生的现金流量”中的“分配股利、利润或偿付利息支付的现金”的增加，而在收到股利或利润方的个别现金流量表中则表现为“投资活动产生的现金流量”中的“取得投资收益收到的现金”的增加，为此，在编制合并现金流量表时必须将其予以抵销。

(3) 母公司与子公司、子公司相互之间以现金结算债权与债务所产生的现金流量应当抵销。以现金结算内部债权债务，对于债权方来说表现为现金的流入，而对于债务方来说则表现为现金的流出。在现金结算的债权与债务属于母公司与子公司、子公司相互之间内部销售商品和提供劳务所产生的情况下，从其个别现金流量表来说，在债权方的个别现金流量表中表现为“销售商品、提供劳务收到的现金”的增加；而在债务方的个别现金流量表中则表现为“购买商品、接受劳务支付的现金”的增加。在编制合并现金流量表时必须将由此所产生的现金流量予以抵销。在现金结算的债权与债务属于内部往来所产生的情况下，在债权方的个别现金流量表中表现为“收到的其他与经营活动有关的现金”的增加，在债务方的个别现金流量表中表现为“支付的其他与经营活动有关的现金”的增加，在编制合并现金流量表时由此所产生的现金流量也必须将其予以抵销。

(4) 母公司与子公司、子公司相互之间当期销售商品所产生的现金流量应当抵销。母公司与子公司、子公司相互之间当期销售商品没有形成固定资产、在建工程、无形资产等资产的情况下，该内部销售商品所产生的现金流量，在销售方的个别现金流量表中表现为“销售商品、提供劳务收到的现金”的增加，在购买方的个别现金流量表中则表现为“购买商品、接受劳务支付的现金”的增加。而在母公司与子公司、子公司相互之间当期销售商品形成固定资产、工程物资、在建工程、无形资产等资产的情况下，该内部销售商品所产生的现金流量，在购买方的个别现金流量表中表现为“购建固定资产、无形资产和其他长期资产所支付的现金”的增加。为此，在编制合并现金流量表时必须将由此所产生的现金流量予以抵销。

(5) 母公司与子公司、子公司相互之间处置固定资产、无形资产和其他长期资产收回的现金净额，应当与购建固定资产、无形资产和其他长期资产支付的现金相互抵销。内部处置固定资产时，由于处置固定资产等所产生的现金流量，对于处置方个别现金流量表来说，表现为“处置固定资产、无形资产和其他长期资产收回的现金净额”的增加；对于购置资产的接受方来说，在其个别现金流量表中表现为“购置固定资产、无形资产和其他长期资产支付的现金”的增加。故在编制合并现金流量表时必须将由此所产生的现金流量予以抵销。

(6) 母公司与子公司、子公司相互之间当期发生的其他内部交易所产生的现金流量应当抵销。

✦✦✦✦✦ 练 习 题 ✦✦✦✦✦

一、单项选择题

1. 下列各项中，在合并现金流量表中不反映的现金流量是(　　)。
   A. 子公司依法减资向少数股东支付的现金
   B. 子公司向其少数股东支付的现金股利
   C. 子公司向母公司支付的现金股利
   D. 子公司吸收少数股东投资收到的现金

2．对 A 公司来说，下列哪一种说法不属于控制(　　)。

A．A 公司拥有 B 公司 50%的权益性资本，B 公司拥有 C 公司 90%的权益性资本。A 公司和 C 公司的关系

B．A 公司拥有 D 公司 55%的权益性资本。A 公司和 D 公司的关系

C．A 公司在 E 公司董事会会议上有半数以上投票权。A 公司和 E 公司的关系

D．A 公司拥有 F 公司 51%的股份，拥有 G 公司 10%的股份，F 公司拥有 G 公司 50%的股份。A 公司和 G 公司的关系

3．下列不属于控制的是(　　)。

A．甲公司拥有 A 公司 65%的表决权资本，甲公司和 A 公司

B．甲公司拥有 B 公司 70%的表决权资本，B 公司拥有 C 公司 49%的表决权资本。甲公司和 C 公司

C．甲公司拥有 D 公司 51%的表决权资本，D 公司拥有 E 公司 60%的表决权资本。甲公司和 E 公司

D．甲公司拥有 F 公司 45%的表决权资本，但甲公司和 F 公司签订合同约定甲公司对 F 公司有控制权。甲公司和 F 公司

4．将企业集团内部交易形成的前期购入本期仍未出售的存货中包含的未实现内部销售利润抵销时，应当编制如下抵销分录(　　)。

A．借记“未分配利润——年初”项目，贷记“存货”项目

B．借记“营业收入”项目，贷记“存货”项目

C．借记“未分配利润——年初”项目，贷记“未分配利润——年末”项目

D．借记“营业成本”项目，贷记“存货”项目

5．乙和丙公司均为纳入甲公司合并范围的子公司。2017 年 6 月 1 日，乙公司将其产品销售给丙公司作为管理用固定资产使用，售价 50 万元(不含增值税)，销售成本 26 万元。丙公司购入后按 4 年的期限、采用直线法计提折旧，预计净残值为零。甲公司在编制 2018 年度合并财务报表时，应调减“固定资产——累计折旧”项目的金额是(　　)万元。

A．3　　B．3.5　　C．6　　D．9

6．对于上一年度抵销的内部应收账款计提的坏账准备的金额，在本年度编制合并抵销分录时，应当(　　)。

A．借：应收账款——坏账准备
　　贷：资产减值损失

B．借：资产减值损失
　　贷：应收账款——坏账准备

C．借：未分配利润——年初
　　贷：资产减值损失

D．借：应收账款——坏账准备
　　贷：未分配利润——年初

7．甲公司(制造企业)投资的下列各公司中，不应当纳入其合并财务报表合并范围的有(　　)。

A．主要从事金融业务的子公司　　B．设在实行外汇管制国家的子公司

C．发生重大亏损的子公司　　　　D．与乙公司共同控制的合营公司

8．下列关于合并报表的叙述中，错误的是(　　)。

A．因同一控制下企业合并增加的子公司，在编制合并现金流量表时，应当将该子公司合并当期期初至报告期末的现金流量纳入合并现金流量表

B．因非同一控制下企业合并增加的子公司，在编制合并利润表时，应当将该子公司购买日至报告期末的收入、费用、利润纳入合并利润表

C．因非同一控制下企业合并增加的子公司，编制合并资产负债表时，应当调整合并资产负债表的期初数

D．母公司在报告期内处置子公司，编制合并资产负债表时，不应当调整合并资产负债表的期初数

9．A 公司拥有 B 公司 80%的股份，A 公司拥有 C 公司 50%的股份，B 公司拥有 C 公司 25%的股份，则 A 公司直接和间接拥有 C 公司的股份为(　　)。

A．50%　　　B．75%　　　C．25%　　　D．55%

10. 如不考虑其他特殊因素，下列各情形中，C 公司应纳入 A 公司合并范围的是(　　)。

A．A 公司拥有 B 公司 50%的权益性资本，B 公司拥有 C 公司 60%的权益性资本

B．A 公司拥有 C 公司 48%的权益性资本

C．A 公司拥有 B 公司 60%的权益性资本，B 公司拥有 C 公司 40%的权益性资本

D．A 公司拥有 B 公司 60%的权益性资本，B 公司拥有 C 公司 40%的权益性资本，同时 A 公司直接拥有 C 公司 20%的权益性资本

二、多项选择题

1．下列公司的股东均按所持股份行使表决权，AS 公司编制合并财务报表时应纳入合并范围的公司有(　　)。

A．A 公司(AS 公司拥有其 70%的表决权)

B．B 公司(AS 公司拥有其 50.1%的表决权)

C．C 公司(AS 公司拥有其 30%的表决权，A 公司拥有其 40%的表决权)

D．D 公司(AS 公司拥有其 20%的表决权，B 公司拥有其 40%的表决权)

2．下列被投资企业中，应当纳入甲公司合并财务报表合并范围的有(　　)。

A．甲公司在报告年度购入其 57%股份的境外被投资企业

B．甲公司持有其 40%股份，且受托代管 B 公司持有其 30%股份的被投资企业

C．甲公司持有其 43%股份，甲公司的子公司 A 公司持有其 8%股份的被投资企业

D．甲公司持有其 40%股份，甲公司的母公司持有其 11%股份的被投资企业

3．下列被投资企业中，投资企业应当将其纳入合并财务报表范围的有(　　)。

A．直接拥有其半数以上权益性资本的被投资企业

B．通过子公司间接拥有其半数以上权益性资本的被投资企业

C．直接和通过子公司合计拥有其半数以上权益性资本的被投资企业

D．拥有其 35%的权益性资本并有权控制其财务和经营政策的被投资企业

4．在有投资关系的情况下，下列项目中，应纳入其合并财务报表合并范围的有(　　)。

A．母公司直接或通过子公司间接拥有被投资单位半数以上的表决权

B．在被投资单位的董事会或类似机构占多数表决权

C．受所在国外汇管制及其他管制，资金调度受到限制的境外子公司

D．合营企业

5．关于母公司在报告期增减子公司在合并资产负债表的反映，下列说法中错误的有（　）。

A．因同一控制下企业合并增加的子公司，编制合并资产负债表时，不应当调整合并资产负债表的期初数

B．母公司在报告期内处置子公司，编制合并资产负债表时，应当调整合并资产负债表的期初数

C．因非同一控制下企业合并增加的子公司，应调整合并资产负债表的期初数

D．因同一控制下企业合并增加的子公司，编制合并资产负债表时，应当调整合并资产负债表的期初数

三、判断题

1．即使甲企业对乙企业的持股比例在50%以下，甲企业也有可能控制乙企业。（　）

2．甲企业对乙企业的持股比例在50%以上，并不意味着乙一定能够被甲公司控制。（　）

3．为了编制合并财务报表，母公司应当统一母、子公司所采用的会计政策使子公司所采用的会计政策与母公司保持一致。（　）

4．为了编制合并财务报表的需要，母公司应当统一母子公司所采用的会计期间，使母公司所采用的会计期间与子公司保持一致。（　）

5．编制合并资产负债表时，只需要抵销母子公司之间的债权债务，子公司之间的债权债务则无须抵销。（　）

6．企业集团母公司将存货销售给其子公司，若子公司将该存货全部对外销售，则年末编制合并财务报表时就不需要编制与该项业务相关的抵销分录。（　）

7．企业集团母公司将存货销售给子公司，子公司将其作为固定资产核算，则年末编制合并财务报表时，则不需要编制与该项业务相关的任何抵销分录。（　）

8．在连续编制合并财务报表的情况下，对于上期内部购进商品本期全部实现对外销售的，则本期不需要再编制相关的抵销分录。（　）

9．抵销内部交易固定资产当期多计提的折旧，实际上就是抵销按上期内部固定资产交易中未实现内部销售利润而多计提的折旧部分。（　）

10．企业集团内部交易的固定资产，在超期使用的情况下，超期使用的各期间和报废期间，合并财务报表工作底稿中不需要编制相关抵销分录。（　）

四、计算及账务处理题

1．A股份有限公司为上市公司，按照净利润的10%计提盈余公积。相关资料如下：

(1) 2017年1月1日，A公司以银行存款8 000万元，自B公司购入C公司90%的股份。B公司系A公司的母公司的全资子公司。

C公司2017年1月1日股东权益总额为10 000万元，其中股本为2 000万元、资本公积为7 000万元、盈余公积为100万元、未分配利润为900万元。

C 公司 2017 年 1 月 1 日可辨认净资产的公允价值为 12 000 万元。

(2) C 公司 2017 年分配 2016 年现金股利 600 万元，C 公司 2017 年实现净利润 2 000 万元，提取盈余公积 200 万元。当年购入的作为其他权益工具投资的金融资产因公允价值上升确认其他综合收益 100 万元(已扣除所得税影响)。

要求：

(1) 编制 2017 年 1 月 1 日 A 公司购入 C 公司 90%股权的会计分录。

(2) 编制 2017 年 1 月 1 日合并日有关合并财务报表的抵销分录、调整分录。

(3) 编制 A 公司 2017 年度合并财务报表时对 C 公司长期股权投资的调整分录及相关的抵销分录。

2．A 公司有如下业务(不考虑所得税影响)：

(1) A 公司于 2017 年 1 月 1 日以 2 500 万元购入乙公司股权 30%并对其有重大影响，取得投资日乙公司净资产公允价值为 9 000 万元，账面价值 7 000 万元，差额为一项待摊销 20 年的土地使用权，其账面价值为 2 000 万元，2017 年乙公司实现净利润为 900 万元。此外，2017 年 11 月，乙公司将其账面价值为 600 万元的商品以 900 万元的价格出售给 A 公司，A 公司将取得的商品作为管理用固定资产核算，预计使用寿命为 10 年，净残值为 0。

(2) 2016 年 1 月 1 日，A 公司以银行存款 6 000 万元取得甲公司 80%的股份，投资时甲公司所有者权益账面价值为 6 000 万元，其中股本为 4 000 万元、资本公积为 1 600 万元、盈余公积 100 万元、未分配利润为 300 万元。甲公司一项应折旧 20 年的固定资产账面价值 600 万元，公允价值 700 万元，2016 年甲公司实现净利润 1 000 万元。

2017 年 4 月 10 日甲公司分配现金股利 600 万元，A 公司得到 480 万元，2016 年 12 月 31 日甲公司实现净利润 1 200 万元。

要求：

(1) 编制 2017 年 A 公司对乙公司长期股权投资的会计处理；

(2) 编制 2017 年 A 公司合并报表调整抵销分录。

3．2017 年 A 公司投资于 B 公司，占 B 公司表决权资本 80%，A 公司所得税税率为 25%，税法规定计提的资产减值损失不得税前扣除。A、B 公司均采用应收账款余额百分比法计提坏账准备，计提比例 1%，有关资料如下：

(1) 2017 年 A 公司应收账款中对 B 公司应收账款为 2 000 万元(含增值税)；

(2) 2018 年 A 公司应收账款中对 B 公司应收账款为 5 000 万元(含增值税)；

(3) 2019 年 A 公司应收账款中对 B 公司应收账款为 3 000 万元(含增值税)。

要求：编制各年抵销分录。

第十五章
每 股 收 益

教学目的与要求

通过本章的学习，理解每股收益的基本概念，掌握基本每股收益的计算方法，理解稀释每股收益的计算方法。

第一节　每股收益的概念

一、每股收益的含义

每股收益即EPS(Earning Per Share)，又称每股盈余、每股利润等，是指上市公司普通股股东每持有一股普通股所能享有的净利润或净亏损。每股收益能够提供每股价值的基础数据，是反映上市公司盈利能力的关键指标，在评价股票的投资风险、测定股票投资价值方面发挥着重要作用，是股东、债权人和潜在投资者等信息使用者据以分析评价上市公司的盈利能力和成长潜力的一项重要的财务指标。每股收益反映了每一股份创造的税后利润，每股收益越高，表明公司所创造的利润就越多。

每股收益包括基本每股收益和稀释每股收益两类。基本每股收益仅考虑当期实际发行在外的普通股股份；而稀释每股收益是以基本每股收益为基础，假设企业所有发行在外的稀释性潜在普通股均已转换为普通股，从而分别调整归属于普通股股东的当期净利润以及发行在外普通股的加权平均数计算而得的每股收益。

二、基本每股收益

(一) 基本每股收益的含义

基本每股收益只考虑当期实际发行在外的普通股股份，按照归属于普通股股东的当期净利润除以当期实际发行在外普通股的加权平均数计算确定。其公式为：

$$基本每股收益=\frac{归属于普通股股东的当期净利润}{发行在外普通股的加权平均数}$$

$$\text{发行在外普通股加权平均数} = \text{期初发行在外普通股股数} + \text{当期新发行普通股股数} \times \frac{\text{已发行时间}}{\text{报告期时间}} - \text{当期回购普通股股数} \times \frac{\text{已回购时间}}{\text{报告期时间}}$$

(二) 基本每股收益的计算

在基本每股收益的计算公式中，分子为归属于普通股股东的当期净利润，是上市公司当期实现的可供普通股股东分配的净利润或应由普通股股东分担的净亏损金额。

发生亏损的企业每股收益为负数。合并财务报表中的每股收益，分子应当是归属于母公司普通股股东的当期合并净利润，即扣减少数股东损益后的余额。与合并财务报表一同提供的母公司财务报表中企业自行选择列报每股收益的，以母公司个别财务报表为基础计算的每股收益，分子应当是归属于母公司全部普通股股东的当期净利润。

计算基本每股收益时，分母为当期发行在外普通股的算术加权平均数，即期初发行在外普通股股数根据当期新发行或回购的普通股股数与相应时间权数的乘积进行调整后的股数。而公司库存股不属于发行在外的普通股，且无权参与利润分配，应在计算分母时扣除。分母中已发行时间、报告期时间和已回购时间通常按天数计算，也可以采用简化的计算方法，如按月数计算。

【例 15-1】　甲公司 2018 年归属于普通股股东的净利润为 50 000 万元。该公司年初发行在外的普通股股数为 80 000 万股，7 月 31 日新发行普通股 30 000 万股，10 月 1 日回购普通股股份 6 000 万股(准备用于股票期权)。则 2018 年的基本每股收益计算如下：

分子项：

当年归属于普通股股东的净利润数额 = 50 000 (万元)

分母项：

$$\begin{aligned}\text{发行在外普通股加权平均数} &= 80\,000 \times 12 / 12 + 30\,000 \times 5 / 12 - 6\,000 \times 3 / 12 \\ &= 80\,000 + 12\,500 - 1\,500 \\ &= 91\,000\ (\text{万股})\end{aligned}$$

基本每股收益 = 50 000 / 91 000 ≈ 0.55 (元/股)

新发行普通股股数应当根据发行合同的具体条款，从应收对价之日(一般为股票发行日)起计算确定。通常包括下列情况：

(1) 为收取现金而发行的普通股股数，从应收现金之日起计算。

(2) 因债务转资本而发行的普通股股数，从停计债务利息之日或结算日起计算。

(3) 非同一控制下的企业合并，作为对价发行的普通股股数，从购买日起计算；同一控制下的企业合并，作为对价发行的普通股股数，应当计入各列报期间普通股的加权平均数。

(4) 为收购非现金资产而发行的普通股股数，从确认收购之日起计算。

三、稀释每股收益

(一) 稀释每股收益的含义

稀释每股收益是以基本每股收益为基础，假设企业所有发行在外的稀释性潜在普通股均已转换为普通股，从而分别调整归属于普通股股东的当期净利润以及发行在外普通股的加权平均数计算而得的每股收益。稀释每股收益的计算是会计谨慎性原则的体现。

在基本每股收益基础上，稀释每股收益需要考虑四个因素：可转换公司债券、认股权证、股份期权，以及股份回购合同，其计算公式为：

$$稀释每股收益=\frac{净利润+增量净利润}{普通股+增量股}$$

(1) 稀释性潜在普通股。潜在普通股指赋予其持有者在报告期或以后期间享有取得普通股权利的一种金融工具或其他合同。目前，我国企业发行的潜在普通股主要有可转换公司债券、认股权证和股份期权等。稀释性潜在普通股，是假设当期转换为普通股会减少每股收益的潜在普通股。

(2) 分子的调整。在计算稀释每股收益时，应根据下列事项对归属于普通股股东的当期净利润进行调整：

① 当期已确认为费用的稀释性潜在普通股的利息。

② 稀释性潜在普通股转换时将产生的收益或费用。上述调整应当考虑相关的所得税影响。对于包含负债和权益成分的金融工具，仅需调整属于金融负债部分的相关利息、利得或损失。

(3) 分母的调整。计算稀释每股收益时，当期发行在外普通股的加权平均数应当为计算基本每股收益时普通股的加权平均数与假定稀释性潜在普通股转换为已发行普通股而增加的普通股股数的加权平均数之和。

假定稀释性潜在普通股转换为已发行普通股而增加的普通股股数，应当根据潜在普通股的条件确定。当存在不止一种转换基础时，应当假定会采取从潜在普通股持有者角度看最有利的转换率或执行价格。

假定稀释性潜在普通股转换为已发行普通股而增加的普通股股数，应当按照其发行在外时间进行加权平均。以前期间发行的稀释性潜在普通股，应当假设在当期期初转换为普通股；当期发行的稀释性潜在普通股，应当假设在发行日转换普通股；当期被注销或终止的稀释性潜在普通股，应当按照当期发行在外的时间加权平均计入稀释每股收益；当期被转换或行权的稀释性潜在普通股，应当从当期期初至转换日(或行权日)计入稀释每股收益中，从转换日(或行权日)起所转换的普通股则计入基本每股收益中。

(二) 可转换公司债券

可转换公司债券是公司依法发行的、在一定期间内依据约定的条件可以转换成股份的公司债券。对于可转换公司债券，可以采用假设转换法判断其稀释性，并计算稀释每股收益。首先，假设这部分可转换公司债券在当期期初(或发行日)即已转换成普通股，从而一方面增加了发行在外的普通股股数，另一方面节约了公司债券的利息费用，增加了归属于普通股股东的当期净利润。然后，用增加的净利润除以增加的普通股股数，得出增量股的每股收益，与原来的每股收益比较。如果增量股的每股收益小于原每股收益，则说明该可转换公司债券具有稀释作用，应当计入稀释每股收益的计算中。其计算公式为：

$$稀释每股收益=\frac{净利润+节约债券利息增加的净利润}{普通股+增量股}$$

计算稀释每股收益时，以基本每股收益为基础，分子的调整项目为当期已确认为费用的利息等的税后影响额；分母的调整项目为假定可转换公司债券当期期初(或发行日)转换为普通股的股数加权平均数。

【例 15-2】 某上市公司 2017 年归属于普通股股东的净利润为 38 200 万元，期初发行在外普通股股数 20 000 万股，年内普通股股数未发生变化。2017 年 1 月 1 日，公司按面值发行 60 000 万元的三年期可转换公司债券，债券每张面值 100 元，票面固定年利率为 2%，利息自发行之日起每年支付一次，即每年 12 月 31 日为付息日。该批可转换公司债券自发行结束后 12 个月以后即可转换为公司股票，即转股期为发行 12 个月后至债券到期日止的期间。转股价格为每股 10 元，即每 100 元债券可转换为 10 股面值为 1 元的普通股。债券利息不符合资本化条件，直接计入当期损益，所得税税率为 25%。

假设不具备转换选择权的类似债券的市场利率为 3%。公司在对该批可转换公司债券初始确认时，根据《企业会计准则第 37 号——金融工具列报》的有关规定将负债和权益成分进行了分拆。2017 年度每股收益计算如下：

基本每股收益 = 38 200 / 20 000 = 1.91 (元/股)

每年支付利息 = 60 000 × 2% = 1 200 (万元)

负债成分公允价值 = $1\,200/(1+3\%)+1\,200/(1+3\%)^2+61\,200/(1+3\%)^3 \approx 58\,302.83$ (万元)

权益成分公允价值 = 60 000 − 58 302.83 = 1 697.17 (万元)

假设转换所增加的净利润 = 58 302.83 × 3% × (1 − 25%) = 1 311.81 (万元)

假设转换所增加的普通股股数 = 60 000 / 10 = 6 000 (万股)

增量股的每股收益 = 1 311.81 / 6 000 ≈ 0.22 (元/股)

增量股的每股收益小于基本每股收益，可转换公司债券具有稀释作用。

稀释每股收益 = (38 200 + 1 311.81) / (20 000 + 6 000)≈1.52 (元/股)

(三) 认股权证、股份期权

认股权证是指公司发行的、约定持有人有权在履约期间内或特定到期日按约定价格向本公司购买新股的有价证券。股份期权是指公司授予持有人在未来一定期限内以预先确定的价格和条件购买本公司一定数量股份的权利，股份期权持有人对于其享有的股份期权，可以在规定的期间内以预先确定的价格和条件购买公司一定数量的股份，也可以放弃该种权利。

对于盈利企业，认股权证、股份期权等的行权价格低于当期普通股平均市场价格时，相当于新增一些“收益含量”很低的股份，从而摊薄整体的每股收益，具有稀释性。对于亏损企业，认股权证、股份期权的假设行权一般不影响净亏损，但增加普通股股数，从而导致每股亏损金额的减少，实际上产生了反稀释的作用，因此，这种情况下不应当计算稀释每股收益。

认股权证、股份期权不产生收入或费用，不影响净利润，因此，不需调整每股收益的分子。认股权证、股份期权会产生无对价的股份，即具有稀释效用的增量股。因此，每股收益的分母应加上增加的无对价的股数。

$$增加的普通股股数(无对价股数)=拟行权时转换的普通股股数-行权价格\times\frac{拟行权时转换的普通股股数}{当期普通股平均市场价格}$$

其中，普通股平均市场价格的计算，理论上应当包括该普通股每次交易的价格，但实务操作中通常对每周或每月具有代表性的股票交易价格进行算术平均即可。股票价格比较平稳的情况下，可以采用每周或每月股票的收盘价作为代表性价格；股票价格波动较大的情况下，可以采用每周或每月股票最高价与最低价的平均数作为代表性价格。无论采用何种方法计算平均市场价格，一经确定，不得随意变更，除非有确凿证据表明原计算方法不再适用。当期发行认股权证或股份期权的，普通股平均市场价格应当自认股权证或股份期权的发行日起计算。

将净增加的普通股股数乘以其假设发行在外的时间权数，据此调整计算稀释每股收益的分母数。

【例 15-3】 乙公司 2017 年度归属于普通股股东的净利润为 2 750 万元，发行在外普通股加权平均数为 5 000 万股，该普通股平均每股市场价格为 8 元。2017 年 1 月 1 日，该公司对外发行 1 000 万份认股权证，行权日为 2018 年 3 月 1 日，每份认股权证可以在行权日以 7 元的价格认购本公司 1 股新发的股份。

该公司 2017 年度每股收益计算如下：

基本每股收益 = 2 750 / 5 000 = 0.55(元/股)

调整增加的普通股股数 = 1 000 − 1 000 × 7 / 8 = 125 (万股)

稀释每股收益 = 2 750 / (5 000 + 125) ≈ 0.54 (元/股)

(四) 股份回购合同

企业承诺将回购其股份的合同中规定的回购价格高于当期普通股平均市场价格时，应当考虑其稀释性。计算稀释每股收益时的具体步骤为：

(1) 假设企业于期初按照当期普通股平均市场价格发行普通股，以募集足够的资金来履行回购合同；合同日晚于期初的，则假设企业于合同日按照自合同日至期末的普通股平均市场价格发行足量的普通股。该假设前提下，由于是按照市价发行普通股，导致企业经济资源流入与普通股股数同比例增加，每股收益金额不变。

(2) 假设回购合同已于当期期初(或合同口)履行，按照约定的行权价格回购本企业股票。

(3) 比较假设发行的普通股股数与假设回购的普通股股数，差额部分作为净增加的发行在外普通股股数，再乘以相应的时间权重，据此调整计算稀释每股收益的分母数。

$$增加的普通股股数=回购价格\times\frac{承诺回购的普通股股数}{当期普通股平均市场价格}-承诺回购的普通股股数$$

【例 15-4】 某公司 2017 年度归属于普通股股东的净利润为 400 万元，发行在外普通股加权平均数为 1 000 万股。2017 年 3 月 2 日，该公司与股东签订一份远期回购合同，承诺一年后以每股 5.5 元的价格回购其发行在外的 240 万股普通股。假设，该普通股 2017 年 3 月至 12 月平均市场价格为 5 元。2017 年度每股收益计算如下：

基本每股收益 = 400 / 1 000 = 0.4 (元/股)

调整增加的普通股股数 = 240 × 5.5 / 5 − 240 = 24 (万股)

稀释每股收益 = 400 / (1 000 + 24 × 10 / 12)≈0.39 (元/股)

第二节　每股收益的列报

一、每股收益的重新计算

(一) 派发股票股利、公积金转增资本、拆股和并股

当上市公司派发股票股利、公积金转增资本、拆股或并股时，会增加或减少其发行在外的普通股或潜在普通股的数量，但并不影响所有者权益金额，这既不影响企业所拥有或控制的经济资源，也不改变企业的盈利能力，即意味着同样的损益现在要由扩大或缩小了的股份规模来享有或分担。因此，为了保持会计指标的前后期可比性，企业应当在相关报批手续全部完成后，按调整后的股数重新计算各列报期间的每股收益。上述变化发生于资产负债表日至财务报告批准报出日之间的，应当以调整后的股数重新计算各列报期间的每股收益。

【例 15-5】　某企业 2016 年和 2017 年归属于普通股股东的净利润分别为 1 596 万元和 1 848 万元，2016 年 1 月 1 日发行在外的普通股 800 万股，2016 年 4 月 1 日按市价新发行普通股 160 万股，2017 年 7 月 1 日分派股票股利，以 2016 年 12 月 31 日总股本 960 万股为基数每 10 股送 3 股，假设不存在其他股数变动因素。2017 年度比较利润表中基本每股收益的计算如下:

2017 年度发行在外普通股加权平均数 = (800 + 160 + 288) × 12 / 12 = 1 248 (万股)

2016 年度发行在外普通股加权平均数 = 800 × 1.3 × 12 / 12 + 160 × 1.3 × 9 / 12 = 1 196 (万股)

2017 年度基本每股收益 = 1 848 / 1 248≈1.48 (元/股)

2016 年度基本每股收益 = 1 596 / 1 196≈1.33 (元/股)

(二) 配股

配股在计算每股收益时比较特殊，因为它是向全部现有股东以低于当前股票市价的价格发行普通股，实际上可以理解为按市价发行股票和无对价送股的混合体。也就是说，配股中包含的送股因素具有与股票股利相同的效果，导致发行在外普通股股数增加的同时，却没有相应的经济资源流入。因此，计算基本每股收益时，应当考虑配股中的送股因素，将这部分无对价的送股(注意不是全部配发的普通股)视同列报最早期间期初就已发行在外，并据以调整各列报期间发行在外普通股的加权平均数，计算各列报期间的每股收益。

为此，企业首先应当计算出一个调整系数，再用配股前发行在外普通股的股数乘以该调整系数，得出计算每股收益时应采用的普通股股数。

$$每股理论除权价格 = \frac{行权前发行在外普通股的公允价值总额 + 配股收到的款项}{行权后发行在外的普通股股数}$$

$$调整系数=\frac{行权前发行在外普通股的每股公允价值}{每股理论除权价格}$$

$$因配股重新计算的上年度基本每股收益=\frac{上年度基本每股收益}{调整系数}$$

$$本年度基本每股收益=\frac{归属于普通股股东的当期净利润}{\begin{matrix}配股前发行在\\外普通股股数\end{matrix}\times调整系数\times\begin{matrix}配股前普通\\股发行在外\\的时间权重\end{matrix}+\begin{matrix}配股后发行\\在外普通股\\加权平均数\end{matrix}}$$

【例 15-6】　某企业 2017 年度归属于普通股股东的净利润为 23 500 万元，2017 年 1 月 1 日发行在外普通股股数为 8 000 万股，2017 年 6 月 10 日，该企业发布增资配股公告，向截止到 2017 年 6 月 30 日(股权登记日)所有登记在册的老股东配股，配股比例为每 4 股配 1 股，配股价格为每股 6 元，除权交易基准日为 2017 年 7 月 1 日。假设行权前一日的市价为每股元，2016 年度基本每股收益为 2.64 元。2017 年度比较利润表中基本每股收益的计算如下：

每股理论除权价格 = (11 × 8 000 + 6 × 2 000) / (8 000 + 2 000) = 10 (元)

调整系数 = 11 / 10 = 1.1

因配股重新计算的 2016 年度基本每股收益 = 2.64 / 1.1 = 2.4 (元/股)

2017 年度基本每股收益 = 23 500 / (8 000 × 1.1 × 6 / 12 + 10 000 × 6 / 12) = 2.5 (元/股)

【例 15-7】　甲公司 2017 年度实现净利润为 20 000 万元，发行在外普通股加权平均数为 25 000 万股。2017 年 1 月 1 日，甲公司按票面金额平价发行 60 万股优先股，优先股每股票面金额为 100 元。该批优先股股息不可累积，即当年度未向优先股股东足额派发股息的差额部分，不可累积到下一计息年度。2017 年 12 月 31 日，甲公司宣告并以现金全额发放当年优先股股息，股息率为 6%。根据该优先股合同条款规定，甲公司将该批优先股分类为权益工具，优先股股息不在所得税前列支。2017 年度基本每股收益计算如下：

归属于普通股股东的净利润 = 20 000 – 100 × 60 × 6% = 19 640 (万元)

基本每股收益 = 19 640 / 250 00≈0.79 (元/股)

(三) 以前年度损益的追溯调整或追溯重述

按照《企业会计准则第 28 号——会计政策、会计估计变更和差错更正》的规定对以前年度损益进行追溯调整或追溯重述的，应当重新计算各列报期间的每股收益。

二、每股收益的列报

对于普通股或潜在普通股已公开交易的企业以及正处于公开发行普通股或潜在普通股过程中的企业，如果不存在稀释性潜在普通股，应当在利润表中单独列示基本每股收益；如果存在稀释性潜在普通股，应当在利润表中单独列示基本每股收益和稀释每股收益。

企业对外提供合并财务报表的，仅要求其以合并财务报表为基础计算每股收益，并在合并财务报表中予以列报；与合并财务报表一同提供的母公司财务报表中不要求计算和列报每股收益，如果企业自行选择列报的，应以母公司个别财务报表为基础计算每股收益，并在其个别财务报表中予以列报。

企业应当在附注中披露与每股收益有关的下列信息：

(1) 基本每股收益和稀释每股收益分子、分母的计算过程。

(2) 列报期间不具有稀释性，以后期间很可能具有稀释性的潜在普通股。

(3) 在资产负债表日至财务报告批准报出日之间，企业发行在外普通股或潜在普通股发生重大变化的情况。企业如有终止经营的情况，应当在附注中分别持续经营和终止经营披露基本每股收益和稀释每股收益。

✦✦✦✦✦ 练　习　题 ✦✦✦✦✦

一、单项选择题

1. 某公司某年实现净利润 200 万元，支付优先股股利 10 万元，年末普通股股数为 100 万股，年度内普通股股数没有变化，则该公司的每股收益为(　　)元。

A. 2　　B. 4　　C. 1.9　　D. 2.1

2. 甲上市公司 2017 年年初对外发行 100 万份认股权证，行权日为 2018 年 3 月 1 日，每份认股权证可以在行权日以 3.5 元的价格认购本公司 1 股新发的股份。2017 年度归属于普通股股东的净利润为 200 万元，发行在外普通股加权平均数为 500 万股，普通股平均市场价格为 4 元，则甲上市公司 2017 年稀释每股收益为(　　)元。

A. 0.33　　B. 0.4　　C. 0.36　　D. 0.39

3. 甲上市公司 2007 年年初发行在外的普通股 10 000 万股，3 月 1 日新发行 4 500 万股；12 月 1 日回购 1 500 万股，以备将来奖励职工。甲公司当年实现的利润总额为 3 800 万元，归属于普通股股东的净利润为 2 600 万元。则甲公司基本每股收益为(　　)元。

A. 0.279　　B. 0.191　　C. 0.293　　D. 0.2

4. 每股收益和稀释每股收益应在(　　)报表中列示。

A. 资产负债表　　B. 利润表

C. 现金流量表　　D. 所有者权益变动表

5. 在计算稀释每股收益时，下列项目中既要调整分子又要调整分母的是(　　)。

A. 可转换公司债券　　B. 认股权证

C. 股份期权　　D. 库存股

6. 甲公司 2017 年度归属于普通股股东的净利润为 4 000 万元。2017 年 1 月 1 日，甲公司发行在外普通股股数为 8 000 万股；2017 年 4 月 1 日，新发行普通股股数 2 000 万股。甲公司于 2018 年 7 月 1 日宣告分派股票股利，以 2017 年 12 月 31 日总股本为基数每 10 股送 5 股。假定不考虑其他因素，甲公司 2018 年比较利润表中列示的 2017 年基本每股收益为(　　)元。

A. 0.267　　B. 0.281　　C. 0.314　　D. 0.333

7. 下列有关基本每股收益的表述中，不正确的是(　　)。

A. 企业应当按照归属于普通股股东的当期净利润，除以当期实际发行在外普通股的加权平均数计算基本每股收益

B．企业应当按照归属于普通股和优先股股东的当期净利润，除以发行在外普通股和优先股的加权平均数计算基本每股收益

C. 发行在外普通股加权平均数 =期初发行在外普通股股数 + 当期新发行普通股股数 × 已发行时间÷报告期时间 – 当期回购普通股股数 × 已回购时间 ÷ 报告期时间

D．已发行时间、报告期时间和已回购时间一般按照天数计算；在不影响计算结果合理性的前提下，也可以采用简化的计算方法

8. 甲公司所有的股票均为普通股，均发行在外，每股面值 1 元。甲公司 2014 年度部分业务资料如下：2014 年年初股东权益金额为 24 500 万元，其中股本 10 000 万元。2 月 18 日，公司董事会制订 2013 年度的利润分配方案：分别按净利润的 10%计提法定盈余公积；分配现金股利 500 万元，以期初发行在外的普通股股数为基础每 10 股配送 3 股的形式分配股票股利。该利润分配方案于 4 月 1 日经股东大会审议通过。7 月 1 日增发新股 4 500 万股。为了奖励职工，11 月 1 日回购本公司 1 500 万股。2014 年度公司可供股东分配的净利润为 5 270 万元。则甲公司 2014 年的基本每股收益为(　　)。

A．0.53 元　　B．0.22 元　　C．0.35 元　　D．0.34 元

9. 甲公司 2013 年实现归属于普通股股东的净利润为 1 500 万元，发行在外普通股的加权平均数为 3 000 万股。甲公司 2013 年有两项与普通股相关的合同：① 4 月 1 日授予的规定持有者可于 2014 年 4 月 1 日以 5 元/股的价格购买甲公司 900 万股普通股的期权合约；② 7 月 1 日授予员工 100 万份股票期权，每份期权于 2 年后的到期日可以 3 元/股的价格购买 1 股甲公司普通股。甲公司 2013 年普通股平均市场价格为 6 元/股。不考虑其他因素，甲公司 2013 年稀释每股收益是(　　)。

A．0.38 元/股　　B．0.48 元/股

C．0.49 元/股　　D．0.50 元/股

10. 甲公司所得税税率为 25%。每股收益相关资料如下：2013 年归属于普通股股东的净利润为 25 000 万元，期初发行在外普通股股数为 70 000 万股，年内普通股股数未发生变化。2013 年 1 月 1 日公司按面值发行 5 年期的可转换公司债券 20 000 万元，票面年利率为 6%，每年 12 月 31 日确认当期利息，且债券发行 12 个月后，每 100 元债券可转换为 60 股面值为 1 元的普通股。甲公司发行可转换公司债券时二级市场上与之类似的没有转换权的债券市场利率为 9%。考虑可转换公司债券在负债成分和权益成分之间的分拆，计算结果保留两位小数。已知(P/F，9%，5) = 0.649 9；(P/A，9%，5) = 3.889 7，则甲公司 2013 年度的稀释每股收益为(　　)。

A．0.32 元　　B．0.36 元　　C．0 元　　D．0.30 元

二、多选题

1. 下列有关每股收益的论述中正确的是( )。

A．计算基本每股收益分母只考虑当期实际发行在外的普通股股份

B．当期实现的企业派发股票股利会增加发行在外普通股数量

C．企业派发股票股利、公积金转增资本不影响所有者权益金额

D．企业派发股票股利对每股收益的影响，要在比较报表上对列报最早期重新计算

2．下列叙述正确的有(　　)。

A．以前期间发行的稀释性潜在普通股，应当假设在当期期初转换为普通股

B．当期发行的稀释性潜在普通股，应当假设在发行日转换为普通股

C．以前期间发行的稀释性潜在普通股，应当假设在当期期末转换为普通股

D．当期发行的稀释性潜在普通股，应当假设在当期期末转换为普通股

3．在每股收益的计算中，当期发行在外的普通股加权平均数应考虑的因素包括(　　)。

A．期初发行在外普通股股数　　B．当期新发行的普通股股数

C．新股发行在外月份数　　D．当期回购普通股股数

4．下列有关每股收益列报的说法中，正确的有(　　)。

A．所有企业均应在利润表中列示基本每股收益和稀释每股收益

B．不存在稀释性潜在普通股的上市公司应当在利润表中单独列示基本每股收益

C．存在稀释性潜在普通股的上市公司应当在利润表中单独列示基本每股收益和稀释每股收益

D．与合并报表一同提供的母公司财务报表中企业可自行选择列报每股收益

5．下列各项关于稀释每股收益的表述中，正确的有(　　)。

A．盈利企业发行的行权价格低于当期普通股平均市场价格的认股权证具有稀释性

B．亏损企业发行的行权价格低于当期普通股平均市场价格的股票期权具有反稀释性

C．盈利企业签订的回购价格高于当期普通股平均市场价格的股份回购合同具有稀释性

D．亏损企业签订的回购价格高于当期普通股平均市场价格的股份回购合同具有反稀释性

6．下列说法中，不正确的有(　　)。

A．计算每股收益时的分子应为普通股股东享有的净利润

B．计算每股收益时，归属于普通股股东的净利润应包括属于其他权益工具持有者的净利润

C．计算每股收益时，归属于普通股股东的净利润不应包括当期未发放的优先股股东的股利

D．计算每股收益时，归属于普通股股东的净利润应包括当期实际发放的优先股股东的股利

7．关于稀释性潜在普通股，下列说法中正确的有(　　)。

A．企业存在稀释性潜在普通股的，应当分别调整归属于普通股股东的当期净利润和发行在外普通股的加权平均数

B．稀释性潜在普通股，是指假设当期转换为普通股会减少每股收益的潜在普通股

C．稀释性潜在普通股，是指假设当期转换为普通股会增加每股收益的潜在普通股

D．稀释性潜在普通股，是指假设当期会减少本期净利润的潜在普通股

8．新发行普通股股数，应当根据发行合同的具体条款，从应收对价之日(一般为股票发行日)起计算确定。其通常包括的情况有(　　)。

A．为收取现金而发行的普通股股数，从应收现金之日起计算

B．因债务转为资本而发行的普通股股数，从停止计提债务利息之日或结算日起计算

C．非同一控制下的企业合并，作为对价发行的普通股股数，从购买日起计算

D．为收购非现金资产而发行的普通股股数，从确认收购之日起计算

9．企业在计算稀释每股收益时，对归属于普通股股东的当期净利润进行调整的项目有(　　)

A．当期已确认为费用的稀释性潜在普通股的利息

B．稀释性潜在普通股转换时将产生的收益或费用

C．可转换公司债券与利息相关的所得税影响

D．与稀释性潜在普通股转换时将产生的收益或费用相关的所得税影响

10．下列各项中，影响基本每股收益的有(　　)。

A．当期新发行普通股　　B．当期发生的净亏损

C．期末未分配利润　　D．当期回购的库存股

三、判断题

1．利润表中列示的稀释每股收益不能高于基本每股收益。(　　)

2．通常情况下，股份期权和认股权证排在前面计算，假设行权一般不影响净利润。(　　)

3．对于盈利企业，认股权证、股份期权等的行权价格低于当期普通股平均市场价格时，具有稀释性。(　　)

4．与合并财务报表一同提供的母公司财务报表中，企业也必须列报每股收益，不能自行选择是否列报。(　　)

5．每股收益可用于不同企业间的业绩比较，以评价某企业的相对盈利能力。(　　)

6．可转换公司债券、认股权证、股票期权等都属于企业的潜在普通股。(　　)

7．企业发放股票股利将使同期每股收益下降。(　　)

8．稀释每股收益是假定企业所有发行在外的稀释性潜在普通股均已转换为普通股，从而分别调整归属于普通股股东的当期净利润以及发行在外的普通股加权平均数计算的每股收益。(　　)

9．稀释每股收益是在考虑企业的稀释性潜在普通股的情况下计算的每股收益。(　　)

10．每股收益越高，意味着股东可以从公司分得的股利越高。(　　)

四、计算分析题

1．甲公司为上市公司，2013 年至 2015 年的有关资料如下。

甲公司归属于普通股股东的净利润 2013 年度为 24 600 万元，2014 年度为 31 211.25 万元，2015 年度为 45 264 万元。甲公司股票 2013 年 6 月至 2013 年 12 月平均市场价格为每股 10 元，2014 年 1 月至 2014 年 5 月平均市场价格为每股 12 元。

(1) 2013 年 1 月 1 日甲公司发行在外普通股股数为 41 000 万股。2013 年 5 月 31 日，

经股东大会同意并经监管部门核准，甲公司以 2013 年 5 月 20 日为股权登记日，向全体股东发放 6 150 万份认股权证，每份认股权证可以在 2014 年 5 月 31 日按照每股 6 元的价格认购 1 股甲公司普通股。

(2) 2014 年 5 月 31 日，认股权证持有人全部行权。

(3) 2015 年 9 月 25 日，经股东大会批准，甲公司以 2015 年 6 月 30 日股份 47 150 (41 000 + 6 150)万股为基数，向全体股东每 10 股派发 2 股股票股利。

要求(计算结果保留两位小数)：

(1) 计算甲公司 2013 年度利润表中列示的基本每股收益和稀释每股收益。

(2) 计算甲公司 2014 年度利润表中列示的基本每股收益和稀释每股收益。

(3) 计算甲公司 2015 年度利润表中列示的基本每股收益和稀释每股收益。

(4) 计算甲公司 2015 年度利润表中列示的经重新计算的 2014 年度基本每股收益和稀释每股收益。

2．A 公司 2014 年度归属于普通股股东的净利润为 40 000 万元，发行在外普通股加权平均数为 100 000 万股。年初已发行在外的潜在普通股有：

(1) 发行股份期权 12 000 万份，每份股份期权拥有在授权日起五年后的可行权日以 8 元的行权价格购买 1 股本公司新发行股票的权利。

(2) 按面值发行的 5 年期可转换公司债券 630 000 万元，债券每张面值 100 元，票面年利率为 3%，按债券面值转股，转股价格为每股 12.5 元。

(3) 按面值发行的 3 年期可转换公司债券 1 100 000 万元，债券每张面值 100 元，票面年利率为 1.4%，按债券面值转股，转股价格为每股 10 元。

当期普通股平均市场价格为 12 元，年度内没有期权被行权，也没有可转换公司债券被转换或赎回，所得税税率为 25%。假设不考虑可转换公司债券负债成分和权益成分的分拆。

要求(计算结果保留三位小数)：

(1) 计算 A 公司 2014 年基本每股收益。

(2) 计算 A 公司 2014 年稀释每股收益。

第十六章

公允价值计量

教学目的与要求

通过对本章内容的学习，熟悉公允价值的概念、公允价值计量的要求和公允价值计量的具体应用。

第一节　公允价值概述

一、公允价值的定义

公允价值，是指市场参与者在计量日发生的有序交易中，出售一项资产所能收到或者转移一项负债所需支付的价格。

按照现行会计准则规定，涉及公允价值计量的资产或负债包括投资性房地产准则中规范的以公允价值进行后续计量的投资性房地产、生物资产准则中规范的以公允价值进行后续计量的生物资产、资产减值准则中规范的使用公允价值确定可收回金额的资产、企业年金基金准则中规范的以公允价值计量的企业年金基金投资、政府补助准则中规范的以非货币性资产形式取得的政府补助、企业合并准则中规范的非同一控制下企业合并中取得的可辨认资产和负债以及作为合并对价发行的权益工具、金融工具确认和计量准则中规范的以公允价值计量且其变动计入当期损益的金融资产或金融负债以及可供出售金融资产等。但是，存货准则中规范的可变现净值、资产减值准则中规范的预计未来现金流量现值等计量属性，与公允价值类似但并不遵循公允价值计量的有关规定，股份支付和租赁业务相关的计量也不遵循公允价值计量的有关规定。

二、公允价值计量的基本要求

为了更好地理解公允价值的定义，应当从四个方面掌握公允价值计量的基本要求：一是以公允价值计量的相关资产或负债；二是应用于相关资产或负债公允价值计量的有序交易；三是有序交易发生的主要市场或最有利市场；四是主要市场或最有利市场中的市场参与者。

（一）相关资产或负债

企业以公允价值计量相关资产或负债，应当考虑该资产或负债的特征以及该资产或负债是以单项还是以组合的方式进行计量等因素。

1．相关资产或负债的特征

相关资产或负债的特征，是指市场参与者在计量日对该资产或负债进行定价时考虑的特征，包括资产状况及所在位置、对资产出售或者使用的限制等。如果市场参与者在计量相关资产或负债公允价值时，会考虑这些资产或负债所具有的特征，如资产的状况及所在位置，出售或使用资产的限制等。企业在计量该资产或负债公允价值时，也应当考虑这些特征因素。

(1) 资产状况和所在位置。市场参与者以公允价值计量一项非金融资产时，通常会考虑该资产的地理位置和环境、使用功能、结构、新旧程度、可使用状况等。因此，企业计量其公允价值时，也应考虑这些特征，对类似资产和可观察市场价格或其他交易信息进行调整，以确定该资产的公允价值。

(2) 对资产出售或使用的限制。企业以公允价值计量相关资产，应当考虑出售或使用该资产所存在的限制因素。企业为合理确定相关资产的公允价值，应当区分该限制是针对资产持有者的，还是针对该资产本身的。

如果该限制是针对相关资产本身的，则此类限制是该资产具有的一项特征，任何持有该资产的企业都会受到影响，市场参与者在计量日对该资产进行定价时会考虑这一特征，企业以公允价值计量该资产时也应当考虑该限制特征。例如，甲上市公司的限售股具有在指定期间内无法在公开市场上出售的特征。市场参与者在对甲公司限售股进行定价时会考虑该权益工具流动性受限的因素。因此，企业以公允价值计量该权益工具时，应当对在公开市场上交易的同一发行人未受限制的相同权益工具的报价做出相应调整，即从报价中扣除市场参与者因承担指定期间内无法在公开市场上出售该权益工具的风险而要求获得补偿的金额。

如果该限制是针对资产持有者的，则此类限制并不是该资产的特征，只会影响当前持有该资产的企业，而其他企业可能不会受到该限制的影响，市场参与者在计量日对该资产进行定价时不会考虑该限制因素，企业以公允价值计量该资产时，也不应考虑针对该资产持有者的限制因素。例如，甲公司与乙商业银行签订一份借款合同，根据借款合同规定，甲公司将其持有的一块土地使用权作为抵押，在偿还该债务前，甲公司不能转让该土地使用权。在此例中，甲公司承诺在偿还该商业银行借款前不转让其持有的已抵押土地使用权，该承诺是针对甲公司的限制，而非针对甲公司所持有的土地使用权的限制，并不会转移给其他市场参与者。因此，甲公司在确定其持有的该土地使用权的公允价值时，不应考虑该限制。

2．计量单元

计量单元，是指相关资产或负债以单独或者组合方式进行计量的最小单位。企业以公允价值计量相关资产或负债，该资产或负债可以是单项资产或负债，也可以是资产组合、负债组合或者资产和负债的组合，如由多台设备构成的一条生产线，由企业合并准则规范的业务等。企业是以单项还是以组合的方式对相关资产或负债进行公允价值计量，取决于该资产或负债的计量单元。企业在确认相关资产或负债时就已经确定了该资产或负债的计量单元，并进行了相应计量。对于市场风险或信用风险可抵销的金融资产、金融负债和其他合同，在符合条件的情况下，可以将该金融资产、金融负债和其他合同的组合作为计量单元。

(二) 有序交易

企业以公允价值计量相关资产或负债，应当假定市场参与者在计量日出售资产或者转移负债的交易，是当前市场情况下的有序交易。企业应用于相关资产或负债公允价值计量的有序交易，是在计量日前一段时期内该资产或负债具有惯常市场活动的交易，不包括被迫清算和抛售。

1. 有序交易的确定

企业在确定一项交易是否为有序交易时，应当全面理解交易环境和有关事实。企业应当基于可获取的信息，如市场环境变化、交易规则和习惯、价格波动幅度、交易量波动幅度、交易发生的频率、交易对手信息、交易原因、交易场所和其他能够获得的信息，运用专业判断对交易行为和交易价格进行分析，以判断该交易是否为有序交易。为了确定一项交易是否为有序交易，企业应当考虑可合理获得的信息，在获得合理信息时应当考虑成本效益原则，不应花费过大成本。当企业成为交易一方时，通常假定该企业有充分的信息来判断该交易是否为有序交易。当存在下列情况时，相关资产或负债的交易活动通常不应作为有序交易：

(1) 在当前市场情况下，市场在计量日之前一段时间内不存在相关资产或负债的惯常市场交易活动。

(2) 在计量日之前，相关资产或负债有存在惯常的市场交易，但资产出售方或负债转移方仅与单一的市场参与者进行交易。

(3) 资产出售方或负债转移方处于或者接近于破产或托管状态，即资产出售方或负债转移方已陷入财务困境。

(4) 资产出售方为满足法律或者监管规定而被要求出售资产，即被迫出售。

(5) 与相同或类似资产或负债近期发生的其他交易相比，出售资产或转移负债的价格是一个异常值。

2. 有序交易价格的应用

企业判定相关资产或负债的交易是有序交易的，在以公允价值计量该资产或负债时，应当考虑该交易的价格，即以交易价格为基础确定该资产或负债的公允价值。企业在公允价值计量过程中赋予有序交易价格的权重时，应当考虑交易量、交易的可比性、交易日与计量日的临近程度等因素。企业判定相关资产或负债的交易不是有序交易的，在公允价值计量该资产或负债时，不应考虑该交易的价格，或者赋予该交易价格较低权重。企业根据现有信息不足以判定该交易是否为有序交易的，在以公允价值计量该资产或负债时，应当考虑该交易的价格，但不应将该交易价格作为计量公允价值的唯一依据或者主要依据。相对于其他已知的有序交易价格，企业应赋予该交易较低权重。

(三) 主要市场或最有利市场

企业以公允价值计量相关资产或负债，应当假定出售资产或者转移负债的有序交易在该资产或负债的主要市场进行。不存在主要市场的，企业应当假定该交易在相关资产或负债的最有利市场进行。主要市场，是指相关资产或负债交易量最大和交易活跃程度最高的市场。最有利市场，是指在考虑交易费用和运输费用后，能够以最高金额出售相关资产或者以最低金额转移相关负债的市场。

1. 主要市场或最有利市场的识别

企业根据可合理取得的信息，能够在交易日确定相关资产或负债交易量最大和交易活跃程度最高的市场的，应当将该市场作为相关资产或负债的主要市场。企业根据可合理取得的信息，无法在交易日确定相关资产或负债交易量最大和交易活跃程度最高的市场的，应当在考虑交易费用和运输费用后，将能够以最高金额出售该资产或者以最低金额转移该负债的市场作为最有利市场。企业在识别相关资产或负债的主要市场(或者在不存在主要市场情况下的最有利市场)时，应当考虑所有可以合理取得的信息，但同时应当考虑成本效益原则，不应花费大量成本去考察所有可能的市场。通常情况下，如果不存在相反的证据，企业正常进行资产出售或者负债转移的市场可以视为主要市场或最有利市场。

相关资产或负债的主要市场(或者在不存在主要市场情况下的最有利市场)应当是企业可进入的市场，但不要求企业于计量日在该市场上实际出售资产或者转移负债。企业应当从自身角度，而非市场参与者角度，判定相关资产或负债的主要市场(或者在不存在主要市场情况下的最有利市场)。

不同的企业可以进入不同的市场，对相同资产或负债而言，不同企业可能具有不同的主要市场(或者在不存在主要市场情况下的最有利市场)。例如，甲企业与银行签订了一项初始交易价格为零的利率互换。该企业只能进入利率互换的零售市场，而银行则能够进入利率互换的零售市场和做市商市场，并且其主要业务发生在做市商市场。因此，该企业与银行就存在不同的主要市场，该企业应当以零售市场为主要市场，该银行应当以做市商市场为主要市场。

2. 主要市场或最有利市场的应用

企业应当以主要市场上相关资产或负债的价格为基础，计量该资产或负债的公允价值。主要市场是资产或负债流动性最强的市场，能够为企业提供最具代表性的参考信息。因此，无论相关资产或负债的价格能够直接从市场观察到，还是通过其他估值技术获得，企业都应当以主要市场上相关资产或负债的价格为基础，计量该资产或负债的公允价值。即使企业能够于计量日在主要市场以外的另一个市场上，获得更高的出售价格或更低的转移价格，企业也仍应当以主要市场上相关资产或负债的价格为基础，计量该资产或负债的公允价值。

不存在主要市场或者无法确定主要市场的，企业应当以相关资产或负债最有利市场的价格为基础，计量其公允价值。企业在确定最有利市场时，应当考虑交易费用、运输费用等。交易费用是指企业发生的可直接归属于资产出售或者负债转移的费用。交易费用是在进行相关资产或负债交易时不可避免会发生的费用。交易费用直接由交易引起，并且是企业进行交易所必需的。如果企业未决定出售资产或转移负债，该费用将不会产生。交易费用不属于相关资产或负债的特征，只与特定交易有关，取决于企业参与该资产或负债交易的不同方式。例如，零售交易或者批发交易，交易所交易或者场外交易等。企业在根据主要市场或最有利市场的交易价格确定相关资产或负债的公允价值时，不应根据交易费用对该价格进行调整。交易费用不包括运输费用。相关资产所在地理位置是该资产的特征，企业应当根据该资产从当前位置转移到主要市场(或者不存在主要市场情况下的最有利市场)的价格。

【例 16-1】　甲公司委托某证券公司于 2015 年 12 月 1 日购买乙上市公司 100 万股普通股股票，作为交易性金融资产持有，购买价格为每股 10 元，甲公司共支付 1 002 万元，其中 2 万元是支付给证券公司的手续费。甲公司在 2015 年 12 月 1 日初始计量该交易性金融资产时，每股股票的公允价值应当是 10 元，而不是 10.02 元。

【例 16-2】　甲公司在非同一控制下的企业合并业务中获得 500 吨原材料，在合并日，甲公司以公允价值计量这批存货。甲公司分别在 A 市场和 B 市场两个活跃交易市场中交易过该原材料，交易量分别为 3 000 万吨和 50 万吨，交易价格分别为 26 万元/吨和 28 万元/吨。甲公司在 A 市场中出售企业合并中获得的该批原材料需要支付 1 500 万元相关税费，将该批原材料运抵 A 市场需要花费 100 万元的运输成本；甲公司在 B 市场中出售企业合并中获得的该批原材料需要支付 1 600 万元相关税费，将该批原材料运抵 B 市场需要花费 200 万元的运输成本。甲公司在估计这批存货的公允价值时，应当首先确定主要市场，由于 A 市场拥有最大交易量，交易活跃程度最高，判定 A 市场为甲公司销售该原材料的主要市场。该批存货的公允价值为 13 000 万元减去运输成本 100 万元，即 12 900 万元。

企业以公允价值计量相关资产或负债，即使在计量日不存在提供出售资产或转移负债价格信息的可观察市场，企业仍应当从持有资产或承担负债的市场参与者的角度进行考虑，并假设当日发生了交易。该假设的交易是估计出售资产或转移负债价格的基础。例如，2008 年国际金融危机发生时，很多股票、债权交易市场因不存在买家而消失，持有这些股票、债权的企业在进行公允价值计量时，不能以不存在相关资产的可观察市场为由终止公允价值计量，而应当站在持有相关股票、债权的市场参与者角度，假定计量日当日发生有序交易时的公允价格。

(四) 市场参与者

企业以公允价值计量相关资产或负债，应当充分考虑市场参与者之间的交易，采用市场参与者在对该资产或负债定价时为实现其经济利益最大化所使用的假设。

1. 市场参与者的特征

市场参与者，指在相关资产或负债的主要市场(或者在不存在主要市场情况下的最有利市场)中，相互独立的、熟悉资产或负债情况的、能够且愿意进行资产或负债交易的买方和卖方。市场参与者应当具备下列特征：

(1) 市场参与者应当相互独立，不存在关联方关系。如果企业有证据表明，关联方之间的交易是按市场条款达成的，则关联方之间交易可以作为市场参与者之间的交易，交易价格可作为公允价值计量的基础。

(2) 市场参与者应当熟悉情况，根据可获得的信息，包括通过正常的尽职调查获取的信息，对相关资产或负债以及交易具备合理认知。

(3) 市场参与者应当有能力并自愿进行相关资产或负债的交易，而非被迫或以其他强制方式进行交易。

2. 市场参与者的确定

企业在确定市场参与者时，应当考虑所计量的相关资产或负债、该资产或负债的主要市场(或者在不存在主要市场情况下的最有利市场)以及在该市场上与企业进行交易的市场参与者等因素，从总体上识别市场参与者。企业在确定市场参与者时至少应当考虑以下因素：

(1) 所计量的相关资产或负债。例如，金融资产的市场参与者与非金融资产的市场参与者之间将存在较大差别。

(2) 该资产或负债的主要市场(或者在不存在主要市场情况下的最有利市场)。主要市场(或者在不存在主要市场情况下的最有利市场)是基于企业角度确定的，因此，与企业在同一行业的其他企业有可能是市场参与者，市场参与者也可能来自其他行业。例如，在计量制造业企业拥有的土地使用权的公允价值时，房地产开发企业也可能作为市场参与者。

(3) 企业将在主要市场或最有利市场进行交易的市场参与者。企业以公允价值计量相关资产或负债，应当基于市场参与者之间的交易确定该资产或负债的公允价值。如果市场参与者在交易中考虑了相关资产或负债的特征以及相关风险等，并根据这些特征或风险对该资产或负债的交易价格进行了调整，那么企业也应当采用市场参与者在对该资产或负债定价时所使用的这些假设。企业应当从市场参与者角度计量相关资产或负债的公允价值，而不应考虑企业自身持有资产、清偿或者以其他方式履行负债的意图和能力。例如，甲公司取得了竞争对手乙公司100%的股权。乙公司声誉良好，原有商标具有商业价值，但甲公司决定不再使用乙公司的商标。甲公司以公允价值计量该商标时，应当基于将该商标出售给熟悉情况、有意愿且有能力进行交易的其他市场参与者的价格，而不能因为自愿放弃使用该商标而将其公允价值确定为零。

第二节　公允价值计量要求

一、公允价值初始计量

企业应当根据交易性质和相关资产或负债的特征等，判断初始确认时的公允价值是否与其交易价格相等。企业在取得资产或者承担负债的交易中，交易价格是取得该资产所支付或者承担该负债所收到的价格，即进入价格。而相关资产或负债的公允价值是脱手价格，即出售该资产所能收到的价格或者转移该负债所需支付的价格。在大多数情况下，相关资产或负债的进入价格等于其脱手价格。但企业未必以取得资产时所支付的价格出售该资产，同样，也未必以承担负债时所收取的价格转移该负债。也就是说，企业取得资产或承担负债的进入价格不一定等于该资产或负债的脱手价格。在下列情况下，企业以公允价值对相关资产或负债进行初始计量的，不应将取得资产或者承担负债的交易价格作为该资产或负债的公允价值：

(1) 关联方之间的交易。但企业有证据表明，关联方之间的交易是按照市场条款进行的，该交易价格可作为确定其公允价值的基础。

(2) 被迫进行的交易，或者资产出售方(或负债转移方)在交易中被迫接受价格的交易。例如，资产出售方或负债转移方为满足监管或法律要求而被迫出售资产或转移负债，或者资产出售方或负债转移方正陷于财务困境。

(3) 交易价格所代表的计量单元不同于以公允价值计量的相关资产或负债的计量单元。例如，在企业合并交易中，以公允价值计量的相关资产或负债仅是交易中的一部分，而交易除该资产或负债外，还包括应单独计量但未确认的无形资产。

(4) 进行交易的市场不是该资产或负债的主要市场(或者在不存在主要市场情况下的最有利市场)。例如，某商业银行是银行间债券市场的做市商，既可以与其他做市商在银行间债券市场进行交易，也可以与客户在交易所市场进行交易，但对于该银行而言，债券交易的主要市场(或者在不存在主要市场情况下的最有利市场)是与其他做市商进行交易的银行间债券市场，交易所市场上的交易价格有可能不同于银行间债券市场上的交易价格，交易所市场上的交易价格不应作为公允价值。

企业以公允价值对相关资产或负债进行初始计量，并且交易价格与公允价值不相等的，交易价格与公允价值的差额应当按照会计准则的要求进行处理。如果会计准则对此未做出明确规定，企业应当将该差额计入当期损益。

二、估值技术

企业以公允价值计量相关资产或负债，应当使用适用于当前情况的估值技术，且企业使用该估值技术时有足够可利用数据和其他信息支持。企业使用估值技术的目的是估计市场参与者在计量日当前市场情况下的有序交易中出售资产或者转移负债的价格。

估值技术通常包括市场法、收益法和成本法，企业应当根据实际情况从这三种方法中选择一种或多种估值技术，用于估计相关资产或负债的公允价值。相关资产或负债存在活跃市场公开报价的，企业应当优先使用该报价确定该资产或负债的公允价值。除上述情况外，企业选择上述三种估值方法中的哪种或哪几种确定相关资产或负债的公允价值并不存在优先顺序。企业在应用估值技术估计相关资产或负债的公允价值时，应当根据可观察的市场信息定期校准估值模型，以确保所使用的估值模型能够反映当前市场状况，并识别估值模型本身可能存在的潜在缺陷。如果企业所使用的估值技术未能考虑市场参与者在对相关资产或负债估值时所考虑的所有因素，那么企业通过该估值技术获得的金额不能作为对计量日当前交易价格的估计。

(一) 市场法

市场法是利用相同或类似的资产、负债或资产和负债组合的价格以及其他相关市场交易信息进行估值的技术。企业应用市场法估计相关资产或负债公允价值的，可利用相同或类似的资产、负债或资产和负债的组合(如一项业务)的价格和其他相关市场交易信息进行估值。

企业在使用市场法时，应当以市场参与者在相同或类似资产出售中能够收到或者转移相同或类似负债需要支付的公开报价为基础。企业应当根据资产或负债的特征，如当前状况、地理位置、出售和使用的限制等，对相同或类似资产或负债的市场价格进行调整，以确定该资产或负债的公允价值。

企业在应用市场法时，除直接使用相同或类似资产或负债的公开报价外，还可以使用市场乘数法等估值方法。市场乘数法是一种使用可比企业市场数据估计公允价值的方法，包括上市公司比较法、交易安全比较法等。企业采用上市公司比较法时，可使用的市场乘数包括市盈率、市净率、企业价值/税息折旧及摊销前利润乘数等。企业应当进行职业判断，考虑与计量相关的定性和定量因素，选择恰当的市场乘数。

(二) 收益法

收益法是企业将未来金额转换成单一现值的估值技术。企业使用收益法时，应当反映市场参与者在计量日对未来现金流量或者收入费用等金额的预期。企业使用的收益法包括现金流量折现法、多期超额收益折现法、期权定价模型等估值方法。

1. 现金流量折现法

现金流量折现法是企业在收益法中最常用到的估值方法，包括传统法(即折现率调整法)和期望现金流量法。企业运用折现率将未来金额与现在金额联系起来，取得现值。企业使用现金流量折现法估计相关资产或负债的公允价值时，需要在计量日从市场参与者角度考虑相关资产或负债的未来现金流量、现金流量金额和时间的可能变动、货币时间价值、因承受现金流量固有不确定性而要求的补偿(即风险溢价)、与负债相关的不履约风险(包括企业自身信用风险)、市场参与者在当前情况下可能考虑的其他因素等。

企业以现金流量折现法估计相关资产或负债的公允价值，应当避免重复计算或遗漏风险因素的影响，协调折现率与现金流量输入值的选择。例如，企业使用了合同现金流量的，应当采用能够反映预期违约风险的折现率；使用了概率加权现金流量的，应当采用无风险利率；使用了包含通货膨胀影响的现金流量的，应当采用名义利率；使用了排除通货膨胀影响的现金流量的，应当采用实际利率；使用税后现金流量的，应当采用税后折现率；使用税前现金流量的，应当采用税前折现率；使用人民币现金流量的，应当采用与人民币相关的利率等。

企业在现金流量折现法中所使用的现金流量是估计金额，而非确定的已知金额。当存在违约风险时，即使是合同约定的金额也不是确定的折现现金流量，例如，贷款承诺中虽约定贷款金额，但如果企业无法按期还款，该金额并不能作为确定的已知折现现金流量。所以，企业使用现金流量折现法时，将面临较多不确定性。企业在以公允价值计量该资产或负债时应当考虑风险溢价，即使存在较大困难，企业仍应当考虑相关风险调整因素。

根据对风险的调整方式和采用的现金流量类型，可以将现金流量折现法区分为传统法和期望现金流量法两种方法。

(1) 传统法。传统法是使用在估计金额范围内最有可能的现金流量和经风险调整的折现率的一种折现方法。企业在传统法中所使用的现金流量，包括合同现金流量、承诺现金流量或者最有可能的现金流量等。这些现金流量都以特定事项为前提条件。例如，债券中包含的合同现金流量或承诺现金流量是以债务人不发生违约为前提条件的。企业所使用的经风险调整的折现率，应当来自市场上交易的类似资产或负债的可观察回报率。当不存在可观察的市场回报率时，企业也可以使用估计的市场回报率。企业在确定资产或负债是否类似时，需要考虑现金流量的性质，如现金流量是合同现金流量还是非合同现金流量，现金流量是否会对经济条件的改变作出类似反应，还需要考虑信用状况、抵押品、期限，限制性合同和流动性等其他因素。

【例 16-3】 2014 年 12 月 31 日，甲商业银行从全国银行间债券市场购入乙公司发行的 10 万份中期票据，将其作为可供出售金融资产持有。该票据信用评级为 AAA，乙公司的长期信用评级为 AAA，期限为 7 年，自 2014 年 12 月 31 日至 2021 年 12 月 31 日止。该票据面值为人民币 100 元，票面利率为 5%，付息日为每年的 12 月 31 日。2015 年 12 月 31 日，甲商业银行对该中期票据投资进行公允价值计量。假定该票据没有活跃市场中的报价，甲商业银行能够通过中央国债登记结算有限责任公司公布的相关收益率曲线确定相同信用评级、相同期限债券的市场回报率为 6%。

本例中，甲商业银行可根据该中期票据约定的合同现金流量即利息和本金，运用市场回报率进行折现，得到该中期票据的公允价值 1 001 万元。具体计算如表 16-1 所示。

表 16-1　公允价值计算表

单位：万元

年　份	2015	2016	2017	2018	2019	2020	2021	合计
现金流量	50	50	50	50	50	50	1050	
折现率(6%)	1	0.943 4	0.890 0	0.893 6	0.792 1	0.747 3	0.705 0	
现值	50	47.2	44.5	42	39.6	37.4	740.3	1 001

(2) 期望现金流量法。期望现金流量法是使用经风险调整的期望现金流量和无风险利率，或者使用未经风险调整的期望现金流量和包含市场参与者要求的风险溢价的折现率的一种折现方法。企业应当通过以概率为权重计算的期望现金流量反映未来所有可能的现金流量。企业在期望现金流量法中使用的现金流量是对所有可能的现金流量进行概率加权，最终得到的期望现金流量不再以特定事项为前提条件，这不同于企业在传统法中所使用的现金流量。

在期望现金流量法中，可以通过两种方法调整相关资产或负债期望现金流量的风险溢价。第一种方法是，企业从以概率为权重计算的期望现金流量中扣除风险溢价，得到确定等值现金流量，并按照无风险利率对确定等值现金流量折现，从而估计出相关资产或负债的公允价值。当市场参与者认为确定的现金流量和期望现金流量无差异时，该确定的现金流量即为确定等值现金流量。例如，如果市场参与者愿意以 1 000 元的确定现金流量交换 1 200 元的期望现金流量，该 1000 元即为 1 200 元的确定等值(即 200 元代表风险溢价)。在这种情况下，持有 1 200 元的期望现金流量和持有 1 000 元现金，对于市场参与者而言是无差异的。第二种方法是，企业在无风险利率之上增加风险溢价，得到期望回报率，并使用该期望回报率对以概率为权重计算的现金流量进行折现，从而估计出相关资产或负债的公允价值。企业可以使用对风险资产进行计价的模型估计期望回报率，如资本资产定价模型。使用期望现金流量法的上述两种方法得到的现金流量现值应当是相同的。因此，企业在使用期望现金流量法估计相关资产或负债的公允价值时，期望现金流量法的上述两种方法均可使用。企业对期望现金流量法第一种方法或第二种方法的选择，取决于被计量资产或负债的特征和环境因素，企业是否可获取足够多的数据，以及企业运用判断的程度等。

2．期权定价模型

企业可以使用布莱克-斯科尔斯模型、二叉树模型、蒙特卡洛模拟法等期权定价模型估计期权的公允价值。其中，布莱克-斯科尔斯期权定价模型可以用于认股权证和具有转换特征的金融工具的简单估值。布莱克-斯科尔斯期权定价模型中的输入值包括即期价格、行权价格、合同期限、预计或内含波动率、无风险利率、期望股息率等。蒙特卡洛模拟法适用于包含可变行权价格或转换价格、对行权时间具有限制条款等复杂属性的认股权证或具有转换特征的金融工具。蒙特卡洛模拟法根据认股权证或具有转换特征的金融工具的条款、条件以及其他假设，随机生成数千甚至数百万的可能结果，计算每种可能情形的相关回报，这些回报用概率加权并折现以计算相关资产或负债的公允价值。

(三) 成本法

成本法，是反映当前要求重置相关资产服务能力所需金额的估值技术，通常指现行重置成本。在成本法下，企业应当根据折旧贬值情况，对市场参与者获得或构建具有相同服务能力的替代资产的成本进行调整。折旧贬值包括实体性损耗、功能性贬值以及经济性贬值。企业主要使用现行重置成本法估计与其他资产或其他资产和负债一起使用的有形资产的公允价值。

(四) 估值技术的选择

企业在某些情况下使用单项估值技术是恰当的，如企业使用相同资产或负债在活跃市场上的公开报价计量该资产或负债的公允价值。但有些情况下，企业可能需要使用多种估值技术，如企业采用市场法和收益法估计未上市企业股权投资的公允价值。企业应当运用更多职业判断，确定恰当的估值技术。企业至少应当考虑下列因素：

(1) 根据企业可获得的市场数据和其他信息，其中一种估值技术是否比其他估值技术更恰当；

(2) 其中一种估值技术所使用的输入值是否容易在市场上观察到或者只需做更少的调整；

(3) 其中一种估值技术得到的估值结果区间是否在其他估值技术的估值结果区间内；

(4) 市场法和收益法结果存在较大差异的。进一步分析存在较大差异的原因。例如，其中一种估值技术可能使用不当，或者其中一种估值技术所使用的输入值可能不恰当等。

企业在公允价值后续计量中使用了估值技术，并且运用了不可观察输入值的，应当确保该估值技术反映了计量日可观察的市场数据。例如，类似资产或负债的最近交易价格等。企业以相关资产或负债的交易价格作为其初始确认时的公允价值，并在公允价值后续计量中使用了不可观察输入值的，应当校正后续计量中运用的估值技术，以使得用该估值技术初始确认结果与初始确认时的交易价格相等。企业通过校准估值技术，能够确保估值技术反映当前市场情况，避免发生估值技术无法反映相关资产或负债的特征。

【例 16-4】 甲公司在 2019 年 12 月 31 日购买了乙公司 20 万股普通股股票，占乙公司所有发行在外股份的 5%。乙公司是一家非上市的股份公司，不存在活跃市场的公开报价。甲公司共支付 720 万元假定该交易价格等于该投资在 2019 年 12 月 31 的公允价值。

甲公司决定使用可比公司估值乘数技术计量这些股权的公允价值；并会在该估值技术中使用乙公司业绩衡量指标、流动性折价等不可观察输入值。因此，甲公司以 720 万元的交易价格对后续使用的估值模型进行校准，以使该估值模型计算取得的投资初始估计值等于交易价格，确保该估值模型已充分反映了该投资的所有特征。

假定乙公司 2019 年 12 月 31 日的税息折旧及摊销前利润为 1 600 万元，流动性折价为 10%，甲公司从市场上获得可比公司的企业价值/税息折旧及摊销前利润(EV/EBIT-DA)乘数为 10 倍。甲公司运用该乘数和乙公司税息折旧及摊销前利润估计得到乙公司在 2019 年 12 月 31 日的价值为 16 000 万元，其持有的 5%股权的价值为 800 万元，在考虑流动性折价后得到的估计价值为 720 万元。具体计算过程如表 16-2 所示。

表 16-2　乙公司估计价值计算表　　单位：万元

(1) 乙公司 2019 年 12 月 31 日的税息折旧及摊销前利润	1 600
(2) 企业价值/税息折旧及摊销前利润乘数(10 倍)	
(3) 乙公司价值 = (1) × (2)	16 000
(4) 5%股权所占份额 = (3) × 5%	800
(5) 流动性折价(10%)	
(6) 流动性折价调整 = (4)× 10%	80
(7) 2019 年 12 月 31 日的股权估计价值 = (4) – (6)	720

企业在估计不存在活跃市场的权益工具的公允价值时，如果自权益工具购买日至计量日之间的间隔较短，并且在此期间没有发生对该权公开报价权益工具的工具价值产生重大影响的事件，企业可采用近期交易价格作为无公开报价权益工具的公允价值。如果权益工具非近期购买，或者自购买日至计量日之间发行权益工具的企业或发行人发生了重大变化，企业可能不应按照近期交易价格确定权益工具的公允价值，而应当根据发行人的具体情况，选用恰当的估值方法进行估值。

例如，对于成熟的被投资企业，企业可采用市场法计量其无公开报价权益工具的公允价值。企业选择可比公司作为基准公司时，应当重点考虑业务的性质、业务的盈利能力及所在地。企业无法找到与被投资企业在同一行业的上市公司时，可选择最相近行业和具有相似经营风险和利润率的公司作为替代。企业选定可比公司后，应当对关键指标的差异进行调整，从而增强市场法的适用性和可靠性。这些所需调整的关键指标差异包括可比公司所在不同市场的估值水平，可比公司与被投资企业之间增长性、盈利能力、股本回报率、流动性的差异等。另外，企业也可使用股价或页面浏览量等行业特定的一些业务驱动因素进行比较。又如，对于迅速成长的被投资企业，企业可采用收益法计量其无公开报价权益工具的公允价值。企业使用该方法时，需要进行一系列的财务预测，预测时间至少包括企业一个业务周期，一般不少于 5 年。如果被投资企业已经确定在近期能够实现上市流通，并且相应的股价已大致确定，企业可采用投资收益折现法来确定被投资企业发行的权益工具的公允价值，使用较低的风险回报率确定计量日的现值。企业应当采用市场法对收益法的结果进行交叉检验。

企业在公允价值计量中使用的估值技术一经确定，不得随意变更。企业公允价值计量中应用的估值技术应当在前后各会计期间保持一致，除非变更估值技术或其应用方法能使计量结果在当前情况下同样或者更能代表公允价值，包括但不限于下列情况：

(1) 出现新的市场；

(2) 可以取得新的信息；

(3) 无法再取得以前使用的信息；

(4) 改进了估值技术；

(5) 市场状况发生变化等。

企业变更估值技术及其应用方法的，应当按照会计估计变更处理，并对估值技术及其应用方法的变更进行披露。企业无论使用何种估值技术，都应当考虑当前市场状况并作出市场参与者可能进行的风险调整，如对信用风险和流动性风险的调整。

三、输入值

企业以公允价值计量相关资产或负债，应当考虑市场参与者在对相关资产或负债进行定价时所使用的假设，包括有关风险的假设，如所用特定估值技术的内在风险等。市场参与者所使用的假设即为输入值，可分为可观察输入值和不可观察输入值。

企业使用估值技术时，应当优先使用可观察输入值，仅当相关可观察输入值无法取得或取得不切实可行时才使用不可观察输入值。企业通常可以从交易所市场、做市商市场、经纪人市场、直接交易市场获得可观察输入值。在交易所市场上企业可直接获得相关资产或负债的收盘价。在做市商市场，做市商随时准备用自有资本买入或者卖出做市项目，以此提供流动性并形成市场，所以出价和要价比收盘价更容易获得。但在直接交易市场上，买卖双方独立协商，无中介参与，所以企业难以获得这些交易。

企业为估计相关资产或负债公允价值必须使用一些不可观察输入值的，如果市场参与者在对该资产或负债的公允价值计量会用到这些不可观察输入值，那么企业也应当使用这输入值，无论企业在以公允价值计量相关资产或负债过程中是否使用不可观察输入值，其公允价值计量的目的仍是基于市场参与者角度确定在当前市场条件下计量日有序交易中该资产或负债的脱手价格。

(一) 公允价值计量中相关的溢价和折价

企业应当选择市场参与者在相关资产或负债交易中会考虑的、反映该资产或负债特征的输入值。如果企业能够获得相同或类似资产或负债在活跃市场中的报价且市场参与者将考虑与相关资产或负债的特征相关的溢价或折价时，企业应当根据这些溢价或折价，如控制权溢价、少数股东权益折价、流动性折价等，对相同或类似资产或负债的市场交易价格进行调整。

企业不应考虑与计量单元不一致的溢价或折价，如反映企业持有规模特征即“大宗持有因素”的溢价或折价。大宗持有因素是与交易相关的特定因素，因企业交易该资产的方式不同而有所不同。例如，某企业持有一家上市公司 15 000 万股普通股。该上市公司在资本市场上一般平均日交易量约为 12 000 万股普通股。如果该企业全部出售其持有的上市公司股份将会造成流动性问题，该上市公司每股普通股股份将发生严重下跌。该因素与企业持有股份数量即持有规模有关，不是该资产即上市公司普通股的特征，在企业进行公允价值计量时不应予以考虑。

（二）以出价和要价为基础的输入值

当相关资产或负债具有出价和要价时，企业可以使用出价和要价价差中在当前市场情况下最能代表该资产或负债公允价值的价格计量该资产或负债。出价是经纪人或做市商购买一项资产或处置一项负债所愿意支付的价格，要价是经纪人或做市商出售一项资产或承担一项负债所愿意收取的价格。企业可使用出价计量资产头寸，使用要价计量负债头寸，也可使用市场参与者在实务中使用的在出价和要价之间的中间价或其他定价惯例计量相关资产或负债。无论如何，企业不应使用与公允价值计量假定不一致的方法，如对资产使用要价，对负债使用出价。

四、公允价值层次

为提高公允价值计量和相关披露的一致性和可比性，企业应当将估值技术所使用的输入值划分为三个层次，并最优先使用活跃市场上相同资产或负债未经调整的报价即第一层次输入值，最后使用不可观察输入值即第三层次输入值。

（一）第一层次输入值

第一层次输入值是企业在计量日能够取得的相同资产或负债在活跃市场上未经调整的报价。活跃市场是指相关资产或负债交易量及交易频率足以持续提供定价信息的市场。在活跃市场，交易对象具有同质性，可随时找到自愿交易的买方和卖方，并且市场价格信息是公开的。当交易量和交易活动显著下降、可获得的价格因时间或市场参与者的不同存在显著差异、可获得的价格并非当前的价格时，当前市场可能不是活跃市场。在活跃市场中，企业应当能够容易获得相关资产或负债的报价，且可定期从交易所、交易商、经纪人、行业集团、定价机构或监管机构等获得该报价。企业从活跃市场获得的这些报价，应当能够代表在公平交易基础上实际并经常发生的市场交易，异常的市场报价不应作为第一层次输入值，如债券交易中出现的频繁对敲交易形成的市场价格。

企业使用相同资产或负债在活跃市场的公开报价对该资产或负债进行公允价值计量时，通常不应进行调整，但下列情况除外；

(1) 企业持有大量类似但不相同的以公允价值计量的资产或负债，这些资产或负债存在活跃市场报价，但难以获得每项资产或负债在计量日单独的定价信息。在这种情况下，企业可使用不完全依赖于单个报价的其他定价方法，但由此取得的公允价值计量结果应当划入第二或第三层次。例如，银行等金融机构持有大量的类似债券，可能在计量日较难取得每一债券的价值信息，银行可以使用其中一些债务的报价确定其他类似债券的公允价值。

(2) 因发生影响公允价值计量的重大事件等导致活跃市场的报价不代表计量日的公允价值。例如，在证券市场闭市之后但在计量日之前发生的买卖双方直接交易、经纪人交易或公告等重大事项。企业应当制定相应会计政策并一致应用，以识别那些可能影响公允价值计量的重大事项。企业根据该新信息而对报价有所调整的，公允价值计量应当划入第二或第三层次。

(3) 不存在相同或类似负债或企业自身权益工具报价但其他方将其作为资产持有的负

债或自身权益工具的公允价值。如果无需对资产报价进行调整，公允价值计量结果为第一层次，否则，公允价值计量应当划入第二或第三层次。

在活跃市场中，企业应当以单项资产或负债的市场报价即第一层次输入值与企业持有数量的乘积，确定其持有的金融资产或金融负债的公允价值。即使市场正常日交易量不足以吸收企业的持有量，以致在市场交易中出售该金融资产或转移该金融负债可能影响市场报价的情况下，企业也应如此。

（二）第二层次输入值

第二层次输入值是除第一层次输入值外相关资产或负债直接或间接可观察的输入值。对于具有合同期限等特定期限的相关资产或负债，第二层次输入值必须在其几乎整个期限内是可观察的。第二层次输入值包括：

(1) 活跃市场中类似资产或负债的报价。

(2) 非活跃市场中相同或类似资产或负债的报价。

(3) 除报价以外的其他可观察输入值，包括在正常报价间隔期间可观察的利率和收益率曲线等。

(4) 市场验证的输入值等。市场验证的输入值是指通过相关性分析或其他手段，主要来源于可观察市场数据的输入值或者经过可观察市场数据验证的输入值。

企业以公允价值计量相关资产或负债的，类似资产或负债在活跃市场或非活跃市场的报价为该资产或负债的公允价值计算提供了依据，但企业需要对该报价进行调整。企业在确定哪些资产或负债与相关资产或负债类似时，需要进行判断。在有序交易情况下，企业确定相关资产或负债的公允价格或报价不能完全代表计量日该资产或负债的公允价值，却又以该交易价格或报价为基础计量其公允价值的，应当对该交易价格或报价进行调整。

企业应当根据相关资产或负债的特征，对第二层次输入值进行调整。这些特征包括资产状况或所在位置、输入值与可比资产或负债的相关程度、可观察输入值所在市场的交易量和活跃程度等。企业使用重要的不可观察输入值对第二层次输入值进行调整，且该调整对公允价值计量整体而言是重大的，那么公允价值计量结果应当划分为第三层次。

（三）第三层次输入值

第三层次输入值是相关资产或负债的不可观察输入值，包括不能直接观察和无法由可观察市场数据验证的利率、股票波动率、企业合并中承担的弃置义务的未来现金流量、企业使用自身数据做出的财务预测等。

企业只有在相关资产或负债几乎很少存在市场交易活动，导致相关可观察输入值无法取得或取得不切实可行的情况下，才能使用第三层次输入值即不可观察输入值。但企业计量公允价值的目标仍应当保持不变，即从持有资产或承担负债的市场参与者角度确定资产或负债的计量日有序交易中的脱手价格。因此，企业使用不可观察输入值仍应当反映市场参与者给资产或负债定价时使用的假设，包括有关风险的假设，如特定估值技术及其输入值的固有风险的假设等。

企业在确定不可观察输入值时，应当使用在当前情况下可以合理取得的最佳信息，包括所有可合理取得的市场参与者假设。企业在内部数据的基础上确定不可观察输入值，但如果有证据表明其他市场参与者将使用不同于企业内部数据的其他数据，或者这些企业内部数据是企业特定数据、其他市场参与者不具备企业相关特征时，如企业的协同效应，企业应当对其内部数据作出相应调整。企业在获取关于市场参与者假设的信息时应该遵循成本效益原则，但必须考虑所有可合理获得的信息。

如果市场参与者在对相关资产或负债定价时考虑了风险调整，而企业在公允价值计量时没有考虑该风险调整，那么该计量就不能代表公允价值。例如，当相关资产或负债或类似资产或负债的交易量或交易活动比正常市场显著下降，交易价格或报价无法代表该资产或负债的公允价值时，企业应当考虑风险调整。企业在确定相关资产或负债的交易量或交易活跃程度是否出现大幅下降时，应当考虑下列情形：

(1) 最近几乎没有发生该资产或负债的交易；

(2) 该资产或负债的报价信息不是基于当前信息的；

(3) 报价信息在一段时间内或在做市商之间变化极大；

(4) 以往与该资产或负债公允价值高度相关的指数被证明与该资产或负债近期公允价值的指示值不相关；

(5) 与企业对期望现金流量的估计相比，在考虑了关于该资产或负债信用风险和其他不履约风险的所有市场数据后，可观察到的交易或报价的隐含流动性风险溢价、收益率或拖欠率、损失严重程度等业绩指标大幅增加；

(6) 出价和要价之间的价差很大或者大幅增加；

(7) 该资产或负债或类似资产或负债的一级市场交易活动大幅降低或不存在此类市场；

(8) 几乎没有公开可获得的信息，如一些交易活动由买卖双方直接进行。

相关资产或负债的交易量或交易活跃程度大幅下降的，企业可能需要改变估值技术或者使用多种估值技术，如使用市场法和收益法。当权衡使用不同估值技术取得的公允价值计量结果时，企业应当考虑公允价值计量各种结果的合理性。即使相关资产或负债的交易量或活跃程度出现大幅下降，估计市场参与者在计量日按照当前市场情况愿意进行交易的价格依赖于计量目的事实和环境，与企业持有资产、偿还或以其他方式履行负债的意图无关。

(四) 公允价值计量结果所属的层次

公允价值计量结果所属的层次，由对公允价值计量整体而言重要的输入值所属的最低层次决定。企业应当在考虑相关资产或负债特征的基础上判断输入值的重要性，并考虑公允价值计量本身，而不是公允价值的变动以及这些变动的会计处理。企业应当在书面文件中记录其如何评估输入值对于公允价值计量的重要性，并一致应用该政策。

公允价值计量结果所属的层次，取决于估值技术的输入值，而不是估值技术本身。当企业使用的所有输入值都属于同一层次时，如企业使用未经调整的活跃市场的报价计量公允价值，公允价值计量结果所属的层次就比较容易确定。但如果企业在公允价值计量中所使用的输入值属于不同层次，企业评价某一输入值对公允价值计量整体的重要性需要运用职业判断，考虑与相关资产或负债有关的特定因素。如果企业在公允价值计量中需要使用不可观察输入值对可观察输入值进行调整，并且该调整引起相关资产或负债公允价值计量结果显著增加或显著减少，则公允价值计量结果应当划入第三层次的公允价值计量。例如在例 16-4 中，流动性折价为不可观察输入值，如果该调整对公允价值计量具有重大影响，那么该公允价值计量结果应当被划入第三层次。企业有时需要以公允价值为基础获得其他计量结果。例如，从公允价值中扣除处置费用。此时如果企业需要确定公允价值计量结果所属的层次，不应考虑该处置费用调整对公允价值的影响。

(五) 第三方报价机构的估值

企业使用经纪人、做市商等第三方报价机构提供的出价或要价计量相关资产或负债公允价值的，应当确保该第三方报价机构提供的出价或要价遵循了公允价值计量的要求。企业应当综合考虑相关资产或负债所处市场的特点、交易是否活跃、是否有足够数量的报价方、报价方是否权威、报价是否持续等因素，对出价和要价的质量进行判断。

企业即使使用了第三方报价机构提供的估值，也不应简单将该公允价值计量结果划入第三层次输入值。企业应当了解估值服务中应用到的输入值，并根据该输入值的可观察性和重要性，确定相关资产或负债公允价值计量结果的层次。例如，第三方报价机构提供了相同资产或负债在活跃市场报价的，企业应当将该资产或负债的公允价值计量划入第一层次。如果相关资产或负债的交易量或交易活跃程度出现大幅下降，企业应当评估第三方报价机构在形成报价过程中是否使用了反映有序交易的当前信息或是反映市场参与者假定(包括有关风险的假定)的估值技术。

企业在权衡作为公允价值计量输入值的报价时，应当考虑报价的性质，如报价是参考价格还是具有约束体的要约。对第三方报价机构提供的具有约束性要约的报价应赋予更多权重，并对不能反映交易结果的报价赋予较少权重。

第三节　公允价值计量的具体应用

一、非金融资产的公允价值计量

(一) 非金融资产的最佳用途

企业以公允价值计量非金融资产，应当考虑市场参与者通过直接将该资产用于最佳用途产生经济利益的能力，或者通过将该资产出售给能够用于最佳用途的其他市场参与者产生经济利益的能力。最佳用途，是指市场参与者实现一项非金融资产或其所属的一组资产和负债的价值最大化时该非金融资产的用途。最佳用途是评估行业在非金融资产评估中所使用的估值概念，也称为最高最佳使用。企业判定非金融资产的最佳用途，应当考虑该用途是否为法律上允许、实物上可能以及财务上可行的使用方式。企业判断非金融资产的用途在法律上是否允许，应当考虑市场参与者在对该非金融资产定价时所考虑的资产使用在法律上的限制。企业在计量日对非金融资产的使用必须未被法律禁止。例如，如果政府禁止在生态保护区内进行房地产开发和经营，则该保护区内土地的最佳用途不可能是工业或商业用途的开发。企业判断非金融资产的用途在实物上是否可能，应当考虑市场参与者在对该非金融资产定价时所考虑的资产实物特征。例如，一栋建筑物是否能够作为仓库使用。企业判断非金融资产的用途在财务上是否可行，应当考虑在法律上允许且实物上可能的情况下，市场参与者通过使用该非金融资产能否产生足够的收益或现金流量，从而在补偿将该非金融资产用于这一用途所发生的成本之后，仍然能够满足市场参与者所要求的投资回报。

即使企业已经或者计划将非金融资产用于不同于市场参与者的用途，企业仍然应当从市场参与者的角度确定非金融资产的最佳用途。通常情况下，企业对非金融资产的当前用途可视为最佳用途，除非市场因素或者其他因素表明市场参与者按照其他用途使用该非金融资产可以实现价值最大化。

【例 16-5】 甲软件公司拥有一组资产，包括向客户收取许可证费用的收费软件资产和配套使用的数据库支持系统，这两项资产结合使用。2019 年，由于市场上出现新的可替代软件，甲公司需要对该资产组进行减值测试，确定该资产组公允价值减去处置费用后的净额。

由于没有证据表明这些资产的当前用途并非其最佳用途，甲公司确定这些资产的最佳用途是其当前用途，并且每一项资产将主要通过与其他资产结合使用来为市场参与者提供最大价值。假定市场参与者有两种类型，一种是甲公司的竞争对手等同行业企业，另一种是投资公司。同行业企业拥有与软件资产配套使用的其他资产，软件资产只会在有限的过渡期内使用，且在过渡期结束后无法单独出售。同行业企业对软件资产的估价为 350 万元。投资公司未拥有与软件资产配套使用的其他资产以及软件资产的替代资产，软件资产将在其整个剩余经济寿命内被使用。投资公司对软件资产的估价为 340 万元。假定两类买家对配套资产的定价相同，均为 290 万元。根据上述分析，同行业企业愿意为整个资产组合支付的价格高于投资公司的价格，因此软件资产和配套系统组合的公允价值应基于同行业企业对整个资产组合的使用来确定，即 640 万元(即 350 万元+290 万元)。

【例 16-6】 2019 年 12 月 1 日，甲公司在非同一控制下的吸收合并中取得一块土地使用权。该土地在合并前被作为工业用地，一直用于出租。甲公司取得该土地使用权后，仍将其用于出租。甲公司以公允价值计量其拥有的投资性房地产。2020 年 3 月 31 日，邻近的一块土地被开发用于建造高层公寓大楼，作为住宅用地使用。本地区区域规划自 2020 年 1 月 1 日以来已经做出调整，甲公司确定，在履行相关手续后，可将该土地的用途从工业用地变更为住宅用地。

市场参与者在对该土地进行定价时，将考虑该土地的最佳用途，并比较该土地仍用于工业用途即与厂房结合使用的价值和该土地用于建造住宅的空置土地的价值。假定该土地目前用于工业用途的价值是 600 万元，用于建造住宅的价值是 1 000 万元，并需要发生拆除厂房成本及其他成本 250 万元。比较上述两项价值后可以确定，该土地使用权的公允价值为 750 万元。

(二) 非金融资产的估值前提

企业以公允价值计量非金融资产，应当在最佳用途的基础上确定该非金融资产的估值前提，即单独使用该非金融资产还是将其与其他资产或负债组合使用。通过单独使用实现非金融资产最佳用途的，该非金融资产的公允价值应当是将该资产出售给同样单独使用该资产的市场参与者的当前交易价格。通过与其他资产或负债组合使用实现非金融资产最佳用途的，该非金融资产的公允价值应当是将该资产出售给以同样组合方式使用资产的市场参与者的当前交易价格，并且假定市场参与者可以取得组合中的其他资产或负债。其中，负债包括企业为筹集营运资金产生的负债，但不包括企业为组合之外的资产筹集资金所产生的负债。最佳用途假定应当一致地应用于组合中所有相关资产。

对于非金融资产，即使已知该资产通过与其他资产或与其他资产和负债组合使用能够实现最佳用途，但该资产的计量单元是单项资产，企业在以公允价值对其进行计量时，仍应当假设该资产按照与计量单元相一致的方式出售，并假定市场参与者已取得了使该资产正常运作的组合中的其他资产和负债。例如，甲公司在非同一控制下的企业合并中取得一台精密设备，该设备是被合并方生产流水线上的专用设备，该设备需要与流水线上其他设备一起组合使用实现最佳用途。甲公司在以公允价值计量该精密设备时，应当假定市场参与者能够取得使该精密设备正常运转的其他组合资产，从而使该资产实现最佳用途。但在具体计量时，企业可以选用合适的估值技术计量该精密设备单项资产的公允价值。例如，可以获得类似新旧程度和用途的设备的市场报价，并考虑运输费用、安装费用等对该报价进行调整，从而获得该单项资产的公允价值。

企业以公允价值计量与其他资产或当其他资产和负债组合使用的非金融资产时，为实现上述估值前提，可能出现以下不同情况：

(1) 非金融资产与其他资产或与其他资产和负债组合使用前提下的公允价值，与该非金融资产单独使用前提求的公允价值可能相等。例如，企业以公允价值对持续运营的业务进行计量时，需要对业务的整体进行估值。由于市场参与者都能获得业务中每一项资产或负债的协同效应，所以无论资产单独使用还是与其他资产或负债组合使用，协同效应都会影响各项资产和负债的公允价值。

(2) 非金融资产与其他资产或与其他资产和负债组合使用前提下的公允价值，可能通过调整该非金融资产单独使用时的公允价值取得。例如，非金融资产是一台机器设备，其公允价值计量基于没有为使用进行安装或配置的类似机器的可观察价格确定，并就运输和安装成本进行调整，从而在公允价值计量中反映了机器的当前状况和位置。

(3) 市场参与者通过在公允价值计量中采用的假设反映非金融资产通过组合实现最佳用途的估值前提。例如，非金融资产是特殊的在产品，市场参与者会将该存货转化为产成品，确定该存货的公允价值时应当假设市场参与者已经获取或者能够获取将存货转化为产成品所需的任何特殊机器设备。

(4) 估值技术反映非金融资产通过组合实现最佳用途的估值前提。例如，在使用多期超额收益法计量无形资产的公允价值时，该估值技术特别考虑了无形资产所在组合中的其他配套资产和相关负债的贡献。

(5) 在少数情况下，非金融资产与其他资产或与其他资产和负债组合使用前提下的公允价值，可通过分配资产组合的公允价值获得近似于该资产公允价值的金额。

【例 16-7】 2019 年 10 月 16 日， 甲企业在非同一控制下的企业合并中获得一台可辨认的机器，需要估计该资产在合并日的公允价值。被合并方最初通过外购取得该机器，并对该机器进行了特定配置，以适用于自身经营。甲企业自取得该机器后将其用于生产经营。该资产在安装调配后与其他资产结合使用，并提供最大价值，没有证据表明该机器的当前用途不是最佳用途。因此，该机器的最佳用途是与其他资产相结合的当前用途。假定甲企业可获得运用市场法和成本法计量公允价值的充分数据。运用市场法时，采用类似机器的报价并就差异进行调整，确定该机器公允价值为60万元。运用成本法时，估计当前建造具有类似用途并经过配置后的替代机器所需的金额，考虑机器的现状及其运行所处环境以及安装成本等，其中对机器现状的考虑应包括实体性损耗、功能性贬值、经济性贬值，确定该机器的公允价值为65万元。考虑到对市场法所使用的输入值仅做了较少调整，甲企业认为市场法得出的估计值更能代表该机器的公允价值。因此，甲企业确定该机器在2019年10月16日的公允价值为60万元。

二、负债和企业自身权益工具的公允价值计量

企业以公允价值计量负债，应当假定在计量日将该负债转移给市场参与者，而且该负债在转移后继续存在，由作为受让方的市场参与者履行相关义务。同样，企业以公允价值计量自身权益工具，应当假定在计量日将该自身权益工具转移给市场参与者，而且该自身权益工具在转移后继续存在，并由作为受让方的市场参与者取得与该工具相关的权利、承担相应的义务。在任何情况下，企业都应当优先使用相关的可观察输入值，只有在相关可观察输入值无法取得或取得不切实可行的情况下，才可以使用不可观察输入值，用以估计在计量日市场参与者之间按照当前市场情况转移一项负债或权益工具的有序交易中的价格。

（一）确定负债或企业自身权益工具公允价值的方法

1. 具有可观察市场报价的相同或类似负债或企业自身权益工具

如果存在相同或类似负债或企业自身权益工具可观察市场报价，企业应当以该报价为基础确定负债或企业自身权益工具的公允价值。但在很多情况下，由于法律限制或企业未打算转移负债或企业自身权益工具等原因，企业可能无法获得转移相同或类似负债或企业自身权益工具的公开报价。在这种情况下，企业应当确定该负债或自身权益工具是否被其他方作为资产持有。相关负债或企业自身权益工具被其他方作为资产持有的，企业应当在计量日从持有对应资产的市场参与者角度，以对应资产的公允价值为基础，确定该负债或企业自身权益工具的公允价值；相关负债或企业自身权益工具没有被其他方作为资产持有的，企业应当从承担负债或者发行权益工具的市场参与者角度，采用估值技术确定该负债或企业自身权益工具的公允价值。

2. 被其他方作为资产持有的负债或企业自身权益工具

对于不存在相同或类似负债或企业自身权益工具报价，但其他方将其作为资产持有的负债或企业自身权益工具，企业应当根据下列方法估计其公允价值：

(1) 如果对应资产存在活跃市场的报价，并且企业能够获得该报价，企业应当以对应资产的报价为基础确定该负债或企业自身权益工具的公允价值。

(2) 如果对应资产不存在活跃市场的报价，或者企业无法获得该报价，企业可使用其他可观察的输入值，如对应资产在非活跃市场中的报价。

(3) 如果上述(1)和(2)中的可观察价格或输入值都不存在，企业应使用收益法、市场法等其他估值技术。企业使用收益法的，应当考虑市场参与者将该负债或企业自身权益工具

作为资产持有时预期收到的现金流量现值。企业使用市场法的，应当考虑其他市场参与者作为资产持有的类似负债或企业自身权益工具的报价。

对应资产的某些特征不适用于负债或企业自身权益工具的，企业应当对该资产的市场报价进行调整，以调整后的价格确定该负债或企业自身权益工具的公允价值。这些调整因素包括四个方面。一是对应资产的出售受到限制。二是与对应资产相关的负债或企业自身权益工具与所计量负债或企业自身权益工具类似但不相同。负债或权益工具可能具有一些特征，如发行方的信用质量，与被作为资产持有的类似负债或权益工具的公允价值中反映的特征不同。三是对应资产的计量单元与负债或企业自身权益工具的计量单元不完全相同。如果对应资产的价格反映了相关债权和第三方信用增级，而负债的计量单元不包括第三方的信用增级，则企业在以公允价值计量该负债时，应当调整对应资产的可观察价格，剔除第三方信用增级的影响。四是其他需要调整的因素。

3. 未被其他方作为资产持有的负债或企业自身权益工具

不存在相同或类似负债或企业自身权益工具报价，并且其他方未将其作为资产持有的，企业应当从承担负债或发行权益工具的市场参与者角度，采用估值技术确定该负债或企业自身权益工具的公允价值。即使不存在对应资产，企业也可使用估值技术计量该负债的公允价值。例如，对于弃置义务，企业可以计算市场参与者预期在履行义务时将发生的未来现金流量的现值

【例 16-8】 2019 第 1 月 1 日，甲企业通过非同一控制下的企业合并取得乙公司的控制权。乙公司为在东海海域开采石油，建立了一个钻井平台，并于 2019 年 1 月 1 日投入使用。根据相关法律要求，乙公司在东海海域钻井平台寿命期结束后将其拆除，该平台的寿命期预计为 10 年。

甲企业使用期望现金流量法来计量该弃置义务的公允价值，所使用的重大假设包括：

(1) 人工成本，依据当前市场条件下聘请承包商拆除海上钻井平台的薪酬水平确定，并就预期未来薪酬增长进行调整。甲企业估计未来人工成本流出的现金流为 2 亿元、2.5 亿元、3.5 亿元的概率分别为 25%、50%、25%，概率评估是基于甲企业履行此类义务的经验及其对市场的了解而确定的，由此计算取得预计人工成本的期望现金流是 2.625 亿元。

(2) 应分摊的间接费用和设备运行成本，甲企业采用人工成本的一定比率(预计为人工成本的 80%)估计应分摊的间接费用和设备运行成本。这与市场参与者的成本结构相符。

(3) 市场参与者实施相关活动及承担与拆除该资产相关的风险而要求的补偿如下：

① 第三方承包商通常对人工成本及分摊的内部成本进行加成以保证工程的利润率，所使用的利润率 20%反映了业内承包商拆除海上钻井平台通常赚取的经营利润。

② 由于锁定 10 年后项目的当前价格存在固有不确定性，甲企业在考虑通货膨胀影响的基础上，确定溢价金额为期望现金流量的 5%。

(4) 甲企业根据可获得的市场数据，假设 10 年期间的通货膨胀率为 4%。

(5) 2019 年 1 月 1 日，10 年期无风险利率为 5%。甲企业为反映不履约风险，在无风险利率基础上增加 3.5%。因此，用于计算现金流量现值的折现率为 8.5%。

甲企业认为上述假设与市场参与者的假设是一致的。

如表 16-3 所示，甲企业估计该弃置义务在 2019 年 1 月 1 日的公允价值为 38 977 万元。

表 16-3　甲企业估计弃置业务的公允价值　　单位：万元

(1) 预计人工成本	26 250
(2) 分排的间接费用和设备成本 = 0.8 × (1)	21 000
(3) 承包商的利润加成 = 0.2 × [(1) + (2)]	9 450
(4) 通货膨胀调整前的期望现金流量 = (1) + (2) + (3)	56 700
(5) 10 年期 4%通货膨胀率的系数	1.480 2
(6) 通货膨胀调整后的期望现金流量 = (4) × (5)	83 927
(7) 市场风险溢价 = 0.05 × (6)	4 196
(8) 市场风险调整后的期望现金流量 = (6) + (7)	88 123
(9) 8.5%折现率的系数	0.442 3
(10) 折现后的期望现值 = (8) × (9)	38 977

(二) 不履约风险

企业以公允价值计量相关负债应当考虑不履约风险，并假定不履约风险在负债转移前后保持不变。不履约风险，是企业不履行义务的风险，包括但不限于企业自身信用风险。企业以公允价值计量相关负债时，应当考虑其信用状况的影响，以及其他可能影响负债履行的因素。这些因素的影响会因不同负债而有所不同。例如，该负债是否是一项具有偿付现金义务的金融负债，或者是一项具有提供商品或服务义务的非金融负债，或者存在与该负债相关的信用增级条款。

企业以公允价值计量相关负债，应当基于该负债的计量单元考虑不履约风险对负债公允价值的影响。负债附有不可分割的第三方信用增级，如第三方的债务担保，并且该信用增级与负债是分别进行会计处理的，企业估计该负债公允价值时，不应考虑该信用增级的影响，而仅应当考虑企业自身的信用状况。

(三) 负债或企业自身权益工具转移受限

企业以公允价值计量负债或自身权益工具，并且该负债或自身权益工具存在限制转移因素的，如果企业在公允价值计量的输入值中已经考虑了这些因素，则不应再单独设置相关输入值，也不应对其他输入值进行相关调整。例如，如果债权人和债务人在交易日完全了解相关义务包含转移限制的情况，并接受负债的交易价格，那么交易价格已包含转移限制，企业不需要在交易日或后续计量日通过重新设立单独输入值或者对现有输入值进行调整来反映转移限制的影响。但如果对于负债转移的限制未反映在交易价格或用于计量公允价值计量的其他输入值中，企业应当对输入值进行调整，以反映该限制。

(四) 具有可随时要求偿还特征的金融负债

具有可随时要求偿还特征的金融负债的公允价值，不应低于债权人要求偿还时的应付金额，即从可要求偿还第一天起折现的现值。例如，对于银行而言，其吸收的客户活期存款是具有可随时要求偿还特征的金融负债，反映了银行需根据存款人需求随时偿还现金给存款人或者存款人指定的第三方的合同义务，该活期存款的公允价值不应低于随时要求偿还的金额。

三、市场风险或信用风险可抵销的金融资产和金融负债的公允价值计量

企业持有一组金融资产和金融负债时，将会面临包括利率风险、货币风险和其他价格风险等市场风险和交易对手的信用风险。通常情况下，企业不是通过“出售”金融资产或“转移”金融负债来管理其面临的市场风险及信用风险敞口的，而是基于一个或多个特定市场风险或特定交易对手信用风险的净敞口管理这些金融工具。

企业基于其市场风险或特定交易对手信用风险的净敞口来管理其金融资产和金融负债时，在满足要求的情况下，可以在当前市场情况下市场参与者之间于计量日进行的有序交易中，以出售特定风险敞口的净多头(即资产)所能收到的价格或转移特定风险敞口的净空头(即负债)所需支付的价格为基础，计量该组金融资产和金融负债的公允价值。

(一) 金融资产和金融负债组合计量的条件

企业以公允价值计量金融资产和金融负债组合的应当同时满足下列条件：

(1) 企业在风险管理或投资策略的正式书面文件中已载明，以特定市场风险或特定对手信用风险的净敞口为基础，管理金融资产和金融负债的组合。企业应当提供证据，以证明其一致地基于市场风险或信用风险的净敞口管理金融工具。

(2) 企业以特定市场风险或特定对手信用风险的净敞口为基础，向企业关键管理人员报告金融资产和金融负债组合的信息。

(3) 企业在每个资产负债表日持续以公允价值计量组合中的金融资产和金融负债。

(二) 金融资产和金融负债的市场风险敞口

企业以公允价值计量基于特定市场风险的净敞口管理的金融资产和金融负债，金融资产和金融负债应当具有实质上相同的特定市场风险敞口和特定市场风险的期限，企业应当使用出价和要价价差内最能代表当前市场环境下公允价值的价格作为公允价值。因期限不同而导致在一段时期市场风险未被抵销的，企业应当分别计量其市场风险被抵销时期的市场风险净敞口，以及在市场风险未被抵销的时期的市场风险总敞口。例如，企业使用 12 个月的期货合同对应 5 年期金融工具中与 12 个月利率风险敞口价值相关的现金流量，对于由这些金融资产和金融负债组成的组合，企业以净额为基础计量 12 个月利率风险敞口的公允价值，以总额为基础计量剩余利率风险敞口即第 2 年至第 5 年的公允价值。

(三) 金融资产和金融负债的信用风险敞口

企业以公允价值计量相关资产或负债，如果已与交易对手达成了在出现违约情况下将考虑所有能够缓释信用风险敞口的安排，如与交易对手订立的总互抵协议，或者要求基于各方对另一方信用风险的净敞口交换担保品的协议，则应在公允价值计量中考虑交易对手信用风险的净敞口或者该交易对手对企业信用风险的净敞口。企业以公允价值计量相关资产或负债，应当反映市场参与者对这些安排在出现违约情况下能否依法强制执行的预期。

企业为管理一个或多个特定市场风险净敞口而进行组合管理的金融资产和金融负债，可以不同于企业为管理其特定交易对手信用风险净敞口而进行组合管理的金融资产和金融负债，因为企业所有合同不可能均与相同的交易对手订立。

✦✦✦✦✦ 练　习　题 ✦✦✦✦✦

一、单项选择题

1．企业在判断非金融资产的最佳用途时，下列说法不正确的是(　　)。

A．应当考虑该用途是否为法律上允许、实物上可能以及财务上可行

B．应当考虑市场参与者在对该非金融资产定价时所考虑的资产实物特征

C．无需考虑市场参与者在对该非金融资产定价时所考虑的资产使用在法律上的限制

D．应当考虑市场参与者通过使用该非金融资产能否产生足够的收益或现金流量

2．下列关于公允价值层次的表述中，正确的是(　　)。

A．活跃市场类似资产或负债的公允价值应该归类为第一层次输入值

B．企业在估计资产或负债的价值时，可以随意选用不同层次的输入值

C．公允价值计量结果所属的层次，取决于估值技术

D．使用第三方报价机构提供的估值时，企业应当根据估值过程中使用的输入值的可观察性和重要性判断相关资产或负债公允价值计量结果的层次

3．关于公允价值的定义，下列说法中正确的是(　　)。

A．公允价值是指市场参与者在计量日发生的有序交易中购买一项资产所需支付的价格

B．公允价值是指市场参与者在计量日发生的有序交易中出售一项资产所能收到的价格

C．公允价值是指市场参与者在计量日发生的有序交易中发行自身权益工具所能收取的价格

D．公允价值是指市场参与者在计量日发生的有序交易中承担一项负债所能收取的价格

4．甲公司采用成本法确定其相关资产的公允价值。2011 年 1 月 1 日甲公司拥有一条生产线用于生产 A 产品，其账面原值为 1 200 万元，预计使用年限为 12 年，预计净残值为 0，甲公司采用直线法对其计提折旧。2014 年，因出现 A 产品的替代产品导致 A 产品的市场份额骤降出现减值迹象。2014 年 12 月 31 日，甲公司对该生产线进行减值测试。在确定公允价值的过程中，采用以生产线的历史成本为基础，根据同类生产线的价格上涨指数来确定公允价值的物价指数法。假设自 2011 年至 2014 年，此类数控设备价格指数按年分别为上涨的 15%、8%、12%和 8%。此外，在考虑实体性贬值、功能性贬值和经济性贬值后，在购买日该生产线的成新率为 60%。不考虑其他因素，甲公司预计该设备的公允价值为(　　)。

A．828 万元　　B．894.24 万元

C．1 001.55 万元　　D．1 081.67 万元

5. 下列关于输入值的表述中，不正确的是(　　)。

A. 输入值是市场参与者所使用的假设，分为可观察输入值和不可观察输入值

B. 企业使用估值技术时，应同时使用可观察输入值和不可观察输入值

C. 企业应当选择与市场参与者在相关资产或负债交易中会考虑的、并且与该资产或负债特征相一致的输入值

D. 企业不应考虑与要求或允许公允价值计量的其他相关会计准则中规定的计量单元不一致的溢价或折价

6. 下列关于公允价值计量相关资产或负债的有序交易的说法中，不正确的是(　　)。

A. 企业应当假定市场参与者在计量日出售资产或者转移负债的交易，是当前市场情况下的有序交易

B. 企业根据现有信息不足以判定该交易是否为有序交易的，应以交易价格作为该项资产或负债的公允价值

C. 在有序交易下，企业应以该交易价格为基础确定该资产或负债的公允价值

D. 企业应用于相关资产或负债公允价值计量的有序交易不包括被迫清算和抛售

7. 下列关于确定负债或企业自身权益工具公允价值的方法的说法中，不正确的是(　　)。

A. 具有可观察市场报价的相同或类似负债或企业自身权益工具，企业应当以该报价为基础确定其公允价值

B. 其他方将其作为资产持有的负债或企业自身权益工具，如果对应资产存在活跃市场的报价且企业能够获得该报价，企业应当以对应资产的报价为基础确定其公允价值

C. 不存在相同或类似负债或企业自身权益工具报价，并且其他方未将其作为资产持有的，企业应当从承担负债或者发行权益工具的市场参与者角度，采用估值技术确定其公允价值

D. 其他方将其作为资产持有的负债或企业自身权益工具，如果对应资产不存在活跃市场的报价或企业能够获得该报价，企业应当以其自身报价为基础确定其公允价值

8. 下列各项中的交易价格可以作为公允价值计量的是(　　)。

A. A 公司被迫出售固定资产，价格 200 万元

B. B 公司向其母公司以 500 万元出售一批存货，该批存货的市场售价为 400 万元

C. C 公司向其联营企业以 100 万元出售一项固定资产，等于其市场价格

D. D 公司因破产清算以 200 万元出售一项专利权

9. 2016 年 12 月 30 日，甲公司购入一项设备，支付买价 498 万元，另支付运输费 2 万元。该项固定资产预计使用年限为 10 年，甲公司采用直线法计提折旧，预计净残值为零。2019 年 12 月 31 日，甲公司对该项资产进行减值测试。在确定其公允价值时，甲公司根据相关信息得知市场上在 1 个月前有相关交易发生，成交价为 500 万元，成新率为 100%。已知该项设备的成新率为 60%，2019 年 12 月 31 日甲公司确定该项设备的公允价值为(　　)。

A. 500 万元　　B. 350 万元

C. 348.6 万元　　D. 300 万元

10．下列关于市场参与者的说法中，不正确的是(　　)。

A．企业在确定市场参与者时应考虑所计量的相关资产和负债

B．企业在确定市场参与者时应考虑该资产或负债的主要市场

C．企业应从自身持有资产、清偿或者以其他方式履行负债的意图和能力角度计量相关资产或负债的公允价值

D．企业以公允价值计量相关资产或负债，应当基于市场参与者之间的交易确定该资产或负债的公允价值

11．下列事项中，不属于《企业会计准则第 39 号——公允价值计量》准则规范的相关资产或负债的是(　　)。

A．以非货币性资产形式取得的政府补助，公允价值不能可靠计量的除外

B．非同一控制下企业合并中取得的可辨认资产和负债以及作为合并对价发行的权益工具

C．以公允价值计量且其变动计入当期损益的金融资产

D．债权投资的后续计量

12．下列关于主要市场或最有利市场的说法中，不正确的是(　　)。

A．最有利市场就是主要市场

B．通常情况下，如果不存在相反的证据，企业正常进行资产出售或者负债转移的市场可以视为主要市场或最有利市场

C．对相同资产或负债而言，不同企业可能具有不同的主要市场

D．企业应当以主要市场上相关资产或负债的价格为基础，计量该资产或负债的公允价值

二、多项选择题

1．下列关于非金融资产估值前提的说法中，正确的有(　　)。

A．企业应单独使用该非金融资产

B．企业应当在最佳用途的基础上确定该非金融资产的估值前提

C．通过单独使用实现最佳用途的，该资产的公允价值应当是将其出售给同样单独使用该资产的市场参与者的当前交易价格

D．通过与其他资产或负债组合使用实现最佳用途的，该资产的公允价值应当是将其出售给以同样组合方式使用资产的市场参与者的当前交易价格，并且假定市场参与者可以取得组合中的其他资产或负债

2．为提高公允价值计量和相关披露的一致性和可比性，企业应当将估值技术所使用的输入值划分的层次包括(　　)。

A．第一层次输入值　　B．第二层次输入值

C．第三层次输入值　　D．第四层次输入值

3．关于估值技术，下列说法中不正确的有(　　)。

A．企业一定采用单一的估值技术确定相关资产或负债的公允价值

B．估值技术变更属于会计估计变更

C．企业在公允价值计量中可以随意变更已使用的估值技术

D. 企业无论使用何种估值技术，都应当考虑当前市场状况并作出市场参与者可能进行的风险调整

4. 下列关于以出价和要价为基础的输入值的说法中，正确的有(　　)。

A. 出价是经纪人或做市商购买一项资产或处置一项负债所愿意支付的价格

B. 要价是经纪人或做市商出售一项资产或承担一项负债所愿意带收取的价格

C. 企业不应使用与公允价值计量假定不一致的权宜之计，如对资产使用要价，对负债使用出价

D. 企业可使用出价计量资产头寸、使用要价计量负债头寸，也可使用市场参与者在实务中使用的在出价和要价之间的中间价或其他定价惯例计量相关资产或负债

5. 下列关于企业以公允价值计量负债和自身权益工具的说法中，正确的有(　　)。

A. 企业应同时使用可观察输入值和不可观察输入值来确定负债或企业自身权益工具的公允价值

B. 如果存在相同或相似负债或企业自身权益工具可观察市场报价，企业应当以报价为基础确定负债或企业自身权益工具的公允价值

C. 相关负债或企业自身权益工具被其他方作为资产持有的，企业应当在计量日从持有对应资产的市场参与者角度，以对应资产的公允价值为基础，确定该负债或企业自身权益工具的公允价值

D. 相关负债或企业自身权益工具没有被其他方作为资产持有的，企业应当从承担负债或者发行权益工具的市场参与者角度，采用估值技术确定该负债或企业自身权益工具的公允价值

6. 下列不能将取得资产或承担负债的交易价格作为该资产或负债的公允价值的有(　　)。

A. 被迫进行的交易

B. 进行交易的市场不是该资产或负债的主要市场(或者不存在主要市场情况下的最有利市场)

C. 有证据证明交易是按照市场条款达成关联方之间的交易

D. 交易价格与公允价值所代表的计量单元不同

7. 下列关于公允价值计量的说法中，不正确的有(　　)。

A. 企业以公允价值计量相关资产或负债时，应当假定出售资产或者转移负债的有序交易在该资产或负债的主要市场(或不存在主要市场情况下的最有利市场)进行

B. 母子公司之间发生的交易，其交易价格不可能作为出售该资产或转移该负债的公允价值

C. 企业使用估值技术计量相关资产或负债的公允价值时，应当首先考虑市场法

D. 企业估计相关资产或负债的公允价值时，应当优先考虑第一层次输入值

8. 企业在确定市场参与者时应当考虑的因素包括(　　)。

A. 所计量的相关资产或负债

B. 该资产或负债的主要市场(或者在不存在主要市场情况下的最有利市场)

C．企业将在主要市场或最有利市场进行交易的市场参与者

D．市场参与者应当相互独立，不存在关联方关系

9．下列各项关于资产、负债初始计量的表述中，正确的有(　　)。

A．固定资产按照成本计量

B．长期股权投资按照公允价值计量

C．交易性金融负债按照公允价值计量

D．应付职工薪酬——非货币性福利按照公允价值计量

10．下列关于交易费用的说法正确的有(　　)。

A．交易费用不属于相关资产或者负债的特征，只与特定交易有关，取决于企业参与该资产或负债交易的不同方式

B．企业在根据主要市场或最有利市场的交易价格确定相关资产或负债的公允价值时，不应根据交易费用对该价格进行调整

C．企业应当根据其他相关会计准则对交易费用进行会计处理

D．交易费用不包括运输费用

参 考 文 献

[1] 中华人民共和国财政部. 企业会计准则[M]. 北京：经济科学出版社，2006.

[2] 中华人民共和国财政部. 企业会计准则：应用指南[M]. 北京：中国财政经济出版社，2006.

[3] 中国注册会计师协会. 2019 年度注册会计师全国统一考试辅导教材：会计[M]. 北京：中国财政经济出版社，2019.

[4] 李华，阳正发. 高级财务会计实务[M]. 大连：东北财经大学出版社，2019.

[5] 苏强，李培根. 高级财务会计[M]. 北京：经济科学出版社，2019.

[6] 财政部会计司.企业会计准则第 21 号：租赁：财会[2018]35 号[EB/OL]. [2019-10-28]. http://kjs.mof.gov.cn/zt/kjzzss/kuaijizhunzeshishi/201910/t20191028_3411190.htm

[7] 财政部会计司. 企业会计准则第 9 号：职工薪酬：财会[2014]8 号[EB/OL].[2006-03-01]. http://www.mof.gov.cn/zhengwuxinxi/zhengcefabu/2006zcfb/200805/t20080519_23146.htm

[8] 财政部会计司.企业会计准则第 12 号：债务重组：财会[2019]9 号[EB/OL].[2019-10-28]. http://kjs.mof.gov.cn/zt/kjzzss/kuaijizhunzeshishi/201910/t20191028_3410789.htm

[9] 财政部会计司. 企业会计准则第 33 号：合并财务报表：财会[2014]10 号[EB/OL]. [2006-03-09]. ttp://kjs.mof.gov.cn/zt/kjzzss/kuaijizhunzeshishi/200806/t20080618_46248.htm

[10] 财政部会计司. 企业会计准则第 39 号：公允价值计量：财会[2014]6 号[EB/OL]. [2015-12-08]. http://kjs.mof.gov.cn/zt/kjzzss/kuaijizhunzeshishi/201512/t20151208_1602631.htm

[11] 财政部会计司. 企业会计准则：基本准则：财政部令第 76 号[EB/OL]. [2014-08-28]. http://ln.mof.gov.cn/lanmudaohang/zhengcefagui/201408/t20140828_1132805.htm

[12] 财政部会计司. 企业会计准则第 7 号：非货币性资产交换：财会[2019] 8 号[EB/OL]. [2019-09-11]. http://kjs.mof.gov.cn/zt/kjzzss/kuaijizhunzeshishi/201909/t20190911_3384679.htm

[13] 财政部会计司. 企业会计准则第 16 号：政府补助：财会[2017]15 号[EB/OL]. [2019-10-25]. http://nmg.mof.gov.cn/lanmudaohang/zhengcefagui/201910/t20191025_3409749.htm